CROISEMENTS ORDINAIRES
ORDINAIRES
DE GENS ORDINAIRES

PATRICK BELIME

CROISEMENTS ORDINAIRES DE GENS ORDINAIRES

PATRICK BELIME

ROMAN

« *Le Code de la propriété intellectuelle interdit les copies
ou reproductions destinées à une utilisation collective.
Toute représentation ou reproduction intégrale ou partielle faite par
quelque procédé que ce soit,
sans le consentement de l'auteur ou de ses ayants cause,
est illicite et constitue une contrefaçon,
aux termes des articles L.335-2
et suivant du Code de la propriété intellectuelle.* »

Droit d'auteur déposé référencé D29972-16139.

DÉDICACE

Ceux qui connaissent y reconnaitront
les moments que la vie parfois impose.
Ceux qui ne connaissent pas y comprendront
peut-être le vécu de certains de leurs proches.
Mais je dis à tous : profitez de la vie.

Croisements ordinaires de gens ordinaires

Forum des lecteurs :
http://ecrivain.belime.fr/croisements-ordinaires-de-gens-ordinaires/
puis cliquer sur forum :
Espace permettant aux lecteurs de communiquer
avec d'autres et de dialoguer
avec l'auteur sur le livre.

REMERCIEMENTS

À Catherine, mon épouse,
et Christiane, ma mère,
pour leur contribution.

Autres parutions du même auteur :

Série :
1 : La réponse doit tout à la question
2 : Face à soi-même
3 : 1, 2, 3, où allons-nous !
4 : Voyage dans l'autre monde
5 : L'arche des âmes en peine
6 : Le passé ne se conjugue pas au futur

Autres titres :
Une effrayante amie
Les mots prennent le pouvoir, en trois parties
Livre sans histoire
Croisements ordinaires de gens ordinaires
De la haine à la solitude
Je suis fou et alors
Émissaire de Dieu et psychopathe
Meurtres aux champs des éoliennes

CONTENU

CHAPITRE 1 (Agnès et Charles)

En première année de lycée, la quinzaine passée depuis quelques mois, Agnès était une jeune fille comme les autres, sans problèmes particuliers et entretenant de bonnes relations avec ses parents, son frère ainé et sa sœur cadette. Elle avait des camarades, quelques amies et amis, au lycée et en dehors grâce à des activités extrascolaires. Agnès étudiait avec application lorsque cela devenait indispensable, ce qui lui permettait de se maintenir dans la moyenne dans toutes les matières en ne forçant que modérément son talent.

Sans être d'une beauté particulière, elle était néanmoins physiquement plaisante, de visage comme de corps, brune aux cheveux mi-longs toujours tirés en arrière, formant une petite boule dans sa nuque avec des mèches qu'elle laissait volontairement s'échapper. Son nez droit et fin faisait le lien avec ses lèvres presque boudeuses et des yeux noisette tirant parfois sur le vert. Agnès avait du charme. Elle souffrait cependant de son sourire dévoilant un appareil dentaire pourtant discret et de quelques boutons d'acné ponctuant son visage. Depuis peu, sa poitrine avait gagné en ampleur et lui offrait enfin le corps d'une jeune femme auquel elle aspirait. Toutefois, le gain de taille ne cessa pas avec l'obtention du volume attendu et atteint une apparence qu'elle jugeait énorme. Elle avait l'impression que tout le monde ne regardait que ses seins tant ils se présentaient avant elle et distendaient ses vêtements.

Assez sportive, elle était dynamique, souvent souriante, et à l'instar de ses camarades s'inventait parfois un amoureux, qu'elle espérait secrètement réel, mais pas toujours, car elle n'était ni prête ni pressée. Agnès appartenait à ces adolescentes décrites comme sereines et équilibrées, malgré les petits tracas ordinaires et difficiles de l'adolescence. Sa bonne intégration dans la classe, surtout au sein du groupe des filles en qui elle se reconnaissait, contribuait à son équilibre. Elle s'y sentait comprise et protégée, sans véritablement savoir de quoi, mais cela la rassurait de pouvoir se noyer au quotidien dans son clan.

Dans le même lycée, mais dans une autre classe de première année, un jeune homme évoluait comme elle dans cet environnement protecteur. Conforme à la norme de ses camarades, et plus généralement de son âge, il arborait un air débonnaire et nonchalant, des tenues et une présentation faussement négligées, car de rigueur dans son esprit pour montrer sa différence. Il était parfois paresseux dans son travail, rigolard en regardant les filles et insolent juste le nécessaire pour revendiquer, il ne savait pas trop quoi, peut-être son âge. Quelle que soit la motivation, l'essentiel était pour lui d'avoir le sentiment de se positionner en marge, comme les autres. Une tignasse plus qu'une coupe de cheveux formait une sorte de casque de boucles châtain, encombrant un visage décidé alimenté par son regard espiègle bleu clair, effaçant sa bouche et son nez. Charles s'inventait des amoureuses, des relations torrides, et dédiait ses rêves et fantasmes à celle qu'il n'avait pas encore rencontrée, mais qu'il voyait régulièrement. Et ce n'était pas n'importe laquelle. En effet, depuis un trimestre, il avait passé le cap du besoin physique et affectif général et n'avait de regards passionnés que pour une seule, plus jeune que lui de quelques mois seulement.

Il échafaudait dans sa chambre des plans pour l'aborder et y pensait en continu au lycée. Dès qu'il l'apercevait, dans la cour ou les couloirs, au réfectoire ou devant le portail, il s'évertuait à demeurer à proximité de l'élue de son cœur. En fin de journée, ils prenaient le même car scolaire, mais il ne pouvait jamais s'asseoir à côté d'elle, car une de ses amies était toujours collée à elle. S'il ne parvenait pas l'aborder, c'était à cause de cette fille. C'est la raison qui l'aidait à moins s'invectiver lorsque, dans son lit, il ruminait sur son incapacité à progresser. Elle était omniprésente dans son quotidien, lors des repas, des devoirs ou de ses séances musicales, enfermé dans sa chambre pour atténuer un niveau sonore déraisonnable. La nuit, Charles lui faisait parfois l'amour, en regardant des images de femmes nues dont le visage devenait celui de son amoureuse, en rêvant aussi. Sa jolie Agnès ne le quittait pas.

Un jour ordinaire, alors qu'il se trouvait dans le hall du lycée, le destin décida d'intervenir. Un trio de petits durs, des secondes années, composé d'un meneur et de deux acolytes, s'en prit à Agnès simplement parce que c'est elle qui était la plus proche à l'instant où ils avaient éprouvé le besoin d'être remarqué.

Le petit chef désireux de prouver qu'il osait et pouvait tout, pour asseoir son autorité et entretenir la crainte qu'ils inspiraient, plaqua une main sur le postérieur d'Agnès en pressant fortement son majeur dans son milieu pour amuser ses copains.

Elle se retourna vivement pour le gifler, mais visiblement rôdé à l'exercice, il avait anticipé et lui saisit l'avant-bras, la tira à lui et tenta de l'embrasser de force.

Charles, qui comme souvent était à portée de regard de sa dulcinée, sentit la colère monter en lui et, sans la moindre hésitation, parcouru la distance les séparant en courant, attrapa rudement le jeune homme par l'épaule, dégagea Agnès, et colla son poing sur la figure de l'agresseur avec force, le projetant au sol alors que ce dernier était plus grand et fort que lui. Les complices réagirent et le saisirent, sans que personne ne s'interpose. À peine relevé, l'affreux, aux mains baladeuses et au nez sanguinolent, lui décocha un coup de poing au visage, deux au ventre et un de pied entre les jambes. Ils le lâchèrent, il tomba à genoux et se recroquevilla. Ils l'insultèrent et partirent en parlant fort et en riant, soucieux de gérer leur démonstration de force et d'effacer l'impact de cette rébellion.

Le souffle coupé et avec une douleur aiguë à l'abdomen, Charles était à genoux, saignant du nez et grimaçant, seul. Agnès, rapidement entourée de ses copines, s'éloignait tirée par celles-ci, mais elle se dégagea et vint à lui. Ce jeune homme qu'elle ne connaissait pas, qui l'avait secourue en lui évitant une humiliation proche de l'agression, était toujours prostré en se tenant le ventre. Il tentait d'inspirer de l'air bruyamment, car il n'y parvenait pas. Il était pâle et saignait du nez, mais personne ne s'intéressait à lui.

Elle s'agenouilla face à lui et l'observa, partagée entre la tendresse et l'incompréhension. Il semblait avoir mal, mais en recevant son regard, pour la première fois si proche, il tenta de se relever, grimaça, renonça et resta assis sur ses talons, légèrement penché en avant. Elle l'étudiait, désappointée et impuissante. Il la fixait comme s'il voulait lui dire quelque chose, mais le souffle lui manquait encore et il grimaçait un sourire. Après un instant agenouillés l'un face à l'autre, elle le découvrait beau ! Il était courageux, fort tout en semblant fragile et surtout, il souffrait pour l'avoir secourue et sauvée. Elle hésita, mais n'osant pas le prendre dans ses bras pour le remercier, elle se contenta d'une démonstration frustrante, qui ne dépassa pas un timide merci et un mouchoir en papier tendu.

Le souffle revenait, mais la douleur persistait. Ils se regardaient et se souriaient, un échange silencieux s'établissait.

Charles avait mal, certes, mais il était heureux, car son Agnès le fixait en étant agenouillée pour et près de lui. Elle se souciait de lui et ses yeux lui racontaient son émotion. La douleur lancinante n'importait plus. Puis elle lui parla avec gentillesse, juste à lui, et il grava dans sa mémoire la douceur de sa voix et ses mots. Ils ignoraient s'ils étaient ou non entourés, n'y pensaient pas et ne voyaient plus, sauf eux deux. L'autre instant à jamais sublime fut celui où, en prenant le mouchoir qu'elle lui tendait, il lui avait touché la main. Au contact de sa peau il eut l'ultime confirmation : elle était l'amour de sa vie. Il se releva et tenta de se tenir droit, mais sa fierté n'y suffit pas et il dut s'asseoir à une table ronde et colorée du hall. Elle fit de même. Ils n'osaient plus se parler, alors ils se souriaient.

Toutefois, consciente de ce que ce jeune homme avait déjà accompli pour elle, Agnès s'élança, la voix inconsciemment plus douce qu'au naturel :

— C'est ma première année ici, je m'appelle …

— Agnès. Je suis aussi en seconde, Charles.

— Tu sais qui je suis ! Je suis désolée, j'ai dû oublier ! Pardon.

— Tu ne me connais pas, mais nous avons des camarades communs. Merci pour le mouchoir. Tu les fréquentes ?

— Mais non ! Ce sont des imbéciles qui jouent aux voyous. Il se dit qu'ils sont parfois assez violents. Tu les connais ?

— Non, à peine de vue. Ils ressemblent à des mecs en terminales qui auraient redoublé.

— Ce sont des premières. Je sais que le meneur se prénomme Evan. Avec lui c'est Sam et, je crois, Nika, mais il est parfois question d'un Tomy. C'est l'heure de la reprise des cours. Tu parviendras à marcher ? Tu manges à la cantine ? J'y suis à quarante-cinq.

— La douleur s'atténue. Agnès, sois tranquille, tu n'es pas obligée et tu ne me dois rien. Mais … j'aimerais beaucoup ! Je t'attendrai pour le repas.

À la pause déjeuner, ils se cherchèrent des yeux avant d'entrer au self et rosirent de plaisir lorsque leur regard scrutateur se rencontrèrent. Ils mangèrent ensemble, parlant peu, mais sans cesser d'échanger. Le soir venu, installée dans le car, Agnès lui adressa un signe de la main et il vit que pour la première fois, la place était libre. Elle l'invita timidement à s'y asseoir. Ils ne se quittèrent plus.

Charles ne considéra pas pour autant que l'incident violent était clos. Le connard odieux et rigolard qui avait tripoté les fesses sacrées de son Agnès et, devant elle, l'avait frappé lâchement, ne s'en tirerait pas en ayant à déplorer qu'un simple saignement de nez. Il ressassait des scénarios dans lesquels il se vengeait, avec une attention particulière pour le meneur aux mains baladeuses.

C'est avec cette obsession que durant sa classe de seconde et de première, il prit des cours de boxe et karaté à la Maison pour tous. Il suivait les entrainements avec un acharnement qui étonnaient ses entraîneurs au point qu'ils l'interrogèrent sur l'origine d'une telle rage. Lui ne songeait qu'à un objectif, s'expliquer avec le connard qui ne manquait jamais de lui adresser un sourire narquois en le croisant. La fin d'année approchant, le trio, à présent en classe de terminale, quitterait le lycée d'ici deux mois.

Charles décida un lundi soir, où il était spécialement motivé, de régler le problème sans différer davantage. Il les suivit dans un but précis, mettre un terme à cette idée fixe. Serein, il attendit le moment propice, donc celui qui lui permettrait de réaliser le scénario idéal soigneusement répété cent fois. Il se présenta dans une petite rue du centre, quasi déserte, à l'instant où l'un des membres du trio, à une intersection, bifurqua et s'éloigna.

Il interpella rapidement les deux autres et leur rappela qu'ils s'étaient mis à trois pour le frapper, en indiquant clairement dans son comportement qu'il était là pour prendre sa revanche. Connard le bouscula en le poussant d'un coup du plat de la main. C'est le geste qu'il escomptait. Il lui saisit le bras et le fit basculer sur le dos sans le frapper, et affronta dans l'instant le second en lui décochant une série de directs qui le sonnèrent et le firent tomber assis. Connard se relevait, comme attendu, et il lui laissa le temps de lui faire face. Au moment où il tenta de le frapper au visage, il esquiva et le roua de coups jusqu'à ce qu'il vacille et tombe. Le troisième, qui avait entendu, ainsi qu'il le voulait, revenait en courant prêter main-forte à ses amis. Mais, lorsqu'il arriva, il s'avéra être le seul à affronter l'agresseur ! Charles n'attendit pas qu'il essaie de le frapper et le corrigea suffisamment pour l'immobiliser, mais pas pour le mettre à terre. Dans son plan, il devait donner le courage à son acolyte posé sur son derrière de se relever pour l'affronter à deux, car il s'agissait de la paire l'ayant maintenu pour que Connard le frappe. Dès qu'il fut relevé, il allongea celui qu'il préservait en trois coups : un pour le souffle, un pour le sonner, un pour le plaisir.

Puis il pivota, fixa sa cible et lui administra une seconde raclée. Connard finissant de se relever en l'insultant, il reçut une correction supplémentaire, moins précipitée, mais travaillée pour épancher le besoin de vengeance que Charles nourrissait depuis presque deux ans. Bien que les trois fussent quasi inertes, il resta afin de les observer, pour parfaire son assouvissement et parce qu'il tenait à croiser leur regard avant de partir. Ce qu'il obtint alors qu'ils grimaçaient. Calmement, il les avertit que pour cette fois, il ne les tabasserait pas pendant qu'ils étaient au sol, mais que si l'un d'eux touchait à nouveau à Agnès, ou même l'effleurait, ou lui lançait un mauvais regard, ou si l'un des trois demandait à un comparse de le faire, il les passerait à tabac dix fois chacun, sans se préoccuper de savoir lequel serait le responsable. Après quoi, il aida Connard à se relever en souriant, le fixa dans les yeux en lui demandant s'il avait compris. Cet adversaire, qui était plus grand que lui de plus d'une tête, lui lança en guise de réponse son poing dans la figure. Charles esquiva d'une rotation du buste sans bouger les pieds du sol et le frappa d'une rafale au visage et au ventre, avec hargne et satisfaction. Connard s'adossa au mur au lieu de tomber. Il était à sa merci. Charles le roua de coups de poing jusqu'à ce qu'il glisse au sol alors que les deux autres regardaient, cette fois sans essayer de se relever. Eux avaient compris et suffisamment mal. Il reprit son chemin, paisible et soulagé.

Charles avait dû patienter seize mois, mais il avait évacué sa rancœur et se sentait enfin apaisé. À présent, les choses étaient en ordre. L'affront subi par Agnès était lavé et celui qu'il avait enduré devant elle aussi. Le lendemain, l'arrivée du trio au lycée ne passa pas inaperçue, comme souvent, mais cette fois pour un motif inhabituel. Les trois avaient le visage marqué par les coups et ils ne raillaient ni ne provoquaient personne, mais se contentaient d'afficher une humeur maussade suffisante pour les dispenser d'éventuelles questions.

Le midi du surlendemain, Agnès était au réfectoire en compagnie de Charles, souriante. Elle lui raconta avoir aperçu au matin les affreux, déambulant avec le visage de ceux ayant pris une raclée. Il prit un air étonné, mais resta silencieux. Elle compléta en précisant sa surprise, car en la voyant, ils s'étaient arrêtés, puis éclipsés, au lieu de la narguer comme à l'accoutumée depuis presque deux ans. Il hocha de la tête et commenta d'un simple « tant mieux ». Charles sourit en la fixant, lui prit une main et y déposa un baiser, puis il la conserva précieusement calée entre les siennes.

Agnès remarqua sur ses phalanges les traces indiquant qu'il s'était battu et l'interrogea en voulant comprendre, mais il ne répondit pas davantage. Elle les examina en tentant d'imaginer la violence nécessaire pour laisser ces marques, songea aux visages des trois perdants, fit une grimace, les posa sur la table et les couvrit des siennes avec tendresse, car elle devinait, mais respecta sa volonté de ne pas en parler. Elle le fixa et d'un battement de cils le remercia d'avoir lavé l'affront. La rumeur dut circuler dans le lycée, car jusqu'à la fin de leur dernière année, plus personne n'osa adresser la moindre remarque désobligeante à Agnès.

Par passion, ils s'étaient solennellement promis de patienter et de ne découvrir l'amour physique que lorsqu'ils auraient un nid bien à eux. Quand le désir se faisait fort, il se raccrochait à cet objectif qui conditionnait ce rêve partagé, avec peine ou gourmandise, mais ils s'y tenaient. Durant le mois célébrant l'anniversaire de leur rencontre, Charles prit une initiative importante afin d'offrir un cadeau-surprise à son amoureuse. Il loua un appartement avec une grande terrasse, situé au dernier étage d'un immeuble, et il l'y emmena sous prétexte de rendre visite à l'un de ses amis en cours d'emménagement. Émerveillée, elle joua à la maîtresse de maison et imagina l'aménagement, mimant la préparation d'un repas et le service au séjour, comme elle avait fait mille fois en étant enfant. Elle chantonnait et répétait que bientôt le tour viendrait. Lorsqu'il lui remit les clés, Agnès douta, alors il lui montra le double et le contrat. Elle mit un moment à réaliser, puis fondit en larmes. Elle haussa les épaules et lui désigna la cuisine spacieuse en sanglotant. En passant au séjour salon avec son mur de baie vitrée donnant sur la terrasse et offrant une vue sans vis-à-vis, elle soupira et pleura de plus belle. Elle le tira par la main jusqu'à la salle de bain, parfaite, et souffla en hoquetant. En entrant dans la chambre qui s'ouvrait également sur la terrasse, elle haussa les épaules et gémit. Toutes ces années de patience et parfois de souffrance étaient enfin récompensées. Elle avait vingt-deux ans et accomplissait avec son amoureux un pas de géant dans la vie. Tout était parfait, beau, inespéré, et c'était leur chez-eux, le premier, qui officialisait et concrétisait le couple qu'ils rêvaient d'être ! Agnès s'était effondrée sous l'emprise de ses émotions et elle ne parvenait plus à reprendre le contrôle. La voyant si émue, sa gorge se serra, car toujours profondément fusionnel, et il pleura avec autant qu'elle. Confrontés à cette incapacité à contenir toutes ces larmes alors qu'ils étaient heureux, ils rirent.

Ils se prirent dans les bras et se bercèrent, libérant des flots d'émotions dans cet espace déjà protecteur et célébrant sans avoir à l'évoquer leur union qui serait dorénavant notoire. Les mots de tendresse ponctuaient les soupirs saccadés et ils en oublièrent de faire l'amour. Étant donné la persévérance dans la patience dont ils avaient fait preuve, ils décidèrent d'attendre d'avoir un lit, à eux, pour s'aimer comme ils le méritaient, avec passion et tendresse, en prenant une heure ou quatre, un jour ou plus. Ils seraient libres.

C'est ainsi qu'une semaine plus tard ils montaient les meubles et stockaient des provisions. Ils s'enfermèrent dans ce nid douillet amoureusement préparé, meublé simplement, mais avec soin, coupèrent téléphones et sonnette, et ils se firent face sur le lit pour la première fois, à genoux, silencieux, conscients que cet instant unique était pour l'un et l'autre un rêve de Crystal, et hésitant à le faire vibrer. C'est avec une douceur et une lenteur infinie que, vierges, ils s'unirent enfin. La fusion était totale. Ils n'y restèrent pas une heure ou deux, ni la journée, mais c'est quatre jours entiers qu'ils passèrent au lit l'un contre l'autre, ou emmêlés autant qu'ils y parvenaient, avides, libérant des années de désirs intenses, expérimentant en riant les envies imaginées, rêvées et fantasmées.

Trente-cinq ans plus tard, Agnès et Charles formaient toujours un couple soudé, devenu parent de deux enfants, à présent jeunes adultes. Jouissant chacun d'une bonne situation, ils vivaient dans un pavillon confortable en banlieue, acheté et payé. Lui faisait carrière dans la vente de fournitures pour les artisans du bâtiment, elle dans la comptabilité. La passion qui unissait Agnès et Charles n'avait jamais été mise à mal. Au-delà de la relation amoureuse, elle le percevait toujours comme l'homme protecteur et prévenant, lui restait en contemplation de chacune de ses courbes et cette faculté qu'elle avait à l'alimenter en bonne énergie.

La cinquantaine passée, Agnès avait conservé l'essentiel de son allure sportive, malgré des cuisses et une poitrine plus rebondies. Les cheveux noirs éternellement tirés en arrière pour former une queue de cheval, elle avait gardé un visage avenant, en dépit des rides présentes aux commissures de la bouche et des yeux. Toujours patiente de tempérament, attentionnée et volontaire, elle avait toutefois développé une morosité latente, liée à l'âge, car elle ne supportait pas de vieillir. L'une de ses petites manies s'était affirmée pour devenir une quasi-phobie : elle ne tolérait pas que les choses bougent ni les aléas.

Pour compenser, elle gérait à l'avance, organisant et programmant le quotidien afin d'avoir le temps d'assimiler ce qui s'annonçait, et veillait sur leur intérieur avec une méticulosité dont Charles s'amusait depuis presque toujours. Parfois, juste pour l'observer agir, il bougeait une chose en partant au travail et faisait de même à son retour, sur un meuble, le canapé, à la cuisine ... et il chronométrait le temps pour qu'elle la remette à sa place, ou sa position, initiale. De son côté, elle prenait soin de tourner cinq fois autour pour tenter de résister, espérant ne pas lui dévoiler sa manie, puis finissait par repositionner, comme par distraction !

Charles, grand et doté d'une bonne carrure, avait pris depuis cinq à six ans un léger embonpoint, principalement sur le ventre. Il avait gardé ses cheveux, devenus grisonnants, son visage s'était assombri, car il s'ennuyait parfois. Sa vie était agréable, mais monotone, et ce n'est pas avec la phobie du changement de son épouse que cela changerait. Il avait été un père strict, toujours droit, gentil et paternel, même s'il avait conservé sa capacité à ne pardonner que difficilement et à peu de personnes. Ce qu'il ne supportait plus en vieillissant était le manque de respect et qu'une chose dite soit remise en cause. Le manquement à la parole donnée le mettait hors de lui et plus le temps passait, plus cela s'aggravait.

Ils avaient le projet de prendre une retraite paisible afin de profiter de leurs dernières années de vie amoureuse avant d'être vieux et plus complices qu'amants. Dans cet objectif et en plus d'avoir soldé le crédit de la maison, ils s'étaient constitué un pécule qu'ils manipulaient avec prudence et patience afin de le faire fructifier. Ils entendirent parler à plusieurs reprises d'un cabinet fiscaliste qui obtenait de bons résultats depuis déjà quelques années et qui était installé dans un quartier voisin, à proximité du centre. Après des hésitations et beaucoup de prises de renseignements, ils lui confièrent la gestion d'une partie importante de leur pécule et, pour être sereins, demandèrent à investir principalement dans l'immobilier, ce que fit le gestionnaire sur un projet locatif à forte rentabilité. Lui, exigeant sur la parole donnée, et elle, ayant besoin de s'assurer que tout se déroulait comme prévu, suivirent régulièrement les travaux de construction de la résidence dans laquelle le fiscaliste investissait. Ils étaient propriétaires d'un certain pourcentage de la totalité et non pas de deux ou trois appartements, ce qui leur permettait de diviser le risque lié aux loyers impayés au point de le rendre négligeable. C'est l'idée qui les avait séduits.

La résidence prenait forme et ils étaient satisfaits, car elle différait des innombrables immeubles de la ville. Elle apparaissait comme une sorte de village vert alors qu'il s'agissait d'un collectif urbain. Les réservations pour les locations commençaient à arriver, donc le projet se déroulait au mieux. Ils commencèrent à se projeter dans l'avenir et firent des calculs raisonnables et prudents sur leur retrait en douceur de la vie trépidante des actifs. Ils pourraient en retirer l'équivalent d'un troisième revenu et les perspectives d'évasion se matérialisaient par les catalogues de voyagistes qu'Agnès accumulait. Ce qui était encore à l'état d'idée suffisait à raviver leur flamme et ils recommencèrent à sortir, à se charmer et à faire l'amour régulièrement. Ils étaient heureux, comme depuis ce jour où elle s'était agenouillée devant lui pour lui donner un mouchoir avec tendresse.

CHAPITRE 2 (Élodie et Tom)

Élodie et Tom venaient d'horizons différents, mais s'étaient trouvés à la rentrée post-baccalauréat à partager un programme de sept ans de spécialisation dans les domaines de la finance avec une quarantaine de camarades qu'ils connaissaient plus ou moins. Élodie prêta attention à Tom à moitié de la première année. Il travaillait certes autant qu'elle, c'est-à-dire tout le temps, mais il dégageait une énergie positive communicative. Le revers de cette capacité, vu par elle, c'est qu'autour de lui papillonnaient inlassablement quelques filles en compétition avec qui elle ne voulait ni ne pouvait rivaliser.

Depuis petite, elle avait toujours été « grassouillette », comme le répétait son papa avec affection. De taille moyenne, elle avait du charme sans être particulièrement jolie, présentait une bonne figure, souriante, ponctuée d'un nez ordinaire et d'un regard aux yeux marron vert, coiffée d'une coupe courte au carré châtain. Sa poitrine généreuse, qu'elle aimait laisser entrevoir grâce à des décolletés souvent indiscrets, surplombait un ventre potelé, en harmonie avec ses cuisses, alors que ses fesses contrastaient, car préservées fermes, et sexy, du fait de la gymnastique qu'elle s'astreignait à poursuivre. Élodie était une des deux références régulières de la promotion, parce qu'elle travaillait avec acharnement, mais aussi car elle était brillante intellectuellement, et cela tous le savaient. Mais, au contraire de celles gravitant autour de Tom, elle était ronde, alors lorsque seule dans sa chambre d'étudiante elle pensait à lui, s'imaginant blottie dans ses bras pour la nuit, elle pleurait souvent en sentant son cœur se serrer. D'autres fois, elle faisait l'amour avec lui, en fantasme, volait un peu de plaisir puis sanglotait. C'est en partie pour étouffer sa souffrance qu'en journée elle s'investissait dans le travail avec hargne, et cela lui permettait aussi de moins voir celle qui avait pris sa place pour quelques jours ou semaines.

Tom ne la remarqua guère durant cette période. Il y avait autour de lui une quinzaine de belles filles, pleines de douceurs, de sourires, de parfums, de seins, de fesses, de jambes, de ventres, de bouches …

Tom était plus grand et mince qu'elle. Ses cheveux noirs presque frisés associés à un nez en trompette lui conférait une sympathie naturelle dont il usait. Il était depuis toujours un dragueur perpétuel et passait de l'une à l'autre avec une gourmandise proche de la frénésie, ce qui l'amenait souvent à partager ses nuits. Sa capacité à suivre les cours en pâtissait, et cela se traduisait au fil des mois par un retard devenu difficile à gérer.

La seconde année vit deux classes fusionnées en une, pour ne faire malgré tout que quarante étudiants. L'entourage de Tom subit de plein fouet cette dure sélection et il ne fut admis qu'après un examen de rattrapage qu'il réussit de justesse.

Figurant dans les trois premières du classement, Élodie n'eut pas à subir ce contrôle, mais elle se plongea néanmoins dans cette nouvelle année de travail avec la même fougue et volonté d'être parmi les meilleurs.

Tom avait clairement perçu l'avertissement et s'était calmé, seulement le retard était conséquent et compliquait ses bonnes résolutions jusqu'à les rendre vaines. Elle éprouvait pour lui la même passion, mais elle souffrait moins, car elle avait appris dans la douleur à accepter de voir Tom entouré de quelques jolies filles. Elles existaient et étaient des camarades de promotion sympathiques, c'était ainsi. À la fin du premier semestre, Élodie était première ou seconde de la classe selon les matières, Tom était dans les cinq derniers dans toutes. Il savait qu'avec ce résultat il ne serait pas retenu pour la troisième année, brisant de fait son projet de carrière. Il réalisa qu'il était déjà tard pour espérer remédier à sa situation en main et stoppa les concessions à ses hormones. Toutefois, le retard à combler étant considérable et ses lacunes l'empêchant de suivre comme les autres, il se rendit à l'évidence. Dorénavant et pour la première fois de son cursus, il devait obtenir de l'aide, urgemment et durablement. C'est dans cet esprit qu'il prospecta ceux susceptibles d'en être capables et qu'une fin d'après-midi il frappa à la porte d'Élodie. Malgré sa surprise de l'avoir face à elle sur le seuil d'entrée de sa chambre, elle demeura inexpressive, par choix afin de se protéger. Il lui fit part de sa démarche sans ambiguïté, mais aussi du refus des huit premiers à qui il avait fait cette demande. Elle buvait ses paroles. À présent, Tom était dans sa chambre et c'est lui qui était venu à elle. Ils étaient assis et parlaient. Malgré sa volonté d'accepter, elle le questionna sur ses motivations et sa détermination, car elle ne voulait pas être utilisée et avoir à en souffrir.

Désillusionnée, elle se refusait à mettre en péril sa carrière qui s'annonçait prometteuse, pour qui elle sacrifiait tout, et avant de lui répondre, elle tenait à faire peser sur lui une saine pression. Finalement, elle décida que ne pas exprimer ce qu'elle pensait réellement serait une erreur et elle changea brusquement d'attitude. Elle lui fit remarquer que son comportement depuis le début était inadmissible, qu'il était normal qu'il en paie le prix et qu'il ne devait plus entraîner des camarades dans la voie de l'échec. Après quoi elle fit silence et l'observa. Il resta un instant songeur, soupira, et la surprit en reconnaissant humblement qu'elle avait raison, mais que pour s'approcher au plus près de la réalité, elle pouvait sereinement durcir ses positions. Puis, l'air grave et sincère, il lui confia sa volonté de changer et lui renouvela sa demande, en précisant qu'il sollicitait uniquement les dix meilleurs, qu'il avait commencé par le dixième, en vain, et qu'ils étaient avec le camarade restant les deux premiers de la classe et ses derniers espoirs. Désireuse de l'aider, mais sachant qu'elle devrait obtenir qu'il change, elle lui proposa de revenir le lendemain midi pour connaître sa décision. Elle y songea en s'endormant. Dès le matin, elle rédigea une liste de ses conditions, sans faux semblants, s'apprêta discrètement et maquilla ses yeux. Lorsqu'il arriva, elle le fit asseoir près d'elle à son bureau et lui donna à lire son document. Il hochait la tête au fil des mots, parfois faisait la moue, puis il se tourna pour la regarder dans les yeux. Il était si proche qu'elle sentait son souffle. Tom lui sourit et lui dit son étonnement, car au travers ses exigences, elle avait si parfaitement identifié ses faiblesses qu'il lui semblait qu'elle pouvait lire en lui comme dans un livre. Il prit un crayon et lui écrit son acceptation de ses conditions, puis ajouta « y compris celles à venir ». Elle lui tendit la main pour sceller leur accord, il s'en saisit pour s'approcher d'elle et lui fit deux bises. Ce soir-là fut le premier depuis la fin de son enfance où elle s'endormit avec un sourire aux lèvres. Chaque jour qui suivit, Tom était dans sa chambre, ou elle dans la sienne. Elle accomplissait son propre travail tout en pilotant le sien, en le corrigeant et en reprenant pour lui les cours. Deux mois plus tard, Tom avait regagné quinze places, Élodie était toujours première ou seconde.

Tom passa en troisième année en étant dispensé d'examen. Il lui demanda si elle accepterait de poursuivre leurs études de la même façon, y compris pour ses engagements, en précisant que son acceptation serait un privilège. Élodie accepta sans hésiter. Ils firent l'amour au début du deuxième mois de la nouvelle période.

Après ces études longues et pénibles, ils se mirent en ménage et enchaînèrent en travaillant comme des acharnés, sacrifiant tout à leur projet qui était de réussir socialement et financièrement. Les nuits de sommeil étaient trop courtes, les week-ends n'existaient pas, la tension était forte et permanente. À eux deux, ils accomplissaient le travail d'une petite équipe d'au moins cinq personnes, de ceux comptabilisant heures et efforts. Lorsque l'un était épuisé et baissait les bras, l'autre prenait en charge et lui insufflait l'énergie nécessaire. Ils trimèrent comme des esclaves pendant trente-six mois pour ouvrir leur cabinet-conseil. Mais le résultat espéré était là, probant et fiable. Ils avaient une clientèle à qui ils proposaient des placements originaux, la reconnaissance générait un début de notoriété, et l'argent arrivait, doucement, mais récompensant les sacrifices consentis. À la sixième année, ils vécurent dans l'euphorie liée à la réussite professionnelle. Ils travaillaient et réussissaient, comme ils l'avaient projeté durant les longues soirées et interminables week-ends enfermés avec des livres et les ordinateurs. Le succès était tel que ni l'un ni l'autre n'envisageaient de le laisser s'échapper.

Tom se plaisait avec Élodie et il tenait à partager ses journées avec elle, sa vie avec elle, son travail avec elle, à faire l'amour avec elle, mais il aimait aussi les autres femmes et le nombre de ses aventures croissait en moyenne de deux par mois. Elle s'en était aperçue, et bien qu'habituée à ce genre de souffrance avec lui, elle avait malgré tout pleuré, seule et discrètement, mais n'y faisait aucune allusion, car elle savait qu'ouvrir cette porte secrète de Tom ne permettrait plus de la refermer. Leur vie serait remise en cause, ainsi que leurs projets, pour de stupides histoires libidineuses, et cela, elle le refusait plus encore. Contrainte par ses choix, elle s'était faite au mode de vie de Tom. Ce travers écarté, il demeurait un conjoint fiable et rentrait tous les soirs. Même s'il lui faisait moins l'amour, alors qu'elle adorait cela, elle gérait en semblant ne pas y penser. De nature monogame, Élodie n'envisageait pas de compenser par une vie extraconjugale qui aurait pu lui apporter le plaisir d'être désirée, sollicitée et choyée. Alors elle mangea davantage et grossit encore. La véritable face noire de son existence, car la plus douloureuse était liée à la seule réelle non-convergence dans leur vie de couple. Elle désirait être maman, lui ne voulait pas en entendre parler et se mettait rapidement en colère si elle insistait. Elle en souffrait plus encore que des infidélités, alors elle mangeait du chocolat et des sucreries.

Tom réclamait le droit à vivre sa vie d'homme avant d'être papa. Il y avait tant de déesses à découvrir que sa liberté lui était essentielle, et, à présent qu'il gagnait correctement sa vie, il voulait en profiter, paraître et flamber avec ses conquêtes. Il aimait sincèrement Élodie depuis des années, mais elle avait encore grossi, ce qui ajoutait à sa difficulté d'envisager ne plus en toucher une autre et de ne plus séduire. Lorsqu'une femme s'offrait, il adorait la fébrilité de la découverte de son corps, l'observer se déshabiller, la voir et la sentir s'abandonner, oublier le masque de la pruderie, recevoir et partager le désir et le plaisir qu'elle dissimulait, remettre la petite culotte et sa pudeur tout en discutant de la prochaine fois.

Certes, il était ennuyé de la tromper et de s'emporter contre elle. Mais il ne parvenait pas à concevoir la logique que certains semblaient vouloir imposer, consistant à considérer que pour aimer une personne il fallait sacrifier les plaisirs purement charnels. Quant à ses colères, Élodie insistait parfois lourdement sur le fait de venir parents et cela le mettait hors de lui presque instantanément. Il avait tenté à maintes reprises de comprendre la raison de son irritation, mais la seule explication identifiée ne justifiait pas ses dérapages et la conscience n'y changeait rien. Il savait que la paternité était pour lui synonyme de dépendance, de la fin de son insouciance, que ses maîtresses risquaient alors de le culpabiliser, qu'Élodie serait plus exigeante, plus exclusive, mais aussi plus à même de vivre sans lui, et ce tableau provoquait un sentiment proche de la crise de claustrophobie.

Leur agence de conseils en fiscalité avait connu sa première forte croissance lorsque Tom avait rencontré une femme, de plus, qui l'avait emmené dans une soirée libertine, au cours de laquelle il avait pu butiner comme un jeune puceau avide. Ils y étaient retournés et il avait sympathisé avec un couple d'amis de sa maîtresse, celui qui organisait et recevait, dirigeants d'une entreprise de construction de résidences. Il avait échangé avec Jean-Daniel, l'entrepreneur, et ils avaient imaginé un partenariat leur permettant de gagner en performance, en coût, donc en rentabilité et en capacité à accroître le nombre de chantiers. Il n'y avait rien d'illégal, juste une astucieuse collaboration. Il vendait sur plan l'intégralité des logements bâtis par l'entreprise de Jean-Daniel en tant que produits de placements. La vente par tantièmes des surfaces, donc des loyers, permettait à l'investisseur d'être protégé du risque d'impayé, et la société du couple n'avait plus besoin de prêts bancaires pour construire.

Les coûts de construction baissaient, la rentabilité proposée par le fiscaliste aux investisseurs augmentait et devenait inaccessible aux autres cabinets. Les projets se faisaient plus nombreux, car sans risque, et l'argent affluait. Tom était épanoui. Il avait la femme qu'il aimait pour épouse, ses finances n'étaient plus un souci, il vivait dans le paraître, avait des maîtresses et participait régulièrement à des soirées privées au cours desquelles il assouvissait sa passion pour le beau sexe.

L'arrivée d'un jeune architecte inventif dans les desseins de ses amis entrepreneurs avait déclenché une nouvelle croissance conséquente de son cabinet, grâce au caractère novateur et écologique qu'il avait apporté aux projets dans lesquels ils investissaient.

Le travail administratif devenant lourd, Élodie décida d'embaucher une assistante. Consciente qu'elle était devenue trop grassouillette, elle choisit sciemment une grande blonde présentant bien et à même de faire le relationnel qui convenait avec les clients du cabinet. Elle ne s'inquiétait pas que son mari soit en présence d'une femme comme Emmanuelle, puisqu'il la trompait depuis longtemps et que ses infidélités ne se comptaient plus. Il y avait au moins cet aspect positif à sa situation, à savoir que lorsque Tom coucherait avec elle, il n'y aurait rien de nouveau ! Et il devint son amant rapidement.

Elle s'entendait bien avec Emmanuelle et, dans les premiers temps, sa présence la motiva pour se mettre au régime, car voir au quotidien cette grande femme mince lui avait donné l'envie de relever ce nouveau défi. Lorsqu'elles n'étaient que toutes les deux, à plusieurs reprises elles avaient librement parlé de leur corps et de leurs petits soucis cachés de santé. Quand Élodie lui avait demandé si le fait d'être si mince lui permettait d'avoir malgré tout une poitrine naturelle, ou si elle avait dû faire appel à la chirurgie, Emmanuelle avait ri avec bonne humeur et simplicité. Elle avait tiré le rideau du bureau et passé les bras dans son dos et sous son pull, en interrogeant du regard Élodie afin de s'assurer qu'elle soit désireuse de voir. La demande confirmée, Emmanuelle avait dégrafé son soutien-gorge et le lui avait tendu pour lui montrer les rembourrages importants. Élodie ne cachant pas sa surprise, Emmanuelle avait relevé son pull pour lui dévoiler qu'elle n'avait pas de poitrine. Élodie en était restée étonnée et avait observé longuement ses seins presque plats de préadolescente. Emmanuelle lui demanda en toute simplicité à voir les siens, Élodie ne sourcilla pas et lui présenta sa poitrine qui, une fois libérée, sembla encore plus opulente. Emmanuelle s'en était trouvée aussi étonnée.

La bonne entente et leur liberté contribuaient à permettre à Élodie de gérer le fait qu'elle était l'une des maîtresses de son mari volage. Malgré les encouragements et le soutien sincère d'Emmanuelle, l'effort pour maigrir resta sans effet, elle ne perdit pas un kilogramme en deux mois de faim. Alors elle compensa à nouveau, Emmanuelle la gronda, mais Tom ne s'en aperçut pas.

Élodie s'était trouvée dans la situation de pouvoir céder aux avances d'un client qui la recevait dans son bureau et, lors d'une autre occasion, moins centrée exclusivement sur l'aspect charnel, à celles d'un ancien ami qui lui avait toujours fait du charme. Avec le premier, débordante de désirs inassouvis, elle s'était abandonnée aux pulsions à deux reprises, rendant les baisers avec plaisir et découvrant un trouble enivrant à encourager les mains à caresser son corps. Mais cette première incartade cessa lorsque l'homme tenta de lui dégager plus que la poitrine. Elle céda à la panique, car elle ne pouvait gérer la peur de montrer ses rondeurs, alors elle s'excusa et se retira en précisant qu'elle était seule en cause. Elle ne le revit pas. La seconde fut plus assumée, et lorsque les baisers de son ami cédèrent la place au contact plus intime, elle songea que c'est Tom qui la délaissait, donc qui était responsable de ce besoin qui la rongeait. L'approche la libéra du sentiment de faute. Concernant son physique, elle exigea la pénombre et de garder son ventre couvert. Son ami amant la rassura en acceptant sans la questionner, et rapidement, il s'étonna à en être déstabilisé tant elle se montra tendre et avide.

Quelque temps plus tard, Tom la délaissait presque totalement. La situation permit à Élodie de rejoindre régulièrement cet homme en considérant qu'elle ne commettait pas un adultère, mais qu'elle compensait ce que Tom offrait à d'autres. Lorsqu'elle avait besoin de se venger de Tom, parce qu'il ramenait à la maison les effluves d'une femme, ou encore quand il ne se donnait pas la peine d'imaginer un mensonge décent, il arrivait à Élodie de demander à le rencontrer sans attendre la date prévue.

Un jour fut particulièrement délectable pour elle, celui où le hasard et les circonstances espacèrent les deux hommes de quelques minutes ! Tom l'avait regardé différemment, surpris et choqué, car il avait identifié parfaitement ce dont il retournait. Élodie y avait trouvé une satisfaction quasi orgasmique. Tom ne doutait pas du constat, mais son mode de vie ne lui permettait pas de l'évoquer. Dorénavant, les deux savaient ce que chacun perpétrait en catimini !

Pour Tom, ses relations extraconjugales étaient si habituelles depuis si longtemps qu'il les avait normalisées et n'en ressentait plus la moindre culpabilité. Il avait un désir addictif de séduire, de conquérir et d'obtenir de ces femmes qu'elles s'abandonnent à la recherche du plaisir qu'il voulait dispenser jusqu'à les rendre dépendantes, comme il était. C'était sa vie et il la vivait.

La vie du couple n'était plus celle qu'ils avaient planifiée, mais pour étrange qu'elle puisse paraître de l'extérieure, elle s'avérait stable et ils y trouvaient leur compte, tous les deux à un bébé près. Lorsque parfois ils s'aimaient moins, ou se détestaient, ils considéraient que c'était là le prix à payer pour préserver ce style de vie porté par une réussite sociale durement acquise. Alors, ils s'en arrangeaient.

CHAPITRE 3 (David)

David était né dans une cité, de celles apeurant ses habitants et effrayant les autres. Il s'était accommodé, jusqu'à le faire sien, du mode de fonctionnement imposé par le quartier. Les amis y étaient nombreux, les ennemis aussi, les bagarres fréquentes et ordinaires, comme les petits trafics en tout genre. L'été, il y régnait une chaleur étouffante, rendant les habitants agressifs, faute de pouvoir dormir. L'hiver, il y faisait froid, alors la vie se déroulait dans les bâtiments et chacun vivait avec les familles d'environ quatre niveaux, plus la cage d'escalier, ce qui entretenait un seuil élevé d'agressivité, faute de pouvoir dormir.

Son grand frère était parti depuis longtemps de la cité et n'était jamais revenu, alors il vivait seul avec ses parents qui étaient usés par la vie, et David ne pensait qu'à descendre les neuf étages pour retrouver ses copains.

Ses procréateurs buvaient beaucoup et il n'avait pas souvenir qu'il en fut un jour autrement. De plus, ils se droguaient depuis des années. Dès son plus jeune âge, il s'était habitué à les voir se battre lorsqu'ils étaient emportés par leurs délires, donc régulièrement, au point qu'il considérait cette pratique comme ordinaire dans une vie de couple. Le premier à terre recevait l'estocade finale sous la forme d'une volée de coups pieds titubants, puis après s'être rossés, ils pleuraient et concluaient en forniquant là où ils se trouvaient, à la cuisine, dans l'entrée, au salon, dans leur chambre, dans la sienne ou dans le couloir, même s'il était à côté d'eux. Lorsqu'il n'avait pas le temps ou la possibilité de se réfugier dans les toilettes, ils l'attrapaient et le contraignaient à participer à leurs ébats dépravés. Il savait depuis longtemps ce qu'il devait faire avec l'un et l'autre ivres, et craignait davantage sa mère que son père, car lui ne pouvait souvent plus grand-chose. Ensuite, il regardait la télévision ou alors il descendait retrouver ses copains.

Parfois, il s'asseyait sur le rebord de sa fenêtre de chambre et il s'évadait, peu importe où, mais ailleurs, en regardant les voitures qui circulaient, les gens qui déambulaient, ou couraient, ceux qui discutaient, d'autres qui semblaient se sauver, parfois des bousculades qui régulièrement dégénéraient en bagarres violentes. En fin de journée, où la nuit, la lumière des appartements empilés les transformaient en une multitude de petits téléviseurs. Il pouvait s'infiltrer visuellement chez beaucoup et voyait des gens vivre, se mettre à table, regarder un film, faire le ménage, se chamailler, se promener en sous-vêtements ou nus, certains, souvent les mêmes, ne tiraient pas les rideaux afin d'offrirent le spectacle de leur rapport physique toujours démonstratif. Parfois, il regardait à l'aplomb de son perchoir, c'était haut, profond et étourdissant, mais il n'avait plus peur. Lorsqu'il était trop sollicité par les besoins de ses dégénérés de parents, il lui arrivait de se demander s'il aurait le temps de voler, celui de réaliser sa chute, si lors du choc la douleur était perçue ou non, s'il crierait ou rirait, s'il observerait une dernière fois la cité, si quelqu'un éprouverait de la tristesse à sa mort, s'il serait juste tout cassé à l'intérieur ou si son ventre et sa tête exploseraient sur le trottoir !

Malgré ce contexte destructeur, la vie de David était routinière. En grandissant, il prit conscience de l'anomalie, puis de la monstruosité de ce que ses parents exigeaient de lui, alors, lorsqu'il fut suffisamment fort et eux assez vieux et diminués, il refusa ! Dès cette première fois qu'ils ne comprirent pas, sa mère nue essaya de le raisonner, puis le tira par la main en se faisant câline, son père nu le menaça, en titubant, mais il tint bon. Surpris, ils interrompirent le rapport et mirent deux ou trois heures à décider de la réaction adaptée. Ils tentèrent une nouvelle fois de le convaincre en lui promettant qu'ils lui permettraient à partir de ce jour de leur faire ce qu'il voudrait, mais il resta inflexible. Ils haussèrent les épaules, mirent ses affaires dans deux grands sacs en plastique, le poussèrent sur le palier en lui urinant dessus et fermèrent la porte à clé en riant de concert. C'est la dernière fois qu'il vit ses parents, à l'aube de ses dix-sept ans.

17 ans

Il se fit héberger pendant un temps chez ses connaissances, puis découvrit un local dans les sous-sols d'un quartier voisin dans lequel vivaient des paumés. Ils se partagèrent ses affaires, sans qu'il puisse protester, avant de lui faire une place dans le box situé au milieu d'une centaine d'autres, sources de bruits, d'odeurs et de gaz d'échappement.

L'air vicié empestait le carburant brûlé, l'huile de moteur, la poussière et le local à ordures. Le sol en béton absorbait tout et était nauséeux. Avec eux, il apprit à se procurer de l'eau, de la nourriture et à la préparer, à dégoter des vêtements, de l'argent, à se faire voler, à être blessé, à avoir froid, à être sale, à se soulager n'importe où et souvent en groupe. Il fit aussi sa première rencontre avec la mort, un matin, en s'éveillant. Un homme d'une quarantaine d'années qui dormait avec eux décéda dans son sommeil, probablement trop ivre. Le corps resta en place durant trois jours. Puis ce fut une vieille femme pour une raison incertaine, et quelques mois après un couple d'hommes fit une overdose et mourut la même nuit. Il passa deux années ainsi et apprit les règles pour survivre, invisible dans les sous-sols de la société.

19,5 ans

À présent, il osait se rendre au centre-ville et errer dans d'autres quartiers, toujours en quête de quelque chose. Il y eut une évolution lorsque le petit groupe découvrit des caves mitoyennes inoccupées. Il y avait de la lumière, certes faiblarde, de l'eau dans le local à poubelle et plus de gaz d'échappement. Après vingt-quatre nouveaux mois, trois membres trouvèrent le courage de se présenter à leur famille. Deux les réintégrèrent et ils n'en eurent jamais la moindre nouvelle, un revint, car rejeté. Des novices prirent les places et la tribu se stabilisa à douze êtres en peine. L'hiver était là, cruel pour eux qui vivaient dehors et couchaient sur un sol non isolé, mais ils étaient à l'abri et en sécurité, c'était déjà un luxe.

24 ans

C'est à la fin de sa sixième année de vie de rue qu'il découvrit un chantier semblant abandonné. En pénétrant en fin de journée sur le site d'une résidence en construction pour uriner en paix, et voyant qu'il n'y avait personne, il s'aventura dans les bâtiments et visita des appartements plus ou moins achevés, mais vides. Curieusement, il ne restait ni outils ni matériaux. Il se mit à pleuvoir beaucoup et il choisit l'un d'eux pour s'y réfugier et y dormir. Après une nuit calme, il constata au petit matin que l'arrivée d'eau était juste fermée, comme le compteur électrique. Il n'hésita pas. Il sortit précipitamment, entra dans une pharmacie prélever rapidement quelques échantillons de savons, shampoings et gels de toilette, puis revint prendre un bain, froid, mais le premier de sa vie, suivi d'une douche, frisquette.

Après quoi il lava ses affaires. Il s'en retourna le lendemain pour rejoindre ses amis des caves en sous-sol. Ils furent si stupéfaits en le découvrant propre et sentant bon qu'ils rirent avant de le questionner ! Ils préparèrent leurs affaires, et dès le soir venu, il les amena dans la résidence. Il leur fit visiter sa trouvaille, montra l'eau coulant des robinets, la lumière dans certaines pièces, les toilettes et la salle de bain ! Émerveillés, ils lui firent à tour de rôle une accolade. Il y avait de l'air, de l'électricité, des fenêtres, de l'eau, pas de mauvaises odeurs et ils étaient au-dessus de la surface. Quelle que soit la durée durant laquelle ils pourraient profiter du lieu, c'était prodigieux. Ils choisirent les appartements les plus finis, trois types deux qui se trouvaient sur un même palier d'un troisième étage, et réussirent à allumer quelques convecteurs électriques puis prirent un bain. Les femmes pleuraient, les hommes parlaient forts et riaient, ils n'étaient plus dans la misère et se sentaient à nouveau vivre. Le groupe se dispersa pour collecter de la nourriture et ils revinrent manger ensemble, au propre et au chaud. C'était le premier jour de fête qu'ils partageaient, faute d'en avoir vécu un avant. Les jours qui suivirent furent consacrés à l'amélioration du confort, avec réussite, et la vie redevint provisoirement presque clémente.

Les semaines passèrent. David les poussa à profiter du répit offert par le lieu pour redevenir présentables, et ils y parvinrent. Ils pouvaient dorénavant sortirent et s'intégrer dans la foule sans susciter rejet ou crainte. La sensation était puissante à en être grisante, car pendant ce laps de temps où ils étaient parmi ceux ayant une vie, ils se sentaient incroyablement normaux. Toujours sous l'impulsion de David, quelques-uns, dont lui, allèrent jusqu'à se présenter dans des agences d'intérims, puis ils entreprirent des démarches administratives pour obtenir de l'aide. Quatre en obtinrent, en argent mais aussi sous la forme de cartes permettant de faire des courses dans des magasins où tout était gratuit. Pour la première fois, la petite communauté se nourrissait avec des produits alimentaires sains et pouvait planifier quelques achats.

Le quotidien n'était plus un cauchemar ni une lutte contre le froid, la faim ou la crasse. Ils commençaient à s'entraider pour trouver des issues à leurs situations. David était monté en grade au sein du groupe, car il était celui qui avait découvert ce paradis, avait pensé à eux en revenant les chercher, puis les avait poussés à reprendre un début de contact avec la vie normale et à faire ces démarches administratives.

Grâce à lui, ils mangeaient, se lavaient, se vêtaient et dormaient. Il était aussi l'homme qui ne réglait pas les différends à coups de pieds ou d'insultes, qui cherchait à organiser et savait utiliser les compétences des uns et des autres pour progresser. Il avait ainsi organisé la protection et la maintenance de ce qui était devenu leur résidence. C'est donc naturellement qu'ils prirent l'habitude de se référer à lui chaque fois que nécessaire.

24,5 ans

Un après-midi pluvieux, alors qu'ils étaient réunis dans un séjour pour discuter et se tenir compagnie, l'un d'eux donna l'alerte en voyant un homme pénétrer sur le site et semblant s'y diriger sans hésitation. Il n'avait pas l'air de chercher un abri et observait la résidence avec le téléphone à l'oreille. La panique les gagna rapidement. David fit éteindre les éclairages et leur demanda de rester assis au sol pour ne pas être aperçu, puis il prit l'initiative d'aller au-devant en étant serein. Il descendit dans le hall et, voyant que l'étranger se dirigeait précisément vers leur cage d'escalier, il s'assit sur les premières marches en faisant mine de feuilleter un dépliant publicitaire. L'individu entra, s'arrêta et l'observa :

— Que faites-vous là ? Qui êtes-vous ?

— Bonjour, je me suis mis à l'abri de la pluie et me repose en attendant une accalmie. Je suis David. Et vous ?

— Et moi ? Mais je suis l'architecte co-investisseur de cet ensemble immobilier et je suis ici parce que j'ai appris que la résidence était squattée.

— Je ne suis pas au courant, il pleut, je me suis simplement mis à l'abri.

— Je ne suis pas entré dans cette cage par hasard, j'étais guidé en direct au téléphone par une personne d'un immeuble voisin qui m'a signalé votre présence. Vous n'êtes à priori pas de passage, ni seul. Je tenais à valider par le constat avant de faire appel à la gendarmerie pour effraction et vandalisme.

— Je vois le profil ! Les grands mots et les conclusions qui dégringolent sans même entendre la moindre explication ! Pourriez-vous accepter de discuter quelques minutes ? S'il vous plaît ?

—Je ne pense pas qu'il y ait matière, vous déguerpissez ou je vous fais expulser manu militari.

— Le mec qui maîtrise et gère, qui décide et tranche, qui sait que la vie se mérite et dicte les règles, etc. C'est vous ! Il n'y a eu aucune effraction, observez la porte, elle était ouverte.

— Ce n'est pas une raison pour entrer.

— Il n'y a pas eu de vandalisme, prenez au moins le temps de constater que rien n'est abîmé. Et si vous êtes lucide et de bonne foi, vous découvrirez que nous avons géré des choses étranges pour éviter que des dégâts naissants ne s'aggravent. Vous pouvez porter plainte si vous voulez, personne n'a été blessé ni lésé. Avec de la chance, un juge aura le temps de m'entendre et me permettra de vous facturer notre boulot.

— Comment cela votre travail ? Et sur quels dégâts ?

— Beaucoup de fenêtres étaient ouvertes et celles qui n'ont pas été posées ont laissé des ouvertures sans la moindre protection. Nous avons tout fermé et mis des bâches pour éviter que l'eau n'abîme les murs et les sols. Pour les énormes fissures des toits, cela a été plus dur, mais il fallait protéger les charpentes et les dalles, et c'est fait ! Je peux vous emmener voir, si vous doutez. Et nous avons chassé les indésirables qui tentaient de squatter, pour la drogue, ou forniquer, ou pour casser.

— Je suis étonné, car ce n'est pas ce qui m'a été rapporté, mais il n'en reste pas moins que vous n'avez rien à faire ici.

— Nous pouvons partir, Monsieur, mais il vous faudra payer des vigiles pour garder la résidence, et des ouvriers pour la maintenir.

— J'en doute ! Mais montrez-moi quand même. Je ne suis pas celui que vous avez décrit.

David lui sourit et l'amena directement sur le toit par la trappe incendie. Il lui montra les bâches tendues et fixées avec des moyens rudimentaires et lui désigna du doigt les autres toitures où ils étaient intervenus. Puis ils visitèrent quelques logements vides où des plastiques avaient été bloqués pour éviter que la pluie ne détériore tout. Ensuite, ils se rendirent dans un local condamné par eux, depuis l'intérieur avec une poutrelle d'acier afin de lui montrer le matériel resté au sol, preuves des séances de prises de drogues.

— C'est donc vrai, vous êtes parvenu à gérer la résidence ! Pourquoi avez-vous fait cela ?

—Parce que c'était un gâchis intolérable vu par nous qui n'avons plus rien. Je savais qu'un jour quelqu'un tel que vous viendrait à cause de notre présence. Alors, j'ai pensé qu'en nous conduisant comme autres choses que des parasites, cette personne pourrait avoir envie de ne pas nous renvoyer dormir dehors, dans la crasse et le froid, du moins tant que les réparations ne sont pas faites, car les fissures sont nombreuses et importantes.

— Une nappe phréatique qui a bougé, sans doute à cause des vibrations liées aux travaux. David, je me présente, je suis Yann. Je ne sais plus quoi dire, car j'ai déboulé avec un discours éminemment belliqueux, je le reconnais, mais à ma décharge, sachez que cette résidence devient chaque jour davantage une source d'ennuis, comme vous pouvez l'imaginer, et du genre énorme ! En réalité, les catastrophes consécutives pleuvent déjà et logiquement de toutes parts, et s'est dans cet état d'esprit que je me trouve face à vous qui n'êtes pas du style que je m'attendais à affronter. Je suis là, car je voulais aussi voir de mes yeux ces fameuses fissures.

— Je comprends cela. Je peux vous présenter mes amis ? Vous n'avez rien à craindre, nous sommes comme une petite société, ou une tribu, de douze personnes. Nous étions tous, depuis six très longues années, enfermés dans un sous-sol de résidence vétuste, quatre y ont laissé leur vie, certains arrivent à garder espoir et se sont refait une apparence respectable grâce à cet hébergement, d'autres ont plus de mal, mais ne sont en rien mauvais ou dangereux, ce sont des gens qui ont souff, c'est tout. Ils ont tous travaillé à la protection du site, parfois en prenant de grands risques faute d'être outillés, comme sur les bords de toitures, mais ils l'ont fait, car ils ont retrouvé des raisons de se lever le matin. Vous me suivez, Yann ?

Yann lui emboîta le pas et ils entrèrent dans l'appartement où les autres se tenaient toujours assis, attendant le retour et les instructions de David. Lorsqu'ils pénétrèrent, le silence se fit, puis David les présenta par leur prénom en ajoutant les formations et les situations d'avant le naufrage. Il y avait Nelly, comptable ayant détourné des fonds pour payer les soins de son enfant cancéreux, aujourd'hui décédé. Isabelle, cuisinière officiellement disparue, car battue par un mari six fois relâché par la justice. Lounia, étudiante en droit à Paris, mais en fuite, car vendue comme épouse par ses parents à un homme de quarante-huit ans son aîné. José, ouvrier divorcé devenu SDF à cause d'une pension alimentaire qu'il ne pouvait pas assumer. Mathieu, artisan général dans le bâtiment ruiné par une caisse de retraite. Antoine, professeur ayant giflé un élève qui l'avait menacé, débarqué par sa hiérarchie. Denis, agent commercial anéanti par les organismes sociaux. Bernard, constructeur indépendant liquidé après avoir collé son point dans la figure d'un contrôleur fiscal. Félix, vigile renvoyé pour avoir frappé le directeur qui tripotait une collègue contre son gré.

Louis, commerçant brisé par les organismes sociaux. Gilbert, huissier condamné pour avoir acheté pour lui des biens saisis.

La diversité rendait leur situation encore plus effrayante, car reflétant la fragilité d'un statut, d'une profession ou d'un avenir espéré. Gilbert, ex-huissier, se leva et tendit la main à Yann qui le salua :

— Difficile de dire bienvenue dans notre position, mais si David t'a amené à nous, c'est que nous pouvons t'accepter, alors prends place parmi nous. Nous arrivons à survivre, nous t'aiderons à ne pas sombrer. Nous avons tous eu un premier jour, avec des vêtements propres, et en refusant d'imaginer que la mise à l'écart durerait. Désolé pour toi, assieds-toi et parle-nous. Pouvoir raconter comment tout a basculé est un grand soulagement.

— Merci beaucoup pour ton accueil, Gilbert, je suis touché que vous tous m'acceptiez et soyez prêts à m'aider sans me poser de questions.

David voulut intervenir, mais Yann lui fit un petit signe des yeux et s'installa dans le cercle formé à même le sol. Il les observa et chacun lui dit un mot sur son avant, la chute et son après. Tous avaient en commun d'avoir été abandonnés par leur entourage, par la société, par les banques, par le monde du travail, puis d'avoir été rejetés, car devenus différents. Yann écoutait et semblait sincèrement dépité et effrayé de constater la facilité et rapidité à laquelle leur existence avait viré au cauchemar. Alors, lorsqu'ils le regardèrent pour lui laisser la parole, il soupira, regarda David avec un sourire étrange et raconta son ascension, puis, après une hésitation, son investissement sur la résidence et comment ses associés en étaient arrivés à faire une terrible erreur sur un dossier pourtant simple. Il évoqua avec honnêteté les causes véritables, en l'occurrence les vies privées qui avaient empiété sur le travail, et revint sans faux semblant sur la lourde conséquence qu'ils connaissaient, à savoir la résidence fissurée et les ennuis qui s'aggravaient rapidement, les commandes qui s'annulaient, sa banque qui le lâchait et son avenir qui semblait sans issue. Puis il en vint au fait qu'ils lui avaient été signalés, qu'il voulait constater l'évolution des fissures et qu'il serait peut-être amené d'ici peu à leur demander une place parmi eux, en précisant que de savoir qu'ils l'accepteraient, en lui évitant les affres de la solitude, l'émouvait beaucoup. Ils restèrent silencieux, étonnés, puis Gilbert, ex-huissier, reprit :

— Désolé pour toi et pour ma méprise, mais tu auras avec nous un point de chute. C'est si précieux que tu ne saurais encore l'imaginer.

— Je peux le croire, car y penser me fait déjà mal au ventre.

— Seul sur un trottoir le premier soir, c'est terrible. Tu attends très vite la mort, en espérant qu'elle vienne par surprise sans te faire souffrir.

Le nouvel arrivant lui sourit et lui posa une main presque fraternelle de remerciement sur l'épaule, David enchaîna :

— Yann, nous ne sommes pas dans une condition où nous pourrions vous aider. Que comptez-vous faire dans l'immédiat en ce qui nous concerne ?

— Je ne sais plus. Rien, je pense, si ce n'est vous laisser profiter de cet hébergement tant que vous le pourrez.

— Merci. Pour les travaux, il n'y a pas une chose que nous puissions tenter ? Si vous n'avez plus les moyens d'avoir des ouvriers, nous pourrions peut-être intervenir ?

Ils acquiescèrent tous de la tête, mais l'architecte leur fit part des problèmes administratifs, légaux, puis de l'importance probable des travaux souterrains à mener. David fit un signe des yeux à Bernard et Mathieu, ex-artisans, qui se levèrent et lui demandèrent de les suivre. Ils le guidèrent jusqu'aux appartements fissurés et lui montrèrent les repères qu'ils avaient mis en place et leurs relevés détaillés dans un carnet.

— Ça alors ! Je n'en reviens pas ! Pourquoi avoir pensé puis réalisé un travail d'une telle exigence ?

Bernard se redressa et le fixa, sans animosité :

— Nous sommes plantés, mais pas suicidaires. Nous avons installé des systèmes de mesures, certes simples, mais aussi efficaces que précis et à même de jauger les augmentations, comme les diminutions, avec nos codes couleurs, et ce partout dans la résidence. En voyant la méthode, David nous a demandé de mener un vrai travail de suivi, en expliquant qu'il pourrait peut-être un jour plaider notre cause, voilà pour la réalité de l'histoire.

— Étonnant et remarquable. Accepteriez-vous de me faire part du fruit de votre ouvrage ?

— Mathieu est meilleur que moi pour expliquer, et plus patient aussi ! Vous me semblez trop bien sapé pour comprendre quelque chose à la construction.

— Ça alors ! Je suis quand même architecte !

Mathieu leva le bras pour inviter Bernard à taire sa réponse et prit la parole :

27

— Pas de souci. Yann, sur cette colonne tu as les dates, ici les millimètres en plus ou en moins, à côté la météorologie et la température, et sur la dernière la hauteur d'eau lorsqu'il pleut. Comme nous disposons d'un temps libre conséquent, à chaque mouvement nous avons remonté les jours qui ont précédé jusqu'à comprendre. Nelly, ex-comptable, et Denis, ex-commercial, ont travaillé à déterminer une relation mathématique, et Antoine, ex-professeur, nous a asséné les phénomènes hydrauliques. Une saleté de galère. Il est trop fort, mais il a abusé !

— Pour sûr, il nous a pris la tête avec ses histoires de siphons, de pressions et de compressions !

— Bref. Avec eux, nous avons affiné les calculs en avançant des prévisions de variation, et cela fonctionne ! À présent, nous sommes au point, nous maîtrisons. Tu peux observer que les mouvements des jours à venir sont déjà notés, et tu pourras valider, c'est du fiable.

— Ça alors ! Je suis admiratif de vos initiatives et de vos savoirs, et d'autant plus consterné de découvrir des gens de votre qualité dans une telle situation.

— Tu n'y es pour rien, mon gars, mais ça nous fait du bien de voir notre travail apprécié. C'est pour nous la preuve que nous sommes partiellement bons à quelque chose. Si tu as encore du temps, nous t'expliquons.

Yann acquiesçant, avec un intérêt non feint, l'exposé reprit :

— Nous pouvons par cage d'escalier te faire un résumé de la situation. Note cette précision, car elle est porteuse de solutions. Ce n'est pas uniforme ! Nous sommes certains que ce gâchis est encore gérable, car nous avons compris le mécanisme des mouvements et ses causes. Bernard, qui a un savoir incroyable dans la construction, a su comprendre que toutes les cages ne bougent pas ! C'est un truc de fou et une partie du secret. Il y en a d'une stabilité absolue, des peu stables et d'autres qui sont quasiment mouvantes, d'où les ruptures. Et là intervient le savoir à bibi ! Mathieu, ex-artisan pour votre mémoire. Nous avons tout géré avec Antoine, ex-professeur, et nous savons ce qu'il faudrait entreprendre pour, dans un premier temps, bloquer la dégradation, mettre à profit les intempéries pour recaler en se dispensant de machineries diaboliques, et enfin, réparer sans tout abattre.

— Ça alors ! Mais … J'y suis, vous me faites marcher ! C'est pour me vendre votre carnet ?

— C'est toi qui vois, mon gars. Trouver à travailler est la seule façon de ne pas devenir des vrais clodos. Nous n'en sommes pas, et bâtir tout le programme de rénovation nous fait nous lever tous les jours, Bernard et moi. C'est un projet énorme, nous faisons des plans et avons retrouvé l'envie de bosser grâce aux erreurs faites ici.

— Cela dit, Yann, Bernard tout comme moi sommes admiratifs devant toutes les astuces de conception, c'est génial.

— Merci, c'est là mon seul savoir.

— En revanche, Mathieu parle pudiquement d'erreurs, mais il faut appeler un minou un chat : ce sont des conneries invraisemblables qui ont été concentrées ici ! Celui qui a fait l'étude des sols est un bras cassé ou était saoul comme un cochon pendant plusieurs semaines ! Mais c'est un malin, car en cas de procès, en affichant un tel niveau de connerie, il aura des circonstances atténuantes ! De toute évidence, l'ensemble a été construit selon le même schéma, en considérant que le sous-sol était uniforme ! Je vous le dis, être con à ce niveau, c'est une science à part entière. Et sans vouloir te vexer, tu devrais fréquenter les chantiers avant de gribouiller des plans, car dans les parties inachevées, nous avons détecté des procédés couteux en temps, car rendus complexes par manque de méthodologie. Quand tu es à ton compte, tu es obligé de faire gaffe à ce genre de chose. À la louche, il était possible de produire à vingt ou trente pour cent moins cher, juste avec des méthodes de mise en œuvre plus aboutie. Enfin, bref, chacun sa merde !

— Ça alors ! Pas du tout, au contraire, cela m'intéresse énormément !

La discussion se poursuivit durant les deux heures de visite, après quoi ils rejoignirent la tribu. Yann promit de revenir rapidement, serra la main à chacun d'eux et s'en retourna accompagné par David.

— J'ai compris que vous gériez la situation et que vous bénéficiez d'une audience certaine auprès de vos amis. Je serais désireux de vous remercier, et je vous invite à partager un repas demain midi.

À l'heure convenue, ils se retrouvèrent devant la résidence et Yann l'emmena déjeuner, en oubliant sa condition sociale inexistante. David était perdu, car il n'avait jamais mangé au restaurant et fit sourire Yann à plusieurs reprises, sans moquerie. Mais il prit conscience de l'existence de cet autre monde qu'il ignorait et à quel point la disparité était énorme, et troublante tant elle était choquante. Il sortit de sa poche un paquet de carnets de tickets restaurant et les lui donna en lui expliquant le fonctionnement.

David écouta les explications avec attention et sourit, car c'était le premier cadeau qu'il recevait. Il regarda cet homme avec un sourire étrange et les yeux rougis, profondément ému :

— J'en ferai bon usage, merci beaucoup, dix fois. J'espère que vous vous en sortirez. Battez-vous jusqu'au bout, il est toujours pire que tout de finir sur un banc ou dans un box de voiture.

— Je tâcherai de me souvenir de ce conseil face aux murs d'emmerdes qui m'attendent. Tenez, cet argent est pour le travail de Bernard et Mathieu. Précisez explicitement que ce n'est pas pour les payer, car leur intervention vaut une fortune, c'est juste pour les remercier. J'aimerais vous revoir.

— D'accord.

Pour la première fois, quelqu'un du monde dont il n'était que spectateur lui portait de l'attention. Le sentiment s'avérait étrange, fort et paniquant. David attendit avec impatience l'opportunité d'une nouvelle rencontre qui ne tarderait pas. Avec l'argent, ils s'achetèrent des lits d'occasions, des chaises, une table et du matériel de toilette que les femmes reçurent en fondant en larmes. Deux jours plus tard, des artisans, en activités, vinrent et posèrent des serrures dont ils remirent les clés à David, livrèrent des outils, un réfrigérateur, un lave-linge et du matériel de cuisson, puis firent des travaux dans les appartements de leur cage d'escalier avec l'outillage requis. Dorénavant, la lumière était dans toutes les pièces qu'ils occupaient, le chauffage aussi, et surtout, de l'eau chaude coulait des robinets !

Les jours passaient, David et ses amis avaient à présent une vie presque normale et tout se passait dans le calme, jusqu'à ce qu'une nuit ils soient réveillés à plusieurs reprises par des flashs lumineux aveuglants. Le lendemain, ce furent des fumigènes, quatre jours plus tard des gaz les firent pleurer, puis le panneau d'entrée dans la façade de planches fut cloué. Le harcèlement devenait régulier. À chaque fois, ils trouvaient des feuilles photocopiées qui les menaçaient du pire et leur intimaient l'ordre de quitter les lieux.

Lorsque Yann revint, David lui fit part des évènements devant la tribu inquiète, puis rassurée que Yann ne soit pas au courant et s'en trouve même fâché. Il s'engagea à agir et dans cet esprit invita David à le suivre et ils sortirent. Yann lui proposa cette fois de se rendre chez lui et non au restaurant pour être plus à l'aise. Ils se firent à manger sans façon et l'ambiance étant à la détente, ils plaisantaient comme deux copains et riaient de bon cœur.

En bougeant dans la cuisine, ils se frôlèrent à plusieurs reprises et David, qui n'avait plus de vie intime depuis que ses parents l'avaient mis dehors, donc qui n'en avait jamais eu, fut pris d'une embarrassante démonstration de son émotion, qu'il tenta de dissimuler, vainement. Yann sourit et lui proposa de prendre une douche pour se détendre, ce qu'il fit prestement. Rapidement rejoint par Yann, qui attendit toutefois son accord pour se glisser sous l'eau avec lui, ils passèrent le reste de la journée à faire l'amour, passant de la tendresse au rapport libérateur des pulsions. C'est ce jour-là que pour David la vie changea. Il avait découvert une émotion qu'il soupçonnait être étrangement tendre, plus ou moins liée à la chaleur humaine et aux plaisirs charnels dont il réalisa ne connaître que les mécanismes. C'était son premier pas significatif dans la vie dite normale, celle de l'autre monde.

Quelque temps plus tard, Yann entreprit de l'emmener régulièrement lors de déplacements professionnels, car il était alors sans compagne ni compagnon. David découvrit les hôtels, les voyages en voiture, en train, même l'avion, mais aussi les réceptions, les femmes en tenues de soirée, le port d'un costume, puis lors de quelques fêtes, l'érotisme de groupe, et plus si affinité, dans un lieu magique. C'est durant la seconde nuit de ce type qu'il tomba amoureux d'un être plus proche d'une fée que d'une jeune femme tant elle lui apparaissait surnaturelle. Elle était soignée, attentionnée, douce, belle, gentille, s'exprimait aussi délicatement qu'elle sentait bon, et son prénom était une caresse : Nancy ! Il en était éperdument épris et découvrait ce sentiment fabuleux qu'était l'amour qu'il ne connaissait que par le mot, mais il savait qu'il s'agissait de lui, celui avec le grand A. Il fit le lien avec ce qu'il éprouvait pour Yann et réalisa que c'était de même nature, mais en moins puissant que pour Nancy. Il parvint durant un trop bref instant à l'accaparer et à la caresser, presque à avoir un véritable rapport. Malgré le manque de temps, ce fut encore une révélation quasi mystique. Une relation physique avec une femme pouvait être douce, propre, tendre, intense, avec du désir et de la passion ! Abasourdi par cette découverte iconoclaste, il demeura contemplatif et muet devant Nancy qui dansait. Plus ses yeux lisaient le moindre centimètre de peau de sa belle, moins il comprenait. Ses repères et certitudes tournaient dans sa tête au point qu'il en pali ! Toutes les formes, les replis, les odeurs et les substances qui le répugnaient dans le corps de la femme étaient merveilleusement attirants et beaux avec Nancy !

Percevant en lui un trouble émotionnel profond, proche de la perdition, elle en fut touchée et lui accorda plus d'attention.

De retour dans la tribu, David chercha immédiatement Néné, Nelly de son vrai prénom, et se blotti contre elle comme lorsqu'il faisait si froid dans les sous-sols. Il y demeura silencieux. Néné enroula un bras autour de ses épaules et le serra. David ne pouvait le raconter à personne, mais il prenait conscience de ce que ses parents, et surtout sa génitrice, lui avaient infligé. Il lui avait pourtant retiré son titre de maman depuis longtemps, au profit de Néné, mais elle restait sa mère au fond de lui et il souffrait plus que jamais de l'envie de la tuer, car elle s'éveillait et l'envahissait.

Sur les conseils de Néné, il invita Nancy quelques jours plus tard pour une promenade dans le jardin des plantes. David était réellement amoureux. Pas à la place de Yann, mais en plus.

CHAPITRE 4 (Nancy)

22 ans

Durant une fin de semaine identique aux autres, dans une discothèque paisible, la musique cadençait les mouvements de jeunes gens sur les pistes de danse. Autour, des espaces sofa arrondis avec une table ovale au centre étaient occupés par ceux, souvent plus âgés, qui partageaient une boisson en marquant le rythme du genou, de la tête ou des épaules, en regardant les danseurs, parfois en les jalousant. Il faisait trop chaud, comme un samedi soir, et les corps étaient peu vêtus. Des flashs de lumière noire saccadaient les mouvements en faisant jaillir les tissus blancs.

Parmi les habituées, quelques-unes transformaient les jeux d'éclairage en érotisme, d'autres avec moins de réussite en vulgarité, la majeure partie n'en faisait rien et se contentait de regarder celles qui savaient. L'ambiance contribuait à ce que les sens de chacun soient en alerte, provoquant et recherchant les effleurements, les regards et des esquisses de sourire.

Au fil des danses, certains se rapprochaient et finissaient par partager un instant se prolongeant jusqu'à une étreinte sur un slow, où à un échange de baiser, transformant la soirée en un moment espéré, ou inattendu, parfois inoubliable.

Nancy se sentait libre et tourbillonnait en faisant voler ses cheveux. Vêtue d'une courte robe noire, elle profitait du pouvoir de séduction qu'elle ressentait du plus profond de son être piloter ses ondulations, ses regards et sourires, mais elle gérait afin de ne pas être importunée tout en bénéficiant du plaisir d'être observée et dévorée des yeux par des inconnus. À deux soirées par mois depuis plus d'un an dans le même établissement, où elle savait pouvoir être tranquille, elle comptait parmi les clientes identifiées non faiseuses de problèmes et contribuant à l'animation de la piste, y compris aux heures creuses, ce qui la rendait précieuse. Elle entrait donc gratuitement et les vigiles veillaient sur elle avec sympathie.

23 ans

Ce samedi soir, elle dansa à plusieurs reprises avec un jeune homme qu'elle avait déjà eu comme cavalier lors de quelques soirées précédentes, sans un mot mais avec plaisir. Vers deux heures du matin, Nancy quitta la piste pour rentrer se reposer. Il était encore là et lui souriait en s'approchant d'elle. François lui prit la main pour mieux partager, elle le laissa agir, car elle en avait envie et ils prolongèrent la sortie sans se quitter, puis se donnèrent rendez-vous pour le samedi suivant. Au jour dit et à l'heure convenue, ils étaient là, embarrassés de leur ponctualité, de s'être apprêtés plus qu'habituellement et d'être venus seuls. Après une série de morceaux endiablés, ils s'installèrent sur un sofa et échangèrent autre chose que des banalités. Le jeune homme se pencha vers elle avec timidité, mais désir, elle le fixait et attendait qu'il prenne l'initiative, il l'embrassa doucement et elle lui rendit le baiser qui devint langoureux. François lui proposa de finir la nuit chez lui pour lier connaissance avec moins de bruits et plus d'intimité. Quelques heures plus tard, ils étaient endormis dans son appartement. Ils avaient fait l'amour avec tendresse puis fougue, le plaisir avait été intense et partagé, et ni l'un ni l'autre n'avait cherché à le dissimuler. Un mois plus tard, elle était installée chez lui. Il vivait de petits boulots presque chaque jour alors qu'elle finissait ses études. Le soir et le week-end, ils faisaient l'amour et s'aimaient.

25 ans et dix mois

Un dimanche pluvieux en fin de journée, blottie amoureusement contre lui pour un long câlin, elle prononça des mots étranges qu'il mit plusieurs minutes à réaliser. Nancy lui expliquait avec douceur et précaution qu'elle était enceinte, en contenant sa joie pour lui laisser le temps d'assimiler sans paniquer. Immobile, elle attendait qu'il réagisse, mais il fixait le plafond et semblait ailleurs. Les minutes passaient dans le silence, puis il finit par la prendre dans ses bras pour l'embrasser. Après quoi, il la prit par les épaules et la fixa avec une certaine gravité. Rassurée par l'élan de tendresse, Nancy attendait sa déclaration avec impatience. Ce bébé serait le fruit de leur amour et du plus profond de son être, elle imaginait déjà la manière qu'il choisirait pour lui demander de l'épouser. Nancy avait envie de bondir sur le canapé en riant, mais elle attendait en pinçant ses lèvres.

— Ça, c'est une nouvelle ! Trois mots, mais quelle puissance ! Heureusement qu'aujourd'hui il est possible d'avorter sans problème, nous aurions eu l'air malins !

Nancy n'avait plus besoin de se contenir pour rester figée, elle était pétrifiée. Plus que déstabilisée, elle ne comprenait rien ! Il était impossible que ces paroles lui soient adressées, car cela n'avait aucun sens. De sa vie, même au plus bas, jamais elle n'avait songé que l'homme qu'elle aurait choisi puisse lui demander cet acte pour le bébé conçu ensemble. Elle était abasourdie et son cœur blessé la faisait souffrir. Déchirée et oppressée, quelques larmes coulèrent sur ses joues, puis elle marmonna tel un automate que c'était aussi impossible qu'incompréhensible. François l'observait. Il lui sourit, haussa les épaules et ajouta simplement « d'accord » ! Soulagée après cette violence inouïe qui l'avait épuisée, elle se serra contre lui pour se rassurer et s'endormit. Le lendemain, comme tous les matins, ils prirent leur petit déjeuner ensemble puis elle partit à la faculté et lui à son travail. À sa sortie en milieu d'après-midi, elle prit le temps de faire quelques courses particulières pour fêter l'évènement et, à peine arrivée, elle se lança dans les préparatifs, car elle voulait un repas parfait lorsqu'il arriverait. Elle cuisinait en chantonnant et en dansant, puis, toujours en rythme, elle se rendit au salon pour mettre de la musique. Elle s'étonna de trouver l'appartement aussi inhabituellement rangé et resta un instant dubitative, sourit, lui adressa un baiser au travers l'espace pour le remercier de déjà prendre soin d'elle et s'en retourna à son gâteau en ondulant des hanches. Une fois sa préparation dans le four, elle profita du temps de cuisson pour s'offrir une douche rapide, qui dura à force de se trémousser en musique, puis se campa nue devant la glace et se coiffa en utilisant parfois la brosse comme un micro lors d'un refrain. Brusquement, sa voix flotta et s'éteint. Elle se figea, muette. Sur la tablette, son rasoir, son peigne et sa brosse à dents avaient disparu. Angoissée, elle se rendit dans la chambre et ouvrit le placard. Il était parti ! Horrifiée et submergée par la douleur et la peine, elle posa ses mains sur son ventre et hurla sa détresse et se laissa tomber sur l'immense lit.

Pendant la semaine de cours qu'elle manqua, et qu'elle consacra en grande partie à pleurer et à chercher vainement son amoureux, elle ne cessa de s'interroger sur ce qui pouvait générer une telle différence d'approche dans les désirs, malgré l'affection qu'ils se portaient. Pourquoi sa grossesse, fruit et preuve de leur amour, la ravissait alors que lui s'était enfui ?! Comment pouvait-il se sentir si peu concerné par l'enfantement qu'il préférait partir et de la laisser seule ? Et, ce faisant, priver son bébé de papa ! Était-il tellement différent ?

L'amour qui les unissait était-il une amourette, ou une simple quête de jouissance ? Avait-elle été à ce point dupée qu'elle n'aurait pas détecté qu'il ne voulait que coucher avec elle autant qu'il en avait envie ? Quelles que soient les raisons qu'elle envisageait, elles étaient plus insensées et iconoclastes les unes que les autres. La conclusion était l'incompréhension et qu'il devait être un androïde ou un extra-terrestre dépourvu d'amour. Elle reprit ses études malgré tout, mais sa motivation s'était évanouie.

Nancy reçut le résultat de ses examens. Elle avait réussi avec certes plus que la moyenne, mais elle aurait pu prétendre à mieux, car étant l'une des meilleures. Elle était néanmoins titulaire d'un doctorat en psychologie, même si plus rien ne l'intéressait et si le goût de construire son avenir était mort. Ayant obtenu un travail saisonnier dans un supermarché pour l'été, cela lui permit de subvenir à ses besoins jusqu'à la rentrée et de payer les factures arriérées.

26 ans

Ce mois fut celui des premiers ennuis matériels. Démunie, elle commença à emprunter à ses amies, puis à sa mère pourtant sans ressources. Celle-ci en profita pour lui rappeler avec aigreur qu'elle ne lui avait toujours pas pardonné d'être partie avec « ce garçon qui ne lui apporterait que des ennuis », si bien qu'elle n'avait pas pu lui confier qu'il l'avait quittée et qu'elle attendait un bébé. Les journées se déroulaient à peu près à l'identique, baignée dans la morosité, repliée sur elle-même dans l'appartement qui n'était toujours pas à son nom, arpentant les trottoirs, errant d'une agence d'intérim à une autre, tout en faisant les vitrines à la recherche d'une miraculeuse petite annonce. Elle avait dépensé ses dernières économies pour une tenue lui permettant de se présenter dans les cliniques, hôpitaux et cabinets privés, mais la réponse était presque toujours la même : revenez nous voir lorsque vous aurez de l'expérience ! L'ensemble de ses démarches resta infructueux. Par deux fois elle crut avoir trouvé un travail, certes sans rapport avec ses compétences, mais elle comprit rapidement que pour le premier elle devait forniquer avec le sous-directeur d'une entreprise, pour le second c'était avec un couple. Elle avait commencé à jeuner pour économiser, puis à se coucher de bonne heure pour diminuer sa faim. Le gaz était coupé, l'électricité le serait prochainement, comme le téléphone et l'eau, et elle devait le loyer du mois. Amaigrie, sa grossesse n'était visible que par elle-même qui savait que son ventre non creux, à peine saillant, lui était dû.

Elle s'était dirigée sur une association pour jeunes femmes dans son cas et avait été mise en relation avec une assistante sociale qui préparait un dossier, mais les jours passaient. Sa banque et deux organismes de crédits à la consommation qu'ils avaient sollicités pour acheter le lave-linge et le téléviseur la harcelaient au téléphone. Elle leur avait pourtant expliqué sa situation et le fait qu'elle n'avait plus de moyens de paiements, mais ils lui demandaient invariablement de régler le retard illico par carte bancaire et l'encours par chèque en trois fois ! Elle trouva du repos lorsque la ligne fut interrompue, mais les courriers en recommandés et les télégrammes prirent le relais, si bien que même l'idée de rentrer chez elle lui nouait le ventre. Nancy avait trouvé une solution pour se protéger et s'absentait tous les jours à l'heure de passage du facteur. Les avis s'accumulaient dans la boîte aux lettres, mais elle ne l'entendait plus sonner à sa porte.

Seule dans son modeste appartement situé dans un quartier peu avenant, elle y errait telle une âme en peine. Quelques pas suffisant à faire le tour du logement, elle tournait en rond. Puis, elle s'effondrait en larmes sur son lit ou sur le canapé, ou encore dans la baignoire, vide, car l'eau froide l'était trop, et elle restait immobile, attendant que le temps passe. Il lui arrivait aussi d'avoir des pulsions de violence envers elle-même, et, faute de les gérer, il lui fallait trouver le courage de sortir marcher, seulement elle ne l'avait pas toujours ou la nuit était trop avancée. Elle avait quelques scénarios rôdés pour compenser, comme la douche forcément froide, se tirer une grosse poignée de cheveux pour souffrir sans les arracher, se camper devant le miroir de l'armoire de sa chambre et s'insulter. Lors des crises, elle parvenait parfois à pleurer sa rage à coups de ceinture. Dans de ses pires accès de colère liés à son impuissance face à sa détresse, elle se fermait la porte de l'armoire sur les doigts et s'en trouva mal quelques fois au point de s'évanouir. Le retour à l'état conscient était une nouvelle sanction qui la faisait pleurer. Elle tentait de chasser les pulsions d'automutilation, car elles l'effrayaient, mais elles s'installaient insidieusement et des idées de scénarios se construisaient, comme s'il s'agissait d'étapes inéluctables sur le chemin de sa descente aux enfers. Les excès la détournaient de la violence pour deux à trois jours, mais l'absence de solution perdurait et elle considérait que c'était uniquement sa faute. La faim la rongeait, la privant de l'énergie pourtant nécessaire à sa subsistance. Sa déchéance était profonde et, malheureusement, elle s'y habituait. Elle était encore jolie, mais fanée.

Un jour qui ressemblait beaucoup trop aux précédents, alors que la fin d'après-midi tirait sur le début de soirée, elle errait lentement sur le trottoir pour retarder l'instant où elle rentrerait chez elle affronter sa solitude et le néant, puis ses dorénavant inévitables punitions, lorsqu'une voiture s'arrêta à sa hauteur. Il s'agissait d'un véhicule de luxe, grosse berline grise aux vitres teintées. Celle proche d'elle, côté passager, se baissa et une femme lui sourit. Croyant avoir à faire à une connaissance qu'elle ne remettait pas, elle s'arrêta et l'observa. La passagère la salua avec gentillesse et une voix d'homme fit de même Nancy se pencha pour le voir, mais ce couple à la quarantaine approchante ne lui rappelait personne. Ne sachant que dire, elle sourit et resta silencieuse. Elle s'apprêtait à se redresser lorsque la femme lui fit signe d'approcher et lui proposa gentiment, comme si cela avait été naturel, de les accompagner chez eux pour la nuit en précisant qu'ils seraient généreux. À ces mots qui ne pouvaient lui être adressés, Nancy sentit son estomac vide se nouer et la tête lui tourner. Elle resta interdite. Elle avait imaginé qu'ils cherchaient une rue, un magasin, un parking, mais pas elle, et surtout pas pour ça !

Le couple percevant son hésitation, l'homme lui précisa qu'ils ne seraient que tous les trois et que la rencontre ne serait que douceurs et plaisirs, puis la femme posa deux cents euros sur ses genoux. Nancy ouvrit lentement la bouche pour répondre, en espérant en vain qu'une réplique fulgurante la sauverait, mais se résigna à hésiter entre insultes, hurlements de rage ou mépris, ou encore pleurer. Mais elle restait muette, assommée. Elle fut presque étonnée d'entendre une réponse hallucinante de platitude, et davantage en reconnaissant sa voix chevrotante à l'origine d'un magistral « Ah bon ! » Elle était plus que déstabilisée et se noyait dans l'incompréhension. Ce couple aimable et assurément aisé la prenait pour une prostituée ! C'est comme si une autre avait entendu puis parlé à sa place. Le tournis l'envahissait et il lui semblait que ses jambes tremblaient. L'homme adressa un rapide regard à son épouse associé à un signe de tête discret, et celle-ci ajouta un billet de deux cents euros, puis un autre, et les lui présenta. Elle observait alternativement le couple et l'argent qui lui permettrait de tenir un mois de plus, et, totalement prise au dépourvu, acquiesça des yeux. Ils lui demandèrent de prendre place à l'arrière et ils partirent. Pendant qu'il conduisait, la femme se tourna vers elle et lui remit la somme en précisant qu'elle aurait le reste le lendemain matin.

Nancy n'arrivait plus à suivre le déroulement de ces évènements qui n'existaient pas. Elle avait accepté de louer son corps pour une nuit contre six cents euros, soit un mois de revenus de la belle époque, et voilà que cette femme lui en promettait davantage pour après ! Tout devenait fou et elle n'était pas encore parvenue à prononcer une parole. La passagère se présenta. Elle s'appelait Sapho et son mari Merlin. Elle s'exprimait avec aisance et courtoisie et semblait presque enjouée. Le peu qu'elle distinguait de leur tenue confirmait qu'il s'agissait des probables propriétaires du véhicule, où elle était installée dans un salon en cuir glissant sur la chaussée en silence. Elle avait l'impression de vivre une scène de film. Sapho lui indiqua qu'ils résidaient en banlieue et lui promit de la raccompagner dès le lendemain en voiture jusque chez elle. Percevant la quasi panique de la jeune femme, Sapho l'interrogea, toujours d'une voix apaisante :

— Vous me semblez stressée. C'est la première fois que vous accompagnez un couple ? Comment vous prénommez-vous ?

— Oui. Nancy.

— N'ayez crainte, jolie demoiselle, mon époux est un ange de douceur, je le serai aussi, et notre seul désir est de partager du plaisir, juste du bien-être, vous verrez.

— Je n'ai pas d'affaires avec moi. Je n'avais pas prévu. Excusez-moi. Je suis Nancy.

— Enchantée, Nancy, et détendez-vous. Je vous assure que vous serez contente de votre soirée avec nous, mon mari est prévenant, assez voyeur certes, mais jamais nous n'aurons un geste pour vous contraindre. J'ai l'impression que vous êtes angoissée !

— C'est vrai. J'ai peur. Excusez-moi. Je n'ai rien pour la nuit. Je m'appelle Nancy.

— Je vois, Nancy, c'est panique à bord. Étant donné l'heure et que nous n'avons pas encore prit notre repas, voulez-vous que nous nous arrêtions à un restaurant où accepteriez-vous de le partager avec nous, chez nous, en toute simplicité ? Nous pourrions en profiter pour faire connaissance plus librement, mais je vous laisse choisir.

— Je veux bien. Oui, Madame. Je m'appelle …

— Nancy ? Je suis Sapho. Ce oui, c'est pour le restaurant, ou pour la maison ?

— Excusez-moi. Pour manger. Avec vous. J'ai faim. Comme il vous plaira, Sapho. Moi, c'est Nan … Exc … Désolée.

— Merlin, nous rentrons directement au repaire, au fond des bois. Je plaisante, Nancy ! Je crois que notre jolie invitée est une débutante ! Soit attentionné et patient, s'il te plaît.

— Pas de souci, mon amour. Dans ce cas, je te laisse piloter, et comme c'est mon anniversaire et ma soirée, tu me laisseras au moins admirer.

Ils firent silence et Sapho mit de la musique puis regarda la route. Nancy se glissa au milieu de la banquette pour les observer et les vit de trois quarts. Ils n'avaient rien de particulier, mais le contexte les lui rendait étranges, comme le reste. Les avenues s'enchaînaient et elle ne savait plus où ils se trouvaient. Sapho augmenta le volume sur une chanson entraînante et évoqua des souvenirs avec son conjoint. Elle semblait heureuse, lui souriait et ils se prirent par la main quelques instants. Les enseignes se faisaient plus rares, les avenues plus larges, la vitesse plus rapide. Nancy réalisa s'être mise d'elle-même à leur totale merci, mais elle n'avait pas peur de cela, car dans sa situation, à quoi bon ! Elle essayait au contraire d'imaginer ce qu'elle devrait faire, mais ni parvenait pas, car les images se figeaient dans ses pensées jusqu'à former un écran noir dès lors qu'elle devait se mettre dévêtir devant ces gens. Ils roulaient depuis une vingtaine de minutes déjà lorsque Nancy prit une si profonde et bruyante inspiration que Sapho éteint la radio, puis la jeune femme dit avec difficultés :

— Sapho, Merlin, soyez indulgents, je vous en prie. Vous avez raison, je … Enfin, je n'ai pas l'habitude ! Je veux dire que je ne faisais que rentrer chez moi … Mais … Excusez-moi. Désolée.

Sapho se tourna vers elle et l'observa, étonnée, mais toujours souriante :

— Nancy ! Essayerez-vous de nous informer que vous n'attendiez pas d'être abordée ?

— Non Madame, enfin oui, c'est ce que je tentais de vous expliquer. Je rentrais à mon appartement, je ne suis pas une … Excusez-moi !

— Mince ! Je suis extrêmement confuse. Mais pourquoi ne pas nous avoir signalé avant que nous étions dans l'erreur ? Nous ne vous avons pas contrainte ! Et pour quel motif êtes-vous dans notre voiture ?

— Vous avez raison. Je l'ignore ! J'ai songé que vous aviez l'air gentils, tous les deux, et il se trouve qu'actuellement j'ai de gros ennuis d'argent, alors … Je suis réellement perdue. Les imprévus se sont enchaînés si vite que je suis étonnée d'être là. Je crois avoir pensé pourquoi pas, et … c'est tout !

— Certes, mais c'est peu !

— Ne vous inquiétez pas, Madame, j'ai entendu qu'il s'agissait pour vous de fêter l'anniversaire de votre époux et je ne gâcherai pas cette soirée. Je ferai ce que vous attendrez de moi. C'est moi seule qui ai choisi de vous accompagner.

— J'en suis certaine, Nancy. Vous êtes aussi charmante que touchante, mais nous ne sommes pas dans la détresse au point de contraindre une jeune femme à se compromettre, je vous l'assure. Nous ne voulions que nous amuser !

L'homme s'adressa à son épouse Il semblait sincèrement embarrassé et précisa qu'il avait été induit en erreur par son air nonchalant alors qu'elle longeait le trottoir sans regarder les vitrines, puis il lui demanda s'il ne serait pas plus raisonnable de la ramener chez elle en lui laissant l'argent.

— S'il vous plaît, non ! N'en faites rien. J'ai besoin que vous me donniez ma chance. C'est vrai que je n'ai sans doute pas l'expérience que vous escomptiez d'une … professionnelle, mais … je compenserai par la bonne volonté et parce que je suis décidée.

— Nancy, Merlin, voilà ce que je propose ! Nous sommes confrontés tous les trois à une situation devenue particulière, car inattendue et née d'un quiproquo. Alors, quoi qu'il en soit et étant entre adultes de bonne compagnie, essayons de partager une soirée agréable. Si elle se déroule bien, nous aviserons et profiterons, si Nancy ne gère pas, nous aurons malgré tout mis à profit une rencontre sympathique, en bavardant et en dégustant un bon repas. Ensuite nous rirons de cet enchaînement rocambolesque. Dans les deux cas, nous la ramènerons chez elle.

Environ dix minutes plus tard, ils franchissaient la grille d'un parc et se trouvaient devant une ancienne demeure presque dissimulée dans le milieu de la propriété. Impressionnée, Nancy observait et sentait son cœur battre au point de craindre que cela soit audible, car le moment surréaliste approchait inexorablement. Malgré l'évidence, la situation lui apparaissait toujours improbable, car trop insensée. Une fois à l'intérieur, la panique qui était déjà à son comble augmenta pourtant encore au point qu'elle ne savait plus que faire d'elle-même, alors elle resta debout et immobile dans l'entrée. L'homme adressa un regard à son épouse qui vint la saisir par le bras et la fit entrer dans un vaste salon où elle l'installa dans un fauteuil. Sapho s'assit dans le canapé face à elle et lui arriva avec un plateau apéritif, se posa à côté de son épouse et lui tendit un verre de jus de fruit.

Nancy s'en saisit en tremblant si fort qu'ils lui sourirent, car ne pouvant faire comme si ce n'était pas le cas, car les glaçons tintaient. Merlin lui parla des qualités de son épouse et de la passion qu'il lui vouait, puis il la complimenta sur sa beauté et lui expliqua que Sapho et Merlin étaient deux pseudonymes qu'ils prenaient par jeu pour ce genre de soirée. Après quelques minutes d'échanges pendant lesquelles Nancy ne dit que oui ou non, Sapho la prit par le bras et la conduisit à la salle de bain. La maîtresse des lieux s'assit sur le rebord de la baignoire et fit couler l'eau en y versant quelques produits parfumés, en lui proposant de s'y détendre pendant qu'ils préparaient le repas. Nancy était une fois de plus tétanisée.

— Nancy, déshabillez-vous, car vous n'avez pas de change ! Donc le bain toute habillée, ce n'est pas pour ce soir !
— Bien, Madame, excusez-moi. Désolée.

Hyper tendue, elle se dévêtit en essayant de dissimuler ses tremblements alors que Sapho l'observait avec naturel. Nancy paniqua lorsqu'il ne lui resta plus que ses sous-vêtements à enlever, car elle était en cet instant face à la réalité de son choix. Si elle ne renonçait pas à cette ultime étape, elle devait se dénuder puis assumer. Elle passa une main sur son bassin pour commencer à faire glisser son dernier rempart visuel, mais soudain la vision de son abondante pilosité l'arrêta dans son fragile élan. Elle retira ses deux pouces de l'élastique sur ses hanches et s'occupa à défaire l'agrafe entre ses omoplates, mais par malchance elle y parvint trop vite. Ses seins n'étaient plus tenus et elle devait à présent les libérer. Elle baissa les yeux et laissa glisser le dessous, puis le posa sur ses habits.

— Vous avez une fort jolie poitrine, Nancy, je dirais divine d'équilibre, de maintien et de proportion. J'aurais affirmé que vous êtes enceinte si vous n'arboriez pas un ventre si plat.
— Ils sont gros, je le sais. C'est gênant ? Je me rhabille ?
— Je suis sincère, Nancy, ils sont beaux ! Soyez-en simplement fière. Sachez que je suis toujours franche et naturelle. La culotte n'a pas l'air de vouloir vous quitter. Auriez-vous un souci encombrant ?
— Je suis propre, Madame, mais je n'avais pas prévu et …

Nancy fit glisser son dernier morceau de tissu au sol en dissimulant son intimité avec ses mains. Elle sentait le pourpre s'installer sur son visage, mais ne pouvait plus différer et devait, et voulait, accepter.

Résignée à assumer ses choix, elle laissa pendre ses deux bras et vit Sapho sourire en découvrant l'abondante pilosité.

— Je suis désolée. Je vis seule, alors voilà ! Je sais que ce n'est pas comme il aurait fallu pour ce genre de soirée, mais je peux y remédier si vous me laissez le temps ! Et si vous me prêtez le nécessaire.

— Nancy, pourrais-je vous demander une faveur ?

— Je ne sais pas trop, mais oui, sans doute, enfin … forcément. En fait, je suis là pour ça !

— Vous préservez ce triangle de la déforestation et vous m'accordez le privilège de l'offrir à Merlin. C'est mille fois mieux que de souffler des bougies et il en sera fou de joie ! Dans l'élan, il pourrait prendre en charge ce que vous cachez avec maladresse sous vos bras.

— Ah, vous avez vu, ça aussi ! Je suis terriblement confuse.

— Mais non, enfin ! Je vous assure que ce présent le rendra heureux comme un jeune homme et fera même durer son plaisir. Vous observerez son sourire et vous verrez que je le connais par cœur.

— Ah bon ? C'est assez … Mais je suis d'accord, Madame. Je vous l'ai promis, je serai celle qui vous permettra de passer une bonne soirée.

— À l'eau et délasse-toi, Nancy. Tu es mignonne à croquer ! Tu es à ton aise ? L'installation te convient ?

— Je traîne un fond de craintes, mais je me détends. Je suis au paradis !

— Nous ne sommes pas des rustres et tu as ma parole que l'ambiance sera du même acabit, alors reçoit notre demande en souriant, s'il te plaît. En revanche, tes mollets, tu les rends imberbes sans nous ! Je reviens te voir dans quelques minutes.

Seule et allongée dans cette grande baignoire qui se remplissait d'une eau chaude et parfumée, Nancy tentait de réaliser comment il était possible qu'elle se prélasse dans une luxueuse installation en un lieu inconnu. Chaque détail semblait issu d'une photographie de magazine de décoration d'intérieur, mais elle était là, nue au milieu de ce luxe, chez des étrangers, avec qui elle se préparait à … baiser ! Dans l'absolu, l'aspect éminemment physique de la relation prévue n'était pas une angoisse, car elle n'avait jamais eu de souci avec le corps et ses appétences. Mais il manquait l'ingrédient désir et cela changeait tout ! Même si ses études lui avaient ouvert la compréhension des cheminements du plaisir, ce qui lui rendait cet aspect de la vie naturel, le souci moral lié à sa décision était amplifié à l'infini, car la seule envie qu'elle avait éprouvée était celui de recevoir de l'argent en échange de son corps.

Ce contexte extraordinaire d'improbabilité rendait dérisoire une attente du couple qui n'était pourtant pas anodine. À plusieurs reprises, ils avaient clairement évoqué qu'elle devrait agir à l'identique avec le mari et l'épouse. Elle, qui n'avait pas passé le cap de la bise avec une femme, enrichirait sous peu la liste de ses expériences ! Elle avait néanmoins quelques certitudes : elle avait faim, l'argent lui éviterait le pire, elle ne reviendrait pas sur sa décision, la propriété était somptueuse, et tout cela était délirant.

Nancy frottait la peau de ses bras lorsque la bien nommée Sapho revint en peignoir. Elle se tint immobile devant le miroir, fit un rapide chignon pour tenir ses cheveux et retira son vêtement qu'elle accrocha au mur. Nancy, figée dans ses mouvements, leva les yeux sur elle et la découvrit, élancée, belle et bronzée. Sapho lui dit de continuer à se frictionner et se glissa dans le bain face à elle sans embarras. Elle lui savonna les jambes et les pieds et lui demanda de lui rendre la pareille. Après cette prise de contact, elle se tourna et lui tendit son dos à frotter tout en bavardant. Elles firent leur toilette comme deux amies de longue date partageant l'intimité. Nancy avait toutefois la nette impression de visionner un film érotique où elle tenait un rôle important, car elle se percevait dissociée de ce qu'elle faisait. Sapho sortit la première et lui tendit un peignoir blanc, doux et parfumé, dans lequel elle se glissa avec un plaisir non feint.

— Nancy, je suis venue partager ce bain pour que tu me voies, car contrairement à toi, j'ai un peu d'expérience en la matière. À présent, tu sais si tu es capable de franchir le pas. Je ne me trompe pas en avançant que tu es plus que novice, n'est-ce pas ? Tu es débutante ! Sois honnête, car j'ai une forte intuition pour ces choses-là !

— C'est que … Oui Madame. En réalité, je n'ai jamais pratiqué. Je veux dire avec un couple, ou une femme, ou contre rémunération. Il s'agit pour moi de nouveautés. J'ai déjà fait l'amour, bien sûr, mais juste avec mon copain. C'est tout. Pas par craintes ou préjugés, j'aime, j'ai du plaisir et suis libre, mais c'est ma vie qui s'est déroulée ainsi. J'ignore la manière d'exprimer que je vous trouve ravissante, Madame. Sapho. J'ai moins peur et mon embarras diminue. Ne vous inquiétez plus, j'assumerai et ne gâcherai rien.

— Parfait. Nous pouvons donc passer à table ! Pour t'éviter une nouvelle hésitation, tu restes en peignoir, ou je te prête un corset en cuir hyper torride, ou tu te vêts de ta seule superbe plastique. Laisse-toi porter, tu verras, cela n'a rien de désagréable.

— Comment vous ferais-je le plus plaisir, Sapho ? Je suis d'accord.

— Tu me suis et ça sera corset en cuir. Tu seras somptueuse et tu aimeras, crois-moi. C'est de l'indiscret, mais chic et de grande classe.

Sapho lui brossa les cheveux qu'elle ramena en arrière et les noua pour la coiffer avec une petite queue de cheval, puis l'aida à mettre la tenue de cuir noir. Elle passa la même en ton pêche. Sapho tira son invitée par la main face à un grand miroir et elles s'observèrent. Nancy eut un rictus de surprise en se découvrant transformée en une sorte d'héroïne fantasmagorique, mi-femme fatale mi-provocatrice absolue. La tenue s'arrêtait à hauteur des hanches et sa poitrine serrée à la façon des décolletés de ces dames de la cour du roi offrait un galbe rebondi.

— Aurais-tu assez de lucidité pour me dire ce que tu ressens, Nancy ?

— Je suis morte de trouille à l'idée de me présenter ainsi à Merlin. Mais pour être honnête, je me trouve presque jolie ! Jamais je n'ai porté ce genre d'accoutrement ni ne l'aurais osé. Mais c'est excessivement beau et j'ai l'impression d'être une autre. C'en est étonnant.

— C'est essentiel au jeu. Ta tenue est une parure qui te permet de jouer un rôle. Pour donner de la consistance à ton personnage, il t'appartient de la compléter avec une personnalité assortie. Si tu es sereine et en équilibre, il prendra vie, et c'est à lui que tu confieras la mission de vivre tes désirs secrets et de participer aux nôtres. Tu fignoles avec un pseudo qui lui correspond et tu deviens la reine de la nuit ! Et ce n'est pas toi, c'est ton autre, celle que tu crées hyper sexuée, sans tabou, libre et osant ce que toi tu te contentes de fantasmer, qui donnera une représentation ce soir. Demain, ta tenue rangée, tu redeviendras Nancy, douce, lisse et asexuée.

— Un personnage ! Donc je deviens actrice. L'approche est libératrice. Vous penseriez à quoi comme rôle pour moi ?

— Soumise ou dominatrice ?

— Les deux, du moins je le crois. J'ai autant de plaisir dans une situation que dans l'autre. C'est mon modeste vécu.

— Ce soir, et si tu le veux bien, tu seras dominée pour que tu puisses te laisser porter. Être une maitresse femme réclame beaucoup d'expérience et de maîtrise, et c'est précisément ce dont tu manques. Que dirais-tu de Lola ? Tu patienteras pour Faustine !

— J'adore. Sapho, dans ce corset vous êtes sublime et je nous trouve belles ! Votre mari devrait être content du cadeau que vous lui organisez. Sapho, pour me présenter à Merlin aussi dévêtue, et pour le pseudo, vous pourriez m'aider, s'il vous plaît ?

— Aucun souci. Écoute-moi avec attention. En cet instant, tu deviens Lola. Lola me dit Madame, elle baisse le regard lorsque je lui parle, elle dit Monsieur à Merlin en lui souriant, version coquine soumise. Lui, elle peut le fixer, mais en surjouant la mijaurée minaudant, allumeuse lubrique malgré elle et en éprouvant de l'embarras. Elle me fixe pour me parler, mais baisse les yeux si c'est moi qui m'adresse à elle. Lola m'obéit. Nancy, quel que soit le moment ou la situation, n'oublie jamais que c'est un jeu entre adultes consentants. Donc, pour en sortir, il te suffit de te retirer, c'est tout ! Lola peut s'éclipser à sa guise, c'est sa volonté et c'est elle qui décide. C'est important. Si tu sens que le jeu dépasse tes limites et que tu bloques ou que tu perds Lola, tu ne protestes surtout pas, car tu briserais la soirée, mais tu dis simplement Sapho, au lieu de Madame, et je prends en charge la fin de la scène. D'accord ?

— Je crois que je pourrai, Madame, c'est troublant et agréable. N'ayant pas idée de mes limites, sans doute faute de pratique, n'hésitez pas à me tester.

— Mon désir est que nous offrions à mon mari une soirée de folie, alors en ce qui me concerne, si tu as l'envie de te dépasser, tu peux tout. Nous avons une seule règle : du plaisir, de la douceur, de la bonne humeur, du partage et le don de soi.

— Je suis prête, c'est quand vous voulez. Mais n'hésitez pas à m'aider comme vous l'avez déjà si gentiment fait.

— Merci. Dès que tu cesses de t'excuser, tu es génial. Nancy, j'ai l'impression qu'une complicité naturelle existe entre nous, et j'adore !

— Je n'osais pas le dire. Mais, oui, je partage cette étrange sensation.

— Je sens une bonne soirée se dessiner. Si tu es prête, Lola …

La lumière se fit tamisée et Merlin eut un immense sourire en les voyant arriver vêtues de leur seule guêpière de cuir. Madame tenait par la main Lola et fit les présentations. Afin d'aguicher son époux, Madame fit tourner Lola sur elle-même, demanda à Merlin de regarder sans bouger ni toucher, puis la mit à genoux en lui ordonnant de lui caresser les jambes, en partant des pieds et en remontant jusqu'au corset, pour que Merlin admire sa dévotion et leur connivence. Nancy n'avait plus peur, mais son stress était si intense que ses mains tremblaient encore. Sapho l'aida beaucoup en choisissant d'être la première à prêter son corps au jeu. Merlin accepta de temporiser le démarrage de Nancy et demanda à son épouse de mieux s'offrir, ce qu'elle fit sans hésiter, satisfaite de sa compréhension.

Troublée plus rapidement qu'elle ne l'imaginait, Nancy osa, puis l'ambiance et son rôle contribuèrent à la libérer progressivement, facilitant la reprise de confiance en elle. Nancy s'effaça au profit de Lola qui se révéla appliquée et pleine de vie.

Ils partagèrent un excellent repas dans un cadre somptueux, au cours duquel elle fit le service dans sa tenue fantasmagorique, sous le regard attentif de Madame et Monsieur. Le dessert fut le moment que choisit Sapho pour lancer la seconde partie du jeu. Elle offrit à Merlin un rasoir, ce dont il s'étonna, et lui annonça que s'il éteignait ses bougies d'un seul souffle, il gagnerait le droit de l'utiliser sur Lola. Nancy adressa un sourire à Merlin et acquiesça d'un regard complice, ce que remarqua Sapho qui lui fit une bise affectueuse en la remerciant d'être une merveilleuse Lola. La nuit fut magique pour le couple, mais aussi pour Nancy qui s'amusa, dansa, offrit et reçu, jusqu'à une heure avancée du petit matin où ils prirent une dernière douche et s'endormirent dans un grand lit, tous les trois. Lola, redevenue Nancy, s'éveilla en début d'après-midi, dimanche, embarrassée d'être nue dans les bras de l'un et l'autre, tout en s'y sentant bien, protégée et câlinée. Elle resta immobile et les observa. Ils dormaient profondément, détendus, beaux et nus. La situation révélait la confiance qu'ils lui témoignaient, et ce qui lui parut étrange, c'est qu'elle éprouvait pour eux ce même sentiment alors qu'ils ne se connaissaient pas. Sapho s'étira, la regarda et lui fit la bise en souriant. Merlin ouvrit un œil, sourit et lui asséna une série de bisous dans le coup qui la fit rire. Ils partagèrent un encas en papotant tels des amis. Une complicité partagée s'était installée et, au lieu de la reconduire chez elle comme prévu, Sapho l'emmena dans la piscine couverte, d'où elles revinrent souriantes et complices, après une demi-heure de nage. En les voyant si belles, avec pour seule parure des gouttes d'eau, Merlin les sollicita et ils refirent l'amour. Ce dimanche passa telle une merveilleuse journée de vacances. Le soir approchant, Sapho proposa à Merlin de ramener leur nymphe en ville, et elle tendit une enveloppe accompagnée d'une bise à Nancy. Celle-ci, qui avait omis qu'elle n'était pas véritablement une invitée, la regarda un instant étonnée, puis rougit en réalisant.

— Un oubli embarrassant, Nancy, n'est-ce pas ?
— Vous avez déjà compris ! J'étais si bien ! J'en avais totalement endormi la réalité ! Si j'ai abusé en m'incrustant, je vous prie de m'excuser.

— Rassure-toi, nous aussi avons transformé le contexte de ta présence, et c'est légitime, car les heures passées avec toi resteront merveilleuses. Tu auras été une étoile filante dans notre vie. Plutôt un soleil, car tu es lumineuse, chaleureuse et tu irradies. Mais demain le travail nous reprendra et la réalité de l'existence aussi.

— Je comprends cela. Sapho, je ne saurais accepter cette enveloppe.

— Nancy, je souhaite que tu considères qu'il ne s'agit même pas d'une première fois, mais d'un quiproquo ! C'est très différent. Penses-y !

— Hier, j'ai eu une faiblesse. J'étais dans une profonde détresse et fatiguée. Mais vous m'avez tellement offert que je me sens à nouveau vivre. Six cents euros représentent déjà un cadeau énorme !

— Je vois. Tu oublies et tu appelles cela un « cadeau » ! Merlin, tu dis au revoir à notre jolie complice, car je ramène seule Nancy. Nous en profiterons pour bavarder.

Elles s'en furent et, à peine le portail franchi, Sapho aborda ouvertement le motif de sa présence. Nancy tenta de nier s'être prostituée, puis cessa, sans toutefois l'admettre. Passant outre, Sapho lui expliqua qu'elle ne devait jamais renouveler la tentative, car elle était trop fragile et émotive, naïve et sensible, elle manquait de recul et d'expérience et s'investissait inconsidérément. La jeune femme essuyait ses yeux en silence, mais écoutait avec attention. Sapho martelait sciemment son discours à coup de termes affreux, tels que prostituée, trottoir, MST, maquereau, viol, raclée, passe, drogue, alcool, putain … ! Les mots la tailladaient en partant de son bas ventre et en remontant jusqu'à sa gorge douloureuse. Son cœur lui faisait mal.

— Pourquoi ses larmes, Nancy ? Je conduis, mais je te vois pleurer.

— Oui, désolée. Je ne suis pas une prostituée. Je … Pas moi ! Je sais que j'ai pourtant accepté votre argent sur le trottoir, je suis montée dans une voiture comme une femme de petite vertu, mais je ne suis pas une tapineuse. Pas moi ! Alors je pleure, car oui, je l'ai fait. Mais … Pas moi ! Je ne suis pas une pute, c'est impossible !

— Si les mots te font mal, Nancy, imagine une passe ! Puis la dixième de la semaine, avant que ce ne soit de la journée ! Je suis mille fois d'accord, ce n'est pas ton histoire. Donc, tu prends cette enveloppe sans te méprendre sur son contenu. Ce n'est pas pour ton popotin, qui est aussi mignon et frais que toi. C'est pour aider une jeune et nouvelle amie qui me remboursera lorsqu'elle le pourra. D'accord ? Je ne veux pas te savoir sur le trottoir, Nancy. N'oublie jamais que tu as fait ce faux pas uniquement sur une méprise dont je suis responsable.

— J'ai mal ! Ce que j'ai commis me rend folle, alors que j'étais si bien avec vous deux ! Sapho, je veux savoir. Pour vous, je suis une pute ?

— Nancy ! Le danger est réel, car tu sais à présent que cette solution est possible, et face aux problèmes tu risques de céder à la tentation. Ça fonctionnera une fois, deux ou trois, puis un jour tu tomberas sur des gens méchants, sales, violents, drogués, pervers, et tu briseras ta vie. Alors tu n'essaies pas. Tu as passé un moment super sympa avec des amis, rien d'autre.

— C'est pour moi plus proche de la réalité. Mais je sais ce que j'ai fait.

— Je verrai rapidement si je peux te trouver un petit boulot parmi mes relations. Tu te sens assez en confiance pour noter ton numéro de téléphone sur le carnet qui est dans la boîte à gants ?

— Oui, bien entendu. Ils m'ont coupé la ligne ! Je peux payer, vous pourrez m'appeler d'ici deux jours. Si je ne vous ai pas trop déçue.

— De la déception après ce que nous avons partagé ! Étrange idée. C'est un nouveau concept ? Une théorie intégriste ?

— Je n'ai pas dit non une seule fois, Sapho, pas une. Même à certaines pratiques qui étaient peut-être juste destinées à me tester, ainsi que je vous l'avais demandé. Seulement avec vous, en confiance et libérée, j'ai vite oublié. Sur l'instant, j'étais uniquement portée par la bonne humeur et le plaisir, car j'en ai eu, beaucoup, sachez-le. Alors ce que nous faisions me semblait normal, amusant et parfois incroyablement excitant. Vous pourriez penser que j'en suis une vraie qui joue encore la comédie, celle de l'ingénue, car je n'ai eu aucune pudeur !

— Dis-moi, Lola, tu sais que je peux te corriger ?

— Oui Madame.

— Non mais ! Nancy ?

— Ce n'est pas grave.

— Je plaisantais, Nancy ! Ne pleure pas ! Tu es d'une fragilité extrême. Toi, tu as été abandonnée ou trahie par un homme il y a peu. Tu es seule, avec les ennuis, mais ce n'est pas de ton fait. Trompée, lourdée ?

— Il y a environ trois mois, il est parti au travail, comme tous les matins, et je ne l'ai jamais revu. J'ai reçu une carte du Brésil il y a une semaine. Il travaille dans la mécanique. Il ne reviendra pas.

— Ah le con ! Désolée. Donc tu es dans la phase paumée et fragile. Protège de toi, Nancy, tu es une fille formidable. N'en doute jamais, même lorsque tu ne vois plus de solution. Comme je pressentais que nous aurions cette conversation, j'ai prévu une seconde enveloppe dans laquelle j'ai glissé un petit mot, à lire plus tard, chez toi, seule.

Arrivée dans son minuscule appartement à la décoration de braderie, elle se laissa tomber sur le canapé, perdue tant elle était indécise sur ce qu'elle était supposée ressentir après cette rencontre. Quelques minutes passèrent, dans une grande confusion émotionnelle, et, toujours perplexe, elle ouvrit son enveloppe et découvrit, avec surprise, le montant du fameux complément, soit sept cents euros. La somme était énorme et elle en était heureuse à en rire, mais la douleur qui l'accompagnait lui donnait envie de vomir, car elle formalisait la réalité : elle s'était prostituée. Elle pleura encore, car Sapho et Merlin avaient ajouté un mot avec les billets : « Gros bisous et toute notre affection pour cette merveilleuse parenthèse avec une jolie petite fée ». L'autre enveloppe, remise juste avant qu'elle ne quitte Sapho, contenait un bristol avec la mention « comme convenu, tu me rembourseras ce prêt lorsque tu le pourras. Sapho ». Deux billets de cinq cents euros étaient pliés avec soin, mais il n'y avait rien d'autre, pas d'adresse ni téléphone, juste ce précieux geste. Nancy se rendit compte que cette femme avait même géré le fait de lui enlever la possibilité de refuser en lui disant de lire le mot chez elle. Elle avait de plus pris soin d'ajouter ce mot, véritable sésame pour son équilibre : « prêt ». Elle se sentait seule et songea à sa mère et à son ex-amoureux qui, s'ils savaient ce qu'elle avait accepté pour de l'argent, se moqueraient d'elle et l'insulteraient en lui répétant que ce n'était que la preuve logique de la justesse de leur jugement. Les larmes coulèrent, mais sans excès, car les images du couple souriant, du plaisir, de la maison, de la piscine et surtout de son réveil, blottie dans les bras protecteurs, défilaient devant son chagrin. Elles étaient si pleines de lumières, de soleil et de chaleur qu'elles la réchauffaient et qu'un début de sourire d'espoir était sur ses lèvres.

Dès le lendemain, elle s'empressa de payer ses dettes, puis elle fit ses courses afin de reconstituer un stock de nourriture et de produits du quotidien. Elle pouvait à nouveau cuisiner et se coucher sans être tenaillée par la faim, et cela, elle le savait le devoir à Sapho. Toutefois, de ses deux-mille-trois-cents euros, il n'en restait que cinq-cent-cinquante. Alors, par précaution, elle continua de jeuner à peine passés quelques jours et reprit ses marches pour trouver un emploi.

Son doctorat n'intéressait pas grand monde tandis que son corps confirmait l'intérêt qu'il suscitait. Elle avait en effet subi de nouvelles propositions à peine voilées d'un travail contre ses faveurs.

À quelques reprises, c'est son âge qui avait fait échouer sa candidature, car elle avait plus de vingt-cinq ans et moins de cinquante-cinq, ce qui là aussi la rendait inéligible à des exonérations de charges. Deux fois ce fut sa santé, car ne souffrant d'aucun handicap, elle ne permettait pas aux employeurs d'avoir des aides. Elle constata effarée que ces critères l'emportaient sur les compétences. Elle ne pouvait pas en tenir rigueur aux bénéficiaires, mais son exclusion du système, donc de la vie sociale, était injuste, violente et destructrice.

Le jour arriva enfin où était parfait. Elle avait passé les tests avec succès, le poste lui convenait, la responsable était sympathique et lui avait déjà expliqué ce qu'elle ferait dès la semaine prochaine. Mais le service comptable bloqua le dossier en découvrant son doctorat, car la convention collective les contraignait à lui fixer un salaire élevé que l'entreprise ne pouvait se permettre. Elle proposa sans hésitation d'oublier son diplôme, mais ils lui répondirent qu'ils ne pouvaient prendre ce risque, car les administrations en charge des cotisations sociales risquaient de leur faire un redressement assorti d'une amende pour non-respect de la législation. Résignée, elle pleura, encore. En pleine détresse, elle se remémora les billets posés sur le genou de l'inconnue dans une voiture, un jour où elle errait, avec la faim et la tristesse comme seules compagnies. Six-cents euros d'acompte pour quelques heures, qui plus est de plaisirs avérés. Elle se résolut à oublier sa honte et retourna voir le couple qui avait conditionné son embauche dans l'entreprise à ce qu'elle s'offre à eux deux. Avant de pousser la porte, elle ajusta sa tenue, inspira profondément et se para d'un sourire. Ils la reconnurent, mais la reçurent assez froidement et exigèrent qu'elle précise vouloir devenir leur salariée et maîtresse. Nancy s'exécuta et perçut le plaisir intense qu'ils retiraient de son humiliation. Ils sourirent, se regardèrent, puis lui demandèrent de déguerpir. Mortifiée, elle eut le temps de voir une jeune femme sortir de l'arrière-boutique. Le poste était pourvu ! Elle était moins jolie qu'elle, mais avait probablement accepté sans hésiter, donc elle avait la place et un salaire, elle la honte et la misère. Le doute sur l'intérêt de vivre commençait à prendre racine, car pour tout ce qu'elle entreprenait, le constat était le même : l'existence était moche, sale et minable. Dès lors, à quoi bon prolonger son passage dans ce monde qui ne voulait pas d'elle et qu'elle ne comprenait plus. Si elle avait écouté François, elle n'aurait pas à se soucier de l'avenir de son bébé, et lui serait sans doute toujours près d'elle.

Les problèmes étaient de retour trop rapidement, certes bénins par rapport à ce qu'elle avait vécu il y a peu, mais elle savait qu'ils annonçaient que les gros soucis ne tarderaient plus. Ne voulant pas revivre ce cauchemar, Nancy songeait dorénavant plusieurs fois par jour à marcher lentement sur le trottoir, car sur le fond cela n'était pas difficile et, avec l'habitude, elle ne doutait pas de parvenir à gérer les cas pénibles.

Elle était déterminée et se lancerait dès le lendemain après-midi. Le soir, inquiète et apeurée par ce qu'elle devrait affronter, elle se campa devant son miroir et se dévêtit lentement en s'observant, comme pour s'entraîner. Nue, elle planta son regard dans le sien et s'invectiva en utilisant tous les mots vulgaires qui pouvaient être jetés aux prostituées. Elle eut un rictus de pleurs, mais le géra. La méthode exigeait davantage de réalisme et elle se gifla, puis se frappa, de plus en plus fort. La séance s'éternisa à cause de sa hargne qui l'empêchait de craquer et lui prouvait qu'elle était prête à tout. La douleur aidant, elle échappa un sanglot et cessa. Mais elle se sourit, car elle était préparée.

Dès le début de l'après-midi, comme elle l'avait décidé et avec une peur au ventre qu'elle jugea naturelle, elle descendit les escaliers, les jambes tremblantes et la tête cotonneuse. Il faisait presque doux pour une fin d'été. Elle commença par regarder quelques vitrines sans les voir, car observant si elle repérait une personne de sa connaissance. Elle regarda un plan de ville fixé à un mur, presque apaisée par son anonymat, inspira, soupira, se redressa, afficha un sourire et se retourna. Elle traversa le trottoir tel un automate, puis elle se tint immobile sur le bord. Les minutes passaient, lentement. Que devait-elle faire ! Personne ne lui prêtant attention, elle fit quelques pas, mais n'ayant nulle part où se rendre, elle partit sur la gauche, puis sur la droite, et renouvela. C'est au huitième passage devant le plan qu'elle réalisa qu'un scénario inéluctable se mettait en place. Elle, Nancy, faisait le trottoir ! Elle comprenait à présent le sens de cette expression ordinaire, et en perçut l'horreur. De l'autre côté de l'avenue, elle remarqua une jeune femme, plutôt jolie et bien faite. Ce qui motivait sa présence paraissait évident : c'était une prostituée. Elle l'observa. Un homme l'accosta, il semblait marchander, elle haussa les épaules, il lui adressa un geste vulgaire et s'en alla. La fille n'était pas spécialement maquillée, mais ses vêtements racontaient qui elle était et ce qu'elle proposait. Ils étaient plus ajustés que sa peau tant ils la serraient et son derrière ainsi exhibé balançait de droite à gauche à chaque pas.

Nancy remarqua qu'elle ne baissait pas les yeux et semblait au contraire chercher le regard des hommes, ce qui était à l'opposé de sa propre attitude, mais cela la différenciait des autres femmes.

— Alors mignonne, tu as un pied-à-terre où il faut t'emmener ?

Nancy se tétanisa, dans son dos, tout proche, un homme lui parlait presque à l'oreille. Elle sentait sa chaleur, et le ton comme les mots étaient explicites. Il savait ce qu'elle attendait. Il lui fallait choisir dans l'instant, nier et fuir ou assumer son choix. Elle avala sa salive, qu'elle n'avait plus, oublia son estomac qui semblait victime d'un geyser acide, sourit et lui fit face. Elle ne le connaissait pas. Il était grand, baraqué, la quarantaine, en jeans avec une chemise à rayures voyantes sous un blouson de cuir ouvert.

— Bonjour, j'habite à quelques pas.
— Parfait, moi je travaille à trois enjambées. Tu prends combien ?
— Cela dépend de ce que vous attendez-vous de moi.
— C'est bien, tu n'es pas une cruche. Je ne veux pas te sauter, du moins pas encore. Je ne paie pas pour consommer, en revanche, pour des filles qui n'ont pas froid aux yeux, si. L'enseigne rouge et jaune en face à ta droite, à cent mètres.
— Je vous écoute et je vois, sans comprendre.
— Je t'observe depuis un moment, tu as certes une croupe d'enfer, une jolie frimousse, une poitrine qui tire l'œil, mais tu ne sais pas te vendre. Alors tu traverses avec moi, tu te mets à poil, tu entres dans une cabine et tu te trémousses en te tripotant. C'est huit euros les trente minutes, au chaud, en sécurité, sans être culbutée. Sept heures par jour, six par semaine, quatre pour toi, deux pour moi. Cinq nuits sont possibles pour compléter. Du black, pas d'impôts.
— Ah ! C'est sûrement intéressant. N'importe qui pourrait me voir ?
— Parce qu'à faire la traînée sur le trottoir, tu te crois invisible ?
— En effet. Ça fait dans les combien par mois ?
— J'en ai une qui assumes les journées et deux nuits par semaine, elle a mille-neuf-cents euros. Mais si tu veux plus, c'est possible ! Tu les chauffes et tu fais ce qu'il faut, aucune limite, il y a un sous-sol pour ça. Ma meilleure pouliche double son revenu ainsi.
— J'y réfléchirai. Merci.
— Je crois que tu n'as pas entendu, ou alors tu débutes ou tu ne sais pas compter ! Tu ramènes ton derrière tout de suite, je paie. Tu ne peux pas refuser, sinon tu dégages des trottoirs du quartier ou tu auras des problèmes.

— Je crie si vous ne me laissez pas tranquille immédiatement. Je hurle.

— Je vois le genre. Une petite conne qui arpente le bitume en pleine ville, mais ne veut pas que ça se sache ! Encore une intello ! Je t'ai à l'œil, ne t'inquiète pas. Tu apprendras vite que dans le métier, les règles valent contrat, je me charge de veiller à ce que tu assimiles.

L'homme s'en retourna. Livide et tremblante, Nancy tenait une main devant sa bouche pour masquer qu'elle était sur le point de pleurer. Elle vit l'autre fille l'observer et lui faire un geste, comme pour lui signifier de s'éloigner ou de fuir. Nancy hocha de la tête et rentra chez elle terrifiée, arracha plus qu'elle ne les enleva ses vêtements qui savaient ce qu'elle avait commis et vomit.

Nancy récidiva néanmoins dès le lendemain, maquillée de manière soutenue. Elle prit la précaution de partir en sens inverse pour ne plus rencontrer l'odieux personnage et il lui fallut une petite heure pour être abordée. L'homme était vulgaire, mal habillé et sentait mauvais. Il lui proposa cinquante euros pour une fellation, elle haussa les épaules et lui tourna le dos, puis s'éloigna d'un pas pressé. Une heure plus tard, elle était à nouveau interpellée, mais par une voix forte qui la couvrit de honte :

— Alors, la pétasse, tu es décidée ? Même grimée en prostituée, ce n'est pas facile de faire le trottoir !

Avant qu'elle n'ait réalisé la provenance de l'agression verbale, l'homme de la veille était contre elle. Sous l'emprise de la panique, elle ne parvenait plus à réfléchir et avait envie de fuir, mais il la tenait fermement par le bras. Si elle manifestait son hostilité bruyamment, tout le monde saurait ce qu'elle faisait, mais si elle restait discrète, elle devrait l'affronter :

— Écoutez, je ne veux pas d'histoire. Votre proposition est généreuse, mais elle ne m'intéresse pas. Laissez-moi tranquille et tout ira bien.

— Ça ira ! Mais c'est que tu me ferais peur, vilaine fille ! Tu m'accompagnes gentiment et tu fais deux heures, manière de savoir comment ça se passe. Pour t'aider à tomber la culotte, parce que c'est ta première fois, je te donne cent euros.

— J'hurle dans cinq secondes.

L'homme la lâcha, lui adressa un sourire et s'écarta de deux pas en levant les mains pour montrer qu'il n'était coupable de rien. Puis brusquement, il se mit à crier :

— Non mais, petite allumeuse ! Tu me prends pour qui ? M'accoster dans la rue en pleine journée pour me demander du feu et me proposer en catimini une fellation contre cent euros … quelle honte ! Tu ferais mieux d'avoir le courage de travailler !

Il avait osé. Des passants les regardaient sans rien dire et sa capacité à réfléchir était tétanisée. Elle leva le bras pour le gifler, mais il le lui bloqua et elle reçut sa main ouverte en plein visage. Elle recula en vacillant et s'adossa sur un mur. L'homme s'en retourna en l'insultant avec des termes en rapport avec la prostitution. Elle saignait du nez. En se rétablissant, elle regarda autour d'elle les gens qui l'observaient et l'avaient jugée. Les mots et son maquillage racontait que l'homme avait raison, alors ils lui tournèrent le dos et reprirent leur chemin. Perdue, humiliée, blessée et en colère, elle rentra chez elle.

Le lendemain, elle fit une centaine de mètres puis changea d'avenue et s'éloigna en marchant avec nonchalance. Étant cette fois suffisamment loin, elle s'assit sur un rebord de vitrine et resta ainsi une trentaine de minutes. Une voix de femme la tira de sa torpeur :

— Mademoiselle, vous ne devriez pas être là. Vous avez certainement des problèmes, mais vous choisissez la pire des solutions, rentrez chez vous.

— Bonjour. Madame, je n'avais pas l'intention de vous importuner, j'attends une amie.

— Je vous le demande gentiment, alors agissez de même et partez.

— Mais ce n'est pas ce que vous croyez !

— Je ne crois rien, je vois votre comportement. Je ne voulais pas être blessante, mais vous ne m'entendez pas ! Donc, puisque vous m'y contraignez, nous y voilà : trouvez un autre endroit que ma vitrine pour vous prostituer, Mademoiselle. Vous racolez, c'est évident.

— Mais comment … Je ne suis pas vulgaire ! Je m'éloigne, je suis désolée, Madame.

— C'est moi qui le suis pour vous. Vous êtes si jeune ! Vous devriez rentrer chez vous, réfléchir et accepter un vrai travail, quel qu'il soit.

— J'ai essayé, mais personne ne veut de moi. Je suis désolée !

Nancy avait marmonné sa réponse en lui adressant timide sourire, puis elle s'était éloignée, penaude. Tout en déambulant, elle réalisa que son comportement était forcément indentifiable, puisque cette femme avait compris et ne doutait pas, donc les passants aussi savaient qu'elle tapinait. Une heure passa.

— Tu crois qu'en changeant de trottoir d'une rue, tu changeras les règles ? Petite conne ! Tu me suis et je maintiens l'offre malgré ton comportement, mais tu ne fais pas d'histoire. OK ? Et je passe l'éponge. Tu te montres raisonnable et tu n'auras pas de problème.

— Mais laissez-moi tranquille, vous ! J'en ai plus qu'assez de tout ! Je ne veux pas et vous me dégouttez, c'est clair, non ?

— Ce n'est pas moi que tu dois séduire, andouille, et moi je me fous de te plaire ou non. C'est aux clients qu'il te faut réserver tes faveurs, ils possèdent le pognon et toi un joli derrière à monnayer. Si tu tiens tant que ça à coucher, je te l'ai dit, tu peux venir jusqu'à cinq nuits.

— Connard, tu m'as frappée hier, tu as déjà oublié tellement tu es limité ?

Avant qu'elle ne puisse faire le moindre mouvement, elle reçut deux gifles violentes, recula de trois pas mal assurés, bascula et se réceptionna sur les fesses. L'homme la laissa ainsi et s'éloigna d'un pas tranquille. Elle ne se releva pas tout de suite. Elle avait peur, mal au visage, au dos, au coccyx, à la fierté, au moral. Un couple qui passait devant elle lui déposa un billet de cinq euros sur la jambe en lui adressant un petit sourire. Ils pensaient qu'elle faisait la manche, elle ! Nancy pleura. Seule la déchéance semblait s'intéresser à sa vie. Elle prit l'argent et rentra chez elle.

Deux jours plus tard, elle reçut un appel de Sapho qui lui fixait rendez-vous à vingt et une heures précises au même endroit que la première fois. Elle sourit et soupira. Finalement, malgré ses hésitations et insuccès, elle vendrait son corps et en était parfaitement consciente, mais avec eux, c'était presque une bonne nouvelle. Leur rencontre n'était que bons souvenirs, détentes et plaisirs, nonobstant le contexte. Elle se prépara en se demandant si, cette fois encore, le couple la garderait pour la nuit et le lendemain, ou juste quelques heures. Elle sourit en épilant ses mollets et ses aisselles sous la douche, puis se vêtit au mieux de ce que sa garde-robe lui permettait. En surveillant sa montre, elle se rendit au point de rendez-vous d'un bon pas, soucieuse d'être ponctuelle et de ne pas risquer de les manquer. Elle s'étonnait de son comportement, car elle n'avait aucune appréhension, au contraire, elle éprouvait un plaisir certain à l'idée de les revoir, même de l'impatience malgré l'aspect vénal. Il faisait déjà nuit, mais leur véhicule reconnaissable n'était pas dans les parages. La peur oubliée s'engouffra par la brèche de l'inquiétude et devint, en cet endroit et instant, sa seule compagnie.

Elle surveillait l'avenue en espérant l'arrivée rapide de la grosse berline, car elle redoutait que l'homme qui l'avait battue à deux reprises déjà ne la surprenne une fois de plus. Alors qu'elle s'avançait sur le bord du trottoir pour examiner les véhicules en double file, sa tête fut si brusquement tirée en arrière par les cheveux qu'elle eut mal à la nuque. Elle se tourna et, sans avoir le temps de voir, reçu une gifle violente. L'homme lui faisait face. Il devait être aux aguets, car elle avait quitté des yeux le trottoir une minute à peine et sa portière de voiture était restée ouverte à quelques mètres.

— Tu es tenace, pour une garce de ton âge qui arpente le bitume ! Mais j'en ai maté des plus têtues. Alors avant de traverser et de te déloquer pour montrer ta croupe à mes clients, je t'explique encore une fois les règles, mais d'une manière plus concrète, puisque tu ne comprends pas la théorie.

Il la frappa sur la joue droite si fort qu'elle tomba assise, puis il la releva en la tirant par les cheveux et la cogna de l'autre côté. Nancy chuta à nouveau. Elle était si effrayée qu'elle ne pensait même pas à crier. Son agresseur la redressa encore, en souriant, et lui appliqua un coup de paume brutal sur un sein, puis sur l'autre. Elle crut vomir en l'instant tant la douleur était vive, mais il lui asséna une nouvelle gifle qui la fit basculer en arrière. L'homme la remit debout par la chevelure en la giflant à la volée, du plat et du dos de sa main libre, puis elle reçut un coup à la gorge. Projetée au sol sur le dos, elle se réceptionna lourdement. La douleur intense l'étourdit et elle suffoquait. Elle porta les mains à son cou et vomit. Tout en l'insultant, il la tira par le poignet et la traîna pour la mettre dans sa voiture, comme si elle était un sac qu'il faisait glisser sur le trottoir. Presque résignée, elle se laissa charrier sur le goudron, puis, voyant qu'il s'apprêtait à ouvrir son coffre, elle lui griffa la main pour lui faire lâcher prise. Au lieu de cela, elle vit son poing fermé se lever pour la frapper sur le visage. Elle eut le temps de songer que sa vie prenait fin en cet instant et ferma les yeux. Elle attendait de recevoir le coup, elle le sentit pivoter brusquement sur lui-même et échapper son bras.

Avant qu'il ne dise un mot, il reçut une volée de coups au ventre qui le fit se courber, mais il fut rapidement redressé par un coup de genou dans la figure. Fou de rage, il lança des insultes, glissa une main dans son blouson et leva le poing, mais une autre série de frappes rapides au visage le cloua sur place. Il chancela, fit un pas en titubant, et un nouvel assaut en rafale le fit s'effondrer, tel un pantin désarticulé.

Nancy découvrit avec soulagement Sapho, penchée sur elle. Elle lui essuyait le visage en lui demandant si elle pourrait se relever, puis elle la prit dans ses bras pour l'aider. Merlin tenait l'homme inanimé par le col de son blouson pour le maintenir à genoux et s'apprêtait à le lâcher, lorsque Sapho lui demanda de patienter encore un instant. Elle s'écarta d'un pas, comme si elle se préparait à shooter pour un pénalty, et lui expédia son pied dans le ventre. Elle pesta et recula en boitant. Pendant que Merlin installait l'agresseur sur le trottoir, Nancy vit Sapho regagner leur voiture prestement, puis elle se sentit soulevée. Merlin la portait comme si elle avait été une enfant, et il l'installa avec précaution sur la banquette arrière. Ils partirent à bonne allure et, moins d'une minute après, Nancy éclata en sanglots profonds. Elle avait mal à son corps, à son âme et à sa vie, sa fierté avait succombé depuis quelque temps déjà.

CHAPITRE 5 (Magalie et Jean-Daniel)

Magalie était issue d'une famille aisée. Jeunes, ses parents s'étaient lancés avec succès dans la restauration atypique et leur enseigne était présente dans toutes les grandes villes françaises et quelques autres dans le monde. Cette réussite avait permis aux trois enfants, dont Magalie était l'aînée, de bénéficier d'une enfance dorée.

Malgré un avenir assuré, elle avait tenu à faire des études sérieuses et s'était fixé pour objectif de réussir sa vie professionnelle, en profitant de l'insouciance liée à sa condition afin de profiter de la vie.

Ses parents organisant de nombreuses réceptions et veillant à ce que les enfants de chacun ne soient jamais tenus à l'écart, elle connaissait toute la jeunesse dorée de la région et de celles alentours, et de quelques-unes éloignées. Au travers ces innombrables réunions festives ou d'affaires, elle avait également acquis une expérience hors-norme en la matière, que ce soit dans la gestion d'elle-même autant que dans celles des convives, des préparatifs, des intervenants et des activités.

23 ans

Elle s'investissait dans la comptabilité et l'architecture d'intérieure avec une telle passion qu'elle mena avec acharnement les deux études de front. Ce en quoi elle en surprit beaucoup, car elle y parvint avec de bons résultats, ce qui lui permit, avec le soutien financier de sa famille, d'ouvrir son cabinet de décoratrice d'intérieur, avec diplôme d'architecte affiché.

Ses compétences en gestion lui permettaient de gérer ses affaires en étant scrupuleuse avec les budgets de ses clients, si bien qu'elle acquit une renommée sérieuse rapidement et gagna correctement sa vie quatre mois après l'inauguration fastueuse de son bureau, pour laquelle ses amis et relations étaient présents.

La qualité de ses réalisations bénéficia du bouche-à-oreille parmi ces gens aisés et son carnet de commandes lui garantissait déjà une grosse année de travail.

26 ans

Ses parents, excessivement fiers de sa réussite, se mirent en quête d'un lieu d'exception dans lequel elle pourrait laisser libre cours à son talent afin de se créer un espace de vie qui lui corresponde.

27,5 ans

Après un an de recherches, ils découvrirent le site idéal par le biais d'une relation, un ami notaire. Il s'agissait d'une propriété d'exception, inhabitée depuis presque une génération, mais dont la situation était gelée à la suite d'un héritage, où une indivision était responsable de son quasi-abandon. Elle n'était pas encore à la vente publique, et elle ne le fût pas, car acquise par les parents le jour de la présentation du bien à l'office notarial, en n'ayant pas pris le temps de le visiter par crainte qu'il ne leur échappe, donc sans le soumettre au préalable à Magalie. Ils étaient certains qu'elle tomberait sous le charme au premier regard. Autrefois éloignée et isolée, la propriété était depuis quelques années intégrée à la lisière d'une petite ville, elle-même banlieue d'une grosse agglomération. Le domaine avait conservé son parc arboré et tous les corps de bâtiment d'origine, mais ils étaient à restaurer. Il y avait une ancienne et vaste demeure bourgeoise, une maison d'ami, une pour les gardiens, de nombreuses et immenses dépendances, une chiennerie, un bois, quelques vergers et clairières, une prairie et un étang, le tout dans une enceinte faite d'un haut mur en vieille pierre. Ses parents lui firent visiter la propriété sans lui révéler qu'ils l'avaient acquise afin de s'assurer qu'elle se ne sente pas obligée. À la moitié de la découverte du site, son émerveillement la rendit volubile et elle se déclara spontanément et éperdument amoureuse du lieu, avant même d'avoir pu pénétrer dans les bâtisses. Lorsqu'ils lui remirent une enveloppe contenant le titre de propriété à son nom et les clés, Magalie fondit en larmes dans leurs bras. Puis, elle se tourna, regarda le site et déclara émue qu'elle contemplait sa vie, présente et à venir pour toujours. Elle leur dit son amour et partit en courant dans une allée forestière, en riant. Elle décida d'y vivre sans attendre les travaux et, trois jours plus tard, y était installée dans une caravane au cœur du parc. Elle leur expliqua vouloir apprendre la vie du lieu, son histoire, l'eau, le soleil, la terre, ce dont il avait besoin, et surtout ce qu'il était prêt à accepter sans être dénaturé. Magalie y consacra une année pleine et mit au service du domaine son temps libre, sa passion, son imagination, son savoir et son ingéniosité. Elle établit un plan de rénovation général afin de s'assurer de la parfaite cohérence de l'ensemble de ce qu'elle dessinait.

28,5 ans

Vint enfin le jour où elle déclara ses plans conforment aux vœux de l'âme du site. Elle fit venir des artisans et entrepreneurs pour leur présenter le lieu, et, à la fin de la visite et sans faire part de son projet, elle demanda à chacun de lui expliquer ce qu'il proposait. Elle voulait constituer une équipe de passionné, sensible et respectueux des vieilles pierres, des chênes centenaires, des allées magiques, de la faune … y compris du mur d'enceinte. Ses parents contribuèrent presque intégralement au financement des travaux, ce qui facilita grandement la réalisation. La fin des chantiers principaux nécessaires à l'occupation arriva quatorze mois plus tard. Elle fit enlever la caravane dans laquelle elle vivait toujours et s'installa dans sa nouvelle demeure, entièrement refaite selon ses plans. Tout y était conforme et parfait. Elle décida que l'inauguration serait intime, car il s'agissait pour elle d'une seconde naissance. Elle mit en scène le site et ses choix de rénovation pour raconter à ses proches les moindres détails, qui étaient autant de fierté et de plaisir dont elle ne retint pas une once.

30 ans

Magalie habitait à présent véritablement sa maison, dans les deux sens du terme, tant l'ambiance était imprégnée de sa personnalité. Elle aussi avait changé, elle faisait partie intégrante de son domaine et le vivait. Le potager fonctionnait, les vergers produisaient, le parc était nettoyé et sécurisé, de sorte qu'il était possible de s'y promener sans encombre. Elle était prête à donner sa première grande réception, avec le savoir-faire transmis par sa mère, et choisit pour thème « La crémaillère », qui signerait l'officialisation de son installation dans son domaine. Elle y convia ses parents et leurs amis communs, ses relations personnelles, comprenant des intimes, des camarades d'études et d'enfances, ainsi que les entrepreneurs et artisans à qui elle l'avait promis, étant donné leur investissement dans le projet de restauration du domaine. Presque trois cents invités occupèrent la salle de réception, le jardin d'hiver et la terrasse principale, et profitèrent du parc et des buffets.

Magalie retrouva avec une profonde émotion des personnes appréciées qu'elle n'avait pas revues depuis son enfance. Elle fit aussi mieux connaissance avec les personnalités qui étaient derrière les différents professionnels ayant réalisé les travaux. L'après-midi et la soirée se déroulèrent agréablement et ses invités lui témoignèrent leur admiration inconditionnelle du paradis qu'elle avait su créer.

Elle dansait, s'amusait, se faisait draguer, renouait des relations passionnantes, mais aussi intéressantes, et riait de bon cœur. Elle papillonnait telle une princesse, entourée de sa cour de courtisans dans son château. Jolie et féminine, elle avait de ses trente ans l'assurance d'une femme et la beauté de la jeunesse. Le mètre soixante-quinze sportif, avec un corps sculpté par l'athlétisme qu'elle pratiquait depuis l'âge de huit ans. Avec ses cheveux châtain clair, sa peau mate et ses yeux noisette, elle était incontestablement l'une des belles de la soirée. Un des entrepreneurs était justement entreprenant, sans cesse à l'inviter à danser, à lui proposer un verre ou à l'accompagner au buffet. Il lui parlait de l'âme retrouvée de son domaine, du talent avec lequel elle avait apposé son empreinte et du charme qui s'en dégageait, mélange d'authenticité, de romantisme et de modernité. Il la draguait ouvertement. Plus grand qu'elle, assez semblable de peau comme de cheveux et d'yeux, il avait le même âge. L'heure avançant dans la nuit, ses parents et nombre de ses invités s'étaient retirés, après l'avoir complimentée une fois de plus. Il ne restait plus que ceux de sa génération, d'anciens camarades d'études et autres activités, et des amis d'enfance issus des amitiés de ses parents. Une jeune femme vint la trouver et la prit par le bras pour l'isoler. Il s'agissait de Séverine, une véritable amie et camarade d'études de gestion :

— Magalie, je dois te dire une chose embarrassante. Tout de suite.

— Un pépin, Séverine ? Tu t'es disputée, dis-moi, sans détour !

— Non, c'est que … J'avais envie de marcher pour me détendre et j'ai emprunté l'allée qui descend, celle bordée de chênes, formidablement belle d'ailleurs. Elle conduit à une immense et incroyable grange.

— Oui, je sais, elle est encore telle que, mais j'ai des projets. Donc, tu t'es isolée pour lâcher un gros stock de gaz, et ce n'est qu'une fois soulagée que tu as remarqué qu'il y avait un public ! C'est naturel, mais ça casse une image !

— C'est malin ! Magalie, j'ai entendu du bruit dans la grange, alors je me suis approchée discrètement, et … Je ne sais pas comment formuler ce que j'y ai découvert ! Disons qu'il y aurait comme une partie de jambe en l'air improvisée là-dedans ! Désolée, je ne voudrais pas que cela gâche ta réception magnifique. Je n'ai rien dit à ces gens, car c'est chez toi, mais si tu veux que j'y mette bon ordre sèchement ou que je les invite gentiment à rentrer finir dans leur lit, je gère et tu restes en dehors de ça, car c'est ta journée et elle est trop belle.

— Ah ! Genre amoureux légitimes, ou illégitimes avec des ennuis qui s'annoncent ?

— Magalie, je manque de vocabulaire en la matière, mais je dirais que le couple est une quinzaine !

— Une petite fête au sein de la mienne ! Ah, les vaches ! C'est que j'étais étonnée que certains soient partis sans me dire au revoir ! Ils sont encore là, mais entre eux ! Trop fort !

— Alors, tu décides quoi ? Je les vire, je les disperse d'une boutade appropriée ou avec un seau d'eau glacée ?

— Une minute, j'hésite. Je suis dans l'allégresse des retrouvailles, de la réception, de la séduction et de la drague ! C'est euphorisant, Séverine ! Je me sens vivre, tu comprends ? Je respire la vie. J'ai envie de mordre dans l'existence pour avoir mille vies. Je sais pouvoir me confier à toi, mais n'en profite pas pour te moquer. Ma douce Séverine, j'ai à présent la sensation d'être victime d'une puissante pulsion ! Puisque j'ignore comment la convaincre de prendre possession d'un autre corps, je veux descendre et voir, comme toi !

— Magalie ? Tu rigoles ? Ce n'est pas un groupe avec quelques coquines qui dansent seins à l'air et ce n'est pas érotique !

— Je ne suis plus une gourde, Séverine, j'ai décoincé ! Et j'ai compris ce que tu m'as raconté, alors tu restes avec moi, et voilà !

— Non mais, Magalie ! Eh, oh ! Je te parle d'une authentique partouse, ils sont à poils et forniquent. Pas un seul duo, tous emmêlé ! Et ils ne se préoccupent pas de savoir qui est une femme ou un homme ! Il y en a même qui … bref ! Tu vois le plan, cette fois ?

— Oh oui ! Trop bien. Nous donnons le signal de départ pour ceux qui ne sauraient être intéressés et tu glisses un mot sur la chose aux chauds copains. Si tu les sens tentés, tu leur expliques où. Après, ensemble, nous les rejoindrons. Je suis certaine que cela te détendra.

— Magalie ! J'espère que tu plaisantes. Tu ne suggères pas que nous nous commettions dans une débauche collective ? Tu veux juste mater, n'est-ce pas ?

— Je n'ai jamais été voyeuse. Ça t'excite de regarder les autres en douce ?

— Comment peux-tu imaginer cela ! Moi, voyeuse … Non mais ! Bien sûr que non ! À tout hasard, Magalie, tu n'aurais pas un pétard dans le nez ?

— Comment peux-tu imaginer cela ! Coquine ! J'en ai deux. Et quelques verres. Ça désinhibe et décongestionne les bronches !

— C'est amusant, Magalie, mais je fais quoi ? Je les vire ?

— Si tu n'es pas une spectatrice passionnée non plus, aucun intérêt de les espionner. Cela dit, Séverine, pour quelqu'un qui ne regarde pas, tu as l'air d'avoir drôlement bien vu ! Puisque tu es partante, tu m'accompagnes et éclatons-nous. Tiens, voilà un petit pétard super savoureux pour te détendre et t'assumer. Action : tu m'aides à libérer les derniers invités, cela doit être terminé dans dix minutes. C'est ton délai pour souffler, et ensuite ma grande, nous fonçons !

Incrédule, Séverine l'observa se rendre sans hésitation à la sono pour baisser le niveau sonore et s'entretenir avec chacun pour les remercier d'être venus. Elle soupira en constatant sa détermination, regarda le pétard entre ses doigts, en tira une bouffée en soupirant, par résignation, et le termina avant d'exécuter le plan de son intrépide amie. Séverine informa discrètement un certain nombre d'invités de ce qui se tramait et qui nécessitait la soudaine fin de soirée, puis, en fonction des réactions, elle leur faisait une bise en précisant qu'elles devaient régler le problème, ou elle indiquait la direction de la grange.

Dix minutes plus tard, il ne restait qu'une petite dizaine de personnes, dont elles deux, et le courtisan de Magalie, Jean-Daniel, qui vint à elle et lui proposa de l'aider à remettre de l'ordre. Elle déclina en lui expliquant sans se départir qu'elle avait encore des invités qui patientaient pour une fin de nuit réservée aux adultes consentants. Il sourit et demanda s'il était possible d'en intégrer un de plus. Elle rit et le groupe des sélectionnés descendit l'allée. Une heure plus tard, ils étaient encore une trentaine à rire des pitreries délurées que chacun avait à cœur de nourrir. Les corps restèrent mêlés jusqu'au petit matin et Magalie, comme les autres, s'était totalement abandonnée aux plaisirs en respectant la règle en cours : l'hétérosexualité n'était pas invitée. Jean-Daniel et elle en profitèrent pour faire l'amour à plusieurs reprises avec une volupté particulière et partagée. Ne s'étant découvert que des points communs là aussi, donc en plus des aspects professionnels, ils se revirent une semaine plus tard, puis souvent. Il s'installa dans la vaste maison de Magalie avec le projet d'une relation durable.

34,5 ans

Quatre années heureuses s'étaient écoulées. Mariés, parents heureux et sans souci de trois enfants, deux jumelles et un garçon, ils travaillaient ensemble. Il bâtissait des résidences et elle y créait des volumes et décors intérieurs ingénieux et novateurs.

Les appartements des immeubles de Jean-Daniel étaient devenus l'image de marque de sa société de construction, ce qui favorisa sa notoriété et une rapide expansion. Le souvenir de la première soirée étant resté gravé dans leur mémoire comme un évènement génial, elle avait dessiné un aménagement pour une partie de la grange et ils entretenaient ce précieux plaisir de la fête qui n'était pas obligatoirement coquin, mais parfois, si. Peu à peu, Jean-Daniel restaurait cette immense dépendance en pierre apparente, cachée dans le fond du parc, et les plans de Magalie faisaient merveille dans ce cadre somptueux. Régulièrement, ils confiaient les enfants aux parents d'elle ou lui pour organiser des sorties en amoureux, des réceptions sélectes, ou d'autres délibérément libertines. Magalie n'avait jamais caché sa gourmandise pour ce type de soirée ni son plaisir à en profiter pour fumer des herbes pas toujours licites, ce qui lui permettait d'augmenter sa perception des sens et de faire disparaître ses inhibitions. Jean-Daniel s'était mis en colère à plusieurs reprises à cause de cette tendance à abuser des pétards, car cela était contre ses principes, seulement il y trouvait son compte ! Sa femme, alors dépourvue du moindre tabou, le rendait aussi excité qu'amoureux. Finalement, il mit de côté sa morale et encouragea son épouse à mener ses petites orgies privées en lui fournissant lui-même ses joints afin qu'elle ne se mette pas en danger en se les procurant. En plus des plaisirs débridés qu'il en retirait, cela lui permettait aussi de rencontrer le gratin mondain qu'elle connaissait depuis petite, mais auquel lui n'avait pas accès, et ses carnets de commandes en profitaient autant que ses yeux. En encourageant sa femme à toujours se laisser tenter par plus de liberté, il en obtint la réalisation de son fantasme le plus cher en n'ayant pas à le demander explicitement, donc sans l'assumer face à elle. Ce privilège lui suffisait amplement pour considérer ses délires avec bienveillance. Magalie organisait des soirées thématiques ouvertes aux suggestions des invités. Lui, qui la poussait sans cesse à oser davantage et à concevoir des espaces spéciaux, s'empressa de les réaliser avec des finitions haut de gamme. Magalie avait rapidement remarqué son discret soutien à mettre en scène des délires toujours plus débridés, mais elle n'en dit rien. Au contraire, les plaisirs différents quittèrent les soirées thématiques exceptionnelles au profit de celles plus conventionnelles, du moins dans l'esprit, jusqu'à former des groupes d'adeptes réguliers de grande confiance.

Pour l'aider à animer ces fêtes, elle sollicitait régulièrement Séverine qui, à chaque fois, protestait et râlait avant de toujours accepter. Elle y excellait autant dans son rôle d'animatrice qu'en tant que participante. Séverine s'avérait tout aussi passionnée et efficace dans l'organisation de certaines soirées thématiques singulières, réservées à une sélection d'habitués, dont la qualité se répandit rapidement dans ce milieu secret et restreint, contribuant à alimenter une liste d'attente impressionnante.

Magalie organisait et participait avec la même efficacité, mais se concentrait sur le rez-de-chaussée, niveau stratégique pour l'accueil, les pauses, la détente, la fête, les mises en relation, la restauration ...

La veille de l'anniversaire de Jean-Daniel, Magalie lui demanda ce qui le comblerait, car elle était en panne d'idée et tenait à le gâter. Il hésita, visiblement en jouant la comédie, puis lui suggéra d'organiser une soirée libertine où il serait le seul homme, avec deux femmes. Magalie sourit, amusée qu'il soit demandeur de l'un des plus communs des fantasmes masculins malgré tout ce qu'ils partageaient, et accepta en l'embrassant avec tendresse. Mais il était tard pour trouver une amie disposée et disponible dans la journée, et Séverine était absente. Décidés, ils partirent en ville, émoustillés à l'idée de tenter une nouvelle expérience, celle de s'offrir une soirée à trois en cherchant pour cela une prostituée. Après presque une heure à circuler dans les quartiers réputés pour la présence de ces femmes, ils étaient sur le point de renoncer, faute d'être tentés. Mais ils remarquèrent l'une d'elles, déambulant nonchalamment sur un trottoir, en n'accordant d'attention ni aux passants ni aux vitrines. Elle semblait jolie, plutôt jeune, et surtout dépourvue de vulgarité. Jean-Daniel sourit à son épouse qui acquiesça. Ils s'approchèrent en roulant doucement pour se porter à sa hauteur et Magalie baissa sa vitre. La femme croisa son regard, mais semblait presque étonnée par leur intérêt et resta muette. Jean-Daniel poussa discrètement du coude son épouse qui se lança, lui sourit, montra de l'argent, et lui proposa de venir avec eux pour la nuit. L'inconnue se figea et fixa Magalie, qui ajouta des billets bien en évidence sur sa jambe. Magalie et Jean-Daniel ne souhaitant pas être identifié s'étaient affublés de pseudonymes, Sapho pour le spectacle attendu par Jean-Daniel, et Merlin pour la baguette magique. La prostituée s'installa à l'arrière et ils prirent le chemin du retour pour passer la soirée d'anniversaire dédiée aux seuls plaisirs et caprices de Jean-Daniel.

Leur passagère était charmante, mais ils étaient néanmoins ennuyés, car peu sûrs qu'elle soit capable tant elle semblait absente. Magalie lança la conversation pendant le trajet. Elle s'appelait Nancy et paraissait si embarrassée que Magalie pressentit qu'il s'agissait d'une débutante, ce que celle-ci confirma. Troublés, ils hésitèrent à poursuivre avec elle, mais elle insista et les assura être disposée à répondre à leurs attentes. Après un passage par la salle de bain, elle se présenta à Jean-Daniel en compagnie de son épouse, devenue Maîtresse, dans la tenue des fantasmes de celui-ci. Elles portaient une guêpière laissant le corps offert au regard en dehors du buste. Magalie demanda à la jeune femme d'assurer le service à table afin qu'il puisse assouvir son voyeurisme, puis, avant la fin du repas, elle initia les coquineries avec sa complice de soirée, rebaptisée Lola. Les jeux durèrent jusqu'au petit matin, empreints de tendresse, de douceur, de complicité et de folie. Sous couvert de son anniversaire, il proposa qu'elles se livrent à un jeu : celle qui l'étonnerait le plus dans la désinhibition gagnerait un cadeau surprise. Dans l'élan de la soirée, et amusées par le défi, et les pétards de Magalie aidant, elles dépassèrent rapidement ses fantasmes les plus fous, enchaînant les délires avec une gourmandise effrénée. Il en éprouva une félicité d'une intensité rare. La folie et l'impulsivité de la jeunesse l'emporta et elle devint la cible de la convoitise du couple. Pendant le déjeuner du lendemain, avec l'accord de son épouse, Jean-Daniel déposa dans l'assiette de leur invitée une boîte en velours dans laquelle elle découvrit son cadeau.

Il lui avait offert une magnifique chainette en or avec des petites pierres taillées en forme de cœur. Nancy n'ayant jamais agi comme une prostituée, il tint à lui passer autour du cou en lui demandant de le garder précieusement en souvenir de cette soirée de partage fusionnel. Sincèrement émue, elle reçut le présent avec quelques larmes.

Le lendemain, Jean-Daniel avait un rendez-vous important avec un architecte, nouveau et efficace collaborateur, réalisant des résidences innovantes, dans lesquelles la touche finale apportée par Magalie transformait chaque projet en un évènement régional. Ils obtenaient les financements sans problème grâce à un cabinet d'investissement avec qui ils avaient passé un marché : eux vendaient sur plan en échange de l'exclusivité et de tarifs privilégiés, ce qui garantissait pour leurs clients investisseurs une rentabilité aussi exceptionnelle que l'image. Le système était rodé et fonctionnait à la perfection.

35 ans

Une soirée festive et coquine se préparait, dont le thème la réservait aux seuls initiés, et les invitations étaient lancées. Quelques jours avant la date, Magalie reçut la visite impromptue de Séverine, son amie de toujours et coorganisatrice des soirées spéciales. Elle lui annonça son départ pour deux à trois ans, à la suite de la soudaine mutation de son époux à l'étranger. Or, cette dernière était non seulement une remarquable meneuse, mais elle était aussi celle qui, avec un savoir-faire et un humour incomparables, donnait la possibilité à chacun d'assouvir ses désirs les plus inavouables en les vivant comme un jeu, autorisant le dépassement de soi, car dépouillé par elle des retenues et hontes. Retrouver une telle animatrice relevait de la gageure. En si peu de temps, c'était surtout impossible. À contrecœur, Magalie annonça à son époux qu'elle devait renoncer à la soirée, l'une des préférées de celui-ci, faute de pouvoir remplacer Séverine. Contrarié, il hésita avant de lui répondre, puis lui rappela les performances de Nancy à l'occasion de son anniversaire. Ils en parlèrent longuement, pesant le pour et le contre, en l'occurrence qu'il ne savait rien d'elle, si ce n'est qu'elle avait tout accepté. Mais cette fois, il s'agissait de partager des moments plus qu'intimes avec des gens notoirement connus pour la plupart, et cela n'était pas exempt de risque, car s'agissant d'une jeune femme qui se lançait dans la prostitution, donc ayant possiblement des relations indésirables.

De plus, elle n'était probablement pas suffisamment mature pour comprendre certains désirs, et ils ne voulaient pas qu'elle se sente avilie. Finalement, ils décidèrent de la rencontrer pour lui exposer la situation et observer sa réaction. Après une brève conversation téléphonique, Nancy accepta avec empressement la demande de reprise de contact de Magalie et elles convinrent de se retrouver au même endroit que la première fois. La nuit tombait et semblait avoir donné un signal, provoquant une sorte de transition invisible du type des badauds déambulant sur les trottoirs. Les enfants se faisaient inhabituels, les rares retardataires aux couleurs chatoyantes rasaient les vitrines éclairées d'un pas alerte, et les groupes se tenaient plus serrés. La nouvelle population qui prenait place était plus solitaire, avec des tenues impersonnelles et sombres effaçant les individus au profit de deux types de silhouettes : les unes, qui étaient la majorité, marchaient sans empressement, plus ou moins voutées et les épaules en dedans, les autres se pavanaient le buste droit, la tête haute et provocatrice.

Nancy, qui s'était apprêtée comme elle le pouvait avec ses modestes moyens, dépareillait de la masse anonyme et constituait naturellement un point de mire. De plus, son immobilisme finissait de la désolidariser de ce monde qui se déplaçait à un rythme unifié où l'incognito était la règle à ne pas transgresser pour avoir une chance de ne pas être importuné. Elle avait dû repousser à maintes reprises les demandes d'hommes rarement discrets, mais souvent pressants, alcoolisés ou drogués pour beaucoup, goujats pour les autres. Lorsque le couple aperçut Nancy, elle était malmenée, et l'agresseur tentait visiblement de la contraindre à le suivre. Elle se débattait pour se dégager, et brusquement, ils la virent recevoir des coups. Il s'agissait d'une véritable raclée, sans que personne n'intervienne ni même ne ralentisse son pas. Ils descendirent promptement de leur voiture qu'ils laissèrent en double file et coururent à son secours. Durant les quelques dizaines de secondes nécessaires à la rejoindre, ils virent l'homme de forte corpulence la cogner, la jeter au sol puis la relever par les cheveux pour recommencer. Jean-Daniel, qui n'était pas de nature à conserver son calme dans ce genre de situation, était en proie à une grosse colère, sans pour autant perdre ses moyens. Voir un type battre une femme lui était insupportable, qui plus est avec cette différence de force, et surtout la douce Nancy. L'imbécile la traînait sur le trottoir, tel un sac, et s'arrêta à hauteur du coffre de son véhicule. Il leva une nouvelle fois le bras, poing fermé, pour la cogner.

Suffisamment proche à cet instant, Jean-Daniel le lui bloqua en le faisant pivoter et lui décocha un coup au visage qui le stoppa net, puis le roua de coups comme s'il avait été un sac de frappes. Jean-Daniel fit une pause et lui demanda s'il avait toujours envie de cogner. En guise de réponse, l'adversaire leva un bras et de l'autre tenta de se saisir probablement d'une arme. Il reçut sans délai ni sommation une série le transformant en punching-ball. Le combat était terminé. Jean-Daniel le tenait par le col de son blouson pour le maintenir à genoux. Il le fouilla et sortit du bout des doigts un pistolet que l'homme portait à son côté. Magalie en profita pour lui asséner un coup de pied au ventre. Il allongea le voyou sur le trottoir en lui mettant son calibre dans la main, retira les clés de contact de sa voiture et les jeta dessous, puis sortit un canif de sa poche qu'il enfonça dans deux pneus en prononçant un seul mot : connard ! Jean-Daniel dit un mot à l'oreille de Magalie qui s'éclipsa prestement alors qu'il soutenait Nancy en larmes, toujours sans l'aide de personne.

Il la porta jusqu'à la voiture où ils l'aidèrent à prendre place à l'arrière et quittèrent le lieu à bonne vitesse. Ils ne lui posèrent aucune question. Jean-Daniel stoppa après quelques rues et retira les adhésifs de chantier que Magalie avait collé sur les plaques de la voiture, à sa demande, car il ne se faisait pas d'illusion. Si personne n'avait secouru Nancy, il y aurait toujours eu quelqu'un pour relever le numéro du véhicule dans lequel elle était montée. Étant donné l'état de leur passagère, ils prirent le chemin de la maison, oubliant la soirée prévue au restaurant. La jeune femme fit le trajet en tamponnant son nez qui saignait et en pleurant avec force. Ils respectèrent son besoin de silence. Magalie s'adressa à son époux :

— Dis-moi, Jean-Daniel, tu as encore la patate pour un griffonneur de plan ! Tu t'es cru sur un ring ou quoi ? Le type, il n'était pas juste hagard, tu l'as mis totalement KO, n'est-ce pas ?

— Ah que oui qu'il est KO, le connard, et pour quelques minutes encore. Je l'ai aligné, à la manière d'un combat de boxe, à l'époque de la fac. La première série était pour évacuer ma colère de l'avoir vu frapper Nancy. Le genou dans la tronche, certes peu conforme à l'éthique, c'était pour me détendre. La volée bien ajustée et portée avec précision sur son faciès de connard était de la part de Nancy. J'ai fait une pause pour qu'il ne s'affale pas tout de suite, car il m'avait trop énervé pour s'en tirer comme ça. Il a récupéré et c'est là qu'il a voulu prendre son flingue, ça, il n'aurait pas dû ! Il a reçu la troisième et meilleure série, et je l'ai choyé ce type, de notre part à tous les trois. L'uppercut final t'était dédié, ma chérie. Non mais, une arme, l'autre ! Ça, à la dernière reprise j'étais échauffé et j'avais retrouvé les gestes. Il a pris cher ! Là, n'en doute pas, il a morflé. En même temps, vouloir sortir son artillerie avec vous deux si proches, il n'aurait pas dû ! Mais quel con ce type, frapper une femme ! Ce n'est pas pareil quand en face ça riposte, ce trouduc ne m'en a pas collé un seul ! Mais je peux t'assurer qu'il en a pour une bonne quinzaine à sentir sa douleur à chaque respiration et mastication. Son dentiste appréciera. Je ne l'ai pas raté. Ah ça non, je lui en ai mis plein sa gueule. Ça fait un bien !

— Oui, j'ai vu, tu ne l'as pas manqué une fois ! Un punching-ball ce connard, comme tu dis ! Je dois t'avouer deux trucs, Jean-Daniel !

— Il faut parler après ce genre d'incident, Magalie, sinon tu ne gèreras pas. C'était une agression, très violente, donc choquante. Je t'écoute.

— Lorsque j'ai mis l'adhésif sur les plaques minéralogiques, je me suis sentie voyou ! C'était excitant ! Incroyablement !

— Toi, en vaurien ? Non, prudente, si ! L'individu dans la masse préfère la délation à l'action. Avéré et à méditer.

— Mais quelle soirée, Jean-Daniel ! Je t'ai découvert chevalier intrépide, boxeur, et à présent philosophe. Si je ne l'étais déjà, je serais transie d'amour pour toi.

— N'en perds rien, stocke ! Pour les jours ou te m'en voudras, pour une mauvaise raison ou une autre.

— Et voilà le trait d'humour : je craque, je t'aime à la folie !

— Je suis trop fort. Pour garder un mec aussi prisé que moi, tu devras faire des concessions.

— Jean-Daniel, j'ai pris une initiative pendant que tu le corrigeais. J'ai relevé son numéro de voiture, pour le cas où !

— C'est parfait. Bravo, joli sang-froid. Je lui ai piqué sa carte d'identité. Nous connaissons sa bagnole et son nom, lui ne sait rien de nous. C'est quoi ta seconde confession ?

— Je devrais en être contrite, mais … non ! Mon truc, c'est qu'une fois ce sale type hors service, j'ai hésité !

— Tu m'intrigues. Qu'as-tu envisagé ? Les flics ?

— N'importe quoi ! À lui en coller un, moi aussi. L'envie m'a démangée. J'étais en colère de l'avoir vu cogner sur Nancy, et énervée de te voir obligé de te battre et d'être en danger, même si tu l'as heureusement rossé. J'aurais aimé avoir le courage de lui coller mon poing dans sa tête de dégénéré, pas juste un coup de pied. Jamais je n'ai fait cela, Jean-Daniel, pas davantage lorsque j'étais enfant !

— C'est normal, tu es une princesse depuis toujours.

— Merci. Seulement là, il méritait que je déroge, et à cause de lui, je me serais offert ce plaisir. Ça doit être quelque chose ! Tu le détestes et pan, tu le cognes ! Quand j'y pense … c'est enivrant !

— Mon petit commandant, je comprends ce que tu as éprouvé, d'ailleurs tu m'as vu à l'œuvre, j'ai vu rouge. Mais je te déconseille de tenter l'expérience si tu n'as jamais mis un bourre-pif, car tu pourrais te casser le poignet ou des doigts ! Sans rire.

— Ah bon ? En tapant sur son facies d'abruti ! Alors je me serais contentée de son bide.

— Et tu y aurais pété ton adorable système carpien, crois-moi, et oublie. Certes, tu excelles avec un martinet ou une cravache, mais laisse tes mimines tranquilles. Ton coup de pied était suffisant et approprié.

— Mais tu as raison. J'ai mal à la cheville ! Je suis trop nulle.

— Non, tu es une femme merveilleuse de délicatesse et courageuse. Si un jour tu y étais contrainte, Magalie, sers-toi de ton genou. Bien remonté entre les jambes, ça fait toujours son effet ! C'est une valeur sûre et tu ne te feras pas mal. En revanche, à ce jeu la demi-mesure n'est pas permise, il faut que tu les écrases comme une malade du premier coup, sous peine d'un retour brutal et pénible !

— Je lui demande de positionner sa quincaillerie bien pendant au milieu et de ne pas bouger ?

— Tu fais face sans regarder les cibles en pensant que ta vie est en danger. Tu te concentres, tu cales ton équilibre sur l'autre jambe et là, tu remontes ton genou de toutes tes forces en y ajoutant celle du basculement de ton poids. Une seule pensée doit t'animer à cet instant : tu veux lui tuer les valseuses. Si tu as été rapide, tu ne réarmes pas complètement pour gagner du temps et tu assènes le coup de grâce à l'éventuelle survivante du génocide. Si tu t'es appliquée, l'autre change de couleur et tombe à genoux ou se penche en avant. L'erreur du débutant, c'est de lui dire ses droits, ou une messe pour le décès des balloches ! Parce qu'à chaque seconde sa haine le redresse, donc tu files si tu as une chance de lui échapper, ou tu achèves la bête pendant que tu le peux. Tu penses à ce qu'il voulait te faire, te battre, te violer, te donner en pâture à ses potes … l'essentiel est de charger tes batteries à bloc, et là, tu le démontes ! Et tu décampes sans lui demander l'heure ! Magalie, ce n'est pas ton milieu, alors tu ne sais pas, mais avec une seule main, un connard comme l'agresseur de Nancy peut te péter un bras, juste d'un mouvement de poignent en le serrant.

— Quelle horreur ! Tu crois que cela existe encore en France ?

— En dehors de ton monde, oui ! Avec ses cinq doigts, il parviendrais à t'écraser la gorge, où la nuque, avant d'aller prendre une bière, tranquillement ! Alors tu décampes !

— Mais tu es un affreux ou quoi ? Tu me ferais peur tellement ça sent le vécu !

— Non ! Mais je n'ai jamais laissé un pote se faire casser la gueule sans bouger, ni tourné le dos à une fille qui se fait coincer par un type ou la bande du lycée ou de la fac, pas une fois, Magalie ! Et là, tu es seul avec quatre ou cinq abrutis chargés aux hormones, car prêts à commettre un viol. Alors si chaque coup que tu donnes n'est pas celui qui en met un hors circuit au moins le temps nécessaire à revenir pour le finir, le punching-ball, c'est toi !

Arrivés à la maison, ils installèrent Nancy au salon et l'aidèrent en la rassurant. Magalie lui fit couler un bain, l'aida à se dévêtir et l'accompagna. Elle avait des marques rouges sur le visage et semblait souffrir du dos. Elle raconta que ce n'était pas la première fois qu'il la malmenait, car il la harcelait et elle refusait toujours.

En entendant cela, Jean-Daniel se mit à jurer, disant qu'il avait une grosse envie de refaire le voyage et de lui coller une autre raclée. Le calme revenu, ils l'interrogèrent pour tenter de comprendre la logique de cette situation et apprirent qu'elle était à nouveau dans la détresse, qu'elle avait tenté de renouveler l'expérience comme avec eux, et qu'elle avait été repérée par quelques types louches, dont celui qui la battait, car il voulait qu'elle s'occupe de ses clients. Elle pleurait, mais parlait clairement et se confiait sans retenue. Magalie lui demanda depuis combien de temps elle s'était remise à arpenter le trottoir, visiblement contrariée et dans une colère difficilement contenue. Lorsque la jeune femme lui avoua que cela faisait une quinzaine de jours, elle explosa littéralement :

— Mais que tu me déçois ! Alors tu es vraiment une traînée, une sale petite roulure. Que je suis déçue, tu me dégoutes ! Donc tu assumes et tu dégages d'ici, parce que la maison est propre. Je t'appelle un taxi et dehors la pétasse, tu te casses, pas de place pour les pouffiasses !

Nancy était devenue si livide que même les marques rouges avaient pâli. Embarrassée d'être chez eux, nue dans ce peignoir, et humiliée d'être insultée, elle chancelait. Elle n'arrivait plus à trouver ses larmes tant elle était tétanisée, mais son ventre pleurait pour elle en se contractant, car en proie à des spasmes nerveux. Jean-Daniel intervint posément :

— Ne fais pas attention, Nancy, elle est en colère et ne pense pas ce qu'elle dit. La séquence des gifles et des coups était violente.
— Jean-Daniel ! J'espère que tu plaisantes ? Quinze jours de trottoir, non mais, tu réalises ? Et qui te dit qu'elle n'a pas une maladie ? En plus cette tapineuse nous fixe rendez-vous !
— Une pause te serait nécessaire, Magalie, tu es issue à ce point d'un monde doré que tu n'identifies même pas que tu prends de plein fouet le contrecoup nerveux de l'agression ! Avale un verre d'eau, Magalie, ou deux, s'il te plaît. Tu perds le contrôle, crois-moi. Nancy, j'ai bien compris que tu prenais une vilaine trempe parce que tu refusais de te trémousser à poil, ce qui implique que tu fais le trottoir, mais que ... ?

— Je n'y suis pas arrivée ! Ils sont laids, elles puent le tabac, il et elles sont sales, ils sont vulgaires, grossiers, je ne les désire pas, je ne les aime pas … Je n'ai pas pu une seule fois, Merlin. Jean-Daniel. Je vous le jure. Pas une, tout ce que j'ai réussi, c'est à être battue comme un animal sur un trottoir. Il me jetait au sol, me relevait par les cheveux, me frappait, me rejetait sur le goudron ! J'ai cru ma vie finie et qu'il s'apprêtait à me tuer à main nue ! C'était affreux. J'avais l'impression qu'il ne se rendait même pas compte que je résistais tellement il était fort. Alors j'encaissais, car c'était fini pour moi. C'est mon seul contact physique depuis vous, je vous supplie de me croire, je vous le jure.

— Ne jure pas, Nancy, ce n'est pas nécessaire et je te crois, car je me doutais de cela en voyant ta résistance pourtant totalement inutile. Tu ne pouvais rien face à cette brute. Magalie ?

Son épouse avait retrouvé son calme et l'embarras l'envahissait, consciente de la violence de son dérapage verbale. Elle gardait le silence, en pinçant ses lèvres nerveusement, car ne sachant pas comment renouer le dialogue après le flot d'insanités jetées au visage de la jeune femme, pourtant meurtrie et encore choquée, donc à celle qui était éminemment la victime ! Nancy prit l'initiative :

— Je ne vous en veux pas, Magalie, et vous avez raison. Je ne suis certes pas passée à l'acte, mais j'ai refait le pas, tel que vous l'aviez pressenti. Je suis celle que vous évoquez, sauf pour les maladies, je n'ai rien. Je ne tremble plus, j'ai moins mal, j'ai récupéré. Merci de m'avoir aidée. À présent, je dois vous laisser tranquille. Jean-Daniel, il faudrait demander un taxi pour moi, car ce type a cassé mon téléphone pour que je n'appelle pas au secours. J'ignore où nous sommes !

— Je préfère que tu te ressaisisses. Dans un moment, tu palperas ton corps pour savoir s'il te faut un médecin. Nous aviserons ensuite.

— Nancy, je te présente mes excuses, sincères ! Je suis navrée et consternée. Je me suis laissée déborder par la colère et j'ai voulu être sciemment blessante. Pardonne-moi. Mais cela te montre comme je tiens à ce que tu ne te livres pas à te telles activités. Je souhaiterais que tu restes ici le temps de réfléchir calmement, car ce type était après toi.

— Si ce n'est pas la police qui l'a ramassé avec son flingue, il est certain qu'il me guette déjà. Il voudra ne pas perdre la face.

— Mais c'est vrai, elle a raison, Jean-Daniel ! Et même s'il est placé en détention quelques jours, il la retrouvera et se vengera. Surtout après la correction qu'il a reçue. Et ce n'est pas possible !

— Vous êtes si gentils avec moi ! Merci. Vous avez déjà pris des risques pour me sauver la vie, mais je dois oser vous demander encore une chose. J'aurais besoin que vous me gardiez au moins cette nuit. Je suis certaine qu'il m'attend. Sans même s'être soigné. Et il ne dormira pas. C'est un homme qui bat les femmes et il a pris une raclée devant l'une de celles qu'il voulait dominer. La suite finira mal pour moi. Il me tuera. C'est écrit. En prenant son temps pour me voir expier. Ce soir.

Magalie l'observait et l'écoutait bouche bée tant ces mots lui semblaient appartenir à une fiction. Elle réalisait toutefois l'horreur que pouvait être la vie, et qu'elle ne savait rien de ce milieu :

— Mais, Nancy, si tu penses cela, où pensais-tu partir avec ton taxi ? Tu as de la famille par ici ?

— Non. Ni ailleurs, c'est terminé. Je serais rentrée chez moi finir ma vie. Il m'aurait torturée avant de me tuer, je le sais, car il aura besoin que je sache sa supériorité. Mais une fois ce moment difficile passé, mon existence prenait fin et je pouvais me reposer. Je suis fatiguée. Usée ! Ne vous souciez pas de moi, vous n'y êtes pour rien. Ça sera demain, ou dans une semaine, mais c'est écrit ! Vous m'avez offert un sursis, c'est généreux. Je voudrais juste me reposer une nuit.

Jean-Daniel hochait la tête, consterné, mais conscient de la justesse d'analyse de Nancy sur sa situation. Magalie était dans la difficulté. Une main devant la bouche qu'elle ne pouvait fermer, les yeux horrifiés, elle ne parvenait pas à assimiler que ce monde puisse exister en dehors des écrans :

— Mais quelle horreur ! C'est un cauchemar, un délire ! Tu ne retourneras pas là-bas, Nancy, je te paierai un billet pour où tu veux, et tu partiras loin.

Traumatisée et désorientée, Magalie se laissa choir dans un fauteuil. Elle marmonnait, de manière incompréhensible, en remuant la tête de droite à gauche, et en haussant les épaules. Que des gens puissent avoir un tel comportement la dépassait au point de lui renvoyer à la figure son existence, sa jeunesse dorée, sa propriété offerte, sa vie insouciante … Cette jeune femme était prête à partir se faire exécuter, en taxi, à force de fatigue et d'usure ! Elle tentait de se mettre à sa place, mais elle ne pouvait tellement pas concevoir cela qu'un tournis accompagnait une sorte de blocage. Elle n'avait plus les mots ni les gestes. Son mari intervint :

— J'en conclus que ce malade t'avait déjà malmenée.

— Oui. Il veut que je fasse la putain dans son sex-shop, sous couvert de strip-tease. Il était persuadé de m'avoir à l'usure. Quand vous êtes arrivés, il s'apprêtait à me mettre dans le coffre de sa voiture ! Comme un tas de viande. Mais j'étais encore en vie. Je ne sais pas ce qu'il m'aurait fait ensuite. À présent, si !

— Mais que tu sois aussi résignée à ton âge me donne des envies d'épuration des nuisibles. Entendre une jeune femme dire qu'elle accepte d'être torturée avant d'être exécutée, cela me fout en l'air ! Comment peux-tu en être réduite à cette extrémité !

Jean-Daniel était livide tant la colère était en lui, alors que Magalie, trop émue, peinait à retenir ses larmes. Elle la prit par la main pour l'entraîner derrière elle à la cuisine en lui demandant de l'aider à préparer le repas du soir, sans pleurer, car les enfants rentreraient d'ici peu, telle une tempête dans la maison. Puis il y aurait sept personnes à table, avec elle et la nounou qui les aiderait pour les devoirs. Elles se mirent à l'ouvrage. Jean-Daniel les observa un instant, satisfait qu'elles soient de nouveau en bons termes, et regagna son bureau pour finir son travail. Peu avant le retour des enfants, elles vinrent à lui et Magalie lui expliqua qu'elles souhaitaient la présenter comme étant une cousine de sa famille à lui, dont le fief était de l'autre bout de la France. L'idée lui plut, il accepta. À peine arrivés, les enfants prirent le pouvoir sur la soirée jusqu'au coucher. Ils installèrent la jeune femme dans une chambre d'ami et, dès que son mari se retira, Magalie lui prêta une nuisette et s'assit sur le bord du lit en la regardant se dévêtir :

— Tes seins sont encore plus magnifiques. Tu es presque maigre, mais ton ventre à une courbure légère, caractéristique. Tu es enceinte, Nancy. Cette fois, oublie de me mentir. Souvenir de ton mécanicien ?

— Oui, Sa.. Mag.. Madame.

— Lors de la première rencontre, j'avais déjà eu un doute, car tes seins étaient si merveilleusement fermes que cela me semblait une évidence !

— Si c'est un problème, je peux prendre un taxi et me retirer tout de suite. Je comprends. Personne ne veut de moi et vous n'y êtes pour rien. À priori, je n'ai pas ma place dans ce monde.

— Première chose, Sapho c'est pour le libertinage, Magalie pour la maison, et Madame pour la dominatrice. Pour l'instant, tu te couches et tu arrêtes de déblatérer des bêtises. Je n'ai pas encore idée de comment nous gérerons ta situation, mais je te propose de te détendre en considérant que tu resteras ici le temps nécessaire à l'élaboration d'une solution saine. J'ai juste des conditions simples à t'exposer.

— Vous me sauveriez la vie. Je les accepte, Magalie.

— Non ! Je veux que tu en prennes connaissance, ensuite tu me diras oui ou non. Tu ne fumes pas, tu ne bois pas en dehors des moments où c'est, dirons-nous, de convenance. Tu ne touches à aucune forme de drogue, même pas un pétard. Sauf avec moi. Devant et avec les enfants, tu es une jeune femme exemplaire. Pas de relation intime avec Jean-Daniel sans moi. S'il te met la main au popotin hors de ma présence, tu le gifles. Si tu as besoin de quelque chose, tu demandes, mais tu ne prends pas, je ne parle pas d'un fruit, nous nous comprenons. Tu dois avoir une hygiène impeccable avec une douche quotidienne. Si tu taches un dessous, je ne veux pas que mon mari tombe dessus, ni les enfants. Tu te lèves le matin normalement, à midi c'est non. Tu participes à la vie de la maison, comme tu le ferais chez toi, car je ne suis pas ta bonne. Nous verrons les détails demain. Alors ?

— Certes, mais quoi ? J'attends toujours les conditions à ma présence.

— Mais ... Nancy, sois attentive, je te les ai énoncées, à l'instant !

— Ah bon ? Ce que j'ai entendu, c'est simplement ma vie normale. Je ne suis pas une fille de rien ni une souillon ! J'ai fait des études, assez brillantes, je suis cultivée, propre, pudique, enfin je ne suis pas ce que j'étais destinée à devenir sans votre intervention. Pour moi, une contrepartie ne consiste pas à me demander d'être normale, mais des services, si. Vous n'imaginez pas ma situation, Magalie. Je n'ai pas de quoi payer mon petit déjeuner de demain matin, je n'ai pas de brosse à dents ni à cheveux, pas un pantalon, même pas une culotte avec moi, rien ! Et si je retourne là-bas pour faire ma valise, je risque te tomber sur l'autre imbécile qui ne sera plus seul ! Sans vous deux, je suis fichue ! Dès demain je suis morte ! Vous réalisez cela, Magalie ? J'ai du mal à comprendre comment j'en suis arrivée là.

— Je ne supporterais pas d'être dans ta situation. C'est ... ce n'est pas.

— Je suis encore jeune, mais j'ai réussi à consommer ma vie, alors que je n'en ai rien fait et ne l'ai pas vécue ! Pourtant, elle devrait logiquement prendre fin dans les jours à venir. C'est inouï ! Magalie, j'ai peur, je ne veux pas mourir ! Permettez-moi de ne pas être un pique-assiette, ou un parasite, en me demandant de travailler pour vous, à n'importe quoi, mais c'est nécessaire.

— Nous verrons demain, mais je suis d'accord sur le principe.

— Merci beaucoup, Magalie, de tout mon cœur.

Magalie prit la jeune femme dans ses bras un instant puis se retira, en lui promettant qu'elle pouvait se reposer sans inquiétude.

— Encore une chose, s'il vous plaît. Vous êtes arrivés à un moment terrible pour moi, et de ce fait vous ne m'avez pas expliqué la raison pour laquelle vous vouliez me revoir.

— C'est exact, mais la situation ne se prête plus à une telle démarche. Tu oublies, nous aussi. L'essentiel est maintenant ailleurs, c'est toi ! Et c'est bien plus important. Dodo.

— S'il vous plaît, je ne pourrai pas me reposer en paix.

— Je vois ! C'est moi qui avais un service à te demander, mais rien d'essentiel. Après cette soirée, j'ai découvert que mon souci était d'une futilité consternante. Je me débrouillerai.

— Je suis d'accord, Magalie. J'ai confiance en vous et j'ai lu votre colère lorsque vous avez su que j'avais agi comme une …

La jeune femme s'interrompit, étranglée par une montée de sanglots. Elle soupira, essuya ses yeux et se moucha :

— Je ne peux plus le dire, excusez-moi. Je sais que vous ne me demanderez rien que je ne puisse accepter. Je suis consciente que c'est forcément physique, car nous nous sommes rencontrés pour cela, et je serai à la hauteur. Ce dont j'ai besoin, c'est justement de vous rendre service. Bonne nuit, Magalie, et encore merci, dites-le dix fois à Jean-Daniel. Vous avez conquis un homme formidable, je vous envie. Je lui dois la vie. Prévenez-le pour la gifle, s'il vous plaît. Il a quand même une sacrée droite !

Avant de s'endormir, le couple évoqua les évènements, surpassant l'inattendu, et elle lui annonça s'être avancée, car sans son accord, en proposant à la jeune femme de l'héberger quelque temps. Elle craignait sa réaction, car il était parfois bourru et casanier, mais il lui sourit et reconnut avoir espéré qu'il en serait ainsi.

Il lui rappela son absence pour la journée du lendemain, parce que leur partenaire investisseur souhaitait lui présenter un terrain bien situé. Encore perturbée par la scène d'une grande violence, Magalie se blottit contre lui, puis ils s'endormirent, tels deux jeunes amoureux. Au matin, ils se levèrent comme à l'accoutumée et réveillèrent les enfants avant de descendre préparer le petit déjeuner. De bonnes odeurs flottaient déjà étonnamment dans tout le rez-de-chaussée. Nancy avait dressé la table, fait griller quelques tartines et préparé une dizaine de crêpes, du café, du thé et du lait chaud. Ils restèrent un instant sur le seuil de porte en la découvrant, de dos, occupée et murmurant une chanson en dodelinant de la tête, vêtue de la seule petite nuisette prêtée par Magalie, qui dévoilait une fesse après l'autre en suivant le tempo.

Elle était plus qu'affriolante, elle était belle. Ils étaient heureux et fiers de la voir détendue malgré une telle épreuve. Ils rompirent leur discrétion en lui souhaitant le bonjour en cœur et lui firent une bise.

— J'espère ne pas avoir pris trop de liberté. Je voulais offrir un plaisir, dans mes moyens, aux enfants, et à vous aussi, alors j'ai fouillé dans la cuisine et je me suis débrouillée.

— Je suis sidéré par tes ressources, Nancy ! Voilà une initiative qui me permettra d'attaquer ma journée de travail avec un bien-être que je pressens déjà, merci. Et pour la nuisette, chapeau ! C'est magique.

— Je ne cacherai pas mon plaisir, Nancy, car me lever et ne pas avoir à préparer le repas du matin pour l'équipe, et en plus trouver mon thé tout prêt … c'est grandiose ! Merci. Et je suis totalement d'accord avec Jean-Daniel, ton joli postérieur est divinement mis en valeur.

— Justement, je voudrais vous demander un service, Magalie, encore un, j'en suis confuse. Mes vêtements étant déchirés et sales, je n'ai que cette jolie, mais légère et courte nuisette à me mettre. Je souhaite éviter que les enfants me voient ainsi. Pourriez-vous me prêter au moins un peignoir ? Une chambre n'est pas une cuisine. Je n'y ai rien touché.

Elle n'avait pas fini sa phrase que Jean-Daniel était déjà remonté. Magalie en profita pour la complimenter pour la vitesse à laquelle elle se reprenait et s'installa avec un grand sourire. En attendant le reste de la famille pour manger et partager, elle observa Nancy :

— Presque parfait, Nancy, mais il manque un couvert, ils sont trois !

— Je le sais, mais votre foyer ne doit pas perdre ses réglages du fait de ma présence. Je me préparerai un plateau et je mangerai … où vous me permettrez de m'installer.

— C'est gentil, merci. Mais c'est non. Je tiens à partager mon repas du matin avec toi, comme la première fois. Tu peux te détendre, Nancy, les enfants t'aimeront tout de suite.

La jeune femme baissa les yeux pour tenter de dissimuler son trouble, mais une larme glissa sur sa joue.

— Ais je commis une nouvelle maladresse, Nancy ?

— Oh non, mais vous ne sauriez imaginer à quel point mon cœur est serré. Voilà trois mois, si ce n'est quatre, que je ne peux plus manger au petit déjeuner, et souvent pas le soir, que j'ai faim, que je ne parle à personne, que je suis seule dans un quartier mal fréquenté où je me faisais battre comme un chien sur un trottoir encore hier.

Elle fit une pause, le temps d'essuyer ses larmes.

— Ce matin, je suis là ! Dans une vraie famille et en sécurité. Vous me respectez, vous me parlez et je m'apprête à manger. Alors voilà, c'est bouleversant !

— Mon Dieu, Nancy, c'est à ce point ! Je ne peux imaginer, mais je comprends les mots. Sourions, car je pleure aussi et les enfants arrivent.

Comme un seul, les trois ébouriffés entrèrent dans la cuisine en pyjama. Les jumelles avec les cheveux presque à l'horizontale et les yeux encore mi-clos semblaient capables de se rendormir dans l'instant. Ils prirent place par automatisme, puis s'exclamèrent avec un immense sourire en voyant les crêpes.

Ils énuméraient les mets lorsque Jean-Daniel contourna la table pour déposer un peignoir blanc sur les épaules de la jeune femme. Les jumelles descendirent spontanément des tabourets et vinrent lui faire la bise en lui précisant s'appeler Léa et Lou, puis Tom fit de même, avec un sourire charmeur.

La maman expliqua que tout avait été préparé par Nancy, précisa qu'elle serait là encore demain si chacun était gentil avec elle, et la journée démarra dans la bonne humeur. Jean-Daniel félicita ses filles qui prenaient un véritable repas, avec un vrai appétit, alors que l'habitude était de les forcer.

Une heure plus tard, la maison avait retrouvé un calme fleuretant avec le vide. Nancy débarrassait et rangeait, naturellement, tandis que Magalie l'observait.

— J'ai dit à Jean-Daniel que je prenais ma journée, car nous avons à parler. Et même s'il est mignon et à croquer, tu ne peux pas rester avec ton postérieur à l'air in æternam.

— Merci pour mon derrière. Je n'apprécie pas beaucoup mon corps, mais j'ai un secret, je trouve que j'ai un joli joufflu !

— Jean-Daniel et moi aussi ! Les enfants t'ont adoptée dans la minute, bravo.

— Je les aime déjà et ils le sentent, ce sont des éponges à sensibilité. Ces trois-là sont adorables.

— Dis-moi, Nancy, ta grossesse, tes tentatives de prostitution, j'imagine que c'est en rapport ?

— C'est embarrassant, mais oui. J'espérais ainsi pouvoir subvenir aux besoins de mon bébé. Et conserver un logement. J'ai cherché du travail avec acharnement, en vain, et je n'ai plus de quoi manger, même pour moi seule !

— Je comprends, je te prie de m'excuser pour mes insultes d'hier. En plus de ce que cela a dû te coûter d'amour propre de t'abaisser à cette solution, je t'ai humiliée gratuitement avec une violence qui ne m'est pas coutumière. Pardon encore, j'ai été d'une grande vulgarité et d'une agressivité sans nom. Je me suis déçue et choquée. Je te propose d'échanger en reprenant un café, puis nous nous préparerons. Je te prêterai une tenue de sport, car élastique pour que tu ne perdes pas le pantalon dans la rue. Tu es si mince ! Et nous sortirons pour te constituer une garde-robe ainsi que le nécessaire de toilette.

— Magalie, c'est gentil, mais je ne peux pas, je dois avoir moins de cinq euros dans mon sac, et c'est ce qu'il me reste pour vivre cette semaine.

— Si peu ! Je ne me doutais pas. Mais puisque c'est moi qui t'emmène dans les boutiques, sans te demander ton avis, tu me laisses assumer mes dépenses, s'il te plaît.

Nancy ne dit rien. Magalie rendait sa honte moins pesante, alors elle lui sourit. Elle servit deux cafés et Magalie commença à évoquer sa présence. Elle fit une sorte d'état des lieux de la situation en la questionnant, puis elle exposa les conclusions clairement afin de ne pas laisser de place aux non-dits. Il n'y avait que deux solutions : elle restait avec eux le temps nécessaire ou devait trouver d'urgence un foyer d'accueil pour future maman en difficultés.

Nancy se contentait de répondre aux questions et d'acquiescer, alors le quasi-monologue se poursuivit. Magalie lui énonça avec prévenance que le côté le plus embarrassant de la situation était qu'entre eux, il y avait eu le rapport tarifé et qu'elle craignait que l'hébergement soit perçu comme une continuité à peine voilée. Nancy ne commentant toujours pas, elle reprit en lui proposant de lui laisser le temps d'envisager une solution où chacun y trouverait son équilibre, puis elles se préparèrent.

La séance shopping s'annonça inconfortable pour Nancy, car vêtue d'un jogging trop grand associé à ses chaussures à talons. Mais Magalie choisit de démarrer par une boutique où elle connaissait visiblement bien les vendeuses, et la présenta comme étant une cousine de son mari en congés, victime du vol de ses valises.

Elles en ressortirent deux heures plus tard. Nancy était totalement métamorphosée, dans de jolis sous-vêtements et vêtue d'une robe hors de prix avec une veste coordonnée, chaussée avec la même élégance. Elle avait dans des sacs quelques tenues supplémentaires.

Après un passage dans une parfumerie, elles se rendirent dans une pharmacie prendre le nécessaire et, pour finir la matinée, Magalie l'emmena chez une amie qui tenait une boutique tendance où le moindre article était magnifique. Elles ressortirent avec quelques sacs supplémentaires et plus rien ne manquait : pyjamas, nuisettes, chemisiers, pantalons, jeans, vestes, robes, jupes, pull, maillot de bain, tenue de sport et chaussures de toutes les sortes. Sur le chemin du retour, Magalie se ravisa et elles se rendirent dans un magasin dont la propriétaire la reçut en lui faisant la bise. Il s'agissait d'une amie avec qui elle partageait le goût des réceptions libertines. Elle vendait des sous-vêtements, sélectionnés pour leur caractère particulièrement érotique, et l'étage était réservé aux tenues plus spécialisées et aux gadgets du même ordre. Nancy ne cessait de rougir de plaisir à chaque essayage, mais se laissa guider sans hésitation, et enfila des articles polissons, d'autres extravagants ou exagérément indécents, en ne percevant pas que, d'un regard, Magalie indiquait à la commerçante ceux à entasser sur le comptoir. L'amie les compléta de quelques accessoires en parfaite harmonie qu'elle qualifia d'indispensables. Elles prirent la direction de la propriété en ayant réalisé plus d'achats que Nancy se souvenait en avoir fait de toute sa vie. Elles déposèrent les sacs au salon et grignotèrent en papotant comme deux copines.

— Matinée bien remplie. Te voilà parée pour redémarrer une nouvelle vie. Cet après-midi, nous ferons la liste de ce qu'il nous faudra entreprendre pour faire disparaître définitivement l'ancienne Nancy, et tu pourras l'oublier. Tu refermeras ce couvercle, pouah, caca, pas beau, pas bon !

— Je ne saurais quoi dire, Magalie, mais c'est plus qu'extraordinaire. Je ne sais pas. Ce n'est pas bien, mais j'ai adoré pouvoir faire des achats pour moi et être celle sur qui l'attention était portée. Les vendeuses étaient gentilles, elles m'ont écoutée et conseillée sur la mise en valeur de mon corps. Elles changeaient les vêtements sans soupirer et me passaient plusieurs tailles.

— C'est leur travail de conseillères et elles sont compétentes.

— Non, Magalie, elles sont exceptionnelles ! Ce n'est pas ainsi dans le monde normal. Pour chaque tenue, elles touchaient mon corps avec savoir pour l'ajuster, comme si j'étais quelqu'un d'important et qu'elles appréciaient. Dans les cabines, elles me montraient comment faire, sans suffisance ni impatience, c'est un plaisir divin. Nous nous sommes occupées de moi, encore et uniquement de moi !

— Tu étais la cliente, c'est normal, non ?

— Mais que de moi, Magalie ! C'est fou. Et magique. Dans les boutiques, vos amies m'ont prise en charge, véritablement, comme si je méritais les mêmes égards que vous ! Elles m'ont observée et n'ont pas tenté de vendre ce qui les arrangeait, mais seulement ce qui me mettait en valeur. Moi et encore moi ! C'est la toute première fois de ma vie, Magalie, un grand moment ! Je me suis trouvée belle, c'est grisant ! En plus, dans ces boutiques, il n'y a même pas d'angoisse, car il n'y a pas d'étiquettes de prix, c'est génial ! Mais … en le disant, je réalise que c'est assez curieux !

— Ce n'est pas le genre d'endroit où tu choisis en fonction du montant, mais uniquement si cela te rend plus jolie, et c'est aussi des boutiques destinées à offrir, même à soi. Alors, lorsque je m'y rends avec Jean-Daniel, les filles enlèvent les étiquettes, car elles savent que Jean-Daniel m'offre un cadeau. Pas une valeur.

— Je comprends, mais je ne connaissais pas. C'est un milieu si différent ! Je me demande qu'elle serait votre réaction si je vous emmenais dans les boutiques que je fréquente.

— Tu m'intrigues ! Je suis curieuse de savoir comment les autres travaillent, car sur le fond, une cliente, c'est une cliente, et une vendeuse, c'est une vendeuse ! Les prix diffèrent, cela, je le sais, mais la relation reste la même, forcément ! Je me trompe ?

— Vous pourriez être étonnée. Magalie, vous avez dépensé beaucoup, je pense, certainement plus de cinq cents euros. Cent fois ce que j'ai dans mon porte-monnaie, c'est fou ! Mais je suis encore dans l'euphorie et je n'ai même pas honte, au contraire, j'adore !

— Cela ne te regarde pas, ma grande, d'abord parce que cette matinée, c'est un cadeau, enfin plusieurs, et ensuite c'est mon argent. Manière de ne pas les faire bouillir où jaunir au soleil, sache au moins que tu n'aurais pas pu avoir un seul article de ce que nous avons acheté avec tes cinq cents euros, même pas tes dessous, aucun ! Si tu veux te marrer, pense qu'à présent, tu auras le plaisir de citer avec à-propos un dicton : « péter dans la soie » ! Quoique si, il y a eu les chaussettes et les collants, et puis la brosse à dents.

Nancy pâlit, resta la bouche légèrement pendante et les yeux grands ouverts, attendant le rire qui signerait la plaisanterie et la rassurerait. Mais il ne vint pas. Elle tenta d'avaler sa salive et voulait comprendre, mais Magalie était passée à autre chose et souriait en préparant un encas pour elles deux, heureuse.

Elle était venue en aide à cette jeune femme la veille et lui avait fait le présent d'une garde-robe complète. Elle l'appréciait et sa présence lui était agréable.

Mais Nancy suffoquait, noyée dans la confusion de ses idées, dépassée par l'information sur la réalité, broyée par la culpabilité :

— Une parure de sous-vêtement plus cher que mon loyer ! Mais … non ! Les maillots de bain aussi ?

— Ah oui, et tu as l'air d'une princesse dedans. Tu es faite pour cela.

— Même ceux qui ne cachent que l'obligatoire pour ne pas être nudiste ?

— Ah, ton super mini à taille extra basse hyper étroite ! Celui-là aussi, en effet. Tu es craquante avec. Je te concède qu'il n'est pas à porter pour te rendre à la piscine municipale !

— Mais non ! Vous n'avez pas fait cela, Magalie. Mais non, enfin ! Il faut tout rapporter, immédiatement. Ce n'était pas pour moi. Ce ne sont pas les tenues qui sont indécentes, c'est la somme !

— Non mais, alors là ! Avoir consacré tant de temps, du nôtre et du leur, pour terminer avec l'idée de ne rien garder … tu as trop faim où il te manque une case ! Et pour l'indécence, je te remercie, Nancy, je m'y habille !

— Jamais je ne pourrais rembourser une somme pareille, déjà cinq cents, je ne vois pas comment, alors plus !

Nancy resta silencieuse et se retira au salon. Magalie l'entendit fouiller, marmonner, parler, puis elle revint en pleurant, telle une petite fille au cœur brisé, hoquetant en parlant, faisant des filets de salives et des bulles, et le nez coulant tant elle avait de larmes.

— Que se passe-t-il, nous avons oublié un sac sur un comptoir ?

— Non ! Elles n'ont mis ni les étiquettes ni les tickets dans les sacs !

— Mince, tu ne connaissais pas cette manie lorsque tu reçois un cadeau ? Je n'ai pas eu à leur dire, car elles savaient ce qui convenait. Pas de quoi te mettre dans cet invraisemblable état. Tu as profité et tu t'es régalée en essayant des dizaines de tenues merveilleuses.

— Justement, c'est ça ! Je les ai comptées, Magalie. Il y en a beaucoup, et des chaussures, des dessous, des maillots, des pantalons, des parfums, des vêtements sexy … et des jouets, alors …

Elle dut s'interrompre pour essuyer son nez, ses yeux et la bouche, puis elle reprit de la même façon, pleurant et bavant tant elle avait perdu tout contrôle :

— Ça fait une douzaine de sacs, Magalie, avec plein de choses incroyables dans chaque ! Alors à plus de cinq cents l'article, c'est terrible, je suis nulle. J'ai encore bousillé ma vie. Je vous ai trahie. Et je jouais comme une bécasse. Je vivais un rêve. La jolie princesse c'était moi. Forcément, je riais ! Vous avez pu voir la vraie Nancy à l'œuvre dans la vie. Je suis une inadaptée sociale. Une irresponsable, une fille volage. Une gourde mal finie. Une catastrophe ambulante. Même s'il n'y a qu'un choix possible, je fais toujours le mauvais. Je ne me rends compte de rien, sauf quand c'est fait ! Une vendeuse m'a dit que cela me faisait une jolie poitrine, alors moi j'ai pris, et … Mon Dieu ! Magalie, la garde-robe doit valoir plus de dix mille euros. Pardon. Comment allons-nous faire ? Je suis perdue Magalie, il faut m'aider ! Encore. Des dizaines de billets de cent en une matinée. Je n'en ai pas un ! Il me faudra une autre vie pour les amasser, pour le moment je ne gagne que des dettes ! Comment dois-je faire, Magalie ? Ne vous inquiétez pas, quand Jean-Daniel rentrera, je lui avouerai. Il saura que je vous ai abusée. Il ne doit pas penser que vous responsable de cette catastrophe. Il verra rouge. Il me chassera. C'est normal. Peut-être même qu'il me frappera ! Je débarque dans votre vie et je … Je suis anéantie ! Que je parte ou reste, je suis fichue. Je vous l'avais dit, c'était écrit, ma vie doit prendre fin. Je dois juste trouver quelqu'un qui ne me fasse pas souffrir en finissant de me détruire. Une incinération et voilà, plus de trace de l'erreur, moi !

Réalisant que la détresse de Nancy relevait de la dépression morbide, ce qu'elle n'avait pas anticipé tant elle la voyait papillonnante, rayonnante et souriante, elle la fit asseoir et la prit dans ses bras. Puis elle lui servit un verre d'eau et lui parla lentement et avec douceur pour l'aider à se reprendre :

— Nancy, tu as une telle force de caractère que je me suis laissée abuser par l'image que tu dégages. Je n'ai pas perçu la profondeur de ta détresse, pardonne-moi. Tu es une femme bien qui n'a pas eu de chance, mais cela doit changer. J'ai déjà quelques idées pour toi pour te faire quitter ton monde trop sombre, et tu en choisiras un autre. C'est vrai que nous avons dépensé de l'argent, mais pour reconstruire une vie, la tienne, en repartant de zéro. Et refaire en y consacrant deux-cents euros, c'était préparer ton maintien dans les ennuis. Nous devions avoir les moyens de viser haut pour toi. C'est à considérer comme un financement. Si nous ne faisons rien ensuite pour te créer une vie décente, cela deviendra une dépense, je suis d'accord.

— Non, un terrible faillite !

— Mais nous agirons ensemble à rentabiliser notre investissement ! Donc, tu ne pleures plus ! Aujourd'hui tu as ri de bonheur devant toutes ces choses magnifiques, et c'est sain de le percevoir, car elles le sont, puis tu les as pleurées, car elles ont un prix. Et encore une fois, c'est la preuve que tu es consciente et saine. Notre objectif, c'est que demain, tu puisses y retourner et t'y habiller sans moi ! C'est mon projet pour toi. Et comme tu t'arrondiras d'ici peu, nous ferons évoluer tes tenues en conséquence, mais tu ne pleureras plus.

— Ah bon ? Vous en avez un plan pour moi ? Mais lequel ?

— En vérité, je n'en ai pas encore la moindre idée, mais je le sais, donc je ne doute pas, c'est ainsi. Alors, si tu pouvais oublier ton chagrin pour revenir au sourire et m'offrir la séance d'essayage maison qu'il convient juste après notre encas, tu me ferais plaisir. Dans certaines tenues, tu es tout simplement divine. Et ne gâche pas mon cadeau, je te l'offre de bon cœur, alors c'est interdit !

Elles préparèrent le repas en papotant, ce qui permit à Nancy de se détendre, puis elles mangèrent en revivant et commentant les séances d'essayage. La crise de panique s'estompait.

Elles se rendirent au salon où Nancy improvisa un défilé de mode et Magalie joua le rôle d'une photographe professionnelle et la mitrailla. Elle avait autant de plaisir que la jeune femme dans ses vêtements, elle la guidait pour les pauses, n'hésitant pas à la manipuler, tel un modèle en plastique, afin de la positionner correctement dans la lumière comme dans son corps. Puis elles passèrent dans le même élan aux tenues érotiques, et plus avec les accessoires, en s'amusant. Nancy se prêtait au jeu, complice à la manière d'une adolescente avec son amie, dépourvue de gêne, assoiffée de la liberté et du plaisir d'être, et de partager. Le temps passant vite, elles remirent de l'ordre et Nancy monta ses affaires dans sa chambre, enfila un jeans bleu et un débardeur à fines bretelles qui semblaient avoir été faits pour elle, s'observa devant le miroir sous tous les angles, se sourit malgré la précarité de sa situation, car cette bouffée d'oxygène inespérée relevait du miracle et elle songeait que c'était peut-être un signe, qu'il lui appartenait de ne pas gâcher. Elle embrassa du regard sa chambre, la pile de tenues, sa nouvelle image, eut envie de pleurer tant elle se sentait vivre, et descendit préparer le goûter des enfants, qu'elle partagea. Après quoi, elle joua avec eux avant de participer à la séance des devoirs avec la nounou.

La soirée venue, Magalie demanda à Nancy de rester avec eux au salon, et, avec sa permission, de présenter les photographies, y compris celles où elle était en tenue sexy. Nancy rosit, mais accepta, puis elle passa sur grand écran un diaporama des photos de l'après-midi. Voilà déjà quelque temps que Magalie n'avait pu s'adonner à sa passion pour la photographie, mais disposant d'un modèle confiant et naturel, sa flamme s'était éveillée.

Elle l'avait cadrée sous tous les angles, dans toutes les positions, présentant ses tenues à l'objectif avec sérieux, avec le fou-rire, en marchant ou en jouant au top model. Elle l'avait saisie changeant de pantalon, de robe, de chaussure, de sous-vêtement, de maillot, s'apprêtant, s'observant, riant.

Il s'agissait d'un véritable festival consacré uniquement à Nancy et d'une grande démonstration de maîtrise de l'image dont Magalie était satisfaite et heureuse de pouvoir présenter le résultat à son époux, autant qu'à son modèle improvisé. Jean-Daniel ne cessait de s'extasier, sur Nancy, sur les tenues, les poses, les photographies, les lumières et, prudemment, sur les quelques nus. Nancy passait alternativement de la béatitude aux rires en se découvrant, et parfois se cachait le visage des mains lorsqu'avec Magalie, elles avaient déliré en riant avec les accessoires de la boutique au premier étage coquin.

Ils apprirent au travers ses commentaires que Magalie avait fait une école de photographie afin d'enrichir sa maîtrise de la gestion des images, des couleurs et des ambiances, pour son travail de décoratrice. Magalie avait joué à simuler à la pro de l'objectif alors qu'elle l'était, les preuves s'admiraient. Elle commenta :

— Nancy, la moindre mise en scène révèle qui tu es, et ta beauté est rayonnante. Je n'invente pas, nous avons vu, toi aussi. Ces tenues t'habillent et te déshabillent avec une élégance folle et dévoile une classe remarquable et naturelle, tu accroches l'image. Mais dedans, c'est toi, personne d'autre, et c'est ton corps avec ses formes que nous avons admirés.

— Je suis de ton avis au sujet de Nancy, mais ne sous-estime pas ton travail, Magalie, le cadrage, la lumière, la profondeur de champ, tout est parfait et impressionnant, c'est splendide. Félicitations.

— Merci, mon chéri, je suis indécemment satisfaite du résultat, surtout pour une séance improvisée. Je me suis tellement éclatée que j'ai l'envie de m'y remettre. Nancy, ce n'est pas toujours facile d'être confrontée à son reflet, alors, sincèrement, quand penses-tu ?

— La bienséance voudrait que je reste critique et sur la retenue envers mon image ! Mais je ne peux pas, parce que je suis sous l'emprise du plaisir : je ne me savais pas aussi jolie ! Je suis stupéfaite, car j'ai regardé une autre femme, jamais je ne me suis vue ainsi, même en rêve ! Je crois que c'est la première fois depuis que je ne suis plus une petite fille que je me trouve belle ! Me voir dans ses tenues sublimes est incroyable ! Lorsque je suis plus ou moins dévêtue entre deux ensembles, j'oublie la honte pour dire : « ouah, quelle femme ! » Le plus fou, c'est qu'à chaque fois, c'est moi ! Pour celles avec les accessoires coquins, je n'ai vu aucune vulgarité, que de l'esthétisme. Et c'était moi, Nancy, la gourde ! Mais de cette vision je ne suis pas dupe, Magalie, votre travail est génialissime, c'est de l'art. Seulement c'était moi et j'en suis fière ! Vous accepteriez de m'en donner une copie ? Je les regarderais en cachette le soir dans mon lit ! Et je rêverais à la vie que j'aurais pu avoir si j'avais été une princesse. Au moins, ça ne fait de mal à personne.

— Je ferai mieux. Tu les auras dans un press-book, et tu seras étonnée de ce que cela apporte de plus. C'est la touche qui transforme un sujet en déesse. Pendant et après notre séance de prises de vues, j'ai été surprise de retrouver mon plaisir intact, j'envisage donc me remettre à la photo. Pour cela, il me faudrait un modèle avec qui j'ai un feeling. Nancy, si tu acceptais de poser pour moi, tu serais mon opportunité inespérée, car entre nous deux, il y a un lien de confiance perceptible. J'aimerais que tu réfléchisses à ma demande. Je pourrais même envisager de te rétribuer, si cela pouvait te convaincre. En plus, nous nous sommes bien amusées, je le sais, j'ai vu le plaisir dans tes yeux.

— Moi, en modèle photo ! Mais non, je côtoierais le ridicule ! Mais que je serais contente ! Oh oui ! Moi, je poserais pour une artiste photographe ! Tout ce que vous voudrez et à chaque fois que vous vous sentirez en phase créative, Magalie. C'est un rêve de petite fille, pour moi, même d'adolescente, et vous m'apprendriez à positionner mon corps pour gérer mon image. Nous ferions du portrait, des séances version mannequin comme nous en avons fait et des trucs délirants. J'aimerais aussi en faire dans le parc, genre Hamilton avec mon ventre en lumière ! Et des nus autant que vous le voudrez, je vous prêterai mon corps, vue par vous je suis plus belle qu'en vrai et j'ai beaucoup aimé sentir l'objectif m'observer lorsque je me changeais. Je voudrais me voir dormir, manger, rire, triste, rêveuse, perdue, en colère, amoureuse, débordante de désir, bouder ! Tout ! Ne vous moquez pas, je me vois vivre, cela m'aide à me rendre compte, je vis !

Le lendemain, le couple partait visiter un chantier de Jean-Daniel avec l'architecte. Magalie s'investit dans son métier avec une passion et un professionnalisme qui confortait à chaque fois les deux hommes dans l'idée qu'elle était celle qui donnait vie et valeur à leur travail. De retour en fin de journée, le couple, fatigué physiquement et intellectuellement, découvrit avec une intense satisfaction les enfants réunis autour de la table du salon, participant avec attention à un jeu organisé par Nancy, ils étaient calmes et jouaient ensembles en riant et sans se chamailler !

La maison était rangée et propre, une appétissante odeur de cuisine titillait les papilles et la table était dressée au séjour. C'était comme dans les films pour enfants, parfait. Ils passèrent une bonne soirée tous les six puis, à l'heure où les adultes retrouvaient plus de libertés, ils évoquèrent le lendemain. Magalie avait prévu de rentrer en fin de matinée, alors que lui partait pour deux jours. Ils lui confièrent avoir parlé d'elle sur le chemin du retour et étaient d'accord pour qu'elle reste avec eux le temps nécessaire. Un grand sourire illumina spontanément le visage de Nancy. Elle hésita un instant, et se leva pour leur faire deux énormes bisous à chacun, en susurrant qu'elle avait l'impression d'entrevoir la possibilité que sa vie reprenne, avec un avenir possible. Puis elle s'assit et pleura :

— Ne vous inquiétez pas, je suis tellement heureuse ! Je profitais du sursis que vous m'offriez, avec au fond de moi la certitude bien ancrée de mourir d'ici peu. Et vous, que je ne connais que depuis quelques dizaines d'heures, me faites le cadeau de me permettre de renouer avec l'espoir de vivre ! Vivre ! Vous ne sauriez imaginer plus beau présent. Je sens en moi un risque d'explosion non contrôlée !

Elle leur fit un nouveau gros bisou affectueux. Alors que Magalie se rendait à la cuisine préparer une tisane, Nancy la suivit et s'adressa à elle à voix basse :

— Magalie, je ne sais pas trop comment évoquer cela, mais j'essaie. Je suis surexcitée à en avoir envie de rire pour rien tellement je suis à fleur de peau. En plus je suis allégée de ma honte d'abuser de ma relation avec vous, parce que, initialement … C'est nul ! Je ne dis absolument pas ce que je voudrais exprimer. C'est à cause du bouillonnement qui est en moi. Bref. Certes, je suis consciente de vous devoir une fortune, je le sais, mais je faisais allusion à la nature de notre première rencontre. Zut ! Je ne m'en sors pas ! En réalité, je ressens une sorte de … complicité ! Quel boulet je suis, je m'énerve !

— Je dirais que nous aurons à travailler sur ta capacité à être et à t'exprimer simplement, car en dehors des ennuis, la vie est simple !

— Magalie, je m'épuise à tenter de vous confier que si vous aviez à nouveau du désir pour moi, malgré ce que j'ai fait et ce que vous en avez pensé … Oubliez ! Vous pouvez me demander, voilà, c'est à l'affichage ! C'est embarrassant à avouer, mais troublant ! Je suis tellement bien, en si peu de temps ! Jamais je ne l'ai été. Sauf grâce au sentiment amoureux, mais c'est différent. Je respire, je n'ai plus peur et j'ai ri ! Magalie, je sens l'espoir renaître et ça me réchauffe.

Magalie restant silencieuse et souriante. Perplexe, Nancy reprit afin de la conforter dans sa compréhension de ce qu'elle essayait de lui exprimer avec tant de confusion :

— Je voulais dire que puisque Jean-Daniel part pour deux jours, il aimerait peut-être passer une soirée agréable. Donc, si vous aviez envisagé de lui proposer je ne sais pas quoi en venant me chercher à nouveau, je suis disponible ! Magalie ? Zut alors, arrêtez de me laisser m'enferrer ! J'ai envie, voilà, un truc de dingue ! Mais si je ne dois le cacher, surtout vous me le dites, sans être trop sévère si possible, mais vous me fixez les limites. Vous comprenez, n'est-ce pas ? C'est que tous les trois nous avons déjà pratiqué, si bien que je ne sais plus où se situe la barrière !

— Non mais, toi alors ! Nancy ! Puisque tu insistes, je me contrains à te répondre dans la foulée. Je ne veux plus jamais … tu m'écoutes attentivement, Nancy ? Je refuse d'entendre à nouveau ne serait-ce qu'une allusion, même petite, ou suggérée, à l'idée que tu hésiterais à me faire part que tu as envie de nous ! Sinon, je te promets une fessée.

— Mon Dieu que j'aie eu peur ! Vous l'avez fait exprès !

— Oh oui ! Et c'était trop bon. Tu es si gentille, Nancy, je n'aurais jamais osé te demander la plus légère des relations câlines à cause de tout ce qui t'est arrivé. J'en ai encore mal pour toi. Dans ta déclaration, je souhaiterais toutefois connaître la part qui appartient à une forme de gratitude. Genre soixante pour cent, quarante, trente, quatre-vingts ? La vérité !

— Ne croyez surtout pas que je ne vous sois pas reconnaissante, mais c'est zéro, Magalie ! La première fois, j'avais même oublié avant la fin ! C'est un secret entre femmes, Magalie, j'ai une poussée de désir phénoménale ce soir ! Sans doute la grossesse, il paraît que les hormones en sont chamboulées, donc en plus de cette incroyable libération et de mon retour à la vie, me voilà... radieuse !

— Génial ! J'ai tellement de mal à croire que toi, une jolie jeune femme, puisse éprouver de l'intérêt pour un couple comme nous, établi, classique, plus âgé, que … c'est magique ! Donc, ultime répétition et nous oublierons : les remerciements, je te fais confiance pour que jamais tu n'y penses une seule fois avec ton corps, tu n'es pas à vendre ni à louer. Je n'occulte pas que Jean-Daniel et moi nous sommes commis lors de la première rencontre, mais c'était un délire de couple pour un anniversaire, jamais de notre vie nous n'avions payé une personne pour son corps. J'en suis confuse à présent, mais c'était un jeu, stupide, et je le regrette. Mais nous t'avons traitée comme une amie, pas telle une fille.

— Je le sais et je comprends parfaitement, Magalie. Les choses sont claires dans mon esprit et je ne pense pas à cela, je vous l'assure. C'est juste que de passer aussi rapidement du désespoir sans issue à la vie dont je n'ai jamais osé rêver, j'en ai des envies qui montent !

— Ah bon ? Je n'osais même plus t'en parler.

— Magalie, malgré ce que vous pouvez penser de moi, et à cause de moi, je n'ai pas eu un seul rapport après vous deux, il y a quelques semaines, et vous étiez le premier depuis que je me suis faite larguée comme une mal propre. Et toute seule, je n'y arrive jamais, alors ! Je me mets ainsi à nu pour que vous ne doutiez pas de mes intentions, je ne vous rembourse pas avec mon corps, j'ai envie ! En plus, je vous le confesse, c'est dingue ! Cela me coûte de l'amour propre de vous avouer que personne ne veut de moi, ni pour un travail, ni pour compagne, ni même dans un lit, mais je pense qu'il est préférable d'être transparente pour regagner votre confiance. Et la garder, je le voudrais du fond du cœur.

— Tu es une femme surprenante, Nancy, ta volonté, ta force à réagir, ta sincérité, ta clairvoyance et ta maturité font de toi une personne d'exception. Nancy, à propos du départ de Jean-Daniel, si tu es certaine d'avoir identifié ton émoi, je serais honteusement tentée pour ce soir ! Je plaide coupable, j'en suis embarrassée, mais pas suffisamment pour ne pas … accepter !

— Je le suis et vous découvrirez Nancy qui se lâche lorsqu'elle se sent bien ! J'ai une patate !

Le lendemain après-midi, Magalie fit visiter à sa nouvelle amie la bâtisse qui était au fond du parc, il s'agissait du domaine festif et privé, dans une restauration de Jean-Daniel sur les plans de, et pour, Magalie.

L'immense grange toute en longueur était devenue une sorte de vieux manoir à la suite des travaux, avec de plain-pied une vaste terrasse donnant accès à une salle de réception démesurée, d'un seul tenant, avec sur un côté une rangée de pièces : vestiaire, bloc sanitaire, cuisine, bar, local technique, espace repos, et deux cages d'escaliers dissimulées.

Elle lui expliqua que les réceptions à tendance festives se déroulaient la plupart du temps ici. Le rez-de-chaussée était dédié aux activités de groupes, et il s'y pratiquait danse, musique, jeux, le tout parfois empreint d'une quête relationnelle. Lors des secondes parties de soirées, il se transformait en un espace propice aux rencontres, aux charmes, à l'érotisme, aux flirts et aux caresses. Mais il y avait une règle, les femmes ne devaient pas dépasser le stade des seins presque nus, mais jamais complètement, et les hommes rester sur la retenue et ne pas outrepasser ce qu'elles proposaient.

Les deux cages d'escaliers étaient réservées à des membres déjà connus et ayant remis un bilan de santé récent à un parrain ou à Magalie.

Le premier étage, d'une surface égale, était divisé en une douzaine de grandes salles aux ambiances différentes, où les convives pouvaient être libres, nus, et faire l'amour de groupe selon les affinités. Le second était sous les combles, aménagés en une double rangée de mansardes douillettes avec des chiens assis. Ces espaces accueillaient chacun de deux à quatre personnes désireuses de partager plus intimement. Le premier sous-sol était plus secret. Elles y descendirent et Magalie fit une pause, devenue hésitante tout en l'observant. Nancy perçut son questionnement et se contenta de lui faire un petit signe affirmatif de la tête avec un sourire. La maîtresse des lieux poussa une lourde porte brune et présenta l'installation. Elle lui relata des soirées particulières où la liberté totale des participants avait transformé nombre de ses amis, en leur offrant un équilibre psychologique et une sérénité corporelle longtemps espérée. Elle lui avoua son plaisir à tout tester, car passionnée par les comportements et la gestion de la quête à la jouissance, même si parfois elle devait se dépasser, jusqu'à beaucoup. Mais c'était aussi ce qui la faisait vibrer. Autant au-dessus l'essentiel était dans l'attirance physique des participants, dans l'échange, le contact et la quête d'une étreinte et d'un rapport direct, classique et quasi codifié par le fonctionnement même du corps humain, autant ici il s'agissait d'une recherche où l'intellect avait une part déterminante.

Les fantasmes étaient mis en scène avec soin et respectés, les participants devenaient joueurs ou personnages, dans des rôles où les désirs et ressentis devaient donner dans l'exagération théâtrale pour être réels et vécus. Le martinet qui n'était que caresses faisait geindre, des pinces aux embouts de velours provoquaient de terribles grimaces de douleurs. Une gifle à peine plus soutenue qu'une câlinerie provoquait supplications et soumissions, les soumis attachés l'étaient pour être offerts jusqu'à l'humiliation, et des accessoires fouillaient les corps avides dont seules les bouches disaient le contraire. Personne ne pouvait y accéder sans avoir deux parrains. Ce niveau était celui qui rendait Jean-Daniel, version voyeur, le plus amoureux. De retour sur le palier, Magalie referma la porte et marqua une hésitation à peine perceptible. Descendre ou monter. Nancy lui prit la main, l'assura de sa compréhension et affirma trouver l'ensemble de l'installation aussi merveilleuse que magique. Magalie reçut son sourire avec un sincère soulagement, mais la vit pousser d'autorité la porte noire et descendre sans hésiter. Il s'agissait de l'endroit le plus secret du palais des plaisirs et Magalie tint à lui en parler avant de pénétrer dans la première salle. L'accès à ce lieu était strictement règlementé. Le membre devait être actif, avoir un an d'ancienneté, trois parrainages, ainsi qu'un bilan de santé complet de moins d'un mois à chaque visite. Elle l'avait spécialement aménagé pour les plaisirs différents, parfois dits extrêmes, et comme pour le reste, l'avait imaginé et conçu elle-même.

Nancy écoutait avec attention puis entra, suivie de Magalie encore embarrassée. La visiteuse resta un instant immobile dans la première salle, elle observait. L'ambiance était incroyablement empreinte d'invitation aux jeux extrêmes, mais subtilement débarrassés des connotations glauques habituellement rattachées. Voyant Nancy souriante et ébahie, Magalie rassérénée lui confia avoir réalisé dans ce niveau l'accomplissement de ses fantasmes les plus délirants et avoir mis son savoir professionnel à contribution pour y exprimer une sorte de délire orgiaque et d'invitation à la folie, dans la décoration et les aménagements, avec la volonté d'une esthétique favorisant la fantasmagorie et l'onirisme du lieu, tout en restant parfaitement adaptés aux jeux très extrêmes proposés. Fascinée, Nancy s'approcha des appareillages, elle observait en silence, touchait, caressait, humait et commença à l'interroger sans fausse pudeur sur certaines fonctions qu'elle n'identifiait pas, étonnamment libre avec les pratiques les plus insolites ou rarement partagées.

Tout autour de la grande pièce principale, il y en avait des plus petites aménagées parfois en fausses caves modernes, et elle découvrit pêle-mêle une douche immense avec divers accessoires, ailleurs pendaient des poches en plastique et des tuyaux, des anneaux scellés aux murs, des sièges étranges, une pièce toute en faïence. Puis elle s'arrêta devant une cave voutée qui semblait issue d'un film sur les tortures du moyen âge. Après quelques autres découvertes, Nancy se saisit d'un tube en plastique souple qui pendait, l'observa en souriant, puis le porta à sa bouche pour souffler dedans :

— C'est marrant, c'est comme un tuyau de gonfleur de matelas de plage.

— Certes, mais non ! Par ce bout rien n'entre, ça sort et ce n'est pas de l'air, et cela ne se met pas à la bouche, Nancy, jamais !

— Ah d'accord ! Je vois ! Et je moi je souffle dedans ! Voilà Nancy dans toute sa splendeur, dite la gourde, ou bécasse pour les intimes !

— Dommage qu'il n'y avait pas une caméra, nous aurions pu bien rire en nous projetant le film !

La visite achevée, elles s'installèrent dans une grande véranda située en bout de bâtisse du côté qui avait été transformé en seconde maison d'amis, indépendante de la demeure, mais mitoyenne à la partie festive de Magalie. Celle-ci se confia à présent sans retenue et parla d'elle avec un plaisir évident. Elle avait demandé à son entrepreneur de mari la restauration de ce corps de bâtiment selon ses plans pour y réaliser l'un de ses rêves, recevoir des amis pour organiser des fêtes, tout gérer pour qu'ils soient heureux, mais aussi les regarder se métamorphoser au fil des heures pour redevenir des adolescents s'amusant. Cette satisfaction lui était voluptueuse. C'est avec cet esprit qu'elle s'était lancée dans les soirées thématiques et avait découvert de nouvelles exigences d'organisation qu'elle avait relevées à la manière de passionnants défis. Elle avait acquis une certaine notoriété en tant qu'organisatrice de réceptions mondaines, mais où il était amusant comme nulle part ailleurs de passer la nuit. La jeune femme écoutait avec attention et la questionnait fort à propos et régulièrement, puis elle l'interrogea discrètement sur les sujets qu'elle pourrait ne pas vouloir révéler. Magalie lui confia trouver aussi une vraie excitation à inviter son époux à participer bien qu'il n'aime pas danser ou faire le pitre, mais parce qu'il avait son petit secret ! Il prenait un plaisir profond à lui suggérer, en évitant d'en avoir l'air, des thématiques en lui laissant croire que l'idée émanait d'elle.

Ensuite il se positionnait en tant qu'observateur, en réalité comme voyeur, et il assouvissait sans l'avouer sa passion : regarder les femmes danser, rire, avoir chaud, être décolletées, entrer en parade de séduction avec leur corps, provoquer, se laisser effleurer en faisant semblant de ne pas s'en rendre compte, se dévoiler et devenir provocante, se mettre en quête de la jouissance et l'obtenir en la cachant ou en la donnant en partage. C'est de ce schéma qu'il retirait une félicité addictive. Elle en éprouvait autant en le lui offrant, emballé avec la liberté de croire qu'elle ne savait pas ce qu'il manigançait. Magalie se tût et fixa Nancy qui l'écoutait avec une telle attention qu'elle la questionna :

— Que penses-tu de moi, de mon travail, de mes plaisirs, turpitudes et manigances ? En m'accordant la faveur d'être honnête. Entends cette précision, Nancy, c'est un service que je te demande, pas une politesse.
— J'ai saisi votre besoin de sincérité quant à ma perception de vos univers secrets, flirtant avec l'attente d'un jugement de valeur. Malgré mon désir de vous satisfaire, par choix et parce que je vous le dois cent fois, je ne saurais avoir un regard critique de cette nature. Mais une opinion, des sentiments, une perception et une analyse, si.
— Je prends, Nancy.
— Je n'aurais jamais envisagé que vous seriez capable d'assumer ce qui est en vous, comme en beaucoup, avec ce niveau de lucidité et un tel équilibre. Vous le vivez avec une liberté communicante là où les autres sont dans la censure ou l'autocensure, voire dans le déni. En ce qui concerne vos plaisirs, le transfert que vous réalisez sur vos invités pour vivre vos désirs en les décuplant est intéressant, car vous y participez pleinement, j'en suis certaine. J'entends par là autant activement, qu'émotionnellement et que charnellement. Dans une gestion classique de vos pulsions, vous auriez dû rester spectatrice de la mise en scène de vos fantasmes, mais vous semblez avoir acquis la capacité à les projeter dans vos décors et dans les histoires qu'ils proposent jusqu'à en faire partie et à en devenir l'un des personnages, que vous soyez présente ou non, cela est devenu presque secondaire. Vous pouvez ainsi vivre votre goût pour les plaisirs nouveaux, différents, intenses et extrêmes, de manière infinie, car toujours renouvelée, puisque la lassitude liée à la répétition ne peut s'installer dans ce contexte, ou alors dans fort longtemps. Vous menez en parallèle une chasse aux tabous patiente, maîtrisée, organisée et planifiée, mais sans doute toujours jouissive, et vous comblez votre besoin de maîtrise et de contrôle, car à terme, aucun ne pourra vous échapper.

Nancy tourna sur elle-même et d'un geste de la main prit à témoin les décors et mobiliers du lieu, avant de poursuivre :

— Les plus difficiles à débusquer ayant perdu le statut d'interdit au profit de quête, ils sont le nectar de la jouissance. La matérialisation des images virtuelles qui peuplent vos fantasmes est remarquable d'accomplissement, le souci du détail démontre une forte volonté de maîtriser vos mises en scène, mais aussi une réelle faculté à les assumer aux yeux de tous, car en leur faisant prendre forme, vous livrez et exposez vos pulsions plus puissamment que ce que vous procurerait un exhibitionnisme ordinaire. Même les lieux pour les pratiques dites inavouables sont à ce point magiques d'ergonomies et esthétismes qu'ils sont révélateurs de votre profonde immersion intellectuelle dans ces sortes de délires exutoires. La porte à pousser est noire, elle symbolise l'accès à la face sombre qui est en vous, mais derrière tout y est raffiné et propre, précisant une perception délibérément opposée aux valeurs traditionnelles régissant la morale. L'aspect pratique est omniprésent et révèle que préalablement à la réalisation, vous avez vécu de multiples fois l'ensemble des situations possibles, n'hésitant pas à endosser les différents rôles dans les jeux. Lorsque pour participer vous décidez de vous dépasser, parfois en outrepassant vos limites, c'est l'instant où Magalie rencontre Sapho. Elles vivent chacune leur passion avec une avidité extraordinaire, dans la volonté du jusqu'au-boutisme, et elles ne sont pas en conflits, jamais. Les deux ont appris à se connaître et à s'assumer, elles s'entraident, profitent l'une de l'autre, partagent, et elles s'aiment.

Magalie l'écoutait, stupéfaite et incrédule. Elle découvrait une inconnue et prenait conscience qu'elle dévoilait sa libido la plus intime, tant pratiquée que fantasmée, et que celle-ci l'avait non seulement écoutée, mais en plus identifiée, comprise et mise largement plus qu'à nu.

Nancy se tût et observait la vue magnifique offerte par la véranda, puis, intriguée par le silence de Magalie, elle l'observa avant de reprendre :

— Vous m'avez demandé de vous faire part de mon avis avec transparence en positionnant cela comme un service, Magalie, je vous dois tellement qu'emportée par la volonté de me montrer à la hauteur, j'en ai sans doute oublié la retenue nécessaire.

Elle marqua une pause, mais Magalie était encore dans l'émotion, elle reprit :

— Ce trouble intense qui vous envahit confirme mon erreur d'appréciation, vous n'aviez pas envie que je m'immisce si loin dans votre intimité, et je vous ai mise mal à l'aise. Je suis navrée, Magalie, et ne doutez pas que c'était involontaire.

Magalie découvrait une femme inconnue et la regardait étrangement, dissimulant mal à quel point elle se trouvait déstabilisée :

— Qui êtes-vous, Nancy ? Comment avez-vous lu en moi si profondément que je me suis découverte, et, je dois le reconnaître, mieux comprise. Qui dissimulez-vous derrière ce sourire ?

— Soyez sans crainte, Magalie, je suis celle que vous avez recueillie sur un trottoir, et vous pouvez avoir la plus totale des confiances en moi. Y compris si vous me demandiez de quitter votre maison dès à présent. Je puis vous l'assurer.

— Nancy ! Comment aurais-je pu me douter ! J'ai foi en toi, sinon tu ne serais pas ici. Mais passer de la raclée sur un trottoir à une telle perception et identification de l'autre, c'est de l'aliénation ! Tu t'es exprimée avec une aisance qui révèle celle que tu es en réalité, et tu as su adapter ton discours à mon niveau spontanément, ce qui relève d'une pédagogie ébouriffante ! Il y a un délire. Un machin de dingue. C'est quoi, ce truc ?

— Si j'en avais eu les moyens, j'aurais ouvert mon cabinet de psychologue psychanalyste, mais vous avez vu un extrait de ma vie et c'en était la parfaite synthèse. Toutefois, je vous l'ai précisé en toute transparence dès le début, j'ai fait des études. J'ai depuis toujours une passion pour les mécanismes psychiques, alors j'ai étudié en ce sens et je suis diplômée, j'ai le titre de docteur ! Attention ! Je m'étais de plus spécialisée sur la compréhension des phénomènes de compensation.

— Doctoresse ! Je me suis livrée comme une nouille trop cuite, donc tu m'as passée aux rayons x ! Bilan et préconisations ? Je gagne du temps en me suicidant tout de suite, je dois faire dix ans de thérapie ?

— Poursuivez, vous êtes une merveille d'équilibre ! J'aimerais que vous m'aidiez à intégrer votre monde secret, Magalie. C'est passionnant, incroyablement riche, et ce qui ne gâte rien, c'est que sur le plan des plaisirs, cela doit être aussi intéressant que satisfaisant ! Je suis à l'identique que tout à chacun, j'ai matière à assouvir. Magalie, le service à vous rendre, celui qui avait motivé votre reprise de contact avec ma misérable existence, c'est sans doute dans les sous-sols qu'il se loge ?

— Lancée comme tu l'étais, tu n'envisageais pas de louper la marche ! Fatalement. La réponse embarrassante est oui. Tu es toutefois trop rapide pour moi, Nancy. L'histoire, c'est que mon amie, qui m'aide à gérer les groupes de ces niveaux depuis leur création, a dû partir à l'étranger il y a peu, sans délai. Seulement j'ai une réception de prévue pour dans quelques jours. Je suis plantée, Nancy, parce que seule, c'est impossible. Et annuler au dernier moment ! Pour ce genre de soirée avec le profil des invités, cela n'est pas imaginable non plus. Ou alors il faudrait que je tombe dans l'escalier et me pète une jambe, mais pour de vrai, car les chirurgiens cafteraient ! Mais comme je te l'ai dit, en ce qui te concerne et après ce qui t'es arrivé, c'est hors de question. Je voulais uniquement te parler de moi et te faire visiter mes jardins secrets, c'était tout. Je n'avais pas imaginé une seconde que tu comprendrais à cette vitesse ! Tu es hallucinante !

— Je la remplacerai. C'est mon choix.

— Mais tu ne te rends pas compte, pour une première expérience tu veux participer aux jeux les plus spéciaux ! Tu ne pourras pas, c'est non.

— Je pensais que lors de la soirée d'anniversaire de Jean-Daniel vous aviez vu que je pouvais assumer, avec un plaisir non dissimulé, ni simulé d'ailleurs. Je n'ai pas souvenir d'avoir dit non une seule fois.

— Je sais ! Mais c'est sans commune mesure, ici il faut aider les amis invités à se dépasser, en donnant de soi, pour cela, il est fréquent d'offrir son corps en les encourageant à s'en servir, pour qu'ils se libèrent et trouvent au plus profond d'eux les plaisirs refoulés. Mais il est indispensable d'être vigilante et sensible, car il faut détecter le moment où il est nécessaire de différer, de cesser, ou de décourager ! C'est le but des soirées de ce niveau, le dépassement de soi face à nos tabous et notre éducation, et en plus en présence d'autres personnes.

— Je la remplacerai et je pourrais vous étonner ! La compensation, je maîtrise. Le corps est une mécanique dans une enveloppe. Traité dans la douceur, il suffit de lui apporter l'assouvissement dont il a besoin dans le partage ! Le plaisir est une récompense produite par le cerveau pour créer en nous une addiction aux fonctions vitales, comme se nourrir et se reproduire. Ces atavismes sont en nous, il nous appartient de les apprivoiser, ou de les subir, mais jamais ils ne doivent être assimilés à une pensée honteuse, car cette sinistre idée relève de l'ignorance. Donc, assumons. À la fin, un bisou et une douche, un peu de rangement et de ménage, et tout est parfait. Non ?

— Présenté ainsi, forcément ! C'est moi qui aurai la trouille, c'est trop fort ! Nancy, pour mon analyse gratuite et fortuite, tu dois comprendre que Jean-Daniel m'aime comme je suis, enfin … telle qu'il me voit, et cela me convient, car nous fonctionnons parfaitement, nous sommes heureux. Alors inutile de faire état des détails ni du reste !

— Magalie ! Je suis plantée et ultra dépendante de vous au point qu'il est question de ma survie, mais je ne suis pas stupide. Enfin si, mais pas tout le temps. Vous pouvez continuer à me faire confiance.

— Nancy, le coup de foudre en matière d'amitié, cela peut exister ?

— Oui, bien entendu. D'ailleurs, si un jour vous parveniez à l'envisager pour moi, je peux vous déclarer sans hypocrisie que j'en serais excessivement fière. Pour ma part, je n'hésite pas à considérer que l'amitié relève du même sentiment que l'amour, avec une appétence sexuelle maîtrisée. Il y a le grand amour, l'amour, l'amourette, comme pour l'amitié.

— Tu m'épates, et tu me plais ! Ton ex était vraiment un connard ! Oups, désolée !

— Difficile à admettre, mais je commence à l'envisager. Comment arrivez-vous à financer une pareille installation ? C'est tout de même immense, d'une belle finition, et les équipements sont aussi variés que luxueux et étonnants. Et pour certains, il faut les renouveler sans cesse.

— Il y a une tirelire à la sortie de chaque univers, ceux qui sont contents d'être venus et d'avoir profité de mon installation y glissent une participation avec laquelle je finance un nouveau décor, le ménage, le chauffage, les boissons et les buffets. Au début je n'avais que le rez-de-chaussée, Jean-Daniel me grondait, car mon hobby nous coûtait beaucoup tous les mois. Maintenant je fais même du bénéfice et j'ai payé les travaux des quatre autres niveaux ainsi. Et mon petit secret qui est confidentiel, c'est que je peux encore ouvrir des salles, je ne suis pas au bout du bâtiment ! J'ai déjà quelques plans, mais chut !

— Incroyable. Et génial. Mais alors, il est nécessaire de toujours trouver de nouveaux participants ! Cela doit demander beaucoup de temps et être délicat, car comment proposer !

— Pas vraiment, j'ai une liste d'attente dans un carnet planqué que je te montrerai, car j'y note ce qu'il faut savoir sur les invités pour éviter les bourdes. Aujourd'hui, je suis obligée de sélectionner et je convie par affinités de plaisirs. Ça me prend réellement un temps fou, mais j'adore, et lorsque j'invite un nouveau, j'en éprouve … Rien du tout ! Tu me passerais encore aux rayons X !

— Magalie, ne me privez pas de votre confiance, s'il vous plaît.

— Entendu. Disons que globalement, ces loisirs me maintiennent dans une sorte d'excitation quasi permanente. Je reste jeune et mon mari en profite ! Moi aussi, évidemment ! Mais bon, je dois faire attention de ne pas trop le dire, tu penserais des choses de moi que je ne pourrai peut-être même pas deviner.

— Jamais de cela entre vous et moi, Magalie, vous avez ma parole. Je n'imaginais pas qu'une telle installation puisse exister. Je vous renouvelle ma demande avec insistance, Magalie. Je veux prendre la place de votre amie absente. C'est un privilège que vous m'accorderiez, et un témoignage de confiance qui m'aiderait énormément à dépasser la honte que j'éprouve.

— Encore les tenues ? Tu exagères !

— Non, Magalie. Vous êtes gentille de me laisser croire que vous n'y songez plus, mais moi, je sais. Lors de nos deux rencontres, je me suis présentée à vous dans des situations … Je préfère ne pas les qualifier.

— Nancy, et si tu n'avais pas eu d'ennuis, nous ne nous serions pas rencontrées, et moi, je n'en suis pas triste, loin de là ! Je suis d'accord pour que tu te charges des sous-sols, mais si tu me laisses t'y préparer, car souffler dans ce tuyau n'est envisageable que lorsque nous sommes toutes les deux ! Je t'apprendrai tout cela si tu me promets de décrocher dès que ta limite sera atteinte et en oubliant de jouer à Docteur Jekyll et Mister Hyde.

— Génial, merci et promis. Et je ne soufflerai plus dans rien !

CHAPITRE 6 (Chloé)

Chloé était issue d'une famille modeste, mais elle n'avait jamais connu la privation ni la frustration, bercée par une enfance et une adolescence insouciante et heureuse. Aussi loin qu'elle puisse se souvenir, Chloé avait toujours été la jolie petite fille de la famille, des anniversaires, des fêtes, de l'école, du collège, du lycée et de la faculté. Intelligente, elle comptait systématiquement parmi les bonnes élèves, contraignant les revanchardes jalouses de son physique à se déclarer officiellement comme étant de mauvaise foi.

18,5 ans

Les incidences de son statut de jolie fille sur son relationnel avaient explosées dès son entrée au lycée. Elle était l'objet d'une drague permanente des garçons, y compris des plus âgés. Elle s'aperçut à cette époque du pouvoir dont elle disposait, même auprès des inconnus. En année de terminale, elle était devenue une jeune femme, évoluant avec sa cour, et elle découvrit l'autre vie, celle où elle pouvait vivre sans ses parents et s'amuser, séduire, aimer et être aimée, draguer et user de son pouvoir de séduction. C'est dans ce contexte qu'elle poursuivit ses études de commerce et relation publique et obtint ses diplômes. Elle en acquit une certitude, la vie était conçue pour être aimée et fêtée.

24 ans

Devenue adulte, d'une beauté affirmée et hautement séductrice, elle maîtrisait son pouvoir et en avait identifié les leviers pour s'imposer les rares fois où elle n'était pas sollicitée et reconnue. Désireuse de nourrir des relations durables et moins superficielles, elle privilégiait les amitiés sincères, agréables et bénéfiques à son équilibre. Toutefois, elle réalisa que la différence de comportement des gens, en général, entre elle et ses amies pouvait devenir agaçante, car injuste pour elles, puis embarrassante et parfois révoltante, surtout si elle ne la sollicitait pas. Elle partit en croisade à maintes reprises contre ce phénomène, avec gentillesse, mais n'obtint aucun changement. Elle tenta la fermeté, vainement, puis la colère, et enfin la culpabilisation, mais rien n'y fit.

Le seul résultat obtenu, quasi invariable quel que soit la méthode, fut que les gens ne changeaient pas de comportement à l'égard de ses amies, mais d'elle, si ! Et là aussi, une constante existait, elle était moquée, toisée, méprisée, si ce n'était qualifiée d'idiote. Elle en retira un autre enseignement, à belle était associé « sotte, tais-toi ». Chloé s'en trouva davantage sensibilisée sur la gestion de son image et intégra ce paramètre. Douce et vivante, elle suscitait la sympathie, un regard lui permettait d'obtenir l'attention, un sourire et elle était pardonnée, les deux associés et elle prenait le contrôle, mais elle veillait dans tous les cas à tenir en retrait son encombrante intelligence. Elle apprit avec facilité à pondérer ce qu'elle délivrait pour l'adapter à ce qu'elle désirait obtenir ou susciter. Ayant préservé un bon nombre de contacts de ses années d'étude, elle se trouvait souvent invitée par les plus nantis de ses amis, ou par les relations de ceux-ci rencontrés à l'occasion d'une soirée, ce qui lui rendait la recherche d'un travail secondaire, voire futile. C'est ainsi qu'elle partit en vacances aux Antilles, avec deux proches jeunes femmes, conviées dans la famille de l'une, et que sa vie changea d'orientation.

Installées dans une luxueuse villa sur la côte, avec piscine privée et accès direct à la plage par un renfoncement également privatif, l'ambiance était à la détente absolue et au bien-être. Dès les premiers jours, le planning avait été adopté à la majorité : bronzage, natation, paresse et sieste sur une serviette de plage, en bikini du lever au coucher. À la deuxième semaine, conquises par le sentiment de liberté et ravies d'être draguées, elles reconduisirent le programme à un détail près, le haut de maillot était prohibé. À la troisième, le soleil, grand fautif qui n'avait de cesse d'éveiller leur sensualité déjà débordante, rendit le string obligatoire, augmentant le plaisir à aguicher les hommes qui tournaient autour d'elles. À la quatrième, victime d'une sorte d'addiction à l'exhibitionnisme, que les mâles voyeurs entretenaient, une tempête hormonale se déclencha dans les trois corps, et se fut en string et parfois nues, sauf pour Chloé pour qui c'était l'inverse. En se pavanant vêtues d'un sourire et d'un déhanchement chaloupé pour traverser la plage et se baigner, elles avaient été assaillies, flattées et courtisées à hauteur de leurs espérances, puis invitées. Elles commencèrent à sortir tous les soirs, enchaînant soirées et fêtes. Elles y rencontraient souvent des fêtards qui les invitaient dès le lendemain à de nouvelles festivités, et c'est Chloé qui consentait, reportait ou refusait pour les trois.

CROISEMENTS ORDINAIRES DE GENS ORDINAIRES

Après quelques jours à ce rythme, elle dû apprendre à devenir sélective faute de pouvoir assumer plusieurs invitations sur une même soirée. Alors, à défaut de connaître les gens, elle choisissait en fonction de leur réputation, apparence et milieu. C'est ainsi qu'après six semaines de présence, elles étaient de toutes les fêtes chics, sans jamais s'imposer, car toujours sollicitées.

Durant cette période, les seuls frais de Chloé se limitèrent à un nouveau maillot de bain, flirtant avec l'indécence, et à une tenue légère et transparente à mettre par-dessus.

Lorsque la famille d'accueil, et ses deux amies, prirent l'avion du retour, elle préféra rester sur place. Son carnet de rendez-vous était complet pour les trois semaines à venir et elle tenait à en profiter. Elle n'avait pas de souci d'hébergement pour autant, car ceux qui l'invitaient disposaient de luxueuses demeures où les chambres ne manquaient pas. Elle apprit dès la fin du premier mois supplémentaire à repérer et fréquenter les soirées qui se finissaient nue dans une piscine et où elle s'éveillait tardivement le lendemain, dans un grand lit avec une ou plusieurs personnes, hommes, femmes et couples. Elle était heureuse. Chloé prolongea ainsi de quatre mois son séjour, en se contentant de papillonner, de séduire et de briller.

L'île n'étant pas grande pour le milieu concerné, elle était connue et trouvait toujours une table pour l'accueillir. C'est en accompagnant un petit groupe de jeunes fêtards fortunés qu'elle quitta l'île pour se rendre à Miami pour quinze jours, avant d'être conviée à Ibiza pour une autre quinzaine. De là, elle s'envola avec un homme en Suède pendant un mois, puis avec un couple en Colombie pour deux. Elle le quitta en partant vivre au Canada avec sa femme durant un trimestre, avant de regagner l'Europe en compagnie d'un anglais, avec qui elle vécut à Londres pendant quatre mois. Elle le laissa et rentra en France, à Paris avec un autre. Elle était devenue un papillon qui se posait quelque temps au gré des rencontres, profitant, découvrant, puis repartant pour de nouvelles aventures.

Peu à peu, sa vie s'installait dans les milieux aisés qui n'étaient pourtant pas le sien. Invitée et courtisée, elle visitait le monde et n'avait plus de nécessité d'un domicile. Ce style d'existence la comblait. Elle vivait un rêve quotidien, jour et nuit, et elle n'envisageait pas d'y mettre un terme. Pour parvenir à le préserver, et consciente des exigences de ce choix, elle avait rédigé son propre code de conduite avec obligation absolue de le respecter, quoi qu'il lui en coûte.

Lorsqu'elle était amoureuse, ce qui lui arrivait fréquemment, elle se contraignait à s'éloigner au plus vite et à trouver un ou une partenaire pour se replonger dans la luxure. Elle pleurait, s'insultait parfois, mais anéantir le moindre attachement était le prix à payer pour protéger cette vie insouciante. Quand il advenait qu'elle accepte de partager un moment de vie, elle annonçait dès le premier instant ce qu'il adviendrait avec certitude : elle partirait et ce n'était pas une simple probabilité. Son existence festive l'avait amenée à fréquenter des soirées qui duraient une nuit, parfois plus de vingt-quatre heures selon l'ambiance, et elle découvrit presque logiquement les milieux échangistes. Elle participait également et régulièrement à des réceptions où le libertinage était vécu comme une activité festive à assouvir parmi d'autres, quelle qu'elle soit, et là aussi, les invitations arrivaient si nombreuses qu'elle devait en décliner. Mises à part les larmes qu'elle versait lorsqu'elle se sevrait d'une relation amoureuse, elle était parfaitement heureuse, équilibrée et bien dans sa peau. Jamais un souci ni un doute, toujours une poignée d'invitations en poche, et elle voyageait beaucoup. Elle finit par connaître nombre des petits et gros secrets du beau monde de maintes capitales.

Dotée d'un charisme assorti au charme, nécessairement ravageur, pourvue d'une intelligence lucide et d'un savoir maîtrisé en matière de relation publique, il lui arrivait régulièrement d'être sollicitée par des gens en quête d'une présence féminine à l'occasion d'activités professionnelles ponctuelles. Grâce à son physique associé à ses compétences, ses prestations rémunérées d'accompagnement et de chargée de mise en relation s'enchaînaient naturellement. Elle excellait et percevait pour cela des émoluments confortables lui permettant de subvenir à ce qu'elle ne pouvait se faire offrir, et parfois les préférait sous forme de voyage.

Invitée par son ami du moment, un homme marié et investisseur, qui comme elle ne tenait pas en place, elle se rendit à une soirée organisée par un couple aisé, Magalie et Jean-Daniel. Son ami lui proposa de rester après la fête pour découvrir la seconde partie, libertine et déjantée. Rodée à ce type de réjouissance collective, elle ne resta pas spectatrice plus de cinq minutes et déploya son charme et son savoir, participant spontanément au démarrage de soirée, puis à l'ambiance générale. Elle fut remarquée dès sa première participation et naturellement invitée à venir à la prochaine, ainsi qu'à la suivante, et le fut d'office par Magalie, la maîtresse du lieu.

Lors de diverses soirées libertines, elle entendit parler à mots couverts des sous-sols réservés à des initiés et sollicita de Magalie une dérogation pour ne pas devoir patienter une année avant de les découvrir.

C'est ainsi qu'elle fit plus ample connaissance avec Nancy, souveraine absolue, respectée et adulée de ces deux niveaux. La sérénité que dégageait cette jeune femme et l'intelligence qu'elle avait du rapport à l'autre troublèrent Chloé qui, habituée à tout maîtriser et gérer selon ses désirs, s'était laissée surprendre par la vitesse à laquelle Nancy l'avait devinée et aidée, alors qu'elle pensait n'en avoir aucun besoin. Être perçue et appréciée bien au-delà de sa plastique et de son charme fit qu'elle éprouva pour cette jeune femme une attirance forte, qui oscillait entre amitié et sentiment amoureux du fait de leur parfaite entente cérébrale et physique.

Les soirées se succédaient et Chloé était à chaque fois, et à son corps défendant, davantage sous son emprise. Bien que consciente d'enfreindre d'elle-même ses principes de survie, Chloé s'en ouvrir à Nancy, avec beaucoup de prudence, car craignant d'avoir à affronter une émotion nouvelle et peu attrayante : le refus. Mais ce n'était pas encore pour cette fois, car Nancy l'observa avec attention et lui adressa un grand sourire avant de la prendre dans ses bras. De ce jour, elles nouèrent une relation d'amitié. Leurs rapports s'en trouvèrent plus intenses et Chloé obtint de la jeune femme qu'elle dérogeât à son tour à l'une de ses règles : ne jamais accepter de voir un ou une participante en dehors des jeux, et surtout du lieu. Elles se promenèrent en ville avec simplicité, et Chloé, pour la première fois, n'était plus dans le rôle de son personnage de séductrice, elle était naturelle, calme et pondérée. Elle ne se souciait plus de sa démarche, de sa cambrure, de son port de tête, de son maquillage, et retrouvait une liberté qu'elle n'avait connue qu'enfant.

Nancy avait cet étrange pouvoir de la percer à jour en rendant cela agréable, presque jubilatoire, et rarement agaçant malgré certaines mises à nu de sa personnalité embarrassantes. Elle s'adressait à elle avec une simplicité qui paraissait inébranlable et la regardait normalement. Pas de pâmoison ni de séduction, rien de forcé, Nancy la voyait telle une jeune femme jolie, mais ordinaire. C'était une sensation curieuse et reposante qui agissait sur elle à la façon d'un amplificateur à émotion, à sérénité, à liberté nouvelle, à ouverture à l'autre, et surtout, à sentiments, les vrais.

26 ans

Pour Chloé le temps passait dans l'apaisement et la découverte de qui elle pouvait être. Sa dépendance à Nancy était devenue si présente qu'elle se résigna à s'exposer une nouvelle fois au risque de la déception. Après maintes circonvolutions, elle se confia timidement. Elle avait muri sa décision et patienté dans l'espoir d'obtenir de Nancy qu'elle entre dans le rang, celui de la cour de Chloé, et se soumette à son dictat, notamment pour se déclarer la première. Toutefois, Nancy semblait douée d'une autonomie qui la protégeait. C'était le cas habituellement pour Chloé, mais elle avait atteint sa limite. Son besoin de libérer l'amour qui était en elle s'impatientait et elle découvrait l'angoissante aventure de s'engager sur le délicat chemin de l'aveu de la passion. Son amie l'avait à nouveau bouleversée par sa sensibilité peu commune, car en guise de réponse, elle l'avait calée dans ses bras, sans un mot, lui avait fait un vrai gros câlin affectueux puis lui avait déposé un doux baiser sur les lèvres. Chloé fut tellement prise au dépourvu par une gigantesque vague d'émotions qu'elle entendit son corps crier lorsque des sanglots l'envahirent sans lui laisser le temps de se contrôler. Elle pleura ! Chloé avait perdu la bataille contre ses sentiments amoureux, et le plus violent de cette brèche ouverte en elle tenait à ce qu'elle était la demanderesse, dans l'attente et l'espoir, rongée par la passion à offrir et par la douloureuse crainte liée à l'incertitude. La révélation de ces émotions si puissantes la déchirait. Quelques jours plus tard, sans doute pour tenter de se défendre de ce qui s'imposait à elle, Chloé expliqua à Nancy qu'elle avait toujours gérer ses sentiments par la fuite, avec une forte volonté de ne pas s'attacher. Elle s'attendait naturellement à voir Nancy se fragiliser, s'inquiéter, et prendre la place habituelle de ses amours, lui permettant de se repositionner en détentrice de la clé de la relation. Mais celle-ci lui avait souri, sans répondre ni laisser transparaître son ressenti. Chloé s'était résignée à apprendre la dépendance à l'être aimé et devait apprivoiser ses élans autant qu'une nuée de sentiments qui tournoyaient dans sa tête et son cœur, sans doute faute de savoir où se poser.

Les mois passaient et Chloé ne songeait plus à s'évader, car sa passion s'établissait et continuait de s'enrichir en lui apportant une nourriture d'une richesse et d'une qualité encore inconnue. Grâce à ses relations, elle emmenait régulièrement Nancy en voyage chez d'autres amis et en profitait pour la solliciter avec insistance, désireuse de se l'approprier pour quelques semaines, voire mois.

Malgré tout, la jeune femme trouvait toujours une excuse pour se défiler et rentrer au domaine, celui de Magalie. Vint le jour où Chloé s'impatienta. Nancy devint inhabituellement grave en la fixant, puis, après un instant de silence, lui répondit avec une solennité déstabilisante :

— Chloé, tu es une fille formidable, tu pourrais alimenter une dizaine de personnes avec l'énergie qui est en toi et je t'adore.

— Le *mais* qui s'annonce inévitable ne me dit rien de bon. Tu envisages de me faire pleurer, Nancy ?

— Non, et j'espère qu'il en sera ainsi. Toutefois, il y a effectivement un *mais*. Je t'aime, n'en doute pas, et je suis dans la situation où je pense que nous devons parler. De nous deux. Je ne pourrai pas assouvir ton exigence de liberté, Chloé, et ce n'est pas faute d'en avoir envie !

— Le second *mais* ne saurait tarder ! Et c'est celui qui est à craindre.

— En effet. J'ai un besoin encore plus fort que ma vie de rester ici, et c'est tout le contraire d'une contrainte, il s'appelle Quentin.

— Il est tombé ! Quentin ! Tu as un petit copain ? Le conjoint qui sort du placard, saleté de classique. Tu n'es quand même pas mariée ?

— Non, mais j'en suis éperdument amoureuse. Ce Quentin est un adorable bébé. Mon fils.

— Un enfant ! Ça alors ! Laisse-moi une minute pour retrouver la capacité à réagir. Un bambin ! J'avais envisagé à peu près tout, mais pas un bé … bé ! Oserais-je te demander si tu es maman ? Je me doute de la réponse, mais une surprise peut en cacher une autre.

— Oui, je le suis, c'est réellement mon fils. Mais je suis la même Nancy qu'avant que tu ne le saches.

— Et tu n'as jamais envisagé que cela pouvait être important de m'n informer ? Je suis quoi pour toi ? Dis-moi, Nancy, sincèrement, je suis juste un plan jambes en l'air ?

— Tu ne devrais pas poursuivre dans cet élan, Chloé. Tu t'apprêtes à nous faire du mal alors que j'ai besoin que tu m'acceptes.

— Que je t'accepte ? Mais tu inverses les rôles, c'est toi qui refuses de m'intégrer dans ta vie !

— Avec cet ultime secret, je t'en livre le restant. Mon bébé n'est pas un passager clandestin dans mon existence, il est ma vie, Chloé. Je le préserve pour qu'il grandisse dans un environnement familial stable. Tu me le demanderas dans quelques secondes, mais comme je ne veux pas prendre le risque que tu utilises des mots trop durs pour moi, je te devance : il n'a pas de papa, ni de beau-père ou pseudo ou imitation.

— Super !

— Il a sa maman et nous nous épanouissons dans un environnement familial protecteur et privilégié. Mes passions et désirs ne peuvent influer dans notre univers sans que je garantisse à mon fils qu'il n'aura jamais à en pâtir, ni que sa maman ne risque pas d'en devenir une moins bonne mère.

Décontenancée par cette révélation imprévue et incroyable, Chloé garda le silence. Elle ne comprenait pas le manque de confiance évident de son amie et se trouvait de plus confrontée à un évènement qui symbolisait sa hantise : une famille !

— Bon ! Je ne ferai pas mystère de ma déception face à la défiance dont tu as fait preuve envers moi. Je pense qu'elle est suffisamment évidente. Pour ma part, je t'ai offert tout ce que je pouvais offrir de plus intime. Je ne parle pas de mon corps, mais de mes sentiments que je n'ai jamais révélés à personne avant toi. Mais je gérerai, car tu as certainement des raisons pour m'avoir infligé cela et je veux rester calme pour que tu puisses m'expliquer.

— Je suis navrée, Chloé, j'ai fait un choix que je pensais être le bon, et il l'était au départ, mais je me suis trompée en ne le remettant pas en cause. Je l'aurais dû depuis longtemps. C'était une erreur. Je te le confesse et t'en demande pardon. Tu n'as jamais mérité une seule fois ce que je t'ai fait. Seulement je me suis plantée et je n'y peu plus rien.

— Tu pourrais me dire pourquoi tu as ce besoin soudain de te confier ?

— Je le peux, Chloé. Voilà quelques semaines que je cherche comment gérer la situation dans laquelle je me suis fourvoyée, seule, à savoir protéger deux personnes que j'aime, Quentin et toi. Je voulais te donner une clé de la maison pour que tu puisses envisager de t'installer avec moi, enfin … avec nous, car je te souhaiterais auprès de moi. Seulement pour te la remettre, je devais affronter le non-dit, mon Quentin ! Voilà ta clé si tu la veux.

— C'est du lourd ! Je dois gérer, je devrais y arriver. Tu n'as rien d'autre sous le coude ?

— Non ! Je pense pouvoir comprendre ce que tu éprouves et je sais ce que représente pour toi mon attente. Tu refuses une relation qui ressemble à un foyer et cette clé que je te tends en est le symbole.

— Il faudrait que je devienne subitement responsable, et suffisamment pour concevoir que nous vivions avec un bébé, ton marmot ! Nancy, il s'agirait d'une responsabilité ! Je n'en ai jamais eu.

— Je serais heureuse, Chloé ! Je crois que c'est ma première demande.

— En effet, tu t'es toujours abstenue de réclamer quoi que ce soit dans notre relation. Je désespérais. Mais toi, quand tu avances … Ouille ! Il est du genre tout fripé ?

— Je te montre où nous vivons ? Je t'ai raconté que j'avais une chambre chez Magalie et Jean-Daniel, ce n'est pas vrai. J'ai une maison.

— Mais à cause de Monsieur Bébé, blablablas … Tu préfères menteuse, manipulatrice, enfoirée, traîtresse, trouillarde ?

Nancy souriait en laissant couler ses larmes et lui glissa la clé dans sa poche de jeans, puis elle la prit dans ses bras. Après quelques journées passées avec le bébé, Chloé, empruntée pendant les premières heures, s'y attacha, beaucoup, passionnément, et s'installa avec joie au domicile de la maman. Leur relation passait un cap important et Chloé se résolut à demeurer dans ce petit pays qu'était la France, le sien. Elle vouait une passion à cette jeune femme volontaire qui paraissait d'une docilité extrême, douce et pondérée, et qui la comprenait. La tendresse qu'elles partageaient était d'autant plus forte que le désir physique n'en était pas le moteur, ce qui pour Chloé restait une source d'étonnement.

Des mois passèrent, parfaits. Chloé sentait naître un sentiment étrange et elle refusait d'en parler, même d'y penser, mais Quentin avait ouvert une porte dans son cœur, dans son ventre, dans sa tête et sa poitrine. Elle résistait, à moitié inconsciemment, mais l'idée d'emporter Nancy et son fils dans le tourbillon de sa vie volage et libre s'installait. Elles deviendraient une famille voyageuse et découvriraient le monde. Seulement à chaque allusion, elle réalisait que son amie était avant tout une maman qui ne voulait pas d'une vie instable pour son enfant. Chloé dut composer avec cette contrainte au lieu de poursuivre son chemin, comme toutes les autres fois, sans exception, où la fuite avait toujours été la solution salvatrice qu'elle s'imposait pour rester libre. Elle n'avait jamais hésité à se faire souffrir à chaque départ, les larmes coulaient, parfois nombreuses, mais elle savait par expérience que tout cela n'était que temporaire et s'effaçait avec l'arrivée du rayon de soleil suivant. Cette fois encore, elle aurait la ressource nécessaire pour partir dès qu'elle le déciderait, elle pleurerait en quittant Nancy, beaucoup et en ayant affreusement mal, mais elle le pourrait et le ferait. Seulement ce n'était pas tout à fait comme les autres fois. Nancy l'aimait pour ce qu'elle était, pas pour briller avec une jolie nana au bras, pas pour l'emmener tel un trophée à exhiber sur un yacht afin de passer un tiers du temps à manger et danser seins nus, un autre à dormir et le dernier à forniquer, partout, avec tous et n'importe quand.

Nancy, c'était juste pour être avec elle, ensemble. Et ce petit bébé la reconnaissait à présent, il riait avec elle, s'endormait dans ses bras et lui faisait des câlins ! Elle n'avait jamais eu à affronter cela et ce sentiment était fort, donc également dangereux. Prise d'une envie irrépressible de se prouver qu'elle n'était attachée, Chloé se décida à partir dix jours en racontant y compris à elle-même qu'elle avait besoin de bouger. Nancy pleura, mais son amie s'envola malgré tout avec un homme rencontré dans l'une des soirées du couple.

Dès les deux premiers jours, elle retrouva les réflexes issus de son expérience. Elle veilla à laisser son téléphone se décharger de sorte de ne pas avoir à y répondre et surtout de s'interdire d'appeler Nancy dans un moment de faiblesse. Dans le même objectif, elle s'imposa la création rapide d'un emploi du temps trop exigeant afin de s'abrutir pour ne pas changer d'avis. Au quatrième jour, elle vit les nombreux messages laissés par Nancy, mais n'y répondit pas.

Elle s'imposa une cure de désintoxication, sous la forme d'une course effrénée aux soirées débridées, consommant et abusant de tous les plaisirs passant à sa portée. Neuf jours plus tard, le constat est celui de l'échec. Elle se sentait coupable et son désir de retourner auprès de Nancy et son bébé était devenu douleur, intact dans son émotion. Ce qui avait changé, c'est qu'elle s'était vidée de son énergie dont elle ne prenait conscience qu'en la perdant. Chloé soupira et songea qu'il serait toujours temps de reprendre la route de la liberté plus tard. Au douzième jour, elle décida de retourner près d'elle.

Elle craignait la réaction de Nancy du fait de son silence absolu, elle pouvait légitiment lui en vouloir et lui claquer la porte à la figure, ou lui faire face le temps de lui expliquer pourquoi elle refusait de la laisser entrer en lui disant qu'elle n'était pas un jouet ou un refuge, ni dans le manque ou la soumission. Mais son amie l'accueilli avec quelques nouvelles larmes, la prit dans ses bras et la serra, et le bébé lui offrit un sourire terrible et rit, joua avec ses cheveux, son nez, sa bouche, ses oreilles et ses doigts. Elle laissa ses pleurs s'échapper et se mit à geindre comme une enfant blessée.

Après deux jours de retrouvailles elles abordèrent sans fausse pudeur ce qui avait pu provoquer cette situation de rupture vaine, puis convinrent d'un mode de vie, Nancy resterait avec son fils dans sa maison à mener une vie stable et régulière, Chloé partirait quelques jours à chaque fois que le besoin la reprendrait pour revenir rechargée en oxygène.

Les mois s'enchaînèrent à nouveau dans une complicité ou chacune trouvait son équilibre. Toutefois il arrivait que quelques petites tensions se fassent, car si Chloé avait la nécessité de sa liberté, même si elle était presque fictive de son propre fait, elle était facilement possessive et supportait mal de la savoir à ses occupations nocturnes et libertines dans les soirées du couple. Parfois elle l'accompagnait pour rester près d'elle, et parce qu'elle avait gardé ce goût du plaisir lié à la perte de toute retenue. Seulement une indésirable s'était invitée : la jalousie. Voir Nancy s'amuser, et pire lorsque nue elle mêlait son corps à celui d'autres, l'insupportait. Il y avait surtout un homme qui lui tournait au tour de façon à peine voilée, un dénommé David, avec son ami Yann dont elle apprit vite qu'ils étaient en couple ! À plusieurs reprises elle le vit s'accaparer Nancy et lui faire l'amour, elle en était certaine, il ne forniquait pas. Ces jours-là elle s'éclipsait, rentrait chez elles prendre une longue douche et faisait en sorte de ne pas être là au retour de son Nancy. Elle laissait un mot expliquant qu'elle avait une invitation et fuyait en partant dormir seule dans une chambre d'hôtel proche. Elle pressentait la volonté de ce couple d'hommes de s'ouvrir à la douce Nancy, sans doute de se la partager, et cela elle ne pouvait pas l'accepter, ni même l'envisager. Prudente afin de ne pas braquer son amoureuse, elle étouffait sa jalousie et stoppa ses voyages de crainte qu'ils n'en profitent pour la lui voler. Chloé ne sortait presque plus et était à demeure dans la maison de Nancy située dans le parc du couple. Cet auto isolement eut un effet inattendu pour Chloé. Elle en avait oublié son besoin de respirer et s'était étouffée au point d'en souffrir, sur le dernier trimestre ses sorties les plus longues se mesuraient en dizaines de kilomètres. Elle cherchait de l'air pour se ressourcer dans les réceptions, redevenant pour quelques heures Chloé, l'aimant à sensualité. Lors de l'une de ces soirées, alors qu'elle venait d'avoir un long rapport et de partager des plaisirs répétés avec un couple, elle était restée allongée et calée entre eux deux, elle s'y sentait bien. Le trio était dans une alcôve, ils caressaient son corps assouvi du bout des doigts et elle restait offerte à leur plaisir de la toucher et de la regarder. Ils étaient sous le charme. La femme s'adressa à son mari et parla de leurs vacances, éveillant instinctivement les sens de Chloé qui passa en mode chasseresse. Elle bascula sur le côté, vers elle, lui sourit, et elles s'embrassèrent avec tendresse. L'épouse lui murmura d'offrir le même baiser à son mari, ce qu'elle fit docilement avec une réelle volupté.

Il demanda à sa femme si elle pensait à un accompagnement, elle acquiesça et il proposa à Chloé de se laisser tenter, en tant qu'invitée, de partir avec eux en vacances la semaine suivante faire un séjour en Afrique de presque un mois, après quoi ils enchaîneraient avec une croisière qui les conduirait dans divers archipels avant de les ramener via le port de Marseille. Elle hésita, le couple perçut qu'elle pouvait donc dire oui et ils déployèrent tout le charme dont ils étaient capables et la câlinèrent. Elle accepta. Cela lui faisait mal, mais une porte pleine de soleil et de liberté s'ouvrait à elle à un moment où elle en avait grand besoin, c'était peut-être un signe. Le couple était beau, attentionné, le courant passait bien avec eux. Les deux se réjouissaient de la voir avec l'autre, elle aimait le goût de leur corps, ils savaient lui offrir un plaisir intense, toutes les conditions étaient réunies pour que cela se passe au mieux.

Elle ne parvint pas à l'avouer à Nancy dès le retour à la maison, ni le lendemain bien qu'elle prît sa respiration pour se lancer à plusieurs reprises, ni le jour d'après ni le suivant. À chaque fois une impossibilité survenait. Nancy était parée d'un sourire magique aux lèvres, petit Quentin lui faisait un charme terrible, sa gorge se serrait si fort qu'elle ne pouvait plus parler et à peine respirer, et lorsque les circonstances l'aurait permis, elle n'en avait plus le courage. Elle y parvint alors que Quentin dormait, et se confia sans regarder son amie, les paupières mi-closes, d'un jet brusque et violent de peur de ne pouvoir tenir jusqu'au bout. Nancy esquissa une grimace qui semblait être le résidu d'un sourire, ses yeux rougirent et elle se laissa tomber sur une chaise :

— Cette fois, nous y voilà ! Nous savions toutes les deux que cela finirait par arriver, mais les mois et le bonheur aidant, je m'étais habituée à ne plus y penser, j'avais oublié Chloé et son égo.

— S'il te plaît ! C'est horrible, je suis un monstre, mais je suis ainsi.

— Comment peux-tu envisager que ta lubie puisse me plaire, Chloé ! J'ai mal, atrocement, mon cœur semble s'ouvrir en deux, je sens le sang chaud s'en échapper et couler dans ma poitrine. Je souffre. Alors non, Chloé, cela ne me plait pas.

— Je sais, Nancy, j'ai si mal aussi ! Mais je suis … Que pourrais-je dire, je suis moche et sale. Tu m'as rendue belle et propre pendant quelques temps, mais celle que je suis est la plus forte, je suis tellement désolée ! Jamais je n'ai souhaité te faire de la peine, je te le jure. Tu préfères que je parte tout de suite ? Ça serait normal.

— Tu me tortures et tu espères encore de moi que je t'aide à me trahir ! Chloé, si tu décides de fuir, sors en silence, mais ne compte pas sur moi pour t'aider à partir en te mettant à la porte. Tu devras assumer jusqu'au bout, seule. Je ne veux pas que tu me voies m'effondrer, alors je te laisse pour pleurer dans la chambre de mon bébé, il m'aime, lui, et il a besoin de moi. Et moi de lui. En plus, il me faut lui demander pardon, car j'ai failli à ma promesse en mettant en danger son univers. Bonne nuit, Chloé.

Chloé regarda son amie se lever en pinçant sa bouche, elle se redressait avec peine alors que son ventre était secoué par des spasmes, elle lui tourna le dos et s'éloigna, les épaules en dedans, puis disparut sans se retourner. Chloé était toujours debout et seule dans le salon et n'avait pas fait un pas depuis son annonce :

— Tu es une merde, Chloé, un parasite immoral, incapable de respect et nuisible ! Je balance un sourire et tout le monde ne voit que la jolie Chloé, je me fous à poil et je suis contemplée comme si j'étais belle, je montre que je peux écarter les cuisses et c'est un concours de promesses ou de pognon pour me mettre dans un lit. Mais s'ils savaient …

La petite fille qui était en elle souffrait et pleurait, elle s'allongea sur le canapé toute habillée, cherchant à comprendre l'incompréhensible.

— Maman, papa, j'ai si mal, si vous saviez ! Mais je ne veux pas que vous sachiez, j'ai trop honte.

CHAPITRE 7 (Manon et Gaëtan)

Manon et Gaëtan vivaient en couple depuis huit ans, mariés sans enfant. Ils s'étaient rencontrés à l'occasion d'un mariage, celui de la sœur de Manon. Gaëtan était l'un des amis et collègues de l'épousé et ce fût quasiment le coup de foudre, digne d'un roman sentimental. Ils dansèrent presque uniquement ensemble, partagèrent le repas du soir et se revirent dès le week-end suivant. Elle était veuve depuis trois ans, son jeune époux étant décédé d'un cancer foudroyant du pancréas. Lui était séparé, sa compagne l'ayant quitté sur un coup de tête. Elle avait beaucoup sympathisé avec un collègue et s'en était ouverte à Gaëtan qui, avec un fond de jalousie, l'avait rabrouée. De la même façon qu'il aurait pu lui répondre « tu m'énerves » ou « nous en parlerons plus tard » ou « ce n'est pas grave », il avait lancé « mais file donc le retrouver » ! Elle avait pris son sac et il ne l'avait jamais revue !

Le couple qu'ils formaient à présent était stable. Manon et Gaëtan étaient heureux et chérissaient la nouvelle chance de vivre à deux qui s'était offerte à eux. Ils s'interdisaient tacitement le moindre mot ou geste d'humeur et s'accordaient une attention à l'autre réciproque, une conception partagée de la vie, et, depuis cinq ans déjà, une même volonté d'avoir des enfants. Mais leur belle histoire connaissait sa première difficulté, car malgré un désir persistant, Manon n'était pas enceinte.

Cet échec était devenu un sujet de frustration commun sur lequel ils arrivaient à se quereller dès que l'un échappait une allusion à cette difficulté. À force de déception, Manon échafaudait dans son sommeil des stratagèmes, oscillants entre délires et fantasmagorie, mêlant désirs libidineux et de procréation, ce qui lui permettait de vivre de merveilleuses grossesses.

L'abondance, la répétition et la durée des rêves provoqua un empiètement de ceux-ci sur sa réalité, jusqu'au jour où elle finit par les confondre et les intégrer à sa vie réelle.

Manon demanda à une amie de l'introduire dans le petit milieu de la nuit, en omettant d'en parler à Gaëtan qui n'aimait pas sortir et s'y serait probablement opposé.

Elle aurait sans doute pu s'y lancer seule, mais ne sachant qui fréquenter, elle craignait de se fourvoyer et de faire des rencontres indésirables, alors elle préférait sortir avec un couple et rester ainsi en sécurité. Elle participa à des soirées dansantes, se fit rapidement draguer, avec pour conséquence de découvrir la tentation de répondre positivement aux demandes explicites et répétées. Au cours de l'une de ces fêtes, la propriétaire organisatrice, avec qui elle avait sympathisé depuis quelques semaines, l'invita à rester pour découvrir une fin de soirée dévergondée où elle pourrait danser, plus ou moins dénudée si elle en avait envie, mais aussi fleureter sans crainte d'être jugée et surtout en toute sécurité. C'est ainsi qu'elle découvrit le libertinage. Elle fut invitée par un couple à les suivre dans une alcôve ouverte à tous et ils firent l'amour à trois, devant ceux qui désiraient les regarder. La liberté de comportement totale et quasi frénétique était comme dans ses rêves. Quelques mois plus tard, en habituée, elle se joignait activement à des séances de groupes, passant d'un partenaire à un autre. Elle espérait et assouvissait. Les participants étaient d'une grande courtoisie et gentillesse et elle devait demander pour obtenir ce qui lui importait le plus, ce qui était à l'origine de sa quête, le liquide fécondateur produit par les hommes. Elle se fit rapidement une réputation et fit partie du groupe restreints des femmes les plus courtisées au cours des soirées. Son mari ne s'inquiétait pas, puisqu'il la croyait à des séances de yoga avec son amie et restait chez elle après pour se remettre avant de reprendre le volant. Les mois passèrent, mais à son grand désespoir, aucun début de grossesse n'était détecté par ses tests hebdomadaires. Alors, comme dans ses délires plus ou moins fantasmagoriques, elle passa à une méthode plus radicale. Elle finissait les soirées au milieu d'un groupe d'hommes de qui elle voulait toujours et encore plus. Mais rien ni faisait, si ce n'est que ces séances étaient passées du statut de désir frénétique à addiction. Durant la semaine, elle ne vivait plus que dans l'attente d'un nouvel assouvissement. Devenue amie avec beaucoup, elle apprit qu'une femme, Nancy, proche du couple organisateur, serait sous peu une jeune maman célibataire. Elle chercha à s'en rapprocher et découvrit qu'elle était le plus souvent dans un niveau inférieur dont elle n'avait pas connaissance, car elle ne fréquentait que le rez-de-chaussée et le haut.

C'est ainsi qu'au douzième mois de fréquentation des soirées, elle s'investit dans de nouvelles pratiques lubriques, parfois étranges, drôles, amusantes, extrêmes, avilissantes, et devint l'une des plus assidues et appréciées, mais une dépendance forte s'était installée.

Elle constata que c'est toujours Nancy qui pilotait les jeux et mises en scène et en déduisit qu'elle devait être une prostituée, rémunérée pour gérer ces plaisirs différents. Décidée, elle se mit en faction devant le parc où avaient lieu les soirées et observa. Elle dut manquer trois jours de travail pour voir Nancy sortir de la propriété dans une voiture conduite par Magalie.

Elle les suivit. Magalie déposa Nancy devant un centre commercial et s'en retourna. Manon n'hésita pas un instant et stationna son véhicule, puis se lança à la recherche de Nancy qu'elle repéra rapidement dans une boutique de thé. Elle l'aborda en feignant la surprise agréable. Nancy était sincèrement contente de la rencontrer. Elles se firent la bise comme des amies ordinaires et Nancy l'invita à partager un thé.

Le plaisir de Nancy n'était pas attendu ni de nature à lui faciliter la tâche, mais son objectif ne devait pas en pâtir, car elle avait un scénario à respecter. Manon commença à orienter la discussion sur le désir d'être maman et la grossesse, puis lui fit part de ses difficultés et fit silence en l'observant.

Toujours d'humeur égale, Nancy lui souriait et l'observait, mais Manon sentit qu'elle l'étudiait et en éprouva un mal-être important. Plus les minutes passaient et plus elle perdait la main sur la rencontre, la jeune femme semblait ne pas vouloir comprendre et lui renvoyait uniquement de la sympathie, elle devait donc se lancer sans tarder.

Elle rangea son sourire et la fixa en essayant d'être ferme et déterminée, tout en se souvenant des mots répétés des heures durant. Mais en ne préparant pas vraiment sa phrase, elle bredouilla sa proposition de prendre en charge son bébé afin de lui offrir une vie normale avec une maman et un papa. Depuis des semaines qu'elle ressassait sa demande, Manon avait envisagé la palette les réactions possibles de Nancy et avait en tête les réparties appropriées, les réponses aux questions et même les attitudes !

Seulement Nancy en trouva une à laquelle elle n'était pas préparée : elle ne dit rien ! Elle garda son sourire et continua de l'observer. Pensant qu'elle ne comprenait pas, Manon réitéra sa demande plus clairement, mais Nancy ne sourcilla pas davantage.

Après deux minutes d'un long silence, Nancy se pencha en avant, lentement, posa sa main sur celle de Manon et planta ses yeux profondément dans les siens, reprenant la maîtrise de l'échange sans faire le moindre effort :

— Cette démarche est courageuse et logique, Manon. Je me demandais comment vous géreriez votre position en demeurant aussi isolée, car vous espériez aborder le sujet depuis quelques temps déjà, sans y parvenir. Sortir du non-dit a dû vous être compliqué, mais l'essentiel est là, à présent, vous pouvez envisager d'en parler, voire de vous confier, et expliquer ce qui motive parfois certains de vos souhaits.

— Je ne comprends pas. À quoi faites-vous allusion ? Que sous-entendez-vous ? Et pourquoi évoquez-vous ma situation !

— Vous me comprenez parfaitement, Manon. Vous sortez de votre mutisme, certes d'une manière dont nous pourrions discuter. Je suis certaine que vous ferez une excellente mère.

— Je suis une maman au plus profond de moi. Je le sens. Vous le pensez de moi, Nancy, sans raillerie ?

— Oui, sincèrement, Manon.

— Merci. Je suis soulagée. J'avais une appréhension terrible, mais finalement vous avez su conserver cette sérénité qui vous caractérise, et en plus vous êtes d'accord !

— Calme oui, dans la compréhension aussi, mais dans l'acceptation, certes non. Toutefois, cela ne change rien à mon opinion, vous serez une bonne mère lorsque vous pourrez adopter un enfant. Votre mari sait qu'il n'est pas la cause des échecs de vos tentatives de grossesse ? Je crains que non, mais il le faudrait, Manon.

Prise au dépourvu, et après un instant de stupéfaction, Manon haussa subitement le ton :

— Hein ? Nancy, je ne vois pas de quoi … Comment savez-vous cela ? Qui vous a raconté ?

— Ma réponse ne saurait être une solution à vos problèmes, Manon, mais vous devriez vous confier à votre époux. Il a le droit de savoir. Vous pourrez alors partager la difficulté et il saura vous aider. Soyez-en certaine.

La colère avait pris le pas sur sa raison, et Manon vitupéra :

— Petite morue ! Tu es une marie-couche-toi-là, une fille mère, et en plus tu oses me donner des conseils pour gérer mon couple. Qu'une traînée comme toi ait un enfant est une hérésie ! Saleté de pouffiasse.

— Ne cherchez pas à être blessante, Manon, c'est inutile, en plus la vulgarité ne vous apportera rien. Votre proposition était courageuse, et si j'avais été dans une situation désespérée, je l'aurais peut-être reçue comme un secours providentiel. Mais ce n'est pas mon cas, je suis une maman comblée et je n'ai pas de problème. Je pourrais toutefois vous soutenir dans votre démarche, vous seriez moins seule.

— La prostituée vire moraliste ! C'est le bouquet, l'apothéose, le délire est total !! La putain se pose en référence, et le plus drôle, c'est son sérieux. Comment peux-tu prétendre être une mère alors que tu es la pire des garces ? Tu n'es pas qu'une pute, tu es aussi une salope, je t'ai vue prendre ton pied ! En plus, tu fais des choses ignobles avec les corps, et j'en passe, tu n'es qu'une roulure immonde !

— Je pourrais vous retourner cette tirade de compliments, car vous êtes douée d'une sexualité épanouie, Manon, à l'identique, mais avec un enthousiasme de forcenée, en plus de vos spectaculaires collectes de fins de soirées ! Seulement vous sombrez dans l'erreur en refusant à une maman le droit d'être désirable et désirante. Manon, une mère est une femme, mais l'inverse n'est pas un acquis. Votre souffrance vous aveugle, croyez-moi et reprenez-vous.

— Mais … ferme-là, sale pétasse ! Je te propose de t'aider alors que tu n'es qu'une raclure dégénérée et toi tu me juges ! Je rêve ! Je te cognerai dessus jusqu'à ce que …

Nancy durcit le ton et se fit autoritaire, en évitant l'agressivité :

— Manon ! Rentrez chez vous et laissez-moi en paix. Je vous répète que la meilleure chose à faire est d'ouvrir un dialogue au sein de votre couple. En ce qui concerne ce dérapage, je ne vous en tiendrai pas rigueur, Manon, je l'oublie. Vous avez droit à l'erreur comme tout à chacun, y compris à la perte de contrôle. Au revoir, Manon, bon après-midi.

La jeune femme était partie en lui adressant le même sourire qu'à leur rencontre, avec calme. Elle s'éloigna lentement sans se retourner, flânant avec naturel au grès des vitrines à proximité. Manon était seul devant la table avec les thés non consommés, respirant difficilement et se pinçant les lèvres pour contenir sa rage. Se sentant observée, elle tourna la tête à sa droite et découvrit qu'un couple la regardait. Les quinquagénaires avaient obligatoirement entendu, et manifestement écouté, car leur regard désapprobateur valait un commentaire. Elle les ignora et pivota sur sa gauche, trois femmes qui partageaient un thé lui renvoyèrent le même signal.

Elle se leva nerveusement et traversa la petite salle en évitant les regards, mais une main lui saisit le bras. Le serveur lui tendait la note et lui précisa à voix haute qu'elle devait se rendre à la caisse s'en faire de scandale. Elle ressentait le poids de tous les yeux, la jugeant et attendant sa réaction. Sa colère s'effrita brusquement, le dépit qui la gagnait absorbait son énergie et, pour parachever le désastre, elle céda à une forte envie de pleurer.

De retour à son domicile et ivre de rage, Manon ressassait les rêves qu'elle chérissait depuis des mois et qui la quittaient. Cette femme les avait réduits en poussière, en plus de l'avoir percée à jour et de lui avoir donner des conseils ! Sa douleur ne trouva comme solution pour s'extérioriser que la vengeance. Elle informa son mari de sa découverte, à savoir qu'une prostituée était embauchée pour ce qu'elle était par un couple et qu'elle était mère d'un bébé. Ils en discutèrent pendant toute la soirée et elle ne cessa d'accabler Nancy en taisant totalement son propre rôle, si bien que dès le lendemain, ils se rendirent aux services sociaux. Manon raconta son histoire en la rendant encore plus sordide. Leur interlocuteur les fit patienter et revint avec une assistante sociale en précisant que pour ce genre de situation, elle était la plus efficace. Ils firent la connaissance de Christine qui les écouta avec attention, en ponctuant de temps à autres de « ça ne m'étonne pas », « ils sont tous pareils », « ils se croient tout permis avec leur argent », « je m'en occupe », « pas de souci », « je les plierai sans délai » !

Le couple s'en retourna presque euphorique, car il parviendrait peut-être à adopter un enfant. Cette femme les y aiderait et ce n'était que justice.

Deux jours passèrent et Christine appela par téléphone le couple en question en se faisant passer pour une démarcheuse, afin de s'assurer de leur présence. Elle se rendit à l'improviste au domicile de Magalie et Jean-Daniel où elle fut reçue par la nounou qui la fit patienter dans le salon. La nourrice informa Jean-Daniel de sa venue, qui la fit attendre quelques minutes et la reçut dans son bureau avec son épouse. L'assistante sociale s'adressa à lui en particulier, et expliqua avoir été informée qu'une prostituée, mère célibataire, serait cachée et utilisée par le couple. Jean-Daniel la surprit en ne manifestant aucune émotion, si ce n'est qu'il l'invita à utiliser un ton plus courtois. Vindicative, Christine rétorqua que ni son argent ni sa propriété ne l'impressionnaient, et que la présence d'une domestique et d'une prostituée n'était pas une marque de pouvoir, mais de vanité.

Il lui sourit. Elle reprit en arguant que manifestement il méprisait les femmes et les gens qui devaient travailler pour manger.

Magalie tenta de lui expliquer qu'elle commettait une erreur, mais l'assistante sociale se fit menaçante, indiquant qu'elle savait qu'ils avaient trois enfants et que ce genre d'environnement familial leur était néfaste. Courtois, mais en haussant le ton, Jean-Daniel lui expliqua que les réceptions auxquelles elle se référait étaient professionnelles, avec des invités notoirement connus et respectables. Mais Christine fulminait et son obsession la privait de sa capacité d'écoute. Elle avait la possibilité de mettre l'un des bourgeois de la région en difficultés et tenait à en faire un exemple médiatisé. Elle lui expliqua qu'elle n'était pas rattachée aux mœurs et que, s'ils étaient conciliants, elle ne parlerait pas du dossier à ce service, qu'il ne serait donc pas inculpé de proxénétisme ni d'esclavagisme. Cette fois, Jean-Daniel se leva et se dirigea vers elle si visiblement décidé que Magalie lui demanda de rester calme, alors Christine quitta son fauteuil et recula rapidement, mais il lui saisit le bras fermement. Elle l'avertit que s'il levait la main sur elle, il serait arrêté, mais il semblait n'avoir que faire de ce qu'elle vociférerait et la tira à l'extérieur puis dans l'allée du parc sans un mot. La femme se débattait et tentait de cacher sa panique, mais elle ne pouvait que suivre. Ils arrivèrent devant une jolie maison, partie d'une ancienne bâtisse restaurée, avec une vaste véranda. Ils y entrèrent et Magalie tapa doucement à la porte d'entrée qui était ouverte. Elle appela Nancy, qui lui répondit qu'elle était au salon. Ils la virent installée sur le canapé avec son fils allongé prêt d'elle. Elle lui lisait un conte pour enfant en manipulant des peluches. Le bébé souriait en ouvrant de grands yeux et en lâchant des petits rires communicatifs. Christine voulut faire un pas pour s'en approcher, mais il la retint sans ménagement et la sortit de la même façon. Magalie fit un bisou au bébé et à Nancy puis les rejoints et ils retournèrent d'un bon pas au bureau de Jean-Daniel, qui tenait toujours l'intruse par le bras. Il la fit s'asseoir. Craignant le pire, elle le menaça de revenir avec la gendarmerie. Il déposa devant elle un press-book de la dernière réception. Il lui montra le reportage photos, où Nancy y était avec eux, puis parmi les invités, élégante, discutant, souriant … avec le préfet, le président de région, les directeurs des banques locales, des grandes administrations, y compris de l'inspection du travail et des affaires sociales, un ancien ministre, des avocats, des gradés de la gendarmerie … Il lui laissa le temps d'examiner les photographies et se rassit.

Puis, calmement, il lui demanda s'il devait solliciter leur témoignage à son attention précisant qu'ils n'avaient pas abusé d'une jeune femme, ou que le couple ne proposait pas ses faveurs, ou encore si Nancy racolait ou tripotait les convives. Christine resta muette.

Jean-Daniel se fit autoritaire et prit l'entretien en main en exigeant d'elle un choix. Elle devait présenter ses excuses et avouer qui l'avait envoyée chez eux, ou elle refusait et/ou insistait, et il déposait plainte pour harcèlement, diffamation, intimidations, abus de pouvoir, de position et chantage, en lui promettant d'obtenir sa condamnation assortie d'une interdiction d'exercer. Elle se cabra, le toisa et renouvela les menaces, en plus explicites. Elle lui lança disposer de pouvoirs suffisants pour lui créer beaucoup de problèmes, comme lui retirer ses enfants le temps qu'une enquête aboutisse, mais qu'elle veillerait personnellement à ce qu'elle s'éternise durant des mois, en perdant des documents. Elle le toisa et ajouta qu'elle possédait un pouvoir qu'il n'imaginait pas et que ce n'était pas parce qu'il avait de l'argent et des relations qu'elle hésiterait, au contraire, car elle ne supportait pas les nantis, capitalistes n'ayant jamais respecté les travailleurs grâce à qui ils s'enrichissaient. Puis elle ajouta qu'entre sa parole et la sienne, les services sociaux n'auraient aucune hésitation et qu'il serait bien contraint de reconnaître qu'il payait des prostituées, comme tous les gens friqués, et qu'elle pouvait certifier qu'il lui avait proposé de l'argent pour qu'elle se taise, et même obtenir ses faveurs grivoises.

Jean-Daniel sourit en la fixant et il lui demanda si elle voulait ajouter autre chose. Perplexe, elle resta silencieuse. Il s'avança vers elle qui se leva promptement pour reculer d'un pas, il lui posa une main sur l'épaule et d'une voix étrangement douce lui montra une caméra dissimulée dans la vitrine, puis une seconde au plafond, ainsi que trois autres, en expliquant que la prise de son était aussi excellente que la qualité des images. Il souriait en la fixant. Christine blêmit en réalisant l'ampleur des ennuis dans lesquels elle s'abîmait. Elle n'avait aucune issue, c'est tout son avenir qui s'effondrait. Elle restait immobile et penaude, ne sachant plus comment réagir. Jean-Daniel lui renouvela ses conditions et la fixa. La femme se pinçait les lèvres en faisant bouger son genou droit. Le couple l'observait paisiblement, elle hésitait. Jean-Daniel haussa les sourcils et se saisit du téléphone, lui jeta un nouveau regard interrogateur, puis composa un numéro en mimant du doigt un gyrophare. Christine s'excusa timidement, rapidement et succinctement. Trop au goût de Jean-Daniel.

Il fit un signe négatif de la tête et précisa qu'elle devait reconnaître avoir abusé de sa position. Impassible, il reprit la numérotation et mit le haut-parleur. Elle marmonna à nouveau ses torts, mais il restait silencieux et elle entendit les bips de la composition du numéro d'appel partir en rafale sur le réseau. Il ne jouait pas et scellait son destin. Le répondeur de la police se fit entendre. Résignée, elle répéta clairement, puis devint précise et obtempéra jusqu'au bout en donnant le nom du couple. Il raccrocha. Ils demandèrent des explications sur ces gens, mais elle avoua n'avoir fait aucune recherche. Jean-Daniel l'accusa d'avoir voulu se payer un notable avant même de les avoir rencontrés et semblait perdre patience. Il reprit le téléphone, elle soupira et acquiesça, mortifiée, en semblant vouloir disparaître tant elle se tassait sur le fauteuil. Magalie s'étonna qu'elle puisse être mue par une telle volonté de nuire, mais intervint pour calmer Jean-Daniel.

Inquiète de leur passage éclair et de la présence de cette femme à l'attitude curieuse, Nancy entra avec son bébé dans les bras, mais avant qu'elle ne puisse poser une question, les enfants du couple qui l'avaient entendue arrivèrent en courant et l'agrippèrent pour lui faire des bisous. L'assistante sociale s'en trouva encore plus déstabilisée et embarrassée. Elle garda le silence et observa. Nancy expliqua s'être inquiétée quant à la nature de leur étrange apparition, car muette, et souhaitait s'assurer qu'il n'y avait pas de problème. Jean-Daniel défia Christine du regard et d'un ton calculé lui demanda d'expliquer à Nancy ce qui motivait sa venue. Celle-ci se para d'un sourire et précisa à la jeune mère qu'elle avait pour mission de l'informer qu'elle pouvait prendre son inscription pour la crèche dès à présent si elle le souhaitait, et qu'elle veillerait à ce qu'elle ait une place. Nancy rassurée, Jean-Daniel sourit à son tour et expliqua que Christine et lui se connaissaient depuis l'enfance et qu'ils s'étaient chamaillés au sujet d'un ancien camarade commun, mais que ce n'était rien. Christine compléta en précisant qu'en plus, c'est elle qui se trompait et qui s'était le plus énervée. Nancy lui sourit et lui dit qu'il était sain d'exprimer son erreur, surtout à chaud, car cela permettait aux protagonistes de préserver équilibre et relation, puis elle s'en retourna, suivie du trio. Furieux, Jean-Daniel demanda son opinion à l'assistante sociale après avoir vu la jeune femme à deux reprises à l'improviste, ainsi que la réaction de quatre enfants envers elle. Elle reconnut contrite qu'elle avait le comportement d'une maman attentionnée et celui d'une personne digne.

Il lui demanda de préciser si elle était soupçonnée de prostitution, ce à quoi elle répondit qu'elle était contrariée d'avoir laissé penser cela, mais qu'elle avait été induite en erreur, assurément volontaire, et qu'il s'agissait d'une terrible calomnie.

Jean-Daniel arrêta l'enregistrement. Elle soupira, le supplice prenait fin. Il la toisa et lui précisa d'un ton froid que s'il entendait une seule fois qu'elle cherchait des ennuis à Nancy, ou même des informations sur elle, les plaintes tomberaient et l'enregistrement serait diffusé. Il se leva, la saisi à nouveau par le bras et la tira dans le couloir, puis la mit dehors en la poussant fermement au point qu'elle manqua de tomber sur le parvis. Elle s'était fait éjecter comme une malpropre en sachant qu'elle ne pouvait en vouloir qu'à elle-même. Magalie sortit pour la raccompagner. Elle lui prit le bras avec plus de douceur et lui confirma qu'elle avait été aussi maladroite que mal avisée, qu'elle devait faire attention à ce qu'il lui était rapporté, autant qu'à son comportement et à ses allusions, puis lui promis qu'elle veillerait à calmer Jean-Daniel pour qu'il ne la fasse pas condamner et/ou renvoyer si de son côté elle viellait à mettre dans le dossier qu'elle avait collecté et validé les vraies informations avant de le classer avec le meilleur commentaire possible les concernant, Nancy y compris. L'histoire était réglée pour ce qui concernait cette femme, mais Magalie n'envisageait pas d'en rester là, car même si elle était moins sanguine que son époux, sa détermination exigeait qu'elle agisse et ourdisse son intervention.

Afin de ne pas leur laisser le temps de se préparer à sa visite, elle se rendrait sans délai chez le couple dénonciateur pour avoir des explications. Elle demanda à David de l'accompagner avec quelques amis, emprunta un minibus à son mari en lui refusant d'être présent, car sachant qu'il exploserait fatalement, et ils se rendirent devant le pavillon du couple à l'improviste. Elle descendit seule et sonna à la porte, un homme vint ouvrir. Constatant qu'elle ne le connaissait pas, et que lui ne semblait pas davantage l'identifier, elle misa sur l'épouse :

— Bonjour, je suis Magalie, une amie de votre femme, et j'ai grand besoin de la voir, tout de suite.

Gaëtan découvrit une visiteuse dotée d'une prestance certaine, jolie et séduisante, et il lui sourit :

— Enchanté, je suis son mari, entrez, elle doit être au salon.

Magalie le suivit et elle aperçut l'arrière de la tête d'une femme assise sur un canapé. Gaëtan la précéda, puis elle se planta devant l'habitante du lieu. Elle la reconnut immédiatement et s'en trouva fort surprise, mais elle se contint. L'épouse délétère était celle connue pour ses participations assidues et remarquées aux soirées coquines. Il s'agissait de Manon, en beaucoup plus rouge toutefois.

En voyant Magalie pénétrer dans son salon, Manon sentit son sang tomber avec force dans ses pieds, car l'impossible et l'interdit se produisait : la maîtresse du lieu de ses parties fines était dans sa maison, en présence de son époux, alors qu'elle avait pris la précaution de ne lui donner que son nom de jeune fille. Elle croisa un regard froid qui lui fit peur et son corps se mit à trembler et sa tête à tourner. Sa vie de débauche s'apprêtait à faire une irruption inamicale dans sa vie, car au vu de l'attitude de l'intruse, celle-ci les savait à l'origine de l'intervention auprès des services sociaux. Manon se demanda pourquoi son cœur ne profitait pas de l'instant pour s'arrêter, puisqu'elle était prête et ne résisterait pas ! Jamais elle ne pourrait affronter le cauchemar des minutes à venir. C'était impossible, car sans issue. Elle était capturée vivante et serait exécutée jusqu'à ce que la mort intervienne, mais à plusieurs reprises et dans d'interminables souffrances. La vie se désintéressait totalement d'elle, et son présent amorçait l'engagement de sa destinée dans un dédale sombre, peuplé uniquement de cauchemars pires les uns que les autres, rendant un choix impossible et la privant de la possibilité d'y échapper, mais en étant jetée en plein cœur de l'incendie, de sorte que même l'immobilité et l'indécision la maintiendraient en enfer.

La première phase délirante annoncée était qu'elle assisterait à la l'exhumation de sa vie secrète, puis viendrait l'identification de ses mensonges, aboutissant à la reconstitution de ses manipulations et à l'affichage de ses trahisons. Le tout face à Gaëtan et Magalie, ses référents, sur qui reposaient les fondements de ses deux vies. Elle les perdrait simultanément. Ses mentors seraient ses accusateurs, ses juges et ses bourreaux, ce qui parachevait sa destruction absolue.

Manon avait envie de vomir tant son estomac recevait d'acide, et cela lui aurait été agréable, car à défaut de s'évanouir, une série de vomissements ferait distraction, mais là aussi le sort s'acharnait, elle ne vomirait pas.

Gaëtan s'étonna de voir son épouse se transformer à ce point. Elle était devenue différente, mal à l'aise, résignée et agressive.

Sans un mot et d'un pas décidé, Magalie se saisit d'une chaise en passant près de la table du séjour et la posa devant la baie vitrée. Puis elle adressa au couple un signe de la main leur enjoignant de venir à elle. Manon prononça ses premiers mots :

— Mais, que fais-tu ici, Magalie ? Comment m'as-tu trouvée ? C'est quoi ton délire ?

— Ne t'en inquiète pas, tu le sauras dans une minute. Approche, Manon, Gaëtan aussi, venez, je vous prie. Vous voyez le minibus devant votre entrée ?

Elle appuya sur une oreillette de téléphonie et entra en communication avec une personne, sans dire son nom, mais en les regardant :

— C'est moi, j'y suis. Descendez du véhicule, je suis debout derrière la baie vitrée, les propriétaires du lieu désirent vous apercevoir.

La porte latérale du monospace s'ouvrit et des hommes en descendirent, huit. Ils lui adressèrent chacun un signe de la main :

— Je lève le bras, je m'assieds, vous me voyez ? OK. Si je tombe de ma chaise, ou disparais de votre vue, vous débarquez équipés. Vous savez comment régler le problème. Ils sont deux. Vous pouvez remonter dans le minibus vous asseoir, merci.

Incrédule, Gaëtan observait. Elle s'assit et leur dit d'en faire autant. Il demeurait perplexe, car Manon était passée au blanc livide, mais dans un embarras si évident qu'il lui indiquait qu'elle n'était potentiellement pas étrangère à la situation. Dans la plus totale incompréhension, mais conscient que quelque chose lui échappait, il s'installa près d'elle et réfléchit rapidement. Manon semblait savoir ce dont il retournait, mais gardait le silence, et cette femme qui avait fait irruption chez eux en souriant les menaçait à présent par l'entremise d'une bande à ses ordres. Le plus probable restait malgré tout qu'il s'agissait d'une erreur. Inquiet, mais en affichant son calme, il interrogea la visiteuse :

— Mais de quoi s'agit-il ? Vous projetez de nous voler ? Nous ne sommes pas riches et ne détenons aucune valeur !

— Non, Gaëtan, vous n'y êtes pas ! C'est vous qui m'avez contrainte à vous rendre cette visite, dont je me serais volontiers dispensée.

— Discutons calmement, je pressens qu'il s'agit d'une méprise.

— Je suis certaine du contraire. Je veux vous entendre m'expliquer, en vous ayant face à moi, pour quelle obscure raison vous m'avez diffamée, humiliée, menacée, mettant ainsi ma famille et celle d'une amie en danger. J'exige des explications et j'ai pris les précautions nécessaires pour repartir avec. Une précision pour vous deux, dans le cas où vous en viendriez à avoir un geste irréfléchi, ou brusque, je tomberai de ma chaise tout de suite, et ils s'occuperont de vous. Idem si vous faites mine de fermer la porte à clé. C'est entendu ? Manon, tu n'es pas dans le doute ?

Incapable de répondre, elle se contenta d'acquiescer par un mouvement de tête.

— Au vu de sa réaction, il est évident que ton mari ne possède pas toutes les informations. Manon, je te connais et te sais capable d'agir, car tu as des ressources insoupçonnables, aussi, je pense que tu devrais prendre l'initiative de l'informer sans délai de ce dont il retourne !

Manon était au bord du gouffre, la scène avait débuté, le cauchemar était réel, sa vie prendrait fin cet après-midi. Ce n'était plus qu'une question de minutes. Elle pouvait encore essayer de donner le change quelques instants, car peut-être que Magalie comprendrait sa détresse et se raviserait :

— Magalie, tu es devenue folle ou quoi ! Nous sommes amies, tu t'es énervée certes, mais ce n'est pas grave. Je te prépare un thé ?

Gaëtan connaissait Manon par cœur, elle ne ripostait pas, ni ne protestait, mais elle tentait de l'amadouer, ce n'était pas bon signe :

— Je veux bien écouter tout ce que vous voulez, Madame … Magalie ! Mais vous vous présentez comme étant une amie de mon épouse et voilà où nous en sommes déjà deux minutes après. Je voudrais savoir qui vous êtes et comprendre la situation. Manon, qui est cette étrange relation que je ne connais pas et quel est le problème ?

— Nous faisons du yoga ensemble depuis quelques mois. Magalie est parfois tendue, il doit y avoir une petite méprise, une histoire entre filles, ce n'est rien.

— Manon, je te conseille de m'écouter. Je t'assure que ce nouveau mauvais choix que tu fais est le pire. Tu ne devrais pas t'obstiner, car je ne suis pas d'humeur à supporter ces enfantillages. Je ne ferai pas dans le genre « une fois, deux fois, trois fois », je t'ai avertie et ne le redirai pas. Soit raisonnable et sincère, c'est préférable, discutons en adultes responsables et nous éviterons le désastre.

— Mais que veux-tu que je dise ! Nous sommes dans un groupe de yoga, nous transpirons, nous bavardons entre copines, parfois à tort et à travers, forcément. Alors j'ai peut-être dit une chose qui t'a été rapportée hors contexte, voilà tout. Tu oublies et nous t'invitons un soir de la semaine à partager un repas dans la détente. D'accord ?

— Manon, je t'ai prévenue, c'est toi qui gères la façon d'expliquer à ton mari. Gaëtan, je connais votre épouse beaucoup plus que vous ne l'imaginez, depuis quelques mois effectivement, car nous participons ensemble à des séances, en effet, mais assez particulières et en soirées.

Manon paniqua, car le dernier doute n'était plus, Magalie s'apprêtait, sans sourciller, à révéler ses activités extraconjugales et ne portait aucun intérêt à son appel au secours, elle l'ignorait et insistait. Elle s'entendit parler comme si elle était spectatrice, les mots sortaient de sa bouche sans qu'elle ne décide de ce qu'elle disait :

— Mais tu délires, Magalie, que veux-tu inventer ! Ne l'écoute pas, Gaëtan, je la sens énervée. Magalie, tu ne peux pas insinuer des choses pareilles. Quelle étrange idée as-tu encore en tête ? Tu es toujours de toutes les histoires puériles et tu continues !

— C'est moi le problème ! Comme je te l'ai dit, c'est toi qui vois, Manon. Gaëtan, si je dois vous convaincre, je peux vous dire que Manon a une petite cicatrice sur le sein gauche.

— Mais enfin, Magalie, arrête, tu n'envisages pas d'inventer de sordides histoires de coucheries, tu deviens ridicule. Nous nous douchons ensemble après le yoga. Rien d'autre, Gaëtan.

Prit entre deux flots contradictoires, Gaëtan n'en croyait pas ses oreilles. Tout était invraisemblable depuis l'entrée de cette femme et voilà qu'à priori elles étaient … amantes ! Voulait-elle obtenir de Manon qu'elle le quitte pour la suivre ? Pourquoi son épouse mentait si mal et avec un tel mal-être ! Était-elle amoureuse ? Jamais il n'avait imaginé sa femme entretenir une relation extraconjugale, et voilà qu'en plus, elle était de nature homosexuelle ! Aucune parole ne parvenait à se former, alors il resta dans l'écoute.

— Comme tu le veux, Manon, ce n'est pas un problème pour moi. Votre épouse a un grain de beauté à l'intérieur de la grande lèvre droite. Il y a quelques mois elle avait taillé sa toison en V pour inviter à descendre, puis c'est devenu un petit carré, et en ce moment elle est aussi lisse qu'au premier jour. Il vous faut d'autres précisions intimes, Gaëtan ? J'en ai sur le verso. Mais c'est inutile, car c'est la vérité.

Le vertige de Manon s'accentuait, Magalie était à l'abordage et rentrait dès à présent dans le vif du sujet, la débauche, en donnant ces terribles détails calmement !

— Mais quelle manipulatrice ! Gaëtan, ne la crois pas, elle a vu mon corps certes, mais sous la douche. Il ne s'est pas passé ce qu'elle insinue, elle invente pour une raison que j'ignore, mais pour me nuire.

— Mais, c'est du délire cette histoire ! Je n'y comprends rien. Et toi, Manon, arrête ! Elle ne me semble pas plus insensée que toi, mais pour l'instant, c'est toi qui me prends pour un crétin. Elle aurait observé ton grain de beauté sous la douche ! Non mais ! Madame, la situation déjà confuse devient embarrassante. Je crois deviner que vous seriez sa maîtresse, je suis surpris comme vous pouvez l'imaginer, mais cela ne change rien à la réalité. Je présume que vous n'êtes pas venue me révéler votre relation pour le simple plaisir du défi, aussi je vous écoute, que nous voulez-vous ?

— C'est moi qui veux vous entendre, Gaëtan. Si vous n'avez jamais vu en moi une rivale, à quoi riment vos affabulations ? Pourquoi nous avoir envoyé une assistante sociale ?

Gaëtan sembla brusquement soulagé. La situation s'expliquait. Il s'agissait d'un règlement de compte à la suite de leur intervention et cette femme voulait en découdre :

— Ah d'accord, je vois à présent qui vous êtes. La réponse est simple, Madame, et devrait vous être naturelle. Un enfant n'est pas dans un milieu de vie approprié avec des prostituées. Il y a des gens dotés des valeurs morales adéquates qui peuvent s'en occuper et offrir un véritable avenir.

— Je crois comprendre. Comme … vous ? C'est là l'idée exprimée ?

— Par exemple et effectivement.

— Vous n'êtes déjà pas dans le désintéressement ! La délation trouve sa logique, vous me dégoutez, sachez-le.

— Laissons-là les politesses. En ce qui concerne les détails intimes relatifs à mon épouse, j'imagine que vous utilisez des confidences amusées lors des séances de yoga pour faire pression sur elle.

— C'est évident, Manon est intarissable sur son intimité ! Délateurs, méchants, jaloux, et stupides ! Manon, je suis donc une prostituée ! Une belle progression dans le pire. Je croyais toutes les bassesses utilisées, mais je constate que vous disposez de réserves. Étonnant et méprisable. Manon, un sursaut de courage ? Peut-être sous la forme d'une déclaration ?

— Gaëtan confond, ou alors j'ai manqué de précision. Magalie n'est pas une catin, Gaëtan.

— Et … ? C'est tout ce que tu envisages de déclarer à ton mari ? Entendu. Je considère ton silence comme étant une demande de prise en charge que j'accepte. J'explique moi-même qui je suis à Gaëtan.

— Tu n'as rien à faire ici, laisse-nous tranquilles, Magalie. Je refuse d'entendre tes élucubrations. Je dois m'allonger et toi tu sors.

Gênée et tremblante, elle se leva en veillant à ne pas croiser le regard de Magalie et se réfugia dans sa chambre. En quelques minutes, c'est toute sa vie qui s'effondrait et elle en était la cause. Son corps vibrait si fort qu'elle avait la sensation que même les murs vacillaient. Elle s'assit sur le bord de son lit, prostrée, perdue.

Magalie était une amie de sa vie nocturne, mais en débarquant ainsi, elle était une intruse et violait sa vie. Elle souffrait terriblement. Gaëtan découvrirait qui elle était devenue, elle ne pourrait jamais plus lui faire face, et au mieux, il la chasserait dans quelques minutes. Elle avait envie de hurler. Dans sa tête c'était déjà le cas. Elle criait qu'elle n'espérait rien d'autre qu'être maman, que le reste n'était que batifolages libertins entre personnes consentantes, sans réelle importance. Sa vie ne pouvait pas s'arrêter là pour ce motif ! Mais elle était si abattue qu'elle n'avait la force que d'être prostrée, attendant résignée d'être ramenée sous la contrainte pour entendre le jugement, puis la sentence. Elle ne voulait plus qu'une chose, que sa condamnation tombe rapidement pour en finir. Elle entendait dans le salon Magalie et son mari poursuivre la conversation.

— Gaëtan, puisque votre épouse refuse le dialogue, je dois vous révéler ce qu'il en est, car il me semble légitime et nécessaire que vous sachiez la vérité afin de vous faire une opinion saine de la situation, et de réaliser ce que vous m'avez fait subir. Car persister est sans issue, je vous l'affirme. Votre épouse participe, entre autres avec moi, à des soirées, de type amusements pour adultes.

— Genre … des jeux vidéo, d'argents, de combats, une secte ?

— Plus humain, Gaëtan, je vous parle de partouses ! Elle y participe les nuits des mardis, vendredis et samedis.

— Le yoga ! Mais non, elle est dans un groupe de relaxation, vous êtes dans l'erreur !

— Peut-être un peu longues les séances d'étirements, non ?

— Non, une amie l'héberge, car juste après ses exercices elle ne sent plus capable de conduire.

— Dommage, la simplicité avait ma préférence. Manon ? Je sais que tu m'entends, viens ici et dis la vérité à ton mari !

— Va-t'en.

Gaëtan refusait de croire un seul mot de ce que disait cette femme, mais elle semblait sincère, s'exprimait en pesant ses mots, donnait des détails troublants, et il y avait Manon qui fuyait au lieu de lui faire face dans la révolte. Est-ce que cela signifiait qu'elle lui mentait réellement au sujet de ses séances de yoga ? Sa Manon ? Une menteuse et une femme infidèle ! Il n'arrivait pas à assimiler et une moitié de lui refusait d'accepter ce qui semblait être une évidence à l'autre.

— Alors en plus d'être votre maîtresse, Manon et vous participeriez à des partouses, c'est ce que vous m'expliquez ?

— Une seconde. Une fois de plus, Manon, c'est comme tu le veux. Tu reviens ? Pas de souci. Pour des raisons de sécurité par rapport à d'éventuels chantages, afin de parer aux mensonges d'une personne qui dirait avoir été importunée, forcée ou violée, tout est filmé dans chacune des pièces. Alors je vous propose de regarder les films où vous verrez Manon en action. Ces enregistrements seraient également remis à la justice si jamais Manon ou vous-même veniez à parler de nos soirées privées. Et puis, une fois les images sorties des coffres, de nos jours tout se retrouve sur Internet tellement vite que c'en est effrayant !

— Et vous pensez que je peux croire en de telles insanités ! Allez vous en, c'est préférable. Nous ne parlerons pas de votre intervention bizarre, mais sortez. Et Manon n'a pas à supporter vos délires.

Gaëtan voulait en finir et qu'elle parte, mais elle enchaîna sur le même ton, calme, comme si elle ne l'avait pas entendu :

— Au fil des nuits, votre épouse a acquis une solide réputation. Débutante presque timide il y a quelques mois, il lui a suffi de deux ou trois semaines pour s'épanouir. À présent, elle rayonne. Malgré sa trahison, je ne peux que reconnaître qu'elle compte parmi les quatre femmes les plus recherchées et désirées, au point que sa présence suffit à conditionner la réussite d'une soirée, car c'est une dame, Manon ! Elle est adulée et traitée avec un respect à la hauteur du désir qu'elle suscite. Elle bénéficie de ce privilège grâce à ce qui est devenu sa spécialité : les séances de groupe. Elle y excelle. Elle déploie une énergie et une vitalité stupéfiante, toujours empreinte d'une bonne humeur communicative.

— J'ai failli vous croire, mais l'excès nuit à la crédibilité.

— Parmi ces fidèles, je sais que beaucoup sont en pamoison devant leur princesse, et elle a un nombre d'amoureux fervents qui fait que des femmes l'envient, au point de la courtiser aussi ! Vous connaissez le terme gang-bang ? Un groupe entoure une participante chauffée à blanc, avec qui ils veulent tous avoir un rapport complet, parce qu'elle a ce même désir. Eh bien la meilleure à ce jeu, notre vedette, c'est Manon.

— Mais … sortez ! Vous êtes ridicule, odieuse et vous sombrez dans l'obscénité, dans la pornographie immonde et abjecte !

— Manon ? C'est comme tu veux. Je ne vous ferai aucun cadeau, pas après ce que vous m'avez fait tous les deux. Je dirai les mots de ce qui est. Dans ce genre de soirée, ces messieurs doivent se retenir le plus possible, c'est aussi un choix pour profiter. Mais une fois rassasiés, beaucoup de femmes, hommes et couples ne veulent plus leur permettre de conclure, car ils sont repus ! La frustration est là et importante. Alors, lorsqu'une participante en fin de séance a encore l'énergie nécessaire, et le désir suffisamment exacerbé pour répondre à leurs attentes, c'est l'extra-terrestre qui rend le rêve impossible réalisable. Ils lui appartiennent et lui offrent leur jouissance. Manon prend son pied comme une furie à faire ça. Stupéfiante ! Alors en fin de nuit, un rituel c'est instauré, une sorte de dernière fête avant le repos. Un cercle se forme autour de Manon, tout le monde frappe dans les mains pour encourager les hommes qui n'avaient pas fini et elle les délivre, en perdant le contrôle et toute mesure à chaque fois. Ça tourne souvent à un véritable déluge ! Mais ne vous méprenez pas, elle n'est pas droguée aux hommes, lors des soirées réservées aux pratiques entre femmes, elle est aussi une performeuse sans limite ! Je peux vous raconter.

Manon entendit Magalie l'appeler, mais sa voix résonnait dans sa tête comme si cela ne la concernait plus. Elle percevait des mots, mais ils n'étaient plus importants. Elle entendait Gaëtan répéter déluge, jouissance, hommes, mais elle était indifférente. Le cauchemar était là malgré son refus, il n'avait plus besoin d'elle, tout cela l'indifférait. Magalie expliquait qu'elle n'exerçait pas un chantage, mais qu'il devait avoir la vraie version de l'histoire pour comprendre la situation et ce qu'ils lui avaient infligé. Puis Magalie demanda à Gaëtan de signer un document et l'appela avec insistance pour qu'elle en fasse autant, afin de reconnaître avoir voulu exercer un chantage pour obtenir un bébé et déclarer que leur dénonciation n'était que des calomnies.

Son ton était sans équivoque, elle était décidée, intransigeante et exigeait une signature immédiate. Mais son mari refusait de la faire revenir et il ne voulait plus discuter, le cauchemar prenait possiblement fin. Seulement la réalité s'imposa encore en devenant chaque seconde plus insoutenable :

— Manon, puisque tu as décidé de me contraindre à devenir précise, peut-être voudrais-tu que j'augmente la mise ? J'oserai, jusqu'à être obscène de précisions. Je pourrais confier à ton mari le niveau de ton dernier record, à savoir à combien d'hommes tu as offert ton corps en même temps pour en recueillir leur semence et des orgasmes ? Tu viens ? Non ? Il y a potentiellement deux chiffres.

Sa tête tournait, à moins que cela ne soit la pièce, avec de la chance, ce nouvel assaut lui permettrait de s'évanouir ou son cœur lui ferait le cadeau de s'arrêter.

Gaëtan observait cette femme qui semblait pausée et sûre d'elle, le doute était en lui malgré sa volonté. Tout cela devenait insupportable. Il fallait régler ce problème pour en finir avec une situation qui dérapait au fils des minutes. Il se leva et vint saisir son épouse par le poignet fermement, sans un mot. Manon se contenta de se laisser tirer en fixant le sol. Le jugement était prononcé, elle était la condamnée que le bourreau traînait pour la contraindre à entendre la sentence avant de procéder à l'exécution. Sa vie prenait fin. De retour au salon, il la contraint à s'asseoir à côté de lui et lui demanda devant Magalie s'il était vrai qu'il y fallait deux chiffres pour quantifier ses partenaires de fin de la dernière nuit. Elle était si perdue qu'elle ne comprenait même plus ce qu'elle devait lui répondre, et à peine ce à quoi il se référait. Elle était assise, tassée comme une marionnette sans fil, inerte. Brusquement, il cria son prénom. Elle sursauta et sembla se réveiller. Elle s'entendit dire d'une voix presque calme que tout était faux et qu'il fallait que Magalie la laisse tranquille, ce qu'elle savait pourtant être éminemment stupide.

— En voilà assez, Manon, tu m'as trahie, déçue et tu me contrains à un rôle abject, car à présent tu n'assumes rien ! Je vois que vous avez un beau téléviseur. Manon, J'ai un support numérique qui mettra un terme à tes enfantillages insupportables. Gaëtan, je n'ai pas un plaisir particulier à vous montrer cela, mais vous êtes un adulte responsable à même de voir des images qui pourraient être qualifiées de pornographiques s'il ne s'agissait pas de votre épouse s'épanouissant dans le plaisir.

— Quoi ? Mais … Non ! Ce n'est pas possible !

— Si. C'est moche d'en arriver là, seulement j'en ai plus qu'assez de cette immonde comédie et du rôle méprisant que vous me contraignez à tenir. Lorsque vous en aurez marre, vous arrêterez le film, moi j'ai déjà vu, je regarderai dehors.

La frayeur fit sortir Manon de sa torpeur, comme si quelqu'un essayait de la déshabiller avec rudesse pour la violer.

— Non ! Surtout pas ! Magalie, pas ça, je te supplie à genoux, fais appel à ta pitié et frappe-moi, c'est préférable. Si tu veux, je m'allongerai par terre et je me laisserai faire, mais pas ça, s'il te plaît, Magalie. Ne me tue pas de cette manière, nous avons fait l'amour, nous étions bien et j'étais sincère, alors au moins pour ces souvenirs, ne me torture plus. Ce n'est pas la peine, c'est terminé. Tout est fini. Tu as raison, tu ne dis que la vérité depuis le début, avec patience, et même de la prévenance, en me donnant à maintes reprises une chance d'avouer. Je me suis entêtée, c'est moi qui mens. Je le reconnais, mais arrête, je n'en peux plus, je deviens folle, mon cerveau me lâche, je le sens. J'admets tout, mais cesse, par pitié. Je suis au bout, la folie me guette, Magalie, crois-moi. Je suis dans le gouffre. J'ai menti. Je suis désolée. Tellement ! Gaëtan, Magalie, pardon. Je vous mens depuis le début de cette histoire. Le yoga n'a jamais existé, Gaëtan. Mon amie avec qui je suis censée me reposer est complice de mon mensonge, pour me couvrir et ce à ma demande. En réalité, je participe à des soirées formidables avec Magalie, qui est une femme merveilleuse, mariée à un homme magique, et leur amie est comme eux deux, une personne d'une générosité et d'une sensibilité incroyable ! Magalie, j'ai menti sur ton compte et celui de Nancy, j'ai travesti le moindre détail, sciemment, pour pousser Gaëtan à faire la démarche que tu connais. Il ne savait pas, il croyait bien agir, il m'a fait confiance, comme toi. Ne le juge pas, c'est un homme droit et fiable. Mais je lui ai menti. Tout est vrai, je l'avoue. C'est fini. Je peux mourir. Ma vie est fichue, par ma seule volonté. Vous devriez me tuer, je vous aiderai. Mais ne me torturez plus, je suis brisée. Magalie, réponds-moi, je t'en supplie, je reconnais mes fautes ! Tu acceptes de ne pas montrer le film ? Au moins par pitié, Magalie ! Je t'implore. Si tu penses que je le mérite, je peux me frapper devant vous ! Ou … m'humilier ? Tu veux ? Je t'ai toujours admirée, mais je t'ai trahie, accorde-moi ta mansuétude, s'il te plaît, et arrêtons-là. Si tu as besoin, défoule-toi autrement, cogne, tu as le droit.

Gaëtan la regardait et l'écoutait la bouche ouverte. Sa déclaration sous forme d'une interminable litanie le déchirait dans son entier. Il avait du mal à assimiler les mots. Ce corps était bien celui de Manon, mais cette femme était une autre, qu'il ne la connaissait pas. Il se leva et lui fit face, puis il la gifla lourdement de la main gauche. Elle bascula sur le canapé, ne lâcha ni mot ni cri. Elle se redressa, comme si elle n'avait rien senti, sans un regard, elle n'était plus là. Ne la voyant pas réagir, Gaëtan fut pris d'une violente colère et il la frappa puissamment de la main droite en plein visage, au point que Manon tomba au sol et resta un instant étourdie. Elle se rassit avec maladresse, car sonnée, mais tout aussi indifférente. Cette fois il leva le poing, mais Magalie lui saisit le poignet pour le stopper et reprit place rapidement sur sa chaise. Il se laissa tomber sur le canapé, effondré :

— Alors tu te prostitues ! Mon épouse vend son intimité et je dois accepter. Je suis marié à une putain ! Ce ne sont que des mots vides de sens tant ils sont iconoclastes. Notre réalité me rend fou ! Je ne comprends plus rien. Mais pourquoi avais-tu besoin de ce pognon sale ! Tu aurais pu m'en parler. Et tu en as fait quoi ? Dans quelle situation désespérée t'es-tu fourrée ?

— Quel argent ? Je n'ai pas touché à notre cagnotte ! Je ne comprends pas ta question.

Magalie voyant qu'il menaçait à nouveau de s'emporter intervint et lui précisa que Manon payait certes une participation pour la soirée, comme chacun, mais que cela restait modeste.

— Je n'ose comprendre. Seriez-vous en train de m'expliquer que ma femme ne faisait pas le tapin ? Elle ne vendait pas ses performances ?

— Même si elle m'a traînée dans la boue, je ne suis pas une manipulatrice, alors je vous l'affirme : Manon ne s'est jamais prostituée ! C'est une grande menteuse, certes, mais pas une fille de joie. Vous faites une méprise, le seul argent de cette histoire se résume, ainsi que je vous l'ai déjà dit, à une contribution que Manon versait, comme les autres, en guise de participation aux frais de la soirée.

— Quoi ? Parce qu'en plus tu as payé pour que des hommes te passent dessus ! Je ne veux plus savoir, je suis fou, ou en passe de le devenir ! Mais tu es une grande malade ! C'est toi qui payais pour qu'il se soulage avec toi ! Je te cognerai saleté, je te passerai tes lubies de débiles mentales, je …

— Vous ne lui infligerez plus aucune violence, sinon j'appelle mes amis et la police. Je suis toutefois surprise, Gaëtan !

— Pas autant que moi !

— J'ai l'impression que vous auriez préféré entendre que votre épouse se prostituait, c'est assez étrange comme réaction. Même si ce comportement est en adéquation avec les coups. Vous devriez y songer un instant. Elle n'a jamais été rabaissée, au contraire, elle était chouchoutée, avant, pendant, après. Tout le monde veillait à son bien-être. Elle a dansé durant des heures. Elle était heureuse, radieuse, belle, admirée et elle a été courtisée avec respect. Nous avons toujours eu des buffets délicieux et elle s'est régalée. Lors des séances de relâchement, que vous qualifieriez sans doute de lubriques, collectives ou non, elle n'a jamais été malmenée une seule fois, c'est une règle absolue et tous nous veillons sur chacun. Bien au contraire, ses partenaires, hommes ou femmes, se sont toujours assurés qu'elle soit contentée à en rester au tapis ! Cela lui était dû étant donné le plaisir et l'énergie qu'elle dégageait et qu'elle offrait. Elle a passé des soirées formidables et des instants totalement magiques. Elle s'est dépassée, rencontrée, épanouie, et elle a vécu avec nous une vie de femme hyper amplifiée. Manon, je mens ?

— Non, Magalie, tu dis simplement la vérité sur les soirées. Tout n'a jamais été que fêtes et plaisirs, complicités et douceurs. C'est vrai, encore. Magalie est une femme droite, oublie ce que j'ai raconté, crois ce qu'elle dit, pas moi. J'étais comme une reine entourée des gens raffinés. Je pouvais être sensuelle et sexy sans être ennuyée. Pas une fois je n'ai eu à subir un geste déplacé. J'ai dansé pendant des heures plus ou moins vêtue, et aucune main baladeuse ne m'a effleurée. J'ai fait des rencontres passionnantes. Il faut que je le dise, sinon ma tête me quittera, car je l'entends hurler, c'est horrible. Magalie raconte la réalité, Gaëtan, et les mots ne suffisent pas à décrire la magie. Elle m'a donné accès à ce que devrait être la vie. C'est un privilège immense, unique sans doute pour le restant de ma vie. Je suis désolée d'avoir menti à ce point. Je me suis noyée.

Gaëtan sentait le sol se dérober, toute sa vie était aspirée dans un trou noir, l'intruse était la gentille et sa Manon la méchante. Elle vivait sans lui, il l'entendait raconter, il ne comprenait plus rien :

— Mais … Je suis perdu, je ne comprends plus. Des fêtes !

— Je crois pouvoir vous expliquer, car je doute que Manon le puisse, et quand bien même, je suis convaincue que vous ne la laisseriez pas vous en parler. Pouvez-vous m'entendre encore un peu ?

— Je ne vois pas ce que vous pourriez m'annoncer de pire !

— Maintenant que je connais la vérité, je comprends ta démarche, Manon. Tu m'as trahie, mais pour le reste, je conçois. Votre épouse voulait un bébé plus que tout au monde, alors j'imagine qu'elle a dû penser qu'avec des sortes de cure, version balnéothérapie à hautes doses, il y aurait obligatoirement un spermatozoïde qui parviendrait à se frayer un passage et à la féconder.

— Voilà des mois que je rêvais de prendre des bains telle Cléopâtre qui … enfin, cela virait à l'obsession d'avoir mon bébé, alors je me suis raconté que je devais, et pouvais, tout tenter. J'ai commencé pour cette raison. Et puis rapidement, ces fêtes géniales sont devenues une addiction au plaisir et à la liberté. J'étais libre, femme, comblée et heureuse, je riais ! Je dansais en portant des tenues hyper sexy en toute sécurité avec le sourire, je parlais en riant, je mangeais en m'amusant, je faisais l'amour en jouant, avec des amants et des amantes merveilleux, c'était le paradis ! Je voulais profiter jusqu'à l'extrême.

— Je m'en suis aperçue et tu dois te souvenir que je suis venue à toi quelques fois pour m'assurer que tu étais pleinement consciente. Je t'ai proposé des pauses, mais tu m'as toujours répondu que tu prenais trop ton pied pour arrêter. Cela dit, il faut bien reconnaître que lorsque tu es lancée, tu es un phénomène. Gaëtan, je peux vous dire que beaucoup d'hommes aimeraient avoir une compagne comme la vôtre, et des femmes aussi. Elle a de grands fans. Elle pourrait refaire sa vie juste en claquant des doigts. Mais elle est toujours avec vous.

— Mon épouse est un phénomène de foire dans des partouses !

— Cessez donc d'être si méprisant ! Vous avez fait vœux de chasteté ou quoi ? N'oubliez jamais une chose, Gaëtan, Manon est appréciée, et il lui suffirait de se déclarer disponible pour avoir à choisir parmi de nombreux candidats la personne avec qui elle reconstruirait sa vie, quelqu'un d'attentionné, partageant son goût pour la vie, qui lui correspondrait et n'aurait de cesse de la dorloter pour garder cette perle rare. C'est une menteuse certes, mais c'est autre chose. Méditez.

— Alors en ville, nous croisons parfois des types qui … avec toi, qui savent et ayant tout vu !

— Votre vie intime ne me regarde pas et vous m'avez contrainte à m'abaisser à cette humiliante séance. Vous règlerez vos conflits d'adolescents mal dégrossis sans moi. Manon, ce que tu as fait reste impardonnable, tu as prémédité de m'arracher mes enfants, d'obtenir notre condamnation pour proxénétisme, de voler son bébé à mon amie et de provoquer son fichage en tant que prostituée !

— Je le reconnais aussi.

— C'est grave, totalement odieux, et si irresponsable que la démence est omniprésente. Je ne peux assimiler qu'une mère dans l'âme ait pu envisager d'infliger cela à une famille. Et Nancy, si dévouée … lui enlever son fils !

— Nancy est une jeune femme exceptionnelle. Merveilleuse. J'en ai même été amoureuse ! Tu lui diras ma demande de pardon ?

— Oui. Tu es interdite de séjour à la propriété et dans nos soirées. Si tu parvenais à t'y réintroduire, tu aurais à répondre d'une plainte pour entrée par effraction, prostitution avec racolage, diffamation et chantage. Tu m'as comprise, Manon ?

— Oui, Magalie, je comprends, mais ne t'inquiète pas, je ne te ferai plus de mal, jamais. Pardon à vous deux, à Nancy, à nos amis ! Cette mise au point violente était indispensable. Tout redeviendra normal, sauf moi, je deviens folle.

— Tu n'es pas dans la démence, Manon, tu es une menteuse contrainte à affronter ce qu'elle est. Je te conseille d'oublier Magalie souriante et prévenante. Tu ne la reverras pas. Dorénavant, tu dois voir en moi la mère de famille menacée, disposant des moyens nécessaires à vous réduire à néant. Si jamais tu parlais des soirées à qui que ce soit, ou vous, Gaëtan, toutes les séquences sur lesquelles tu es en pleine performance seront sur le web. Tu feras le buzz de l'année.

— Pas ça, je t'en supplie, ma vie serait détruite.

— Tu as bien voulu anéantir la mienne et celle de mon amie !

— Je sais et c'est vrai, je suis une … J'ai merdé, Magalie, complètement. Je n'ai pensé qu'au bébé sans me préoccuper des conséquences. Essayez de me pardonner tous les deux ! Même si, sincèrement, je ne vois pas trop comment vous le pourriez. Mais je vous supplie de le tenter, pour m'aider !

— Tu as menti à ton mari, le mariage est pourtant sacré ! Tu m'as abusée et trahie, comme Nancy et mon époux. À présent, et pour en terminer, vous me signez ce document. Manon, puisque tu es une menteuse avérée, je veux d'ici une semaine un bilan sanguin complet, et si tu nous as trompé aussi sur ta santé, si tu as propagé une MST, il te faudra en répondre pénalement.

— Je n'ai pas de souci avec ça, soit rassurée d'ores et déjà, mais c'est normal, tu l'auras.

Abattu, Gaëtan intervint d'une voix lasse, aussi résignée qu'il était à présent vouté :

— Combien ?

— Je ne veux pas d'argent, Gaëtan, alors cessez de tout ramener à de la cupidité. Je ne suis pas vénale, vous pouvez comprendre cela ? J'exige d'avoir la preuve de vos mensonges afin de m'assurer de ne plus subir vos délires, donc vous signez et nous en aurons terminés.

— De partenaires, combien ?

— D'hommes, de femmes, de couples ? Si c'est important pour vous, je peux vous faire remettre des copies. Vous êtes candauliste ?

— Comment ? Je ne connais pas ce mot, Madame, j'ai juste besoin de comprendre.

— Votre interrogation est glauque, mais ça vous regarde. En moyenne, deux fois par semaine, dix à trente invités, mixte à moitié, vous imaginez pour la suite. C'est une gourmande avérée, plus ou moins comme toute personne assumée ! Nous avons beaucoup de réguliers, ce qui réduit le nombre.

— Mais … depuis les séances de yoga, cela ferait …

— Silence ! Gaëtan, gardez votre vision glauque de la sexualité pour vous. Ce réflexe comptable du plaisir est obscène et malsain.

— J'en ai la nausée. Je te vomis, roulure, quand je pense que je t'ai baisée moi aussi, tu me dégoutes.

— C'est charmant ! Vous avec un sens inné de la délicatesse et de la compréhension, Gaëtan, cela dit, après les coups au visage … Vous devriez cesser de ramener la vie à vous. Vous pourriez vous ouvrir sur ceux qui vivent autour de vous. Avant de vous laisser, je vous adresse quelques commentaires rapides, propices à l'introspection. Vos commérages à tous deux sont de la délation calomnieuse. Manon, le mensonge à ce niveau est une maladie. Gaëtan, la libido n'en est pas une, songez-y avec recul, car je ne peux que constater que Manon est avec vous et qu'elle veut fonder une famille avec vous. Mais je vous ai vu la frapper au visage avec une grande violence. Je n'avais encore jamais vu dans un couple un tel geste de mon existence. J'observe aussi qu'elle est contrainte de vivre sa vie de femme épanouie seule, en dehors du mariage et en secret. C'est troublant, non ? Quoiqu'après vous avoir entendu qualifier la sexualité de personnes faisant la fête « d'obscénité et de pornographie immonde et abjecte », je comprends que Manon n'ait pas pu envisager de vous demander de partager. Peut-être que si vous étiez moins définitif, votre situation serait différente.

— Railliez ! Abuser de sa position manque de dignité, non ?

— Mon opinion est que vous ne sauriez vous exempter de votre part de responsabilité ! Si vous en avez le courage, Gaëtan, je vous suggère de méditer sur la vision misogyne que vous propagez. Vous considérez que votre épouse qui s'adonne au plaisir le fait fatalement pour de l'argent ! La femme est vénale ! Réalisez-vous ? C'est rétrograde à en être moyenâgeux ! Même nos religieux ne pensent plus de la sorte ! Une thérapie vous permettrait sans doute de sauver votre couple.

— Pardon, Magalie, je n'ai aucune défense possible, car tu as toujours été parfaite avec moi. Je suis soulagée que tout cela finisse.

— Le vent de l'honnêteté te traverse enfin, c'est apaisant !

— Je te supplie de me pardonner. Magalie, il m'a battue pour se soulager et je ne suis pas morte pour autant. Tu … À priori, je suis perturbée, dépourvue de morale et d'amour propre, alors si … Tu souhaiterais me battre, toi aussi ? Cela n'a plus d'importance pour moi. J'ai anéanti mon couple, mes amitiés … Peut-être que tu m'en voudrais moins après. Je suis à ta disposition, tout de suite ou quand tu le diras.

— Manon ! Tu m'effraies. Tu es méprisable, mais personne n'a le droit de te frapper, tu m'entends ? Et si Gaëtan recommence, tu ne dis rien et tu le quittes dès que tu peux te sauver. D'accord ?

— Promis. Dis-moi comment faire pour toi ! Je veux changer.

— Assume. Si tu t'amuses, c'est ton droit et c'est la réalité. Mais je ne saurais t'excuser, Manon, car tu n'as pas agi sur une colère, un caprice, ou par erreur. Au contraire, tu as préparé ta malveillance, au fil des semaines, peut-être des mois, et tu as voulu détruire ma famille et celle de mon amie, qui était aussi la tienne. Je ne peux pas pardonner cela, c'est impardonnable. Gaëtan, j'ai compris que vous aviez été induit en erreur, mais vous avez tenté de me faire retirer mes enfants sans même chercher à me connaître. C'est vil, laid, lâche, d'une grande méchanceté et indifférence. Je vous en veux, mais je vous plains presque.

Il enchaînait depuis plus d'une heure des minutes surréalistes et invraisemblables, mais tout n'était que réalité, et c'était leur vie, et la sienne. La visiteuse avait l'air d'une femme finalement correcte et lui l'avait agressée, en oubliant la moindre hésitation. Lui ! Son épouse avait l'air d'être sa conjointe, mais il ne la connaissait pas, l'évidence était là. Énoncé sans ambiguïté, il ignorait tout de cette personne qui partageait son quotidien. Pour la première fois de sa vie il avait frappé une femme, après avoir perdu la sienne. Il était seul et ne se reconnaissait plus. Une question subsistait, vivait-il réellement ou même son existence relevait-elle d'un leurre ?

— Je suis sincèrement désolé, Madame. Je ne me suis douté de rien. J'ai été aveugle ! À ce point, je ne peux que concéder que cela devait m'arranger. Je n'ai pensé qu'à nous avec une intolérable indifférence, ainsi que vous l'avez souligné. Je tiens également à vous présenter mes excuses pour avoir insinué que vous étiez une prostituée. Je voudrais vous convaincre que nous ne sommes pas ce que vous nous voyez être, mais là, je ne nous connais plus, alors cela me serait difficile. Un tsunami est passé, emportant et détruisant tout ce qu'il ne pouvait prendre ! Vous n'y êtes pour rien, je l'ai pensé, mais j'étais dans l'erreur. Et … sachez que c'est la première fois que je lève la main sur Manon. Vous avez cependant raison, totalement, c'est terrible.

— Vous savez que toute la conversation a été enregistrée ?

— Non, je l'ignorais.

— Je sais. Je voulais juste qu'il soit clairement entendu sur l'enregistrement que je vous ai informé du fait de l'avoir réalisé et de le posséder.

— Je vois. Vous avez été agressée, vous vous défendez, c'est normal.

— Je pense vous mettre en relation avec une maman qui aura son bébé sous peu, un enfant qu'elle n'aurait pas dû avoir. Vous pourriez vous entendre avec elle.

— Pourquoi feriez-vous cela pour nous après l'agression que nous vous avons infligée ?

— Parce que ce n'est pas pour vous, mais pour elle, et surtout pour un nouveau-né qui ne trouvera pas de nid à son arrivée. Si vous parvenez à gérer les heures et les mois insoutenables à venir, vous serez sans doute de bons parents. Mais j'exige une contrepartie.

— Vous voulez être indemnisée ?

— C'est une manie de vouloir me rémunérer ! Gaëtan, je ne suis pas vénale, oubliez cela définitivement, je vous prie, car c'est insultant ! Pour l'instant, vous signez.

Gaëtan signa le document sans même le lire, Manon également, en ajoutant « pardon » à côté de sa signature. Magalie prit le courrier :

— Je vous ferai connaître mes exigences. Ne voyez pas en moi une alliée ni une femme qui pardonne, car vous feriez une grave erreur de plus. À la moindre nouvelle incartade, à la première vague qui pourrait faire bouger mon mari, mes enfants, mon amie, son bébé, ou moi, je vous détruis. Je le ferai légalement pour vous traîner dans la boue, et je vous porterai le coup de grâce en faisant entrer une équipe telle que celle qui attend dehors.

— N'ayez aucune inquiétude, je m'expliquerai sans délai avec les services sociaux et les informerai de la faute commise par Manon ! Vous avez ma parole.

— Soyez certain que je le saurai, comme j'ai su qui avait bavé sur ma vie.

Magalie sorti par la baie vitrée et laissa le couple dans son silence, affronter la glissade de Manon et la façon dont elle avait manipulé son époux. La crise était grave et serait violente et durable. Elle voulut lui prendre la main, mais il se leva prestement, ivre de rage. Il hurla qu'elle ne devait plus le toucher sans quoi il la frapperait encore. Puis il se laissa tomber sur une chaise :

— Manon, des dizaines, ce n'est pas un amant accidentel, c'est un nombre que je préfère ignorer ! Dis-moi, à présent qu'elle est partie, ils t'ont contrainte comment ?

— Elle m'a obligée.

— Chantage ?

— Oui. Enfin … Gaëtan, je dois mettre un terme au délire, pardon. Ce n'est pas vrai, plus d'une fois Magalie a voulu me calmer, c'est la seule vérité, mais j'ai toujours refusé d'arrêter.

— Je vois. Il faut rester dans la logique de la descente aux enfers ! Tu fais semblant avec moi depuis le début ?

— Jamais ! Mais c'est devenu une drogue, un besoin plus fort que mes résolutions d'épouse. J'étais reçue et traitée comme une reine et je recevais du plaisir pendant plusieurs heures en continu. Je n'ai eu aucune volonté pour arrêter, au contraire ! Si tu ne me quittes pas, je pourrais consulter un psy ? Je suis peut-être folle !

— Et tu as fait des fausses couches ou cela n'a jamais marché ?

— J'ai tout essayé, mais pas un seul début de grossesse, le problème vient de moi. Plus aucun doute ne subsiste. Je refusais d'accepter mon incapacité à être une maman. Et au fil des soirées, je me suis égarée.

— Egarée ? Mais non de Dieu, Manon ! Tu n'étais certes pas amoureuse d'un autre, mais tu imagines ce que je ressens ? Ce que je visionne ? Ton corps ?

— Je ne peux pas répondre, Gaëtan. Ni revenir en arrière, ni effacer ma mémoire, pas davantage la tienne. J'ai fait ce que nous savons, je suis l'une de ces femmes. Je pourrais répéter pardon jusqu'à ma mort que cela ne changera rien.

— En effet. Pourquoi ne m'avoir jamais demandé de sortir dans un club ensemble, il y en a partout ! Nous n'en serions pas là, merde alors !

— Je n'ai pas les réponses, Gaëtan. Je les voudrais, mais non ! C'est venu insidieusement, puis ça s'est imposé, comme ça ! Et quand bien même j'aurais le pouvoir de remonter le temps, je ne vois pas comment demander à mon mari de m'accompagner pour partouser !

— Mon épouse est l'une de celles qui nourrissent les fantasmes des autres. Ma conjointe ! Ton amie a dit à deux reprises que tu pratiquais aussi avec des femmes ?

— Gaëtan, s'il te plaît.

— Je veux savoir, ça me rend fou.

— Oui. En gros tout est oui, inutile de multiplier les questions, c'est oui ! Comme dans les films que tu regardes et que tu trouves excitants. Ces beautés libérées qui sont l'idéal féminin ! Tu l'as dit cent fois.

— Cela n'a aucun rapport ! Là, c'est toi ! Je n'arrive pas à cesser de me répéter qu'il est temps que je me réveille.

— Donc, quand tu regardes des pin-up faire l'amour entre elles ou avec un ou plusieurs hommes, cela t'excite, mais si c'est ta femme, ça te dégoute ! Les autres sont fascinantes, belles et magiques, cette liberté et leur libido t'inspirent, mais moi, je suis sale et je t'écœure !

— Ce sont des actrices, tu es mon épouse, tu ne devines pas comme une légère différence ?

— Elles ne baisent pas, elles travaillent et vivent en se louant, corps et intimité, moi je faisais la fête et je m'amusais, c'est différent aussi.

— Mais tu ne peux pas dire cela, tu m'as menti, trahi, manipulé, j'ai dans la tête des images de toi dégoulinante, ma raison me quittera sous peu. Toi, Manon, ma Manon, tu as … ça ! Alors les fois où nous avons fait l'amour lorsque tu rentrais tard …

— Si je ne réponds pas tu croiras que je te provoque, si je réplique tu le penseras aussi !

— Mais ce n'est pas comme faire l'ivrogne qui finit les verres à la fermeture d'un bar ! Avec de la chance je mourrai pendant mon sommeil.

— Je peux rester ce soir, Gaëtan ? Je ne sais pas où partir et j'aurais peur, seule dans la nuit.

— Mais pourquoi est-ce que ma vie est en train de s'effondrer. C'est quoi le délire ? Qui l'a écrit ? C'est de la démence. Je dormirai dans le canapé du bureau. Je devrais te dire en boucle que tu es la pire des pouffiasses, mais je suis tellement … assommé, paumé, que je n'en ai même pas envie.

— Je comprends, Gaëtan.

— Et il y avait huit mecs devant notre domicile, ma maison, prêt à venir au minimum nous casser la gueule ! Parce que ma femme est une poule, une menteuse et une manipulatrice. En fait, je suis marié à une gangster. Et je ne sais sans doute qu'une partie de l'histoire ! Je dois me préparer à me faire buter ?

— Mais non, Gaëtan, je t'ai tout raconté, je ne suis pas une men … Si, mais j'ai avoué, et en dehors des détails obscènes, tu connais ma vie.

— Tu devrais être plus précise sur les mots. Tu n'as pas « raconté », tu as été contrainte de reconnaître par cette femme que tu as blessée. Et le fait d'avoir admis ce que tu avais commis est censé changer quoi à tes actes !? Un mari dont l'épouse a un amant, c'est un cocu, mais des dizaines ! J'ignore s'il y a un mot pour ce contexte. Ça existe ?

— Je prépare à manger ? Il faut s'occuper, Gaëtan, sinon nous finirons par devenir fous.

— Je ne cuisine pas, je ne bouffe pas, et ce n'est pas dix minutes de préparation culinaire qui me feront oublier que mon épouse est la plus connue des filles de joie de la ville. Donc, forcément de toute la région. Je m'installe dans mon bureau et surtout n'y entre pas, ne me parle pas et ne viens pas me voir. Je pourrais disjoncter et devenir violent. Tu fais ce que tu veux, tu manges, tu sors te faire sauter, tu invites dix mecs, je m'en fous. Franchement, ça serait presque mesquin de chipoter pour une dizaine. Quand je pense en plus au nombre de fois où tu t'es refusée à moi ! Je suis donc un vrai gros connard, il doit être normal que j'aie trouvé moyen de me marier à une pétasse comme toi.

Il baissa les yeux pour ne plus la voir et s'enferma dans son bureau, sans ajouter un mot. Le silence régnait, terrible. Il s'assit dans son fauteuil, hébété, anéanti.

Elle s'effondra sur le canapé, cala un coussin sur son ventre, remonta ses jambes et resta ainsi, ahurie. Ils continuaient de partager, cette fois leur destruction, la souffrance, la perte des repères, le décès du couple, la peur, la peine.

Gaëtan était envahi d'images obscènes et de mots vulgaires, le fil d'Ariane s'appelait Manon, la tête lui tournait et il ne savait pas comment faire cesser ce manège infernal. Elle était là, derrière la porte, dans leur maison, mais il ne la connaissait pas, ou plus, elle avait une vie à elle, en dehors du couple, dont il ne savait rien. Qui était cette femme, avec ses désirs où il n'avait pas sa place, qui les assumait et s'en repaissait, qui s'amusait avec ces inconnus, qui lui refusait parfois un rapport ou une pratique, mais qui s'adonnait aux orgies sans retenue.

Était-ce qu'elle s'ennuyait avec lui ? Comment pourraient-ils parvenir à maintenir une relation dont la compréhension serait absente et en sachant à présent chacun qu'ils étaient deux et non pas un couple. Et la confiance, quel étrange concept. De quoi s'agissait-il au juste ! Il lui avait accordé la sienne, persuadé qu'elle serait toujours parfaite avec lui, droite, sincère, transparente et fidèle ! Mais cet état d'abandon de soi au profit de l'autre était désintégré, durablement, et remplacé par le vide de la déception. Pourtant Manon était là, comme lui, et semblait contrariée que leur couple soit annihilé, autant que lui. Pourquoi avait-il alors ce besoin impérieux de s'isoler d'elle ? Serait-ce que la confiance implique de ne pas imaginer que son conjoint puisse être une personne autonome et indépendante, donc capable de vivre uniquement dans le noyau du couple ?

Si elle lui avait demandé son accord préalable, aurait-il accepté de la laisser exister comme elle le désirait ? Mais si elle voulait tant de liberté, à quoi rimait son souhait de vivre à deux ? Lui avait consenti de multiples concessions à ce projet, pourquoi pas elle, ou pas cette fois ?

Quarante-huit heures de cloisonnements passèrent sans qu'ils ne fassent autre chose que de s'apercevoir, en cherchant de l'eau ou en se rendant aux toilettes.

Manon ne pouvait plus pleurer, il lui semblait que son système lymphatique était usé, sec, vide, comme son cœur qui la faisait souffrir. Même sa transpiration avait une odeur différente, plus concentrée et forte. Ses yeux étaient dans un état similaire, secs, gonflés, et à chaque battement de paupière, c'est comme si du sable s'était glissé dessous pour les transformer en papier de verre griffant ses globes oculaires. Elle était mal avec elle-même, avec ses pulsions qu'elle connaissait à présent mieux que jamais, avec son corps qui réagissait tant aux sollicitations des autres, aux mains, aux bouches, aux intimités, aux peaux, aux odeurs, à leurs désirs …

Gaëtan avait aperçu son épouse prostrée sur le canapé quelques fois et brièvement en passant. Il avait eu l'envie réflexe de se rapprocher d'elle pour la soutenir, mais sa propre souffrance l'en avait dissuadé. Il n'était que colère et humiliation, incompréhension et peine. Il se remémorait sans cesse Manon s'offrant à lui, nue, souriante, ouverte, coquine, et il n'arrivait pas à concevoir qu'elle ait pu simuler à chaque fois. Elle avait du plaisir, il en était certain. Mais alors, que signifiait cette dérive !

Comment sa Manon pouvait-elle avoir un désir si puissant qu'il la pousse à rechercher une jouissance fatalement effrénée auprès de tant d'hommes et de femmes. Sa Manon ! Au quatrième jour, il était sur son ordinateur à pianoter sur le web, regardant l'actualité, sans s'y intéresser, lorsqu'il vit une publicité.

Il s'agissait d'un site de rencontres dédié aux femmes et hommes mariés désirant vivre une relation extraconjugale. Tout y était explicite et simple, sans ambiguïté, ne laissant aucune place pour le doute ou le romantisme. L'unique objectif était d'assouvir ses pulsions en dehors du couple. Interpellé, il cliqua sur l'annonce et se trouva sur la page d'accueil. La démarche semblait naturelle et logique. Il s'agissait de faciliter la mise en relation de personnes mariées désirant forniquer en catimini ! Le site faisant état d'une majorité d'abonnés femmes, il cliqua, presque incrédule, voulant s'assurer qu'il ne s'agissait que d'un attrape-nigaud. Une présentation des services lui montra le sérieux apparent de l'application, et toujours avec la même volonté de valider qu'il y avait bien une arnaque derrière ces pages, il ouvrit le formulaire d'inscription et commença à le renseigner, arrivé à la fin, il eut droit à trente minutes de consultations gratuites, sans toutefois pouvoir consulter tous les détails des fiches ni entrer en relation, car il fallait pour cela souscrire à l'abonnement, parce qu'il était un homme. Mais force était de constater que le nombre de femmes sur la région était étonnant, de tous les âges, et leurs attentes aussi explicites que variées.

Il se déconnecta, resta un instant songeur, puis songea que c'est précisément ce qu'ils auraient dû faire, inscrire Manon et suivre les demandes de rencontres ensemble, les évaluer, les choisir ou les rejeter, et Manon aurait pu sortir et batifoler. De retour, elle lui raconterait comment cela s'était passé, si elle avait ou non profité et eu du plaisir. Dans un tel scénario, le partage était concret, la liberté réelle, la complicité maintenue, la confiance renforcée, et ils seraient en ce moment en train de se préparer à manger, ensemble, ou de faire l'amour, ou de se dire qu'ils s'aimaient.

Il ouvrit à nouveau le site, puis le formulaire d'inscription et le compléta au nom de Manon. Sa décision était prise, il lui offrirait cette ouverture sur une vie extraconjugale et lui prouverait dans le même élan qu'elle aurait dû lui en parler, lui faire confiance en s'ouvrant à lui, leur évitant ainsi une telle souffrance. Les pages du formulaire d'inscription étaient incroyablement administratives pour ce genre de démarche.

Femme, homme, transex, date de naissance, région, ville, téléphone, adresse de messagerie, taille, poids, couleur de peau, des cheveux, des yeux, allure du corps, centres d'intérêt, religion, tabac, alcool, profession, niveau d'étude … le profil était si précis que cela semblait surréaliste. Puis vint l'autre partie, celle où elle était censée exprimer la nature de ses attentes, le type de partenaires, le sexe, rencontre unique ou suivie, si elle pouvait recevoir ou non ! Tout était froidement analysé et enregistré. Il avait enfin terminé la saisie et il lui fallait à présent valider. En tant que femme, la cotisation était offerte. Elle recevrait un email lui donnant les informations nécessaires à la connexion et à l'accès à son compte. Il soupira, réfléchi encore à sa décision, puis cliqua. L'enregistrement était lancé, son épouse serait présente sur un site de rencontre entre personnes mariées en quête d'adultères. Mais après un instant, une fenêtre s'ouvrit, car l'inscription n'était pas complète, le processus ayant détecté une information manquante ou défaillante. Il lui fallait reprendre le dossier. Il devait saisir un numéro de téléphone portable valide, car un sms de validation serait envoyé. Il souffla en pestant. Dans l'hésitation, il finit par conclure que cela n'était que concrétiser sa démarche et il saisit celui de Manon. Après une nouvelle pression sur le bouton de validation, il vit un sablier temporiser l'enregistrement. La fenêtre de correction apparut à nouveau, mais cette fois c'est le champ de l'email qui posait un problème, il était en rouge et il devait le ressaisir. Connaissant celui de Manon par cœur, il réitéra sa saisie et valida, mais le rejet se renouvela avec un message d'information sur la nature de la difficulté. « Cette adresse de messagerie est déjà utilisée par un compte existant, veuillez-vous identifier en cliquant sur connexion ». Il ne comprit pas à la première lecture et relut, puis, interloqué, valida visuellement sa saisie, qui était exacte, alors il fixa le message d'erreur. Gaëtan ouvrit la bouche et s'adossa, un autre pan de sa vie s'abattait. Le mur qui n'existait plus était tombé d'un bloc, à plat, lourdement, dans un bruit sourd et en soulevant un nuage de poussière. Il avait le tournis, tout n'était que vide, obscurité, inquiétude, solitude. « Cette adresse de messagerie est déjà utilisée … » Manon était inscrite sur le site de rencontre pour personnes mariées et infidèles ! Elle chassait sur le web et il ne s'était douté de rien, pas une seconde. Il ne parvenait pas à assimiler que sa Manon puisse disposer d'un compte afin de trouver des partenaires sexuels. Jamais il n'avait envisagé cette possibilité. Sa Manon faisait cela. Aussi. En plus. Comme toutes les autres.

Gaëtan fixait le moniteur avec le message d'information au centre, encadré d'images d'inscrites au visage flouté, de publicités de marque de préservatifs, de sites pornographiques avec des femmes se caressant, des hommes exhibant d'énormes membres, d'invitations à forniquer avec des partenaires sans se préoccuper des âges, car cela était censé être plus excitant. Partout, de la débauche, et au milieu « cette adresse de messagerie existe déjà … » Que devait-il faire ? Pourquoi lui ! Courir à elle qui était probablement toujours sur le canapé, la prendre par les cheveux et la traîner au sol jusque devant l'écran pour la contraindre à lire le message en lui cognant dessus ? La détruire à coups de poings puis se suicider ? La tirer de force pour qu'elle lise pendant qu'il la sodomiserait brutalement ? Elle ne pourrait plus lui refuser à présent, et quand bien même, il prendrait son temps et son plaisir malgré tout. Il pouvait aussi la jeter au sol et l'obliger à ramper, en miaulant, ou en aboyant, elle ne trouverait sans doute rien à redire. « Cette adresse de messagerie existe déjà … » Il remplaça celle anonyme, car reposant sur un pseudo, de son épouse par la privée, faite de son prénom et de son nom, puis valida, espérant que le texte de rejet apparaitrait encore, prouvant une défaillance du site, mais l'inscription fut acceptée. Manon recevrait un email avec les informations de connexion. Il ouvrit sa propre messagerie et rédigea un mot simple et bref à Manon, lui indiquant qu'il lui offrait un droit à l'évasion, mais que cette fois il s'agissait d'un choix du couple. C'est lui qui choisirait, c'est elle qui utiliserait. Il ajouta un commentaire « je suis perdu, je ne sais même plus si je suis en vie, mes sentiments sont non identifiables, j'ignore si j'ai faim ou pas ! Mais le vide immense qui est en moi me laisse penser que je t'aime encore. C'est hautement stupide, car je ne te connais pas ». Gaëtan s'adossa dans son fauteuil en soupirant. Sa vie était devenue celle d'un autre en quelques heures, son épouse n'était plus la personne avec qui il avait vécu, ils ne formaient pas le couple qu'il croyait, elle avait une vie parallèle, elle était pleine de vie, elle s'amusait et assouvissait avec des hommes, des femmes ou en groupe, elle avait des amoureux, il ne concevait pas la bisexualité, il était vieux, morne, vide, solitaire, il ne savait pas s'amuser, il ne comprenait même pas et était visiblement le seul, il devait mal la satisfaire, elle attendait probablement avec gentillesse et patience à chaque fois qu'il finisse sa petite affaire, sans rien laisser paraître pour ne pas le froisser. Il n'était qu'ennui, routine, devoir, empêchement. « Cette adresse de messagerie existe déjà … »

Il sourit de dépit à la pensée qu'il était probablement vieux sans en avoir conscience. Jusqu'à aujourd'hui. Il se sentait si usé, si privé de ses bases, si ridicule et bafoué, qu'il réalisait que la mort lui faisait moins peur. Forcément, il l'était déjà.

Il se leva sans bruit, entrouvrit la porte du bureau et regarda discrètement par la fente étroite de l'ouverture dans le salon. Manon était toujours là, à la même place depuis quatre jours, assise sur le canapé avec les jambes repliées, qu'elle enserrait de ses bras, la tête penchée en avant avec le front posé sur ses genoux. Elle semblait si anéantie qu'il la fixa un instant avec attention afin de s'assurer qu'elle respirait. Il aurait voulu s'asseoir à côté d'elle et tenter de rétablir un dialogue, mais avec quels mots ! Que fallait-il et pouvait-il dire !? Que ce n'était pas grave ? Qu'il s'en fichait ? Ou alors qu'elle était la dernière des traînées, mais que maintenant qu'il le savait, ils pouvaient passer à la suite ? Peut-être devait-il la battre pour leur permettre à tous les deux d'évacuer ! Le problème était qu'en réalité, il n'avait rien à lui dire, plus un mot. Comme si elle avait aussi cassé les phrases qu'ils échangeaient en permanence, pour parler de tout et n'importe quoi, mais ils se parlaient, sans cesse. Alors il referma la porte et se rassit.

Manon était privée de la moindre énergie, calée sur le canapé. Elle n'envisageait de se nourrir, car dans quel but ! Elle avait mal au visage, tuméfié, mais cela restait sans importance. Le vide et l'épuisement lui faisait du bien, car une sorte d'anesthésie s'installait et lui permettait de respirer. À plusieurs reprises, lorsque le tournis la gagnait, elle avait espéré pouvoir s'évanouir en douceur pour ne plus se réveiller, en ne le sachant pas, juste comme ça, immobile sur son canapé. Parfois il lui arrivait de sourire en se remémorant les soirées où tous ces hommes et femmes la courtisaient sans détour, puis lui faisaient l'amour dès qu'elle se livrait à leurs désirs. Elle se sentait alors magique, aimée, belle, libre et vivante. Elle souriait. Les heures l'éloignaient d'eux et de celle qu'elle était, car à présent, elle empestait la mauvaise transpiration, vautrée sur un canapé, seule, elle ne les ferait plus fantasmer. Les images de Nancy lui conseillant d'en parler à son mari revenaient, mélangées à Magalie riant en dansant avec elle, ou la câlinant avec son conjoint, et d'autres, mais également à ses fins de nuits, puis Magalie revenait, le visage fermé en lui demandant d'avouer. L'assistante sociale souriait, l'enfant qu'elle se voyait déjà avoir aussi, Gaëtan la défendait face aux accusations, avant de la frapper devant Magalie.

Comme toutes les autres heures où des images de sa vie tournoyaient, elle se mit à pleurer, sans larmes, car ses yeux n'en faisaient plus mais la brûlait. Elle s'en fichait. Est-ce que la situation aurait été Elle se dit qu'elle pourrait peut-être entrer dans le bureau et proposer à Gaëtan de la battre pendant quelques heures, ou alors lui offrir son derrière, car il avait toujours eu le désir de la posséder ainsi. À moins qu'il ne préfère qu'elle devienne son esclave, elle ferait les corvées et assouvirait le moindre de ses fantasmes, ce qui lui permettrait de se venger au travers d'exigences insensées ! Mais peut-être attendait-il pour sortir du bureau qu'elle parte avec sa valise. Combien de temps resterait-il enfermé ? Pour le divorce, rendrait-il public sa vie sexuelle ? Faute de l'alimenter, son corps ne la sollicitait plus pour évacuer, mais il tremblait parfois et des douleurs inconnues se manifestaient dans son ventre. Même ses pleurs étaient changés, elle grimaçait en restant sèche. À quelques reprises, elle était restée dans le doute sur le fait de s'être endormie ou évanouie. Elle envisageait aussi le suicide, car après tout, en étant préparée, elle ne souffrirait pas forcément. Le pas ne serait pas trop difficile à faire, elle se sentait déjà en partie morte.

CHAPITRE 8 (Yann)

Dès sa sortie de l'enfance, Yan avait souffert de ne pas voir son corps changer dans les mêmes proportions que ceux de ses camarades. Il grandissait, certes, mais sa voix restait juvénile, son visage imberbe et ses traits fins, sans crise de boutons ! Ses copains le raillaient régulièrement et les copines lui souriaient, mais elles lui réservaient une mimique ou une attitude particulière. Dans son esprit, Yan se sentait être et agir à l'identique de ses camarades, pourtant chaque journée le contraignait à percevoir qu'eux étaient d'un avis différent et le lui faisaient sentir. Il était à part, toujours, et que ce soit à l'occasion d'une activité sportive, d'un chahut ou d'une dispute, les réflexions et insultes auxquelles il avait droit, comme tout à chacun, revêtaient toutefois pour lui un caractère grivois à connotation homosexuel. Il cachait sa souffrance quotidienne et les années n'y changeaient rien. Les garçons ne voulaient pas être vu seuls avec lui et les filles riaient en disant qu'au moins, avec lui, elles ne couraient aucun risque. Ce qui était forcément vrai puisqu'elle le repoussait.

Néanmoins, en vacances d'été dans un centre aéré, il quitta le monde des puceaux à l'aube de ses dix-sept ans. Les moniteurs étaient installés dans un gite, les adolescents dans des tentes, et ce soir-là, comme souvent, quelques grandes gueules s'acharnaient sur lui sans discontinuer. Poussé à bout, il s'était rendu auprès des éducateurs pour y trouver de l'aide, car des coups accompagnaient les agressions verbales, et la séance menaçait de virer à un passage à tabac. En entrant dans la grande pièce, qui était la seule, il fut peu réceptif à l'embarras d'un jeune couple, faute de compréhension et d'expérience, et ne s'aperçut pas avoir dérangé un moniteur et une monitrice du même âge alors qu'ils en étaient aux préliminaires. Ils l'observèrent un instant, l'écoutèrent, puis la jeune femme le prit par les épaules et lui caressa doucement les cheveux, en lui disant de ne pas prêter attention aux quolibets des imbéciles, jaloux parce qu'il était beau.

Elle lui fit un bisou, un second, et elle l'embrassa sur la bouche avec tendresse. Son ami s'assit à côté d'eux et ils lui firent découvrir le plaisir dans une grande douceur et totale liberté. De ce jour extraordinaire pour l'éternité, il acquit son équilibre et accéda à un bien-être qu'il pensait à jamais inaccessible. Il savait enfin qui il était. Lui, Yan, avait la faculté d'aimer les femmes autant que les hommes. Sa honte était devenue richesse. Dès lors, ses études cessèrent d'être un chemin de croix, il se mit au travail et devint architecte avec des spécialités dans l'écologie, le logement collectif et une bonne intelligence de l'impact environnemental sur le psychisme.

Après quelques stages, il s'installa à son compte et démarcha les entrepreneurs avec ses projets sous le bras. Certains l'écoutèrent par courtoisie, parfois avec condescendance, d'autres lui conseillèrent de changer de métier, et puis un homme l'écouta avec attention. Il lui fixa un nouveau rendez-vous auquel assista l'épouse de ce dernier, une architecte d'intérieur, et ils lui demandèrent de présenter ses idées, ses motivations, le pourquoi de ses choix et sa vision de la vie idéale dans du collectif. Ils le laissèrent repartir sans qu'il puisse s'être fait une opinion sur leurs intentions, mais dès le lendemain, l'entrepreneur le rappela pour un troisième entretien. Ils lui firent part de leur intérêt, mais lui expliquèrent aussi ce qui manquait à ses dossiers pour susciter l'engouement et la confiance. Le chef d'entreprise lui fit quasiment une formation accélérée d'une demi-journée sur les contraintes de coût et de mise en œuvre, puis ils partagèrent un déjeuner au bureau tout en travaillant. L'après-midi, se fut elle qui lui fit un cours sur les besoins et astreintes que son art réclamait pour concevoir un produit à forte valeur ajoutée. En fin de journée, ils reprirent l'un de ses projets et le décortiquèrent jusqu'au soir pour lui montrer là où se trouvaient les difficultés qu'il avait insuffisamment gérées ou omises. Ils se firent livrer des pizzas et poursuivirent le travail en lui donnant les directives pour qu'il reprenne sa conception. Ils renouvelèrent sur le suivant, puis tard le soir en lui suggérant de remodeler l'ensemble de ses projets avec pour objectif une nouvelle présentation. Après les avoir remerciés avec un enthousiasme réel, il resta enfermé et coupé de tout durant deux mois afin de s'imprégner des conseils de Magalie et Jean-Daniel, tous éminemment riches, pertinents et constructifs. Il voulait parvenir à relever le défi de les intégrer dans chaque étape de ses ouvrages. Il corrigea ainsi les schémas dans leurs plus petits détails, allant parfois jusqu'à les reprendre totalement.

Le moment était enfin venu, son travail était propre et il était si conscient de la différence qu'il devait se réfréner pour ne pas en être fier avant de l'avoir présenté. C'est en prenant un petit déjeuner qu'il se décida et osa téléphoner au couple dans l'instant. À son grand soulagement, ils lui dirent être positivement surpris de savoir qu'il n'avait pas abandonné et ils le reçurent le lendemain matin dès huit heures. Yann leur exposa la manière dont leurs conseils influaient dorénavant sur son mode de réflexion et présenta les deux conceptions sur lesquelles tous les trois avaient planché. Vers midi, Yann se para d'un grand sourire, car ils lui proposèrent de se faire livrer un repas afin qu'il poursuive et leur dévoile l'ensemble de ses dessins.

Le couple le félicita et Jean-Daniel lui présenta un contrat déjà établi à son nom. Étonné et impressionné, il signa sans délai. Ils lui confièrent la réalisation d'une résidence, sa première commande. Elle fut vendue en deux semaines sur plan. Il observa le fruit de son travail sortir de terre et prendre forme en passant sur le chantier chaque jour afin de contempler la progression avec passion. Sa carrière était lancée. Le collectif conçu par Yann était synonyme de bien-être, à l'extérieur comme à l'intérieur, et sa signature, sa touche personnelle au-delà de l'apparence, était composée de ses deux fondamentaux : l'écologie avancée et les coûts réduits. Quelques-uns, qui l'avaient raillé ou à peine écouté, prirent contact avec lui pour lui passer des commandes, certaines importantes, mais il fit le choix, avant d'accepter, de solliciter un rendez-vous auprès de Magalie et Jean-Daniel qui le reçurent chez eux. Après quelques échanges enthousiastes sur le travail achevé, il les interrogea ouvertement :

— Est-ce que vous pensez me confier de nouvelles réalisations ?

C'est Jean-Daniel qui répondit :

— Nous attendions de vous revoir, mais de toute façon, avec notre succès commun, des demandes ne devraient plus tarder à vous arriver de la part de collègues et concurrents.

— Seulement c'est vous qui m'avez écouté, de plus en prenant le temps de corriger mes études et ma démarche, de me communiquer vos deux expériences et savoir, fruits de nombreuses années de travail, de me donner les pistes à suivre pour concevoir un projet digne d'être bâti, et de me reprendre. Vous saviez que je ne pouvais rien offrir en échange, je ne vous l'avais pas caché, mais j'ai quand même profité de vos mains tendues, juste pour m'aider. En réalité, j'ai bénéficié d'un transfert de compétences, les vôtres.

Magalie lui adressa un sourire et l'invita du regard à poursuivre.

— C'est vous qui m'avez fait confiance pour mon premier passage au concret, qui plus est en prenant ce risque sur une réalisation importante. Pour toutes ces raisons et quelques-unes de plus, je souhaiterais travailler avec vous. Vos collègues et concurrents ne s'intéressent pas à moi ni à mon travail, mais à l'argent. Tous les trois avons partagé la naissance d'un nouveau concept, c'est autre chose comme lien. Et je ne suis pas du genre à ne pas apprécier et encore moins à oublier que sans vous, j'en serais probablement toujours à frapper à des portes, voire à livrer des meubles ! J'ai eu une chance inouïe de vous rencontrer et que vous ayez cru en moi spontanément. Je voudrais pouvoir continuer à partager avec vous deux. Si vous l'acceptiez. S'il vous plaît.

Yann observa le couple échanger un regard, puis Jean-Daniel le fixa :

— Yann, étant donné votre transparence et ce que vous venez de nous confier, nous voulons que vous sachiez que voilà plusieurs semaines que Magalie et moi attendions et espérions cette visite. Nous ne voulions pas vous relancer, d'une part parce que vous êtes libre, mais surtout car nous tenions à savoir comment vous réagiriez une fois lancé. Nous sommes contents de ne pas nous être trompés en vous donnant votre chance. Donc : Yann, Magalie et moi voulons travailler avec vous. Durablement.

— Mon époux vous dit la plus stricte vérité. Nous patientions en attendant de savoir comment vous réagiriez aux offres concurrentes.

— Génial ! Voilà quelques jours que je piaffais, n'osant pas vous relancer encore une fois de crainte d'abuser. Pour ne rien vous cacher non plus, j'ai une douzaine de demandes dont quatre commandes. J'en suis bien entendu comblé, mais que je voudrais pourtant avoir la capacité à les refuser. Alors accepteriez-vous que nous passions une sorte de contrat, ou de marché, ce n'est pas mon élément et les mots ne sont pas les bons, mais nous pourrions peut-être nous engager mutuellement pour que je puisse refuser les autres projets sans risquer de me retrouver sur la paille et grillé ! Je pourrais alors œuvrer avec vous deux à l'élaboration de concepts encore plus aboutis, plus performants dans tous les domaines, et nous pourrions travailler sur la rentabilité. J'ai plein d'idées ! Nous ferons un malheur. Enfin, nous ferions. Du moins le cas échéant …

Magalie lui adressa un merveilleux sourire et son époux se leva sans un mot, sortit de la pièce un instant et revint avec un dossier qu'il posa devant Yann :

— Nous le savons ! Nous sommes d'accord et satisfaits de votre reconnaissance, Yann. Voilà le projet de contrat dont vous parlez, il est prêt depuis quelques semaines. Nous voulions un partenaire, fiable et durable, pas une relation d'affaires, avec qui nous diriger sur la voie difficile de l'excellence, par passion et non par intérêt.

Yann frappa spontanément dans ses mains pour libérer une partie de son émotion et de sa satisfaction, se leva et tendit une main à Jean-Daniel qui l'accepta avec chaleur, puis il fit deux pas vers Magalie et lui fit une bise. Surprise, elle rit et la lui rendit.

— Magalie, Jean-Daniel, je suis super content ! Je rêvais de cela avec vous et c'est pour cette raison que je n'ai rien accepté. Vous verrez, ils rameront tous derrière nous, car l'image de votre entreprise collera à celle de bâtiments d'une nouvelle génération. Vous serez content de moi, Jean-Daniel ! Magalie, j'ai vu ce que vous avez su réaliser avec les volumes de ma, pardon, de notre résidence et c'est impressionnant. J'ai donc décidé d'oublier cette partie de mon travail pour vous laisser œuvrer en toute liberté, enfin si vous le voulez bien, et je pourrais vous livrer de quoi vous exprimer comme je sens que vous le pourriez avec des volumes nouveaux, car réservés à des réalisations haut de gamme. Imaginez ne plus avoir la mission de masquer par vos astuces les faiblesses d'un logement et les erreurs de l'architecte, mais d'y travailler avant, avec des volumes souples de sorte que vous puissiez créer ! J'ai aussi un projet fou de résidence dont les immeubles seraient faits d'appartements ressemblant chacun à une maison différente, en restant dans des coûts proches du social. Je vous le promets, vous vous régalerez.

Le contrat étant sain et Yann en confiance, il le signa et ils l'invitèrent à une réception qu'elle donnait dans dix jours. Dès le lendemain, ils étaient tous les trois dans le bureau de Jean-Daniel, travaillant sur une autre réalisation qui devait impérativement avoir un impact aussi fort que le premier. Après un seul chantier, Yann était devenu un architecte qui comptait parmi les références régionales grâce à eux deux, et sa vie devint confortable dès lors. Heureux comme jamais, il s'enferma à nouveau avec son labeur. En réalisant une synthèse de ses idées, il produit le travail espéré par le couple.

Il s'agissait de logements sociaux avec des appartements à niveaux, des jardins intérieurs, une quasi gratuité des énergies et un bien-être haut standing. Jean-Daniel en profita pour se spécialiser dans les matériaux ultra modernes, l'écologie et la domotique.

Le succès se confirmant, ils réalisèrent aux fils des mois et des années des résidences si recherchées par les investisseurs et les acheteurs occupants que les autres entreprises supplièrent Jean-Daniel de leur confier du travail ou de les racheter. Ce qu'il ne fit jamais sans consulter au préalable Yann qui les auditait. La roue avait tourné, amenant un renversement des rôles lors d'entretiens qui lui apportèrent une certaine jouissance, face à ceux qui lui avait conseillé de changer de métier. C'est lui qui les évaluait et décidait de leur avenir !

En participant aux fêtes de Magalie, Yann découvrit le beau monde de la région. Il était bel homme, identifié professionnellement comme novateur et compétent, alors les relations se tissaient naturellement. Par ce biais, les rencontres s'enchaînaient et il avait un nombre de maîtresses qui comblait ses moments de liberté en journée, car ses nuits étaient dédiées à son autre facette, les conquêtes masculines qui elles aussi le ravissaient. Sa vie était devenue idyllique et au fil du temps, devenant plus intime avec le couple, Magalie le convia à des soirées réservées et prisées, où des amis choisis, par elle et son amie Nancy, se livraient à des jeux érotiques avec une liberté qui le rendirent presque addicte.

Jean-Daniel l'avait mis en relation avec un cabinet fiscaliste, qui devint le partenaire attitré, et leurs projets étaient dorénavant vendus systématiquement sur plan, leur permettant une autonomie quasi totale par rapport aux banques. Tout était parfait et les mois passaient, porté par sa vie idyllique et l'insouciance de sa réussite. Le petit grain de sable arriva telle la fatalité nécessaire à en être logique face à leur succès, sous la forme d'immenses fissures qui couraient dans plusieurs bâtiments de la dernière résidence. L'énorme sinistre était déclaré irréparable par les experts. La nouvelle du fiasco se répandit, et ceux qui enviaient la réussite de la petite équipe qu'ils formaient se chargèrent du reste. Les ventes ralentirent et le carnet de commande s'amenuisa. Yann, après de multiples discussions avec Jean-Daniel qui lui expliqua les difficultés techniques, se rendit sur le site pour se rendre compte. Le chantier était bouclé par une haute palissade et Jean-Daniel le pilota au téléphone pour qu'il trouve un passage dissimulé, révélé par l'une de ses relations surveillant le complexe depuis son appartement.

Il aperçut un jeune homme assis derrière une porte d'entrée vitrée et interrogea Jean-Daniel qui lui recommanda de garder son téléphone à la main. C'est ainsi qu'il fit la connaissance de David et ses amis, avec qui il avait élu domicile dans les bâtiments abandonnés. Ils étaient une dizaine à vivre dans cette résidence sinistrée de deux cents logements.

CHAPITRE 9 (Emmanuelle et Fabrice)

Emmanuelle entrait dans la quarantaine en ayant conservé son grand corps toujours svelte et presque filiforme de sportive, avec des muscles fessiers fermes et biens dessinés par des années de courses à pieds, et une poitrine qui refusait d'augmenter de volume. Débordante de vie depuis toute jeune, elle était avenante et n'avait jamais de difficulté à nouer des relations. Elle profitait de cette prédisposition pour mener la vie de liberté dont elle avait un besoin vital, tout en étant comblée affectivement et physiquement. Seulement une loi inflexible pesait sur elle comme sur chacun, le temps qui passait prenait un malin et néfaste plaisir à faire tourner le compteur de ses années. Ce qui avait été amusant depuis son entrée dans le monde adulte, à savoir dormir chez les uns et les autres et butiner des instants de vie, s'était estompé jusqu'à se transformer en solitude, qui n'était ni plus ni moins que sa réalité. Elle prit pleinement conscience que sa liberté se transformait en cauchemar lorsqu'elle réalisa que son quotidien se résumait à faire face à son téléviseur en attendant que la soirée se meurt, pour s'occuper l'esprit pendant les repas, pour patienter le temps que le sommeil la gagne, pour meubler un repos …

Depuis déjà presque deux ans, un sentiment difficile croissait dans son ventre autant que dans sa tête : elle devenait une épouse sans mari et aucun palliatif n'y remédiait. Active, volontaire et rigoureuse, elle s'investissait dans son travail jusqu'à s'y noyer en espérant trouver sa place dans la vie et la construire, mais cela n'était qu'un leurre et elle ne le savait que trop. Depuis quelques années déjà, elle était l'unique assistante de conseillers en fiscalité où elle assumait par conséquent tous les rôles, jusqu'à tenir le cabinet seule lorsque le couple de gérants s'absentait. Elle entretenait une relation avec l'un d'eux, le mari, un classique qui l'était tant que cela l'amusait. Il n'y avait entre eux rien de programmé ni de régulier, mais lorsque le désir s'invitait et qu'ils étaient ensemble, ils n'avaient aucune hésitation et l'assouvissaient avec une sorte de férocité animale qu'ils adoraient partager.

Sentimentalement il y avait du nouveau dans son existence, car depuis presque un an elle était amoureuse. Une fois de plus certes, mais celle-ci durait et au lieu de s'estomper comme toujours dans les bras et les lits au fil des rencontres, il persistait et s'intensifiait. Seulement le pas à franchir, pourtant assez naturel, était devenu si haut et large, tant cela remettait en cause son mode de vie, que ses peurs le rendaient insurmontable. Elle avait fait la connaissance de son amoureux lors d'une soirée organisée par ses employeurs, Élodie et Tom. Il s'agissait d'un ingénieur en bâtiment œuvrant à son compte et principalement pour un entrepreneur en relation avec son patron et amant.

Fabrice approchait de la quarantaine, célibataire depuis toujours par choix de vie, dicté essentiellement par un besoin viscéral, à savoir qu'il n'envisageait pas de se résigner à accepter la contrainte exigée par un conjoint : la monogamie. Il avait commencé sa vie amoureuse en ne fréquentant que des hommes, puis, devenu adulte, avait rejeté son homosexualité pour ne fréquenter que des femmes, jusqu'à se conforter dans l'idée qu'il était hétérosexuel. Il avait parfois des difficultés, mais parvenait progressivement à mieux les comprendre et à aimer leurs différences, ce qui lui permettait de pouvoir s'afficher à leur côté dans sa vie publique.

Le temps aidant, il avait trouvé un équilibre intermédiaire et partageait sa vie entre ses deux attirances. Conscient qu'il ne voulait pas choisir, il n'avait aucun espoir de découvrir le conjoint qui lui permettrait de rester en harmonie avec lui-même, alors il vivait sa vie de célibat, non par décision de vie, mais par choix de contraintes. Ingénieur sur le terrain, il n'était pas un créateur, mais un technicien rigoureux dans la validation et le suivi de plans fait par d'autres, avec des spécialités dans l'étude des sols, mais aussi l'optimisation des parties collectives d'une construction, comme les câblages ou les écoulements.

Lors d'une soirée organisée par Élodie et Tom, qu'il avait rencontrés par l'intermédiaire de Jean-Daniel, il avait fait la connaissance d'une femme qui l'avait chaviré. L'assistante de ce couple, Emmanuelle, grande et féline, énergique et avenante, était la féminité même, malgré un corps presque aussi filiforme que celui d'un homme. Il en était amoureux fou au point d'avoir mis un terme à toutes ses relations féminines et d'envisager sérieusement de partager sa vie avec elle. Mais la peur était forte, les habitudes installées et le chemin à accomplir long et délicat, car il avait aussi son autre vie.

Leur relation évoluait lentement, mais avec constance, sans accroc. Le couple d'amants passait régulièrement des nuits câlines dans le nid d'Emmanuelle, plus douillet que celui de Fabrice, et la compatibilité était là aussi au rendez-vous, les rassurants dans leurs désirs de mettre un terme à leur célibat. C'est lui qui le premier aborda ouvertement le sujet sous la forme d'une boutade, posant comme scénario que si un jour ils décidaient de vivre ensemble, il se poserait la question de savoir lequel irait chez l'autre. La discussion s'était engagée et ils avaient rapidement oublié que cela avait été amené comme un jeu. Après quelques soirées passées sur le sujet, ils étaient arrivés à une conclusion satisfaisante, à savoir qu'ils déménageraient pour recréer ensemble une nouvelle vie, la leur ! Il enchaîna et lui annonça avoir rompu avec ses maîtresses, pour elle, et l'observa, presque paniqué de s'être entendu formuler son attente. Emmanuelle comprit ce qui se passait, tant la demande n'était voilée que dans la formulation, mais il l'avait faite. Pour eux deux, le jour redouté du choix était arrivé de manière plus inattendue qu'ils ne l'avaient imaginé, alors que la soirée s'était annoncée ordinaire. Emmanuelle était surprise devant la facilité avec laquelle cela c'était produit. À présent, il lui fallait choisir. Elle pouvait ne pas relever et son célibat était confirmé pour sans doute des années de plus, dans ce cas, son besoin devenu vital d'être une épouse s'envolait avec son idylle ; sinon, elle lui disait sa satisfaction, lui confirmait son acceptation de la réciprocité et ils découvraient la vie commune, ensemble. Elle l'aimait et ne doutait pas un instant de ses sentiments, mais elle n'avait jamais appris à se contraindre aux sacrifices attendus. Elle lui sourit et s'enquit de savoir s'il avait quelques idées à proposer pour qu'ils puissent s'installer.

— Emmanuelle, tu ne connais de moi que le mec idéal, mais je dois te prévenir que j'ai une face sombre, petite, mais elle existe. Je suis jaloux, rancunier et je m'emporte parfois.

— L'homme modèle que j'aime ne connaît de moi que la femme parfaite que je suis presque, mais j'ai une facette ombrageuse, je suis jalouse, impulsive, ma volonté confrontée à mes plaisirs est enfantine et il m'arrive d'avoir une vision accommandante de la réalité.

— Ça me convient, j'achète ton côté obscur avec la compagne divine.

— Merci, j'acquière ta face sombre que je tenterai d'éclairer.

Un mois plus tard, ils emménageaient au dernier étage d'une des résidences à laquelle ils avaient contribué. Ils occupaient un vaste appartement et une immense terrasse.

La bonne entente se confirmait et ils furent soulagés de se découvrir une réelle capacité à cohabiter et à aimer cela au point d'en éprouver une addiction. Ils se l'avouèrent et en rire. Il y avait encore des non-dits, comme la polyvalence des attirances de Fabrice, ou les deux amants avec qui Emmanuelle n'avait pu se résoudre à rompre. Toutefois, la vie ressemblait à un rêve éveillé. Pour couver l'amour qui croissait au fur et à mesure que la confiance s'installait, ils avaient transformé l'appartement en un nid idyllique et y vivaient coller l'un à l'autre comme s'ils espéraient rattraper des années de manque. Ils sortaient, seuls ou avec des amis et recevaient. Le bonheur s'installait au point qu'ils envisageaient d'officialiser leur vie commune en annonçant un mariage proche. Seulement vint le jour qui brisa l'idylle, initié par Emmanuelle qui commit la faute au cours d'un rapport toujours débridé avec son amant de patron. Le préservatif s'était rompu sans qu'ils s'en aperçoivent et elle était enceinte. N'envisageant pas d'avorter, elle n'avait eu d'autre choix que de l'annoncer à son amoureux, mais elle fit celui de mentir sur sa paternité. Accablé par la nouvelle, car il faisait toujours attention, Fabrice ne douta toutefois pas d'être le futur père, mais il exigea qu'elle avorte, ce qu'elle refusa catégoriquement de peur de ne plus pouvoir être enceinte. Le mariage était annulé. Ils demeuraient ensemble, mais l'ambiance était devenue tendue, car une guerre d'usure remplaçait la communion. La date butoir pour l'avortement arrivait, mais malgré le refus de paternité de Fabrice, elle ne voulait pas céder et prit ses distances en s'installant un second foyer chez une amie. Élodie, qui la côtoyait au quotidien, détecta sa grossesse rapidement, car entre les nausées et la poitrine d'adolescente qui devenait celle d'une femme, elle n'avait aucun doute et interrogea Emmanuelle qui lui le confirma et lui annonça son presque mariage avec le futur papa. Dès le lendemain, Tom s'était arrangé pour éloigner son épouse et s'était assis face à elle. Son air inhabituellement grave l'avait alertée dans la seconde. Tom l'interrogea avec précision en relatant l'incident de la protection, elle nia, mais il insista. Fragilisée, Emmanuelle pleura et, sans dire les mots, lui avoua implicitement qu'il serait un père sous peu. Effrayé à l'idée que son épouse l'apprenne, il voulut aborder le sujet de l'avortement, mais elle réagit vivement. Tom soupira, sourit, puis lui promit de lui faciliter sa vie de maman et d'assistante, comme personne d'autre ne le ferait, en échange de sa discrétion. Ils se mirent d'accord facilement, car cela les arrangeait et la vie reprit son cours dans le cabinet.

Chez elle, la situation était différente, Fabrice s'absentait plus fréquemment, sans explication et se laissait emporter par de vives colères pour d'insignifiants détails. Leur travail s'en ressentaient et la rigueur avait fait place au superficiel.

Comme à l'accoutumée, Tom avait demandé à Fabrice d'expertiser un terrain sur lequel il envisageait le financement d'un nouveau projet, en étant cette fois partie prenante, car en plus d'apporter l'emplacement, il cofinançait l'achat du site et avait pris des participations dans la réalisation. Fatigué et déstabilisé par sa vie conjugale, Fabrice valida la faisabilité par routine sans y apporter l'attention requise et, Emmanuelle, chargée par le cabinet fiscaliste de certifier le respect des étapes nécessaires à ce qu'un dossier soit irréprochable, ne s'y intéressa pas. Le projet fut lancé.

Les mois passaient, le ventre s'arrondissait alors que le couple poursuivait son déchirement. La naissance qui n'avait que faire de leur problème arriva et l'enfant naquit d'une mère célibataire, seule dans la salle de travail et sans visite.

Quatre mois plus tard, Quentin, le bébé, commençait à avoir des expressions et à attendrir Fabrice qui de ce fait se rapprocha d'Emmanuelle, mais les heures passées ensemble devenaient la partie maigre de leur emploi du temps et ils ne faisaient plus que rarement, presque accidentellement, l'amour.

C'est avant le cinquième mois qu'Emmanuelle vit arriver Tom au bureau, blême de rage et de désespoir. Il lui apprit que la résidence en construction venait de subir un dommage sans doute irréparable. À la suite d'un mouvement de nappe phréatique, les bâtiments s'étaient fissurés au point de faire une véritable marche parfois dans plusieurs pièces dans certains appartements. La catastrophe s'aggrava lorsque l'assureur du constructeur, Jean-Daniel, refusa la prise en charge pour cause de faute professionnelle manifeste dans l'étude des sols, ce qui sanctionna directement le travail doublement bâclé de Fabrice et Emmanuelle. Les clients ayant confiés des capitaux aux fiscalistes sur ce projet commençaient à se manifester, l'entrepreneur qui ne pouvait être payé aussi, tout comme l'architecte créateur. Pour la première fois, le cabinet affrontait des difficultés juridiques et financières et elle perdit son travail peu de temps après, car ses employeurs ne parvenaient plus à assumer son salaire. L'erreur commise par Fabrice avérée, l'information se répandit dans le milieu professionnel et son carnet de commandes se vida en quelques semaines.

Son assureur partageant la position de celui de l'entrepreneur face au travail non fait, il fut condamné à indemniser les parties lésées, ce qui lui était impossible même en payant toute sa vie. Il fit appel et reporta ainsi de dix-huit à trente mois l'application du jugement. À défaut d'être encore un couple, le duo, conscient d'être les deux co-responsables du désastre, se rapprochèrent et se refermèrent sur eux-mêmes. Ils vivaient sur les indemnités de chômage d'Emmanuelle et les pécules s'amenuisaient rapidement. La belle vie qui avait presque existé se fanait. Isolés, désespérés et ne percevant plus d'avenir, ils affrontaient les idées noires au quotidien, ce qui poussa Fabrice à évoquer l'idée de confier le bébé à un couple plus stable et à même de subvenir aux besoins de l'enfant. Emmanuelle, aussi effondrée que lui, ne trouva pas à protester. Ils n'auraient plus rien dans moins d'un an, c'était une certitude, et ce qui restait serait saisi. Pour compléter la descente aux enfers, ils recevaient des lettres de menaces, puis de chantages, et des photos arrivèrent. Sur la table de la salle à manger, ils sortirent d'une enveloppe une photographie où il était en train d'embrasser un homme. Sur la seconde, Emmanuelle était dans les bras de son amant, son ex-patron, Tom. Privés de la possibilité de se mettre en colère envers l'autre, ils s'assirent et s'observèrent, c'était le coup de grâce. Dans leur bel appartement, ils se mirent à pleurer doucement en se regardant, car ils savaient avoir tout gâché, eux seuls, et ils ne pouvaient en vouloir à personne d'autre qu'eux-mêmes, et un peu à la malchance qui s'était engouffrée dans leur première faille en les privant du droit à l'erreur. Emmanuelle proposa d'utiliser les dernières économies pour fuir ensemble à l'étranger. Fabrice ne se cabra pas et, au contraire, il lui fit part de son accord, ajoutant que c'était à envisager rapidement. C'est à cette occasion qu'il lui demanda son pardon, qu'elle accepta en faisant de même. Il proposa de confier le bébé le temps nécessaire à ce qu'ils se reconstruisent une vie, puis évoqua l'idée qu'alors ils pourraient essayer de le reprendre. Emmanuelle entérina en pleurant son chagrin, mais aussi car elle était soulagée et en éprouvait une grande honte.

Trois semaines plus tard, Magalie se présentait chez eux. Ils la reçurent en étant sur la défensive, car ils savaient pertinemment que leurs erreurs portaient un préjudice considérable à Jean-Daniel, son époux. Magalie les rassura en précisant qu'elle venait en amie, car elle connaissait Fabrice depuis aussi longtemps que son mari et qu'elle savait qu'il n'avait pu vouloir commettre une telle erreur.

— Emmanuelle, pourrions-nous parler de ton bébé ?

— Oui, bien sûr, ce n'est pas un secret !

— Effectivement, mais je dis cela car je connais vos difficultés, et il se trouve que j'ai rencontré Élodie et Tom qui sont dans une situation conjugale et économique désastreuse. C'est la débâcle.

— Nous savons, Magalie. C'est nous qui avons commis les fautes, c'est triste pour eux, mais nous ne sommes pas en état de leur venir en aide. Pour nous, c'est le néant qui s'installe.

— Certes. Élodie est remontée contre vous deux, en particulier à ton égard, Emmanuelle. Elle est au bout du rouleau, selon l'expression consacrée, et elle est devenue expansive et ça vire au grand déballage. Le sais-tu ?

Emmanuelle fit un signe des yeux à Magalie pour lui dire de se taire, mais Magalie insista :

— Emmanuelle, Fabrice, le problème des informations lâchées est qu'elles circulent, plaisantes ou non, véhiculées par moi, ou non.

Devant le silence embarrassé de sa concubine, Fabrice soupira et se résolu à révéler à son amie ce qu'il en était le concernant :

— Je sais pour Emmanuelle et Tom, alors ne soit pas gênée, et ainsi que tu le précises, les renseignements se propagent vites et finissent toujours par arriver aux oreilles de chacun. Tu es mon amie, je serai donc transparent avec toi. Ce n'est pas Emmanuelle qui m'a avoué, ce sont « les bruits » qui ont débarqués dans une enveloppe anonyme, photographies explicitent à l'appui !

— Ah mince, c'est à ce point ! Désolée. Je craignais pour vous deux lorsque l'information vous arriverait immanquablement, d'où ma présence, mais je vois que vous êtes toujours ensemble, donc vous gérez.

— Dire que l'on gère serait excessif, même inapproprié. Nous subissons. Dans l'enveloppe il y avait également le résumé de ma vie nocturne !

— Ah d'accord, pas de cadeau, pas de quartier !

— Alors toi aussi, Magalie, tu connaissais l'ambiguïté des désirs de Fabrice ?

— Fabrice et moi sommes amis depuis trois fois plus longtemps que toutes les deux, donc ce genre de secret n'en est plus un. Cela étant, je ne crois pas qu'il demeure un soupçon d'ambiguïté ! Bref, vous êtes en train de manger tout le pain noir de votre vie en une fois !

— C'est ça ! Ma vie privée a empiété sur mon travail avec toutes les conséquences que tu connais, Emmanuelle à l'identique, et nous sommes au bout du rouleau. Après coup, il est clair que j'aurais dû être plus vigilant, j'ai l'expérience et je sais qu'il faut redoubler d'attention sur certains sites. Mais nous étions en difficultés.

— Tu veux dire que ton erreur n'en est pas vraiment une ?

— Si, mais c'est une grosse faute, Magalie. Involontaire, bien sûr. Ce que je peux te révéler à présent, car ça ne changera plus rien et que tu es toujours mon amie, c'est que si nous avons merdé tous les deux, c'est parce que nous étions en pleine crise conjugale, pour cause de grossesse imprévue ! C'est ce qui a empiété sur notre vie professionnelle. La sanction est tombée, double faute. Voilà la vérité. Toute cette gabegie pour un problème de couple !

— Je comprends ton désarroi, Fabrice, mais j'imagine ce que tu as dû avoir à encaisser. Être sur le point de se marier et apprendre pour la paternité ! La réaction est humaine.

Fabrice hocha de la tête, mais Emmanuelle se tendit :

— Magalie, s'il te plaît. Ne dis plus rien. Je t'en supplie.

— Mais, Emmanuelle, détends-toi, j'ai justement une proposition à vous soumettre pour le bébé …

— Ça suffit ! Je suis fatiguée. Magalie, laisse-nous à présent, nous avons besoin d'être seuls.

Emmanuelle avait subitement haussé le ton et se montrait sèche, presque agressive.

— Oh ! Je suis navrée, je pensais juste à vous aider, je me retire.

— Une minute, Magalie. Emmanuelle, tu as entendu le ton avec lequel tu as parlé à Magalie ? C'est quoi le problème ? Nous savons, elle sait, à priori d'autres aussi, alors respecte une amie qui se soucie de nous et nous propose son aide.

— Tu as raison, Fabrice, je suis sur les nerfs. Désolée, Magalie. Excusez-moi tous les deux. Mais je préfèrerais que nous cessions d'en parler. C'est délicat, douloureux et je suis usée.

— Je ne comprends pas, Magalie précise pouvoir nous aider, elle nous garde son amitié malgré nos fautes professionnelles, et conjugales, et des mots t'embarrassent ! Mais moi je veux en parler. Magalie, nous n'avons plus les moyens de gérer des secrets de polichinelles.

— Je suis d'accord. Et si vous avez reçu cela par courrier, moi je l'ai appris par Élodie, alors tout le monde saura sous peu ! Je sais qu'avant l'accouchement tu m'avais parlé de l'idée de confier le bébé.

— C'est exact, nous en avons encore reparlé il y a peu, Emmanuelle semble d'accord.

— S'il te plaît, Magalie, arrête et part.

— Emmanuelle, Fabrice, je peux vous le dire sans trahir un secret, jamais Élodie ne s'accommodera de l'enfant, et Tom ne voudra pas le prendre en charge seul. En plus, il en est incapable.

— Mon Dieu, non, Magalie !

— Mais enfin, c'est quoi cette histoire délirante ? À quel titre Élodie devrait-elle accepter le bébé ? Et d'où sort l'idée que Tom ne voudrait pas s'en occuper ! Pourquoi Tom et Élodie ? Cela n'a aucun sens. Sauf si … Ton amant ! C'est lui le père d'Quentin ?

— Voilà, Magalie, c'est la fin de la fin, je t'avais pourtant dit de partir !

— Comment … Mais, Fabrice, tu m'as dit que tu savais !

— Emmanuelle ! Quelle roulure de femelle tu es ! Je ne suis pas le géniteur et tu n'as pas pensé que je devais le savoir alors que tout le monde est au courant ! J'hallucine. Ce gâchis prodigieux, nos amis plantés … et je ne suis même pas le père ! Tu as détruit ma vie sans me laisser la moindre chance de m'en sortir !

Sa compagne demeura passive, si ce n'est qu'elle était profondément résignée, alors que Magalie, devenue pâle, ne cessait de porter sa main de sa bouche à son front.

— Mon Dieu, Fabrice ! Je suis consternée, tu semblais tout savoir, mon erreur est inqualifiable. Je suis navrée, Emmanuelle, je n'ai pas compris ! Mon Dieu, qu'ai-je commis !

— Mais tu n'as rien fait, Magalie ! Emmanuelle s'est débrouillée sans toi, ni moi, elle sait tendre son cul seule depuis longtemps. Alors ma carrière, ma vie, notre relation, tout est anéanti à cause d'un bébé dont je ne suis même pas le père ! C'est le détail sordide qui faisait défaut à l'histoire. Je ne suis pas étonné plus que ça ! Donc, le couple de Tom est fichu, le mien aussi, parce que deux amants ont merdé jusqu'au bout ! Grandiose. Mais quelle pétasse tu es, forniquer partout avec n'importe qui ne te suffisait pas, il fallait en plus que tu reçoives en toi son … Même pas de préservatif ! Tu arrives à avoir le feu aux fesses au point de ne pas avoir le temps de lui mettre une capote ! Vomissure ! Magalie, tu avais une solution ?

— Oui, mais non ! Je dois me retirer, j'ai commis une horreur, c'est terrible, impardonnable, inadmissible, j'ai besoin de disparaître !

— Prend du recul, Magalie, nous avons écrit ce scénario épouvantable seuls et avec brio, et c'est notre film, tu n'en es que spectatrice. Alors arrête, de toute façon la rumeur aurait débarqué au courrier de demain, ou dans deux jours. Et ne t'étonne pas de mon manque d'effondrement, en réalité depuis la grossesse notre couple est en carafe. Nous vivons encore à la même adresse, mais nous ne partageons plus le lit, nous ne faisons plus l'amour, nous copulons parfois lorsque la nécessité l'emporte, et nous projetions de prendre la fuite ensemble, certainement faute du courage de le faire seuls. Alors c'était quoi ta solution ? Tu as annoncé « pas Tom », donc tu avais trouvé un couple pour le bébé ?

— En quelque sorte, mais ce n'est pas vraiment ainsi que cela devait se passer !

— Je me doute et j'imagine ta surprise, Magalie. Mais si tu as pensé à nous, c'est certainement qu'ils feront de bons parents pour Quentin. Nous sommes d'accord.

— Vous pouvez les rencontrer pour en parler et vous verrez cela avec eux. Emmanuelle, je te jure que je ne l'ai pas fait exprès. Je croyais réellement vous apporter une solution !

— Je sais, Magalie, c'est là le résumé ma vie depuis que j'ai voulu en changer pour me stabiliser ! De toute façon, si le bruit circule, c'était déjà foutu ! C'est donc Élodie qui craque et déballe l'affaire ?

— Oui, je suis navrée. Elle a implosé et s'est libérée. Comprenez qu'elle vive mal la situation et qu'elle en est malheureuse.

— Je la comprends, en plus elle n'y est pour rien. C'est Tom et moi qui avons détruit sa vie aussi ! Au moins, Fabrice l'a appris d'une amie, pas d'un ennemi. Au sujet du couple en question, ils ont déjà des enfants ?

— Non, elle n'arrive pas à en avoir. Emmanuelle, ils sont dans la souffrance pour cela.

— Il serait désiré et l'unique être de tout leur amour ! Il aurait sa chance d'être heureux.

— C'est à Quentin que j'ai pensé, je vous le jure, ce n'est pas pour eux, juste pour ce petit bonhomme. Je suis une maman.

— Mais je te crois, Magalie, je ne suis pas dans le doute. Je te connais depuis suffisamment longtemps.

— Merci pour votre indulgence à vous deux, mon erreur est sans nom.

— Tu penses qu'il faudrait faire cela comment ? Je ne serai pas une bonne mère, pas cette fois, je suis vidée, épuisée, détruite. Ma vie est une catastrophe et Fabrice a raison, je suis de celle appelée pudiquement « femme légère ». Je ne lui apporterai rien à cet enfant ! Quant au père … Je l'aime quand même, ce bébé, c'est pour cela que je sais devoir cesser mon pseudo rôle de mère, comme d'épouse ! Je ne suis ni l'une ni l'autre. J'ai juste eu envie, ou besoin, de rentrer dans le rang, mais en refusant de changer, je dois le reconnaître. Alors le dernier épisode de la fiction est joué. C'est normal. Je pourrais rencontrer au moins la maman ?

— Bien entendu, mais prends ton temps, Emmanuelle, je t'en conjure.

— Nous l'avons pris il y a des mois déjà et allions le confier d'ici peu ! Tu sauves ce petit bonhomme de la déchéance de sa maman et de l'irresponsabilité de son papa. Peut-être pourrais-tu garder un œil sur lui, tu ferais une bonne marraine.

— Comment faudrait-il manœuvrer pour ne pas que l'administration le place n'importe où ? Magalie, tu as les informations ?

— En effet, Fabrice. Je n'ai pas déclaré de père après mon accouchement. Je sais, je suis désolée. Mais j'étais perdue !

— Tu savais donc avant sa naissance ! Je pensais à une prise de sang … ou quelque chose de ce genre parce que tu l'ignorais aussi !

— Il me suffira de faire une déclaration pour la paternité avec l'accord du mari et il aura un fils. Fabrice, tu resteras libre. Quant à moi, que je déclare m'être fait sauter par X ou Y, je reste une putain. Tu vois, Fabrice, nous pouvons nous séparer sans contrainte. Pas mariés, plus d'enfant, juste un paquet d'emmerdes ! L'homo et la gourgandine peuvent retourner à la vie qu'ils méritent. Et baiser jusqu'à plus soif … Nous sommes moches en plus d'être ridicules. Et minables !

Malgré les aveux d'Emmanuelle, Magalie se retira contrariée en leur proposant de la solliciter s'ils avaient besoin d'elle, puis précisa qu'elle donnerait leurs coordonnées au couple. Une fois Magalie partie, Fabrice observa Emmanuelle, dépourvu d'animosité particulière, et lui confirma simplement qu'il était d'accord pour la séparation définitive et qu'il fuirait à l'étranger. Elle le regarda, vidée de la moindre énergie, hocha la tête et répondit sans façon :

— Moi aussi !

— Nous pourrions toutefois partir ensemble ? Emmanuelle, seul, cela risque d'être périlleux.

— Terrifiant, oui. Je préférerais fuir avec toi. Notre amour est mort avec le reste, mais nous arrivons à communiquer, nous fricotons encore parfois, tu es plus que bi et moi une obsédée infidèle, en un mot une salope avérée, mais nous nous acceptons ainsi !

— Ce n'est déjà pas si mal. Avec le temps et dans l'autre vie, qui sait, peut-être arriverons-nous à éprouver un sentiment. Emmanuelle, je te sens au plus mal, alors … Sur le fond, je suis aussi putasse que toi, je n'ai rien arrêté non plus, c'est juste que pour moi, le risque de grossesse !

— Tu es en train de m'avouer que tu n'utilises le préservatif que … ponctuellement ?

— Je te l'ai dit, je suis une salope, moi aussi. Oui, j'ai fait ça. Désolé.

— Mais alors, et les maladies, Fabrice ? Je suis en danger ?

— Normalement, non, c'est un cercle réduit et nous savons être sain, mais sur le fond, oui !

— Génial ! Cela dit, je fais la même chose !

— Je suis encore d'accord. Emmanuelle, pourquoi nous n'avons pas eu le droit d'être pas comme les autres ?

— Je l'ignore. Le tableau se complète dans une parfaite harmonie. Nous sommes deux éminentes salopes. Nous devrions prendre la fuite.

— Ensemble, oui. Il ne faut pas tarder parce que dans peu de temps, nous ne pourrons plus, sauf en stop !

— Malgré mon chagrin, je me sens soulagée que tu saches que j'en suis une vraie. Lorsqu'entre nous c'est devenu sérieux, j'ai rompu avec mes autres relations. Ça faisait du monde à prévenir, tu aurais vu le boulot ! Mais je t'ai menti, car j'ai gardé deux amants. Je voulais réellement vivre avec toi, mais le pas nécessaire était immense et je l'ai raté.

— De mon côté, je n'ai arrêté que pour les femmes ! Alors je t'ai aussi menti depuis le début. Le pas, comme tu dis ! Tu sais que j'ai toujours rêvé que tu me traites de salope ?

— Normale, tu en es une ! Manière de te retourner une confidence, ça m'a fait du bien aussi. J'ai l'impression d'être un corps vide, Fabrice.

— Je comprends. En fuyant, nous pourrions assumer ce que nous sommes et peut-être nous soutenir au lieu de nous cacher !

— Partager la fuite ? Je t'ai dit, je suis d'accord.

— Je parlais de notre double vie. Tu es plantée, seule, dans les emmerdes et je crois que tu resteras une salope … Je suis ton pendant, ton sosie ! Alors si tu partageais ce que je suis, moi ce que tu es … Qu'en dirais-tu ? L'avenir pourrait nous faire moins peur.

— Je suis d'accord. Fabrice, je sais aussi que je ne changerai pas. Je n'arrive pas à voir la nécessité de me retenir ! J'y pense, ça oui, mais dès que le désir est là … Je n'ai qu'une vie et je me dis que je dois en profiter. Je songe souvent que je devrais cesser, mais les années passent, et l'évidence est là ! Tu vois, en plus d'être des salopes, nous sommes deux belles connes, car nous aurions eu cette discussion avant, nous serions sans doute mariées, heureuses, avec un bon travail chacun et nos amis ne seraient pas dans les ennuis ! Tu avais une femme, encore jolie, qui acceptait que tu sortes faire la pédale, moi un mari qui admettait que je poursuive ma vie de marie couche-toi là, et nous deux un nid protecteur !

— Il faut reconnaître que nous avons été particulièrement lamentables.

CHAPITRE 10 (Yann et David)

En quelques trois semaines, Yann se rendit huit fois sur le chantier sinistré où il retrouvait la petite équipe des locataires squatteurs. Avec eux, il liait des liens de sympathies et de confiance. Les deux anciens professionnels de la construction et David avançaient dans la précision de la prédiction des mouvements de chacun des corps de bâtiment. Avec le matériel livré par Yann, ils établissaient un plan détaillé des dégâts, identifiaient les liens existants entre certains et en déduisaient la logique des travaux à mener, à quels moments, dans quel ordre et où. Ils exposèrent le fruit de ce travail à Yann qui les écouta, les questionna et demanda la permission de valider les calculs, ce qu'ils acceptèrent. Il fallut presque une journée pour y parvenir et Yann les félicita pour l'excellence de leur étude, puis il promit de revenir les voir rapidement. Il prit rendez-vous avec Jean-Daniel et se rendit avec lui sur le chantier, non sans l'avoir prévenu de la présence des locataires particuliers et après avoir obtenu de lui qu'il ne fasse pas cas de leur intrusion. Bien que courroucé de les voir installé dans la résidence, il accepta. Yann demanda à David et aux deux hommes de les piloter pour expliquer avec rigueur le travail qu'ils réalisaient afin de convaincre Jean-Daniel, qui, au fil des minutes, devint plus attentif, puis concentré, participatif, et finalement stupéfait. L'heure avançant, il invita tout le monde au restaurant et l'équipe les y accompagna avec un plaisir communicatif. Après cette pause, ils reprirent la visite, dans une ambiance nettement plus détendue. Jean-Daniel les félicita et ils rentrèrent au bureau pour exposer la découverte à Magalie, et Yann enchaîna pour présenter son projet :

— Grâce à nos squatteurs, nous possédons une résidence pas encore trop abîmée, et pas vandalisée. Nous disposons des plans pour faire les réparations, avec à disposition les deux anciens professionnels qui sont sûrs d'eux et connaissent le site mieux que quiconque. Mais nous avons plusieurs soucis :

• Nos réputations sont mises à mal et nous sommes surveillés, si ce n'est examinés, quant à notre gestion de la crise ;

• Nous pouvons réaliser les travaux, mais c'est encore investir sur ce site, relevant d'autant les prix de revient, rendant les appartements invendables à cause du contexte particulier ;

• Personne ne voudra plus acheter ces biens ;

• Nous ne sommes pas des loueurs et nous ne le seront pas ;

• Nous avons des investisseurs qui sont en colères, certes après Tom, mais nous restons directement en ligne de mire.

Ce préalable pour vous demander d'écouter mon explication jusqu'au bout avant de me déclarer fou ! Le concept initial du projet était du collectif accessible, en y gagnant notre vie, comme à l'accoutumée. À présent, parlons de l'avenir. Pour ne pas tout perdre, imaginons que nous finissions les ventes, à une valeur proche du prix coutant. Si nous ne vendons pas, nous ferons appel aux banques pour cette fois. Nous engageons les deux anciens entrepreneurs pour mener les travaux, sans les payer au-delà du strict minimum. En contrepartie, ils deviendraient locataires de la résidence en payant un loyer normal. Nous demandons à cette équipe de sélectionner parmi leur relation de misère ceux qui ne sont pas des clochards, mais des SDF voulant s'en sortir, comme eux. Nous chargeons vos assistantes administratives de monter des dossiers d'aide aux logements pour eux, et là, même système, les occupants retenus ont deux à douze mois de loyers gratuits pour travailler à finir la construction et à réparer. Ensuite, ils deviennent locataires payants. Nous chargeons ceux qui y sont actuellement de gérer la résidence, car il faut être de leur monde pour qu'ils acceptent de recevoir des ordres et des contraintes. Cela ne m'inquiète pas. Il y a un huissier, une comptable, les deux entrepreneurs, enfin bref, pas de souci. Nous aurions alors une résidence finie à un faible coût, ce qui, associé à nos prix coutants, garantirait une bonne rentabilité malgré des loyers modestes. Je n'ai pas la compétence pour affiner, mais elle sera peut-être meilleure. Nous pourrons alors terminer les ventes. Et imaginez le coup de pub ! La première résidence privée de réinsertion sociale pour des SDF ! Nous avons des charges de chauffage et d'éclairage proche du ridicule grâce à nos technologies. Avec eux, la réussite est à notre portée. Il nous faudrait juste persuader les investisseurs de maintenir leur achat initial, au besoin en les invitant à une visite du site pour les rassurer. Si nous réussissions là-aussi, nous gérerions encore sans les banques.

Il les observa un instant avant de poursuivre. Ils étaient attentifs et croyaient en son projet. Il enchaîna :

— Vous visualisez la portée du concept ? Des SDF réintégrés dans la vie, grâce à notre travail, dans une résidence de luxe et écologique, et nous pourrions tenir le pari d'en faire un modèle de fonctionnement où chacun participerait à son entretien. Nous aurions la presse avec nous, la télévision, nous inviterions quelques politiques à visiter notre nouveau concept et nous récupérerons de nouvelles commandes pour ce genre d'exploit ! Sur les prochaines réalisations dédiées à cela, nous gérerons les coûts cette fois en conséquence, et au passage nous créons de l'emploi, la grande classe. Magalie nous fait un travail innovant pour prouver que l'on peut faire original et beau dans du social, et nous devenons là aussi une référence à suivre. En plus, nous prouvons à nos investisseurs et clients que même en cas de coup dur, avec nous, il y a toujours une solution pour s'en sortir sans souci, parce que nous sommes les pros !

Le couple s'enlaça en voyant se dessiner une issue favorable puis congratula Yann :

— Là, je dis, Monsieur Yann ! Je te suis à fond sur ce coup et nous inverserons la vapeur. Ils verront qui nous sommes, ceux qui se sont empressés de nous baver dessus. Il y a quatre ou cinq bâtards que je pendrai bientôt par les couilles.

— Jean-Daniel, ne soit pas grossier, j'ai horreur de ça.

— Tu as raison, ma chérie, excuse-moi. Bref. Ces connards constateront que notre succès n'est pas le fruit du hasard ! Tu sais que certains m'ont déjà fait des propositions de rachats pour une misère ? Ça le fera avec ce plan, et j'y veillerai. Superbe initiative, Yann, merci. Mais défonce toi le cerveau, tu dois réussir ce défi. Magalie, tu suis ? Tu sors de ta jolie tête un concept d'aménagement qui génère le buzz de l'année !

— Si tu me flattes, je craque, coquin ! Je me surpasserai. J'ai déjà des idées. Nous en ferons un truc de malade ! L'échec cuisant qui devient une référence à visiter et à imiter ! Ça, c'est un défi, et j'en suis dix fois. Génial, Yann. Et pour le coup de la confiance dans ton petit groupe de SDF, félicitations, tu as été grand dans ta gestion du problème. C'est enivrant une sortie de crise. Je sens un besoin de me libérer, un truc dingue ! Je te laisse me passer commande du genre de la soirée, tu as carte blanche et je te l'organise, c'est mon cadeau. Mais chaud, svp ! Enfin, si Jean-Daniel veut bien.

— Je vous adore tous les deux, nous étions faits pour nous rencontrer, car nous formons une équipe d'enfer. Magalie, tu dois penser différemment. Tu oublies les coûts liés au temps de travail, au contraire, tu rechercheras ce qui est beau, flatteur, innovant, ou réservé au haut de gamme à cause de la main d'œuvre et non des matériaux ! Ces gens bosseront pour eux. Et tu sais quoi ? Je voudrais que ce soit tellement remarquable que des bobos postulent et fassent des pieds et des mains pour bénéficier d'un de ces logements, parmi les SDF ! Tu vois le plan ? Et que d'autres nous commandent des résidences de ce style, pour eux !

Yann s'en retourna sur le site et exposa l'idée à David qui, emballé, appela ses amis pour que Yann leur en fasse part. Ils étaient excités comme des enfants, discutant déjà du projet entre eux, posant les critères de sélections, la gestion des tâches, les obligations ... Ils vivaient pleinement l'avenir inespéré avant même que ne démarre le travail. Yann emmena David dans une grande surface de meuble pour qu'il choisisse ce qui leur faisait défaut, puis le laissa se débrouiller avec la livraison. David était ravi, il organisait du bien autour de lui en offrant des cadeaux inestimables à ses amis, plaisirs qu'il ne connaissait pas encore. Les livreurs installèrent le matériel pendant que la petite équipe pleurait d'émerveillement, David y compris, ce que ne comprenaient pas les quatre installateurs qui ne voyaient que des tables, lits, chaises, fauteuils, canapés et autres, plutôt ordinaires. Deux jours plus tard, Yann et David passèrent le week-end à l'hôtel.

David, qui n'avait aucun savoir faute d'étude, fut prît en charge par Yann qui le pilota dans la façon d'organiser le travail de ses amis et son suivi, puis lui demanda de travailler avec les deux entrepreneurs pour apprendre, mais aussi avec la comptable pour gérer. Yann voulait qu'il puisse se faire une situation dont il soit fier et tenait à y contribuer. David organisa une nouvelle réunion avec ses amis et Yann exposa les plans d'actions. Ils terminèrent la séance de réflexion en ayant identifié pour chacun un travail en rapport avec ses compétences. Conforté sur les volontés de s'investir, Yann proposa un accord qu'ils signèrent.

Néné, la comptable, qui ne parlait pas souvent, demanda à Yann de ne pas partir tout de suite et le convia à monter à son appartement. Il était meublé et elle voulait le lui montrer, puis elle fit visiter le séjour où elle avait dressé la table. Il s'agissait pour elle de la première invitation à manger qu'elle faisait chez elle depuis sept longues années.

Il y avait un couvert pour chacun, et lorsque Yann accepta sans cacher sa satisfaction, Néné pleura. Elle avait cuisiné, tout était prêt. Ils passèrent un excellent moment, d'une convivialité chaleureuse, où ils eurent à cœur de renouer avec le plaisir d'être simplement normaux ! Ils étaient heureux. Yann prit congés en les remerciant et en prenant Néné dans ses bras comme une amie. Il fit un petit signe à David de le suivre et quatre heures plus tard, le jeune-homme revint avec un livreur et des cartons. Yann avait regagné son bureau. Il leur avait offert un téléviseur, de quoi écouter de la musique et quelques appareils électroménagers utiles. Ils s'assirent devant le poste installé dans l'appartement de Néné, et lorsque les images d'un film apparurent, ils rirent, puis se mirent à pleurer une fois encore en partageant la souffrance qui était emprisonnée en eux et que seuls eux pouvaient partager. Ils avaient échappé à toutes sortes de misères, à la mort dans le box de garage insalubre qui avait emporté quatre des leurs, et ils étaient installés dans un bel appartement, assis, regardant la télévision sur un grand écran sans risquer d'être chassés.

De retour dans le monde dont il prenait davantage conscience des privilèges, Yann suggéra à Magalie une soirée dédiée et réservée à ceux aimant autant les femmes que les hommes, avec un accès au premier sous-sol pour profiter de ses installations spéciales, puis il lui demanda la permission de venir accompagné. Elle accepta.

C'est ainsi que David rencontra Nancy, une belle inconnue d'une douceur qu'il ne connaissait pas et dont il tomba amoureux dans l'instant. Elle était visiblement le bras droit de Magalie et était partout à la fois, aidant et participant sans retenue. Yann, qui profitait de sa soirée pour aller de l'une à l'un, y retrouva Emmanuelle qu'il présenta à David, mais il vit avec un soupçon de jalousie que David était en pâmoison devant Nancy et ne leur prêtait guère d'attention. Emmanuelle disparut à son tour. En habituée du lieu et de ses fêtes, souvent à forte dominante hétéros, elle profitait activement, sauf des hommes, car elle pourrait à loisir en consommer dès la prochaine fête. Ce soir, elle était une femme qui papillonnait de brunes en blondes, et même si c'était la soirée de Yann, il n'était pas réellement imberbe, donc hors de ses désirs. Il sourit, haussa les épaules d'un geste fataliste et rejoint un duo.

CHAPITRE 11 (Élodie et Tom)

Les conséquences de l'erreur qui avait provoqué la non livraison de la résidence furent terribles pour le couple, Élodie et Tom, alors en pleine ascension sociale. Ils avaient dû licencier Emmanuelle pour raison économique, l'assistante du cabinet certes en partie fautive, et l'activité de leur société ne permettait plus qu'ils s'octroient un salaire. Les économies fondaient rapidement, car ils ne pouvaient réduire un train de vie installé sur une simple décision, les engagements étaient là. Les infidélités de Tom jusqu'alors tolérées par Élodie devinrent des sujets d'affrontements. Il prit quelques kilos, elle aussi, qui déjà forte devint ronde. Il ne la désirait plus. Un jour, au plus fort d'une querelle plus violente que les autres, il lui jeta au visage qu'il était le père de l'enfant d'Emmanuelle. Le choc fut terrible pour sa femme dont le dernier pan de sa vie s'était abattu sur elle. Il ne lui restait rien, même plus d'amour propre. Alors elle s'installa dans la chambre d'ami faute d'avoir les moyens de quitter leur domicile et lui demeura dans celle du couple pour les mêmes raisons. Le cauchemar était total. Comme si cela ne suffisait pas, il recevait régulièrement des menaces explicites, accompagnées de photographies où il était dans les bras de différentes femmes. Le chantage précisait que les reportages seraient publiés sur le web s'il ne remboursait pas les investisseurs lésés. Il voulut en parler avec Élodie, mais elle le gifla. Tom ne voyait plus de porte de sortie et pensait fréquemment au suicide comme à une évidence libératrice. Le comble, c'est qu'il n'avait commis aucune faute, autre que celle d'être infidèle, bien entendu. Sa voiture avait été saisie par l'organisme de financement, il restait la petite citadine d'Élodie qu'elle ne voulait pas lui prêter. La liquidation de la société s'annonçait inévitable.

Yann arriva à leur cabinet sans rendez-vous, car pensant les y trouver au travail, mais le local était fermé. Il appela Jean-Daniel qui lui donna l'adresse personnelle du couple et s'y rendit. Ils vivaient dans une résidence ce standing au troisième étage, sur les quatre que comptait l'immeuble baigné dans les espaces verts.

Il sonna à la porte et c'est Élodie qui vint ouvrir, mais il eut du mal à la reconnaître tant elle avait changé. Devenue grosse, avec des rougeurs au visage et les cheveux gras, sentant la transpiration, vêtue simplement d'un large débardeur et trop visiblement sans sous-vêtement. Sa poitrine était à peine cachée par le relâchement du tissu qui de plus, pas assez long, laissait voir son corps presque au bas du bassin. Elle marmonna un vague bonjour, essuya ses yeux rouges en reniflant et le fit entrer dans le salon encombré, sale et malodorant. D'un mouvement de pied, elle écarta des affaires au sol devant le fauteuil, puis se pencha pour évacuer tout ce qui traînait dessus en les jetant derrière. Il ouvrit grand les yeux en voyant ses fesses et les détourna. Gêné, Yann s'assit néanmoins dans le siège crasseux. Elle prit place face à lui et l'observa en restant muette. Il avait du mal à soutenir son regard bouffi plein de larmes, alors il baissa les yeux, mais découvrit ses grosses cuisses découvertes par le vêtement lorsqu'elle s'était assise. Il vit qu'elles se touchaient suffisamment, et heureusement, pour que son intimité reste partiellement dissimulée.

— Je sais, Yann, je suis un spectacle peu attirant, je ne ferais même plus bander un naufragé ! Qu'est-ce qui t'amène ? Si c'est pour savoir si tu seras payé pour ton travail, fait la queue et oublie. Tu gagneras au moins du temps, c'est mieux que rien.

— Non, ça, ce n'est pas important pour l'instant. Ce qui motive ma présence chez toi, c'est que je suis passé au cabinet pour vous voir et parler boulot. Seulement j'ai été surpris de le trouver fermé, et à priori depuis quelques jours au vu de la masse de courriers. Alors je suis venu aux nouvelles.

— Tu n'as pas besoin de les entendre, tu les as sous les yeux. J'ai pris plus de quinze kilos, OK, de vingt ! Si tu te posais la question des conséquences, tu as la réponse, ça fait pleins de plis ! C'est presque comique de voir comment les seins peuvent être porté par le ventre. Ça me repose le dos, mais c'est spécial. Si tu veux constater, j'ai juste mon tee-shirt à enlever. Ne t'inquiète pas, il ne me touche plus.

— Mais … Enfin, Élodie, je … OK, tu es au plus mal ! Et c'est un débardeur ! Je voulais parler travail, mais je pense que tu ne dois pas avoir envie de m'entendre.

— Bavarder, autant que tu veux, mais de boulot ? Il n'y en a plus, Yann, c'est terminé. Je ne sais pas ce que nous deviendrons sous peu, mais nous sommes fichus. Toute cette merde pour une faute commise par Emmanuelle et l'ingénieur de Jean-Daniel ! C'est formidable !

— En effet. Et Tom ? Il est parti ?

— Non, il est enfermé dans sa chambre et ne veut plus me voir, alors il y vit. Tu peux tenter de l'appeler, moi il m'envoie paître. Mais un conseil, n'y entre pas, c'est suffoquant à tendance indescriptible !

Yann hésita, puis il traversa le salon en baissant les yeux, car debout, il découvrit qu'assise Élodie offrait ses seins au regard, et le spectacle était embarrassant. Il frappa à la porte de chambre de son ami, qui en guise de réponse hurla un « fou moi la paix, grosse vache ! ». Yann se manifesta, puis, après un long silence, il entendit Tom maugréer pour lui dire de retourner l'attendre au salon, le temps d'enfiler un vêtement. Quelques minutes passèrent et Yann vit arriver Tom dans le même état que sa femme, sale, ayant beaucoup grossi, et qui se laissa tomber sur le canapé en l'interrogeant du regard.

— Yann était venu nous parler affaire. J'annonce, Yann, car Monsieur ne s'exprime plus, il communique avec les sourcils.

— Travail !

— Oui, Tom, je suis passé à votre agence et comme … Enfin bref, me voilà !

— Au fait, Yann, je sais ne t'en avoir rien dit et je pense que Tom ne t'a pas informé davantage de l'heureux évènement ?

— Ah non, je ne suis pas au courant. Tu es enceinte ?

— Boucle là donc espèce de grosse va … Ferme-là une bonne fois pour toute ! Laisse tomber, Yann.

— Mais non, ce n'est pas un secret. En fait, Tom est l'heureux papa d'un petit garçon !

— Génial ! Félicitations, à vous deux. Depuis quand ?

— Continue, Élodie, insiste, mais … Saleté ! Agite ta graisse et évite de faire de l'esprit.

— Mais bien sûr que j'explique. Donc, comme je suis grosse au point que tu ne peux savoir si je viens d'accoucher ou non, ni même si je suis ou non enceinte jusqu'aux yeux, je te donne l'information : je ne l'ai pas été et ne le suis pas, ce n'est que de la graisse bien flasque. Tom avait engrossé la secrétaire, en la culbutant au bureau !

— Emmanuelle ? Non de Dieu !

— À moins qu'il en ait mis une autre en cloque, oui, c'est Emmanuelle.

— Ah ! Je ne sais pas trop ce que je dois dire. Je pense que « Ah » est suffisant.

— Oui, tu as raison, parce que « comment », tout le monde se doute, il était sans cesse dessus, enfin dedans.

— Bon, bon, bon ! Alors voilà, avant de vous laisser à vos soucis, j'étais venu vous informer que je disposais d'une solution pour sauver les investissements sur la résidence, viable et à même de tenir les engagements de rentabilité que vous aviez pris. Pour cela, j'avais toutefois besoin d'un soutien professionnel de votre part, seulement … comment dire, je crois que c'est exclu ! Dommage, nous aurions pu sauver le dossier, et par ricochet le reste.

Tom se redressa ostensiblement et marqua un peu d'intérêt :

— Tu déconnes pour me mettre les boules, Yann ? Elle est toute pétée la résidence, je m'y suis rendu pour constater, et j'y ai même découvert un squat !

— Je sais, Tom, mais ce souci aurait pu faire partie du futur et proche passé. J'ai travaillé et cela pouvait s'arranger. Mais sans vous, c'est compromis. Dommage.

— C'est quoi ton plan, tout raser pour ouvrir un tennis club ?

— Je suis sérieux, et sur ce dossier, mon sens de l'humour est mort. Mais je ne parlerai pas de technique avec deux épaves sales et odorantes, j'en discuterai quand je retrouverai et reconnaîtrai mes amis, des fiscalistes, dans leur cabinet et au travail. Je vous laisse.

— Non, Yann ! S'il te plaît, ne part pas, je suis perdue, fichue, meurtrie. Je t'en supplie, tu es la seule personne à qui j'ai montré ce que je suis devenue. Yann, nous étions amis.

— Je suis toujours l'ami d'Élodie, mais celle que je connais est une battante, pas vous. Mon amie sent bon, sourit, est pleine de vie, alors que vous sentez aussi mauvais que lui, vous présentez un visage couvert de pinçons, j'ai entrevu des furoncles dans votre nuque, vos cheveux sont sales comme les siens, je vois entre vos cuisses à tous les deux que vous êtes à poils sous un tee-shirt trop court, l'appartement empeste le fauve, mélange de vieille sueur et de culs pas propres, c'est immonde et nauséeux. Jamais mes amis ne seraient tombés si bas. Si vous les retrouvez, je vous laisse ma carte pour le cas où ils l'auraient perdue. Moi, je dois m'aérer.

Il se leva et s'en retourna sans ajouter un mot. Élodie pleurait, et Tom pinçait ses lèvres en hochant la tête :

— Voilà qui est clair, Élodie, nous avions un ami, un vrai, et il nous a renvoyés à nous. Nous sommes deux épaves puantes et obscènes. Notre déchéance brille. Quelle merde ! Cette fois nous touchons le fond.

— En effet. C'est la honte ! Je lui ai même proposé de me mettre à poil pour qu'il voie ma graisse ! Mais je ne comprends plus, que suis-je devenue ? Mon Dieu, Tom, qu'avons-nous fait !

— Je ne sais pas, Élodie, c'est une catastrophe. Avec la venue de Yann dans notre puanteur, j'ai pris un seau d'eau glacée en plein visage et je n'ai pas encore réalisé, mais c'est invraisemblable ! Quel gâchis, quelle honte ! Et Yann qui arrivait avec un plan de sortie de crise !

— Il voulait nous extirper de nos ennuis, Tom, il a travaillé pour nous dépêtrer et il est reparti. Parce que nous l'écœurons. Nous, deux dégoutants ! Il considère que nous le trahissons, car il est lui aussi impliqué, et nous l'avons forcément beaucoup déçu. Il faut reconnaître qu'il y a de quoi. Tom ?

— Je crois que oui, Élodie. Nous aurions peut-être encore une chance, minime, mais il nous faudrait mettre les bouchées doubles et nous entraider, car la remontée sera longue et pénible. Je ne rentre plus dans mes vêtements, toi pas davantage, je n'ai plus de voiture, ni de moyens de paiement, ni d'épouse, ni de travail, ni de dignité ! Je … Quelle débâcle !

— Comme tu l'as dit, je ne peux plus sortir faute de pouvoir m'habiller, je suis sans mari, ni boulot, ni fierté, je suis vulgaire, je pue, il a vu entre mes cuisses immondes. Tu exposes tes testicules, Tom ! Et ta bistouquette aussi.

— Eh crotte ! Quelle honte ! Tu as les seins quasiment à l'air, Élodie.

— Je sais. Mon amour propre est avec le reste, volatilisé ! Que faisons-nous ? Et comment ?

— Pour l'instant, je n'en ai pas idée. Il veut nous revoir à l'agence, mais nous ne pouvons pas envisager de nous y rendre à poil !

— Yann est notre ami. Nous pourrions remettre l'appartement en ordre et le nettoyer, aérer et nous laver, car il a raison, nous puons. Puis nous lui demanderions de revenir et nous finissons d'être ridicules et lamentables en lui expliquant pour les vêtements et l'argent. Tom, ne plus s'aimer est une chose, mais si nous sommes propres, que nous nous tenons correctement et cessons d'être aussi haineux, il pourrait peut-être nous reconnaître, comme il dit.

— C'est possible ! Il y a un sacré boulot ! Nous commençons ?

— Oui. Tom, même si nous deux c'est fini, tu m'aiderais à maigrir ?

— Salade carotte, ou l'inverse. Tu me soutiendras aussi, car ça risque d'être terrible.

— Le premier qui tombe dix kilos a droit à … une pizza !

— Vendu, une quatre fromages, bien grasse !

Ils mirent deux jours avant de rappeler Yann qui accepta de les revoir. Il reconnut ses amis, en version gros, en tee-shirt, mais aussi en caleçon de Tom. Ils étaient de retour. Ils expliquèrent leur situation et la volonté partagée de se reprendre grâce à la gifle reçue lors de sa visite précédente, puis dépassèrent l'embarras pour lui demander son aide. Yann fit un silence, se leva, marcha et revint à eux qui l'observaient inquiets, dépendants et résignés :

— Je suis d'accord pour vous aider, bien entendu, mais … Vous ne bougez pas, je reviens.

— À poil, nous ne risquons pas de filer ! J'ai déjà déchiré deux caleçons de Tom.

Yann parti sans donner d'explication. Ils tentèrent quelques vaines hypothèses et durent se résoudre à l'attendre. Trois heures passèrent avant son retour, ce qui restait l'essentiel et les soulagea, mais les embarrassa d'autant, car il était accompagné. Ils virèrent au rouge puis au blanc. Avec lui, il y avait David qu'ils ne connaissaient pas, mais surtout Magalie. Leur amie et belle Magalie. Bien que prévenue, elle ne put cacher sa surprise en les voyant et c'est Élodie qui osa la première prendre la parole :

— Merci à vous d'être venu à nous ! Magalie, je perçois ta déconvenue, malgré tout, sache que nous nous sommes apprêtés aux mieux, car Yann nous a vertement sermonnés. Il n'est plus l'heure pour nous de donner dans le paraître, alors pour prendre la mesure de notre déchéance, je t'avoue que par rapport à il y a deux jours, nous portons la tenue du dimanche et nous avons fait du ménage non-stop pour retrouver un appartement présentable, et nous une allure civilisée.

— Ah oui ! Vos beaux habits ! Je ne sais quoi dire, je suis si déconcertée que je ne trouve pas les mots pour vous aider à supporter l'embarras qui doit être le vôtre.

— Élodie, Tom, je vous explique le programme de sortie de crise. Magalie vous coachera pour les repas et mon ami David vous prendra en charge le temps nécessaire. Vous serez sous ses ordres au travail et avec son équipe. Jours et nuits. Vous reprendrez contact avec la vie et la réalité. Vous prenez quelques affaires, voilà un survêtement pour vous vêtir et nous partons. Élodie, Tom ! Comprenez que ce n'est pas une négociation, vous acceptez et agissez, ou … bonne chance et désolé pour vous.

— Nous acceptons, Yann, aucun souci. Enchanté, David, je suis Tom.
— Pas d'hésitation, Yann. David, je suis Élodie, normalement plus …
Rien, c'est à moi de te montrer.

À leur grande surprise, David et Yann les installèrent au squat de la résidence, dans un appartement totalement vide, mais en compagnie de trois nouveaux arrivants, deux hommes et une femme qui voulaient faire leurs preuves et intégrer l'équipe, comme eux officiellement. David n'avait pas été clément, mais pas trop dur non plus, car le logement avait la lumière et l'eau, certes il n'y avait aucune porte et une seule chambre. Si les trois arrivants étaient contents, eux reçurent leur premier gros choc. Mais ne voulant pas le montrer, ils partagèrent la joie de leurs colocataires d'avoir un logement, même sans porte ni eau chaude. La promiscuité était le lot de cette vie et Élodie comme Tom durent apprendre l'humilité en acceptant de dormir avec eux, pour avoir aussi moins froids et peurs. Dès le lendemain, David vint les prévenir qu'ils avaient une petite heure pour être propres et présentables, et il leur ferait part du planning de la journée de travail. Élodie entra dans la salle d'eau pour se brosser les dents, mais Diégo était sous la douche et se savonnait en chantonnant. Elle resta un instant figée, mais Abdel la poussa pour se saisir du dentifrice, aussi nu que l'autre, mais en semi érection, ce qui fit rire Diégo. Elle s'excusa en marmonnant et se rendit à la cuisine où elle trouva Nadia afférée à gérer ses règles. Elle regagna la salle d'eau où Diégo était assis sur les toilettes et la regardait en souriant. Elle soupira et prit place devant le lavabo et se brossa les dents. Abdel finissant sa douche, Nadia monopolisa la baignoire. En arrivant, Tom regarda sa femme avec son tee-shirt qui baillait beaucoup en haut et ne la protégeait que jusqu'à mi-hanches, coincée entre Diégo, bien plus grand, qui se rasait en regardant sa poitrine alors qu'Abdel, qui affichait une belle forme à la vue de Nadia, riait, et celle-ci couvrait le fond de la baignoire d'une eau rougie. Abasourdi, Tom cherchait le regard de son épouse, mais ne trouva que ses yeux, plein de vide et d'absence. Elle n'était plus là, elle brossait ses dents en le regardant, inexpressive. Tom essuya une larme, sourit et vint se raser. Nadia se douchait en parlant, puis elle raconta à Élodie qu'elle se souvenait de ses premiers jours, car elle avait beaucoup pleuré, mais qu'aujourd'hui l'espoir revenait, puisqu'elle n'était pas morte et qu'ils avaient un vrai appartement. Ensuite, elle lui précisa qu'elle devait se détendre et profiter de la chance qui s'offrait à elle.

En gardant un ton sincère et naturel, Nadia lui expliqua qu'il était vain de se retenir d'utiliser les toilettes, car ce mauvais réflexe des nouveaux se finissait toujours de la même façon, par une urgence non maîtrisée et beaucoup plus embarrassante. Élodie hocha la tête en lui souriant. Elle espérait avoir touché le fond, le dernier, mais encore une fois, c'était une erreur. Et sans doute pour l'aider à vaincre son refus, son ventre la trahi et elle dû céder et laisser sa pudeur lui faire mal. Elle s'installa sur les toilettes, entre le lavabo et la baignoire et urina bruyamment. Elle pleura en silence. Le fond était profond, elle l'avait atteint, c'était la déchéance totale. Mais son cauchemar poursuivi son scénario sans s'occuper d'elle et le palier où elle reposait se déroba et la chute reprit à cause d'une longue série de pets bruyants, que malgré ses efforts elle n'avait pu contenir plus longtemps. Ce n'était pas un puit qui l'absorbait, mais l'infini, vertigineux et sombre, probablement l'enfer. Tom n'osait plus la regarder et pleurait pour elle, alors il fit mine de laver son visage en s'aspergeant avec les mains. Diégo rit et plaisanta sur les pets d'Élodie qui enchaîna en déféquant bruyamment. Nadia lui dit d'un ton réconfortant que c'était bien et qu'elle était courageuse, mais qu'elle devait se dépêcher, car elle aussi avait besoin. Élodie poursuivait sa voltige et la tête lui en tournait, mais elle n'était plus dans le choix et fini de se soulager. L'effet de surprise n'était plus là, mais il y avait encore pire, comme à chaque fois. Elle devait à présent s'essuyer dans cet espace étroit étant donné sa corpulence, et les autres étaient là. Assise sur le bord de la baignoire, Nadia la regardait en attendant son tour, pendant que Diégo et Abdel, toujours au garde-à-vous, discutaient, et que Tom pleurait en cachant ses larmes dans l'eau projetée sur ses yeux. Elle se décida à mourir un instant, se leva et fit le nécessaire. Ce n'était plus grave, elle avait laissé son corps dans ce cauchemar et s'en était allée dans son appartement. Elle tira la chasse alors que Nadia, déjà en place, lui disait de se dépêcher de prendre sa douche, car ils ne devaient pas être en retard. Diégo acquiesça en précisant qu'ils étaient à présent une équipe, de cinq, et seraient jugés en groupe, pas individuellement. Il rappela que tous n'avaient qu'un but, celui de parvenir à convaincre David de leur accorder de poursuivre un retour à la vie, en se montrant capables, solidaires, autonomes et fiables. Épuisée nerveusement, Élodie refusa d'un signe de tête, mais Nadia insista. Abdel et Diégo se tournèrent vers elle et lui dirent qu'il y avait des règles pour pouvoir vivre ensemble et que se laver était une obligation liée au respect de chacun.

Lorsque c'était possible, comme ici, c'était non négociable et une exigence de David. Diégo approcha avec douceur en lui disant que la pudeur ne faisait pas mourir et lui retira son tee-shirt avec délicatesse, en la rassurant et en lui parlant des rires liés aux premières fois où Nadia et Abdel avait dû affronter cette vie de clan. Elle se laissa faire, pâle et en larmes, puis prit place dans la baignoire. Son corps offrait à la vue des autres ses plis de graisses et ses seins lourds qui tombaient sur son ventre. Comme si elle pouvait douter encore, il lui était sans cesse démontré que la dégringolade ne cesserait plus jamais. C'était une attraction forte vers l'infini de la déchéance et elle y était parfois en apesanteur, ou en chute libre, mais elle y demeurait. Alors, elle se lava pendant que Nadia faisait ses besoins en la regardant et en commentant le poids que devaient faire chacun de ses seins. Diégo riait en lui disant qu'ici, au moins, elle n'aurait pas à payer pour s'offrir un régime. Tom prit la place de Nadia. Diégo dit à Abdel qu'il devrait se soulager rapidement sous la douche, car il était pénible de voir son machin à la verticale à longueur de temps. Nadia lui confirmât le côté lassant et lui dit d'y remédier. Abdel s'excusa, dit son incapacité à contrôler, soupira, et demanda à Élodie de lui faire une place dans la baignoire pour s'exécuter en se savonnant. Puis ce fut au tour de Tom de sombrer dans le néant, assis sur les toilettes. Le vide était absolu, sans fond ni bord, il y tournoyait à chacun des bruits qu'il faisait, comme les autres. Élodie ne chercha pas son regard, au contraire, elle essayait surtout de l'éviter, car elle ne voulait pas partager cela. Elle ne pouvait plus. Le prix de leur renoncement était élevé. Abdel signala à ses amis en riant qu'il était sur le point d'y parvenir et Nadia l'encouragea comme s'il s'agissait d'un jeu ordinaire, au contraire d'Élodie qui se recula dans la baignoire autant qu'elle le pouvait, alors que Tom, trop proche et coincé, le regardait. Abdel rit en constatant l'abondance, Nadia et Diégo s'esclaffèrent, et, soulagé, il les remercia de leur soutien, puis finit de se préparer en commentant longuement son apaisement.

La résidence comptait deux cents logements, des parties communes et des espaces verts qu'il faudrait contribuer à maintenir en état et finir, comme ils l'avaient tenté au cours des derniers mois, et commencer à déblayer les gravats aux niveaux des fissures, tout en veillant aux intrus toujours possibles et dangereux. La reprise de contact avec la réalité resta violente dans tous ses instants et Élodie pleura beaucoup les premiers jours, mais sans s'arrêter de travailler.

Tom pensa à maintes occasions à sauter d'une fenêtre, mais en voyant la motivation et la joie de faire de ses compagnons SDF, il se reprenait, la rage au ventre, et travaillait. Magalie passait quotidiennement déposer les paniers repas d'Élodie, mais sans les voir, car Yann lui avait demandé de veiller à maintenir une vraie rupture. Les jours passaient. À la fin de la première semaine, le couple était intégré. Ils échangeaient, plaisantaient, aidaient, demandaient de l'aide, partageaient. Quinze fois vingt-quatre heures passèrent encore et Magalie glissa un pèse-personne dans un carton avec un tableau de relevé à compléter. Élodie avait perdu presque cinq kilos, Tom un et demi. À la fin de leur premier mois, ils reçurent un matelas, un sous-vêtement chacun et un panier de fruits. Ils prirent ces apports, simples et minimalistes, comme un cadeau et s'en trouvèrent si heureux qu'ils partagèrent la nourriture avec leurs trois amis. Les vraies altercations avaient disparu et s'il restait parfois des mouvements d'humeurs, les autres intervenaient et y mettaient un terme sans délai. Après le deuxième mois, Tom avait retrouvé son corps d'avant les soucis et Élodie en était à douze kilos. Ils savaient accomplir de nombreuses taches avec l'équipe et apprirent aussi à affronter le danger, car David les intégra aux rondes de surveillances. Avec les autres SDF, ils durent par deux fois se battre avec des barres de fer pour repousser des bandes voulant investir les appartements afin d'y installer leur QG. Ils les affrontèrent, apportèrent du soutien, appelèrent à l'aide et furent secourus par leurs nouveaux amis. Une véritable camaraderie existait, proche de la fraternité tant le groupe veillait sur chacun. Dès le premier assaut repoussé, ils se prirent les uns les autres dans les bras pour se serrer et partager. Élodie pleura, Tom aussi. Ils avaient perdu la notion des semaines, à l'instar du quotidien de leurs camarades, et découvrirent avec surprise, via un mot dans le panier, qu'ils en étaient à la fin du quatrième mois. Élodie avait à présent une silhouette qu'elle n'avait jamais eue, mince et musclée. Elle était devenue souple et à l'aise avec son corps, les douches et les toilettes sans porte n'étaient plus un souci et ses amis plaisantaient toujours lorsqu'elle était nue, comme chacun le faisait avec tous, mais à présent, c'était pour la complimenter et lui dire qu'elle était si séduisante qu'elle pouvait oublier de se vêtir. Elle avait le sentiment d'avoir appris à vivre. Tom était dans le même cas, il était devenu musclé et carré d'épaules, comme jamais il ne l'avait été, et cette force nouvelle qu'il sentait dans son corps lui apportait de la confiance.

Il générait de la convivialité et de l'apaisement. Il avait oublié son goût du paraitre et vivait avec des amis, débarrassé de cette quête perpétuelle et envahissante d'un assouvissement jamais atteint.

Lorsque Yann leur rendit sa première visite, ils se serrèrent avec émotion dans les bras l'un de l'autre. Il complimenta Élodie qui était devenue une belle jeune femme, et Tom qui était à présent un homme désirable, mais il resta plus discret pour lui. Le pari était gagné à un détail prêt, ils n'étaient pas pressés de quitter leurs nouveaux amis pour retourner dans le paraitre. Toutefois, Yann insista, car il avait à présent un besoin urgent d'eux pour sauver le projet. Ils ne firent pas d'adieu, juste un au revoir, car ils s'engagèrent à revenir le week-end à chaque fois que possible.

C'est dans cet état d'esprit que le couple retrouva l'appartement avec les ordres de travail rédigé par Jean-Daniel et Yann, qui convergeaient vers la reconquête des investisseurs de la fameuse résidence en vendant l'idée du concept novateur, avec la rentabilité attendue, et en trouvant des remplaçants pour les désistements. Ils étaient de retour dans leur univers, mais plus forts, battants, unis, et presque à nouveau amoureux. Ils formaient dorénavant un beau couple, plus équilibré qu'auparavant ou les rondeurs d'Élodie avaient toujours dénotés.

Magalie et Yann passèrent les prendre et les emmenèrent choisir quelques vêtements pour remplacer leur unique survêtement et redevenir présentables dans un cabinet de conseil, car ceux de la belle période, trop petits il y a peu, étaient à présent excessivement larges pour Élodie et mal taillé pour Tom. Les deux hommes partirent d'un côté, les femmes de l'autre. En se découvrant dans une cabine, Élodie sauta de joie dans les bras de Magalie. Ses hanches et son derrière s'étaient affinés de nombreuses tailles, même par rapport à sa meilleure forme. Jamais elle ne s'était sentie ni vue aussi jolie, et elle avait à présent accès à des tenues auparavant inaccessibles. Elle avait envie de tout oser, les robes étaient belles et les dessous hyper féminins semblaient fait pour elle. Mais Magalie veillait et fixa des limites raisonnables. Yann voulait qu'ils aient le mors aux dents et le désir et l'envie y contribueraient. Lorsque Tom découvrit Élodie apprêtée et soignée, se fut le choc ! Jamais il ne l'avait connue ainsi, pleine de charmes, svelte, belle et intensément érotique, avec un ventre plat qui mettait en valeur son décolleté frais et une cambrure douce qui soulignait son petit fessier magnifiquement moulé. Elle était parfaite.

La réciproque était moins criante, mais malgré tout fort visible, car Tom avait un élégant corps de sportif. Les quatre mois de vie en communauté permanente firent qu'ils ne cachèrent rien de leur émotion. Ils se rendirent au domaine de Magalie pour partager les retrouvailles à cinq. Tom se leva en plein apéritif et prit la parole, la voix forte, pour faire état de ses erreurs conjugales, puis il s'adressa à Élodie et lui demanda de croire en ses remords et lui présenta ses excuses pour la souffrance qu'il lui avait fait endurer. Voyant les larmes d'Élodie arriver, Jean-Daniel enchaîna en abordant le programme de travail chargé et vital. Mais elle pleura malgré tout, comme Tom, et se ils prirent dans les bras l'un de l'autre en ne cessant de se demander pardon. Yann et Magalie avaient les yeux rougis. Jean-Daniel les trouvait attendrissant et étaient contents pour eux, mais il attendait avec une certaine impatience de pouvoir reprendre.

CHAPITRE 12 (David)

David avait trouvé un équilibre de vie dont il ne soupçonnait pas qu'il puisse être à ce point agréable. Tous les matins, à peine éveillé, il avait un but, son équipe l'attendait et l'état de la résidence s'améliorait. Avec Yann, il avait une vie intime qui le comblait, et toutes les nuits une relation magique, mais imaginaire, avec Nancy. Il apprenait un métier avec Yann et son groupe de travail du bâtiment. Cette plénitude était à ce point forte que malgré les demandes de Yann, il n'envisageait pas de bousculer quoi à ce qu'était dorénavant son quotidien. C'est ainsi qu'il demeurait dans la résidence avec ses amis.

Des professionnels avaient été missionnés par Jean-Daniel pour apporter aux deux anciens entrepreneurs la main d'œuvre qualifiée nécessaire et le matériel adéquat. L'équipe avait avancé et se trouvait à présent être le noyau d'un groupe conséquent. Tous les jours, ils étaient une centaine à se mettre à la tâche. La sécurité était devenue moins problématique et chaque journée de travail était visible. Ils ne se dispersaient pas et travaillaient en deux groupes, l'un à la gestion des fissures, l'autre aux appartements, de sorte qu'ils se trouvaient tous dans une même cage d'escalier. L'information circulait par le bouche-à-oreille et ils n'avaient plus à aller au-devant des SDF pour recruter. Chaque semaine, David et ses amis en recevaient une trentaine et en acceptaient à l'essai plus ou moins la moitié. Fort de leur propre expérience, ils savaient distinguer avec justesse ceux possédant l'envie de réagir et capable de droiture, des autres, porteurs de problèmes divers et variés. Ces derniers étaient éconduits avec un panier repas afin de limiter la frustration.

Lorsque Yann lui demanda le service de prendre en main un couple de ses amis en perdition, il accepta mais à la condition qu'il n'y ait aucun traitement de faveur, car il tenait à la cohésion qui régnait dans le groupe. C'est ainsi qu'ils accueillirent Élodie et Tom, intégrés aux nouveaux arrivants, comme des SDF, sans autre apport de confort qu'un abri en échange d'un travail.

Durant cette période, la résidence passa d'une vingtaine à presque deux-cent-cinquante membres. L'intendance leur était partiellement fournie sous la forme de livraison de nourriture et produits de première nécessité, et c'est une équipe qui préparait les repas. Lorsqu'ils investissaient une cage d'escalier, c'était une sorte de fourmilière qui se mettait à l'ouvrage, parlant fort et riant. David était partout à la fois, et chaque semaine, c'est une dizaine de logements qui étaient réalisés, avec une finition dans les détails de haut niveau, chacun s'y investissant comme si l'appartement lui était destiné. Magalie venait tous les jours voir David et ses équipes pour piloter les aménagements et produire ce qu'ils avaient prévus, à savoir des cadres de vie personnalisés. Chaque appartement était particulier et semblait appartenir à une résidence de standing. Une fois terminés, ils n'étaient pas habités, mais fermés, puis lorsqu'une cage complète était réalisée, les équipes cédaient la place à Magalie qui faisait livrer et installer un mobilier respectant chaque ambiance, en veillant à ce que tous soient différents. Après quoi les logements n'étaient accessibles que pour le ménage, et à Magalie et Yann qui multipliaient les contrôles afin d'atteindre la perfection en attendant la présentation à Jean-Daniel, et avant l'inauguration et les visites par les investisseurs.

Les ex SDF vivaient tous dans une seule cage d'escalier, à une quinzaine par logement, la promiscuité semblait forte pour Yann, Magalie et Jean-Daniel lorsqu'ils venaient, mais la réinsertion passait par là. Ils avaient établi leurs règles et la vie communautaire se chargeait de prendre en charge chacun, en lui imposant des contraintes de vie, tant dans le rythme que dans la surveillance, l'hygiène, la discipline et la capacité à retrouver un respect de soi et de l'autre. Les profiteurs et les inadaptables étaient rapidement détectés et évincés. Ils avaient reconstruit une vie sociale progressive, certes dure vue de l'extérieure, mais magique pour ceux qui sortaient de la détresse et de la souffrance.

David s'était investi dans le projet avec une volonté qu'il ne se connaissait pas et apprenait différents métiers avec les professionnels. Il participait à la gestion des fissures sous la tutelle de ses deux amis, qui géraient le planning en fonction des prévisions de mouvements. Lorsque le premier corps de bâtiment fut stabilisé, ils firent une fête tant leur joie était forte, car c'était la base du pari qui se concrétisait, mais aussi une formidable réussite. Yann, Magalie, Jean-Daniel et David établirent un programme pour faire de ce premier bâtiment, soit quatre cages d'escalier, un espace témoin.

Il était destiné à la présentation devenue urgente du travail aux clients d'Élodie et Tom. Tout devait être parfait, y compris les extérieurs, et c'est excessivement fier que David déclarât qu'il prenait aussi cela en charge, évaluant le temps nécessaire à un délai qui fit sourire le couple incrédule, car eux, les professionnels, misaient sur six à dix fois plus. David organisa une concertation dès le lendemain impliquant les membres de la grande communauté qu'ils formaient, expliqua le contexte, les contraintes, le défi à relever et l'objectif vital pour la résidence et donc pour eux, puis ils établirent des équipes afin d'y parvenir. Jean-Daniel, qui avait prévu une nouvelle visite à trois mois, fut appelé urgemment par David deux semaines plus tard. Il arriva rapidement, avec Magalie et Yann, en pensant devoir faire face aux inévitables imprévus, ou pire à un accident, mais c'est pour la livraison d'un bâtiment qu'il fut reçu par la communauté. Ils ne purent tous le suivre dans la visite, et c'est seulement les chefs de groupe qui le firent, soit une vingtaine de personnes. À chaque sortie d'appartement de Jean-Daniel, Magalie et Yann, ils étaient plusieurs à se rendre sur une terrasse pour faire un signe aux autres, qui attendaient devant la porte du hall le jugement dans un silence pesant. À chaque signal positif, ils ne criaient pas, mais un grand soupir circulait. David ressorti le premier, suivi de Jean-Daniel, puis des autres, et ils examinèrent les parties communes qui comme le reste était plus que parfaites. Pour visiter les extérieurs, l'entrepreneur marqua un temps d'arrêt en découvrant le collectif l'observer, silencieux. Il inspecta toutefois le travail avec attention et convint rapidement que l'ouvrage était remarquable. Confiant, David lui proposa de remonter au premier étage pour adresser un mot à la communauté.

Jean-Daniel fit un compte-rendu des points de contrôle et les commenta en faisant part de son étonnement tant tout avait été soigné dans les moindres détails. Il les félicita et les remercia pour cet incroyable travail qui sauverait la résidence. Ils restèrent silencieux, ce qui surpris Jean-Daniel qui se tourna vers David, inquiet. Il lui expliqua que, pour démontrer l'implication de chacun, ils avaient organisé un travail continu, donc même la nuit, afin de gagner en efficacité, et qu'à présent, ils attendaient l'information concernant l'avenir, le leur ! Jean-Daniel reprit la parole et expliqua la suite de la stratégie, à savoir la visite des investisseurs pour obtenir leurs accords afin de valider le travail et confirmer les investissements. Il ajouta qu'il n'imaginait plus qu'ils puissent refuser.

Il conclut en réaffirmant ce qui était convenu, à savoir qu'ils se verraient attribuer un logement dès la fin du programme. Le silence explosa en un tonnerre de congratulations, car ils avaient réussi une réinsertion inespérée, et de manière spectaculaire, impliquant la sortie de l'enfer du trottoir, du froid et du danger.

En ressortant, Jean-Daniel et Yann, tout comme David, qui s'en trouva surpris, reçurent des centaines de tapes amicales sur les épaules. Magalie faisait l'objet d'une distance respectueuse, mais elle recevait aussi ces témoignages, sans contact. Ils repartirent ensemble et Magalie les invita pour partager le repas, auquel Nancy se joint, et échangèrent sur la réussite. Ils questionnèrent abondamment David qui découvrait un triple plaisir, celui de parler d'un succès dont il était pour bonne part à l'origine, d'avoir le rôle d'invité d'honneur, d'être écouté et de partager un repas en étant à côté de Nancy. Elle était près de lui, ils mangeaient ensemble et se touchaient parfois, il était heureux. Magalie l'informa qu'elle lui laissait le privilège de faire visiter le site à Élodie et Tom, auxquels Nancy se joindrait, ce qu'il accepta avec un plaisir évident, et invita timidement Nancy à venir les voir travailler. Nancy lui sourit et regarda Magalie, qui proposa de l'emmener avec elle pour la prochaine visite de chantier. David était comblé, il n'avait rien prévu, ni imaginé, mais exposer la résidence à Nancy, c'est comme s'il lui proposait de découvrir des appartements pour s'y installer, ensemble. Jean-Daniel le raccompagna en voiture :

— David, je ne veux surtout pas m'immiscer, mais j'ai bien vu que vous aviez des sentiments forts pour notre jolie Nancy.

— Mais non, je l'apprécie, elle est très agréable.

— C'est ça ! David ! Le hasard, je blague, a fait que vous étiez à côté de Nancy pour profiter de son charme avec une certaine liberté.

— Ah, je vois, vous avez géré ! Merci, Jean-Daniel, et pardon d'avoir dit que ce n'était pas vrai, je croyais mon sentiment encore secret ! En fait, je suis amoureux fou de Nancy. Elle est … je ne sais pas trop dire, elle est … un rêve de douceur, souriant et parfumé.

— Puis-je vous demander si vous envisagez de gérer cette situation dans votre relation avec Yann ?

— Ah ! Vous savez, en plus du reste ! Comme tout le monde ! Mais je ne saurai pas vous répondre. C'est nouveau pour moi, inconnu et imprévu. Je découvre. Je n'ai aucune expérience. Et j'ai peur !

— Je m'en doute, David, c'est pour cette raison que j'aborde le sujet avec vous, car vous aurez besoin d'en parler sous peu !

— Ah bon ! Je vous crois, vous avez forcément un vécu que je n'ai pas. Je me sens comme un gamin devant elle.

— David, surtout prenez du recul. Faute de lui avoir révéler vos sentiments à son égard, vous ne savez pas s'ils sont partagés. Vous pouvez envisager qu'ils le sont peut-être, mais aussi qu'ils ne le sont pas, ou pas encore, ou qu'ils ne le seront jamais.

— Ça serait terrible. Je pense vous étonner, Jean-Daniel, car je ne sais même pas ce que cela me ferait ! C'est la première fois, vous comprenez. Ça doit faire mal.

— Terriblement douloureux. La vie semble définitivement fichue.

— Je connais ses sentiments, c'est la vie du SDF. Mais, je m'en sortirai peut-être.

— Sans doute, David, mais dans ce cas-là, pour s'en remettre, il faut accepter et comprendre, espérer et attendre un autre amour, partagé, qui arrivera même s'il semble impossible.

— Je ne l'imagine pas, effectivement.

— Cependant, et si vous me le permettez, vous nourrissez des sentiments particuliers pour Yann, qui, je le crois, apprécie et tient à vous.

— Oui, c'est vrai, je n'y avais pas pensé. Mais c'est la réalité ! Au fond d'un garage, cela paraît dérisoire de futilité, mais une fois dans le cœur, c'est vital ! C'est étrange cette vie.

— C'est la bonne expression. Espérer gérer l'amour se rapprocherait de vouloir régenter un miracle. Ce n'est pas possible, il faut le recevoir lorsqu'il arrive, c'est tout.

— Mais comment je saurai si elle m'aime ? En plus, elle a peut-être déjà quelqu'un dans sa vie, je l'ignore ! Je suis ridicule.

— Mais non. Et vous David, n'avez-vous pas une personne qui occupe vos pensées ? Je veux dire, une autre ?

— Mince, c'est vrai ! Je suis nul. Pourtant je suis sincère.

— Vous n'êtes pas nul, David, mais vous découvrez, et aurez à votre tour la joie de rater une ou plusieurs marches et de vous péter le nez par terre. Une fois, deux, trois … dix ! Je crois qu'elle est dans un mode de fonctionnement similaire au vôtre, mais elle a déjà pris des gamelles.

— Je ne comprends pas ? Nancy est une belle femme, donc elle est convoitée. Elle est intelligente et elle réussit sa vie !

— Certes. Mais elle a aussi un sentiment pour une autre personne, et vous êtes dans une situation approchante, car pour elle, il s'agit d'une jeune femme. Savez-vous que Nancy a un bébé ?

— Une petite amie … un enfant … Je ne savais pas ! Alors elle est en couple ?

— Pas de papa. Mais elle a souffert et son amoureuse lui apporte ce qu'il faut pour soigner ses blessures. Je pense que c'est pareil pour vous. Non ?

— Oui. Un enfant, une petite amie ! Ah, mince alors. Vous êtes gentil de m'en parler, merci. Jean-Daniel, je me sens bizarre.

— Magalie et moi l'aimons beaucoup. Vous avez l'air sympathique. Je ne voudrais pas que l'un ou l'autre souffriez vainement, en vous mentant ou en vous laissant imaginer ce qui n'est pas.

— Et c'est une fille ou un garçon ?

— Un petit gars, super mignon.

— Je n'avais jamais pensé à Nancy en tant que maman, c'est curieux. Étrange.

— Et ?

— Sa situation ne change rien pour moi, je l'aimerais comme mon fils, puisque c'est le sien. C'est bizarre, ma vie est si … spéciale !

— David, tout cela est normal, ordinaire, mais vous commencez simplement à vivre, avec un décalage d'une quasi vie par rapport au commun. Alors vous devrez apprendre en version accélérée.

— Pour ça, je suis servi ! En quelques mois, j'ai vécu plus de chose par moi-même que dans toute mon existence qui n'a été qu'une succession de trucs moches. Mais je vous rassure, je ne suis pas un voyou. Je suis juste né dans le mauvais appartement !

— J'en suis désolé pour vous, sincèrement. Mon conseil, David, prenez le temps d'envisager vos deux sentiments, et surtout, leur gestion. Imaginez une situation exemple : Nancy partage. Que feriez-vous ? Comment ? Imposeriez-vous l'autre à Nancy et Yann ? En abandonneriez-vous un ? Lequel ? Et s'ils vous abandonnaient tous les deux à cause de ce choix obligé ?

— Ah mince ! Ce n'est pas marrant tout ça, et s'est si étrange d'avoir à penser cela !

— Bienvenue dans la vie amoureuse, David ! Vous verrez, elle ne fait pas plus de cadeau que l'autre, celle qui un jour vous colle sur le trottoir ou vous porte à la tête d'une équipe ou d'une famille !

— Je sens que je devrais arrêter de le dire, mais c'est étrange quand même !

— Je suis d'accord, c'est particulier, et encore plus de si habituer, mais vous verrez, vous ferez comme tout le monde, vous vous acclimaterez.

Après quelques kilomètres de silence, David revint sur son sujet préféré, Nancy :

— Vous connaissez son amie ?

— Disons que je l'ai rencontrée, souvent, de là à dire que je la connais … Je dirais plus que vous et moins que Nancy.

— Elle s'appelle comment ?

— Chloé.

— Chloé ! Alors elle a pris le cœur de Nancy ! Elle a quelque chose de spécial ?

— Elle n'a rien prit, David, elles partagent un sentiment. Définir Chloé est assez compliqué. Elle est jolie, jeune, elle a un sourire du genre qui rend amoureux, elle est une boule de vie, c'est un oiseau libre, avec elle tout est simple, et je le crois dotée d'une intelligence brillante.

— Génial ! En plus elle est jolie, alors moi avec mon corps de mec mal foutu, je n'ai aucune chance, c'est clair ! Merde ! Enfin mince, pardon.

— À choisir entre toi et Chloé, je n'hésite pas une seconde, mais je suis un homme, pas Nancy. Cela dit, lorsque tu rencontreras Chloé, tu comprendras ce que je j'ai dit d'elle et tu ne pourras même plus lui en vouloir d'avoir gagné le cœur de Nancy.

— Là, ça m'étonnerait !

— Je parierais volontiers, mais cela serait de la triche, je le sais. Je ne pense pas qu'une personne censée puisse ne pas aimer Chloé. Tu es jeune, elle est un aimant et c'est un personnage, de ceux qui s'admirent. Tu succomberas. Je n'imagine pas que quelqu'un parvienne à se fâcher contre elle, car elle balance un sourire et elle est pardonnée et adorée. C'est injuste pour nous, parce que ce pouvoir ne nous est pas accessible, mais c'est en elle et elle sait s'en servir la mignonne, crois-moi. Elle gère et maîtrise avec maestria, la coquine !

— Alors pour ma Nancy, ce n'est pas gagné ! Ça me fait déjà mal.

— Je peux te suggérer un truc, pas pour guérir ou oublier la cause du mal, mais juste pour avoir moins mal, et j'ai rodé la méthode. Lorsque tu as mal à ta Nancy, imagine là heureuse et cela te réconfortera, car je suis certain que tu ne voudrais pas la voir pleurer.

— Jamais ! J'essaie tout de suite. Je l'ai vue danser, elle souriait et ressemblait à une fée. Je la voyais au ralenti. Je la revois autant que je veux, même les yeux ouverts. Vous êtes la première personne à me parler ainsi. Merci. C'est étrange la vie.

CHAPITRE 13 (Nancy)

Depuis qu'elle avait été prise en charge par le couple Magalie et Jean-Daniel, Nancy avait beaucoup changé, peu à peu, mais profondément. Jean-Daniel avait envoyé une équipe de déménageurs chercher ses affaires et les avait faites entreposer dans un conteneur chez un garde meuble pour éviter qu'une personne qui aurait suivi le camion n'arrive jusqu'à eux, mais elle ne voulait rien reprendre de son passé. Cette page de la vie de Nancy avait été tournée par ce couple qui avait croisé sa destinée sur un malentendu. Ils chargèrent un professionnel de vendre ce qui pouvait l'être. Elle avait changé d'apparence sous la tutelle de Magalie, de ses choix vestimentaires jusqu'à la couleur de cheveux qui s'était éclaircie, de la façon de marcher à celle de s'exprimer, de la manière de regarder une personne connue et inconnue. Elle était une autre. Avec son nouvel abonnement téléphonique et de messagerie, elle marquait sa volonté de rupture avec son passé qui n'avait plus de moyens pour la contacter.

Ils l'avaient installée dans les premières semaines chez eux, puis lorsqu'ils la sentirent plus solide, Magalie l'invita à prendre un thé dans la maison d'amis indépendante située au bout du bâtiment à réceptions. Magalie l'avait préalablement réaménagée et, après un papotage sur la terrasse, elle lui proposa de visiter la nouvelle décoration. Nancy s'émerveilla de tout ce qu'elle voyait, puis, alors qu'elles étaient assises sur le bord d'un grand lit, Magalie lui prit une main et y déposa un trousseau de clés en lui adressant un signe de tête complété d'un bisou sur la joue. Nancy s'était levée, hésitante, avait couru jusqu'à la porte d'entrée pour tester, puis était revenue à Magalie qui l'attendait, souriante. Nancy avait un logement. Alors, forcément, elle pleura en se calant dans les bras de son incroyable amie. Elle s'installa le jour même, avec l'aide de Magalie et Jean-Daniel. Grâce à cette autonomie retrouvée, elle put poursuivre la reconstruction de sa vie. Magalie l'avait introduite dans son univers privé et festif et formée à la seconder.

Nancy aidait à organiser et recevoir pour toutes les occasions. Elle était devenue, sans que cela ait été prémédité ou décidé, une sorte de gouvernante prenant d'elle-même en charge un nombre conséquent de tâches et de décisions, pour son plus grand plaisir. Nancy était parvenue à être acceptée par les amis et relations du couple sans s'imposer, et sa réussite n'était pas feinte, puisqu'au fil des mois, elle fut suffisamment appréciée pour que certains l'invite spontanément à l'extérieur et chez eux, y compris en dehors du couple. Pour les fêtes spéciales de Magalie, celles dédiées aux plaisirs, Nancy avait là encore su rester proche d'elle, en la secondant avec efficacité jusqu'à devenir le duo qui faisait que les soirées étaient toujours réussies, et où une liste d'attente secrète croissait, nourrie seulement par le bouche-à-oreille. Nancy avait dit à Magalie qu'elle saurait la surprendre en assumant, et elle avait tenu parole. Elle s'était à ce point investie dans les réceptions que certains invités demandaient si elle serait présente avant de venir. Elle les recevait au même titre que Magalie, privilège unique qui lui était profondément jubilatoire, et les intégrait dans la soirée en les aidant à se sentir à l'aise. Elle veillait à ce que personne ne reste isolé, à ce qu'il n'y ait pas d'écart de conduite. À l'instar de Magalie, elle participait aussi physiquement avec un plaisir toujours au rendez-vous. Là où elle avait pu et su s'investir plus encore que Magalie, qui avait des limites et contraintes à respecter du fait de sa position et de ses relations, c'était dans les soirées des deux sous-sols. Elle avait pris l'initiative d'en faire son univers au point que les habitués s'y sentaient chez elle, et que même Magalie attendait d'elle d'être prise en charge, comme les autres invités du niveau, ce qu'elles adoraient. Grâce à son savoir, elle pilotait ceux qui descendaient pour tenter de nouvelles expériences, coutumiers ou nouveaux, arrivant à se dépasser ou non, ou encore le gérant mal. Elle les accompagnait comme une amie de longue date, faisait preuve d'une douceur et d'un tel niveau de compréhension des ressentis qu'elle permettait à chacun d'assouvir et d'assumer dans un bien-être total. Elle organisait des soirées à thèmes qu'elle ponctuait de jeux et improvisait des séances de groupes festives. Elle brisa le mode de fonctionnement installé parfois par la force des choses et déjà acceptés, et qui faisait que les gens y étaient en couple, en trio, quelques fois à quatre ou cinq, mais toujours trop hésitants à solliciter ou s'offrir à un ou une autre du fait de la particularité des pratiques de ces étages. Depuis qu'elle était là, les connotations glauques dues principalement à l'embarras et aux portes qui se refermaient avaient disparu.

Tout y était partagé, à l'identique des autres niveaux, avec de la musique, des rires, des jeux, des défis et les rideaux des pièces spéciales n'étaient plus jamais fermés. Elle avait même établi quelques nouvelles coutumes que les participants appliquaient avec gourmandises. Ainsi, lors de leur arrivée, les nouveaux ne s'isolaient plus dans une pièce, en proie à l'embarras, mais étaient au contraire choyés et sollicités par tous. En fin de soirée, elle invitait systématiquement sur une estrade ceux qui avait emporté leur défi ou été particulièrement performants au profit de la communauté, ou qui avaient dépassé un blocage. Ainsi, elle restituait ces victoires au collectif. Ils étaient applaudis par tous avant de passer au verre de l'amitié. La difficulté n'était plus une honte ou un handicap, elle faisait partie du parcours initiatique normal des membres partageant un plaisir. Auparavant, son franchissement relevait de l'obligation inévitable, à présent la normalité était d'avoir à affronter l'obstacle, le succès salué était d'y parvenir. Les échecs qui subsistaient parfois étaient applaudis au titre du courage de la tentative, et l'invité était porté à en rire, facilitant un nouvel essai, ou un retour au niveau supérieur dans la bonne humeur. La présence de Nancy faisait que ceux qui avaient des pratiques qualifiées par la société bienpensante de déviantes, obscènes, honteuses ou ridicules, venaient pour les vivre en les fêtant et en les partageant, et ce n'était plus sordide, c'était aussi festif qu'aux niveaux du dessus.

Sa liberté d'être, associée à sa formation professionnelle tenue secrète par Magalie, faisaient merveilles et les invités ne pouvant la deviner se laissaient piloter avec un plaisir total. Certains bénéficiaient d'une véritable thérapie au fil des soirées. Elle donnait sans hésitation d'elle-même pour les aider, les guider, les rassurer, participait aux activités et jeux. Avec elle, hommes, femmes et couples parvenaient à se dépasser. Magalie en reçu une multitude de témoignages forts au point d'en être intriguée, car elle œuvrait aux autres niveaux. Beaucoup conditionnaient leur venue à sa présence et la plupart la recherchaient lors des réceptions suivantes avec impatience, certains avec l'angoisse de ne pas la trouver. À la demande de ses amis et invités, Magalie ajouta une seconde boîte à don à la sortie de chaque niveau. Ils y glissaient leur participation aux frais de la soirée et offraient également un remerciement anonyme à Nancy. Magalie n'avait pas révélé ces gestes à sa jeune amie, car craignant qu'elle ne les associe à ce qu'elle avait évité de justesse, à savoir la prostitution, mais aussi voulant lui en réserver la surprise lorsque la cagnotte serait conséquente.

Plus les divertissements étaient particuliers, plus les convives se montraient reconnaissants et généreux, car plus elle contribuait à leur permettre de s'épanouir. Ce qui, étant donné le milieu social de la grande majorité d'entre eux, se chiffrait de cinq cents à plusieurs milliers d'euros. Lorsque Magalie déballa les boîtes et comptabilisa ce qui revenait à Nancy, elle sourit, puis rit de plaisir et d'étonnement. La somme était simplement énorme. Elle la divisa en quatre et se rendit à sa banque pour ouvrir des comptes à Nancy et fit les dépôts.

Un jour, Nancy invita le couple dans sa maison. C'était une première importante. Elle avait tout préparé elle-même et les reçut comme jamais elle n'avait pu recevoir, sur la terrasse pour l'apéritif puis dans un séjour totalement dessiné par Magalie, donc génialement aménagé. La soirée se déroulait dans le partage du plaisir et la complicité. Ils parlèrent de leurs fêtes en commentant, racontant, riant. Magalie rompit avec le ton :

— Nancy, je voudrais te parler d'une chose particulière. Voilà quelques semaines que j'hésite, mais je pense que le moment est venu.

— Ah ! C'est au sujet de la fin de ma grossesse ?

— Tu as raison, nous en parlerons aussi, car il nous faut la gérer. Mais en temps voulu, donc pas ce soir.

— D'accord. Magalie, je peux comprendre que vous ayez une vie, et je suis consciente de mettre immiscée dans la vôtre. Vous avez fait pour moi déjà tant que ce n'est pas un souci, vous pouvez être rassurée.

— Sans doute, mais, de quoi parles-tu ? Je ne me souviens pas avoir laissé une chose en suspend avec toi.

— Non, rien. Je me plais beaucoup ici. Tout y est magique, mais je comprends que vous vouliez reprendre votre liberté, je peux partir.

— Tu veux nous quitter ? Mais, comment ça ? Tu t'es disputée avec Jean-Daniel ? Jean-Daniel, vous avez eu un différent ?

— Mais non, aucun, je te l'aurais dit.

— Tu as pris une gifle ! C'était le risque d'avoir une Nancy chez nous. Mais une bonne, même cuisante, si elle n'est pas volée, il n'y a pas matière à en faire un drame. C'est la vie, et il faut savoir en plaisanter.

— Une tarte ? Mais de quoi parles-tu, Magalie ? Pourquoi Nancy m'aurait-elle giflé ? Qu'est-ce que c'est que cette histoire !

— Je n'ai pas frappé Jean-Daniel, je vous l'assure, Magalie.

— Non mais, vous me dites ce que c'est que vos délires de claques, toutes les deux ?

— Rien, laisse tomber. Nancy, je ne sais pas ce à quoi tu penses, mais je n'ai aucune envie de te voir nous quitter !

— Tant mieux. J'ai eu peur. Je suis heureuse ici, avec vous, chez moi, dans ma nouvelle vie. Et je vous aime beaucoup.

— J'en ai mal au ventre, c'est malin ! Tu as de ces idées ! Donc je voudrais que tu prennes du recul et que tu acceptes ce qui suivra dans quelques minutes sans arrière-pensée, ni te méprendre, juste comme cela est, c'est-à-dire simplement. Par ailleurs, tu pourrais cesser de me vouvoyer, Nancy ?

— Vous tutoyer ? Mon Dieu, je ne suis pas certaine, je ne sais pas.

— Je n'oserais pas faire la liste de ce nous avons déjà partagé, toutes les deux, et tous les trois, parce que … j'en serais embarrassée ! Alors, un *tu* doit être possible, non ?

— Certes, mais vous êtes … J'ai pour vous un tel respect, une telle dévotion, admiration et reconnaissance que je ne suis pas sûre de le pouvoir, Magalie, mais ça me touche beaucoup. Cela dit, vous m'avez fait stresser avec ce changement de ton ! Je craignais une demande bien plus difficile !

Magalie se saisit de son sac, regarda Jean-Daniel qui n'était pas au courant, puis fixa Nancy :

— Je te restitue ta pièce d'identité que tu m'avais confiée.

— Merci, je n'y pensais plus.

— Moi non plus. Et voilà autre chose pour toi, un chéquier et une carte bancaire, à ton nom.

— Ah bon ? Mince alors, je suis confuse que vous ayez fait cela pour moi, c'est gentil. Magalie, vous l'ignorez, mais je n'ai jamais eu droit à ce petit bout de plastique, sésame de la vie moderne ! Il me reste à apprendre à m'en servir, après l'avoir alimenté !

— Voilà ton premier relevé de compte, Nancy, c'est là que j'espère que tu seras simplement contente.

La jeune femme prit l'enveloppe et l'ouvrit sans y prêter grande attention. Sachant que le solde ne pouvait être que de zéro. Elle le regarda par automatisme et se figea, puis fixa Magalie. Semblant douter, elle relut le document, devint pâle et fut prise de petits hoquets liés aux contractions de son diaphragme, comme si un malaise s'annonçait.

— Magalie, j'ai l'impression que Nancy se sent mal. Que faut-il faire ? Je la porte sur son lit ?

— Détends-toi, Nancy, respire calmement. Voilà dans cette enveloppe un autre relevé, car je t'ai ouvert un compte rémunéré, pour que tu puisses avoir une cagnotte avec des petits revenus complémentaires.

Elle prit le nouveau papier, tremblante, et le lut, en hoquetant une nouvelle fois, puis elle échappa un énorme flot de larmes en riant et s'évanouit.

— Nancy ? Eh merde ! J'ai pourtant essayé de prendre des précautions ! Nous voilà bien, j'appelle les pompiers, Jean-Daniel ?
— Mais non, ça, je sais gérer.

Il l'allongea, lui posa les pieds sur la chaise et lui tapota les joues. Nancy revint à elle, blafarde, en proie à une crise de larmes et avec une envie de vomir.

— C'est normal après un malaise, Nancy, ne panique pas.

Quelques minutes plus tard, elle était installée dans un fauteuil du salon et souriait timidement, toujours perturbée :

— Magalie, c'est quoi ces chiffres ? Je reprends mes esprits et réalise que c'est idiot de ma part, mais … en fait c'était un document publicitaire sur les ouvertures de compte ?
— Je t'avais dit que je te ferai changer de monde, c'est le début, Nancy, ta vie est sur la trajectoire du changement, il te reste à gérer ! Ce qui n'est pas toujours facile.

Magalie se leva, approcha une chaise et lui prit les pieds pour les faire reposer sur le dossier. Nancy avait les jambes en l'air et voulait protester, mais son amie la tenait fermement en place :

— Magalie, j'ai eu un étourdissement, certes, mais je suis en jupe, et il y a Jean-Daniel, quand même !
— Je vois et tu es une coquine ! Nancy, ces sommes sont ce qui est déposé à la banque à ton nom, pour de vrai.
— Oh mon Dieu, j'ai la tête qui tourne encore.
— Mais tu ne peux plus t'évanouir. Respire et soit heureuse.
— Mais enfin, ce n'est pas possible, Magalie, vous ne pouvez pas faire cela, je dois en parler à Jean-Daniel. Pardonnez-moi, mais je pense que vous ne vous rendez pas compte !
— Bon ! Je pensais que tu me voyais autrement que comme une fofolle !
— Mais oui, non, ce n'est pas ce que je veux dire, mais … enfin ! C'est plein de zéros !

— Il se trouve que nos amis, ravis des secondes parties de soirées, ont tenu à ce que je dépose une cagnotte pour toi, et certains ont donné beaucoup. Tu as des fans, ma grande. Et ce à chaque fête, depuis quelques mois. Alors si tu comptes le nombre d'invités et de réceptions, en intégrant que dans ce milieu les sommes ne sont pas les mêmes que dans ton ancienne vie, tu obtiens ce genre de valeur. Je désirais t'en faire la surprise.

— Alors c'est vrai ! Je suis riche ! Me voilà fortunée, moi ! Je pourrai offrir un futur à mon bébé, et je ferai ... je ne sais pas quoi. Je suis déjà plus que comblée ici, mais c'est fou.

— J'ai une seconde enveloppe pour toi, Nancy, elle est au nom de ton fils, pour son avenir, tu pourras en ajouter de temps à autre.

Elle blêmit à nouveau. Jean-Daniel prit les devant et lui fit avaler un verre d'eau en demandant à son épouse de quelles sommes il s'agissait. Nancy lui donna les deux relevés et l'observa, semblant attendre qu'il décide s'il les reprenait ou non.

— Ah quand même, ça fait un capital coquet, je comprends ton émotion, cent mille euros ! Joli magot, te voilà un parti qui sera convoité. Si je peux te donner un conseil, ne le dis à personne, ça fausse tout.

— J'entends. Jean-Daniel, vous les reprenez, ou ... ?

— Mais, puisque Magalie te dit que c'est à toi ! C'est quoi ta question ! Je ne suis pas un monstre, ça alors !

— Nancy, si tu pouvais éviter de te trouver mal, tu pourrais en profiter pour rire, ou mettre de la musique, ou nous faire un bisou ... Voilà la dernière enveloppe.

— Mon Dieu, mais c'est des billets, pleins de coupures ! Il y a combien, Magalie ? Jamais je n'ai vu cela, même pas le quart !

— Tu as cinquante mille en espèces pour ton quotidien et les achats que tu ne veux pas laisser identifier, pour tes secrets ! Une précision importante, Nancy, ces contributions sont anonymes, comme celles que je perçois. Tu ne dois pas en parler, et dans ce milieu et surtout dans nos réceptions, tu n'y fais jamais allusion, même pour dire un merci ou être reconnaissante. Tu restes Nancy, souriante, prévenante et spontanée. Ni plus, ni moins. Sauf si tu décides à présent de partir !

— Je sens l'explosion imminente, sinon je pète un câble, ou je deviens folle. Je mets un rock et nous dansons. Il faut que je décompresse.

— Il ne veut pas que je le dise, mais c'est un super danseur ! Jean-Daniel, tu nous invites ?

Elle mit une musique entraînante, commença à se trémousser seule, ondulant des hanches et faisant des mouvements de balancier avec ses bras en l'air. Elle avait les yeux fermés et souriait. Elle tendit une main à Magalie, l'autre à Jean-Daniel et ils dansèrent tous les trois. Elle riait comme une enfant et les couvrait de bisous, puis se remettait à onduler et à sauter. Jean-Daniel se lâcha et ils se démenèrent jusqu'à la nuit. Le lendemain, elle disparut tôt et revint le soir, frappa à la porte avec énergie et leur fit une bise affectueuse :

— Voilà, jamais je n'ai pu vous faire un petit cadeau et j'ai vécu de votre argent chaque jour, pour tout. À présent que je suis une nantie … c'est terminé ! Pour commencer, j'ai consacré ma journée à chercher comment vous remercier. Je voulais vous inviter au restaurant, mais je préfère que nous restions entre nous, donc ce soir, vous viendrez chez moi, car j'ai cuisiné avec des ingrédients d'une autre qualité qu'hier. Je descends et vous attends. Dans dix minutes précisent, s'il vous plaît.

Parée d'un sourire continu, elle leur servit des mets raffinés en expliquant, comme s'il ne connaissait pas, les préparations, les mélanges et les particularités. Elle parvint à élargir son rictus de plaisir lorsqu'elle revint de sa chambre avec des paquets cadeaux.

— Je voulais que vous soyez les premiers de ma vie d'adulte à qui j'offrirai un présent. Jamais je n'ai pu réaliser ce geste magique. Et ceux-là resteront dans mes souvenirs, car les prochains ne seront que d'autres. J'ai pleuré en les choisissant ! Magalie, j'ai essayé de trouver une chose qui puisse être pour vous représentatif de ce que vous êtes pour moi, mais votre mari vous gâte à outrance, alors c'est difficile ! Jean-Daniel, vous symbolisez l'homme parfait, celui que je voudrais cloner pour vous avoir à moi. Jamais je n'oublierai le secours que vous m'avez porté un jour terrible sur un trottoir, alors que vous auriez pu comme les autres, tourner la tête, ne pas prendre de risque et me laisser à mes problèmes. Et votre épouse vous chouchoute beaucoup, ce n'est donc pas facile non plus, surtout pour mes débuts en la matière.

Ils lui sourirent, protestèrent, car ils étaient embarrassés qu'elle dépense son argent pour eux, mais ne voulant pas gâcher son plaisir, ils attendirent avec une satisfaction affichée. Elle remit un premier cadeau à chacun qu'ils ouvrirent en même temps. Magalie découvrit dans un coffret en bois une boîte à musique en porcelaine, en forme de cœur, accompagnée d'un certificat d'authenticité la datant du dix-huitième siècle.

Jean-Daniel déballa un cadre mettant en valeur un croquis architectural dessiné et signé de la main du baron Haussmann. Touchés, ils se levèrent et la prirent chacun dans leurs bras. Elle frappa dans ses mains pour libérer sa tension, puis, ne pouvant attendre davantage, remis le deuxième cadeau.

— Le premier était pour ce que vous êtes pour moi, le second est impulsif, un petit délire pour mes … mes amis !

— Que c'est doux à entendre, Nancy ! Magalie et moi attendions que tu nous offres délibérément ton amitié, en la précisant explicitement, et nous l'espérions, avec force ! Merci. Alors tu ne dois pas hésiter à l'exprimer, nous sommes tes amis, tu es la nôtre, la plus … tout !

— J'ajouterais à ce que tu dis, mon adorable mari, qu'étant donné ce que nous partageons d'intime avec Nancy, c'est plus qu'une amie. Je ne connais pas un mot qui définisse ce qui nous uni, mais je suis heureuse que nous ayons croisé ta route. Sur un quiproquo ! Ce qui reste la preuve que nous avions une destinée. J'en suis convaincue.

— Alors je voudrais savoir en toute transparence, avec la sincérité due aux amis, si, bien que je sois à l'abri du besoin, je pourrais … Vous m'aidez, s'il vous plaît ?

— Tu veux, ça y est ? Nancy, je te l'ai dit, tu es libre, et tu peux partir ou prendre ce qui pour toi sera sans doute ta liberté. J'en serai peinée, mais heureuse, car je sais que nous sommes pour quelque chose dans ta renaissance.

— Magalie, ce n'est pas ça ! Mais alors, pas du tout ! Jean-Daniel ?!

— Tu peux rester avec nous, Nancy, rien ne nous ferait plus plaisir, et pour les soirées polissonnes de Magalie, tu décides seule, de continuer ou pas, et de choisir dans quel contexte tu y viendrais, invitée, amie ou coorganisatrice.

— Mais voilà ! C'est ce que je voulais dire, merci Jean-Daniel. Je voudrais rester avec vous, malgré mes sous ! Et je souhaiterais que Magalie continue de me laisser participer à ses côtés à l'organisation des réceptions. C'est la chose la plus riche que je n'ai jamais faite. C'est comme si j'avais ouvert mon cabinet, mais géant, vivant et novateur. Pas de théorie calée dans un fauteuil, que de l'application pratique et en temps réel. En restant aux côtés des gens qui ont besoin de moi, je peux adapter, reprendre, changer, pondérer ! À chaque soirée, je m'enrichi de l'équivalant de plusieurs années d'expériences. Et mon bébé, il serait tellement bien, ici, et en sécurité ! Comme sa maman.

— Je ne voulais pas te le demander, Nancy, car je tiens à ce que tu te sentes libre, et non redevable. Mais mon Dieu, que j'avais peur que tu aies l'envie de partir, mon Dieu que je le redoutais. Alors malgré ton argent, tu ne nous quittes pas ! Même en pouvant t'en sortir sans ce duo rencontré par hasard avec de coupables pensées à oublier, tu restes avec nous ! Je suis comblée et flattée. Est-ce que tu insinuerais que … tu nous aimerais, un peu, et pour de vrai ?

— Je ne peux pas trop dire cela, Magalie, vous êtes un couple, formidable, et jamais je ne voudrais être une source de difficultés. Mais ma réponse est oui, chacun autant que votre duo, et dans tous les sens du terme, je vous aime ! Je vous l'ai dit une fois, n'en parlons plus.

— Magalie, que veux-t-elle dire ?

— Je n'ose y croire, Jean-Daniel, mais je crois que notre Nancy vient de nous faire une déclaration amoureuse !

— J'avais demandé que nous n'en discutions pas, c'est embarrassant ! Je vous aime du même sentiment que celui que j'ai éprouvé pour mon premier amant. Mais c'était un idiot qui m'a abandonnée avec mon bébé. Alors oui, j'adore faire l'amour avec vous, la fête avec vous, vivre avec vous … et notre amitié me comble. J'ai une telle affection pour vos enfants qu'ils sont pour ainsi dire de ma famille, et … après tout, je me lance. Magalie, Jean-Daniel, je vous aime. Je parle d'amour, celui des sentiments qui sert mon cœur. Je suis embarrassée. Vous pourriez ouvrir vos cadeaux !

— Je suis émue. Tu m'offres le plus précieux de tous, Nancy. Je ne peux pas dire merci, cela serait stupide, mais sache que c'est partagé.

— Je reprends mot pour mot la réponse de mon épouse, Nancy. Et je suis incroyablement content.

Ils défirent les paquets pour endiguer le flot d'émotions et baisser leurs yeux rougis. Nancy pleurait encore une fois, en souriant et sans pudeur avec ses amis. Jean-Daniel se redressa et observa Nancy avec son regard plein de larmes retenues, puis soudainement sérieux :

— Nancy, comment as-tu pu te procurer un tel livre ! C'est impossible, c'est d'une rareté inouïe et d'un prix exorbitant ! Et je suis certain que personne n'avait cela dans la région.

— Vous êtes content ? C'est un beau présent ? J'ai réussi ?

— Si c'est un cadeau ! Que oui que c'en est un, merveilleux, mais totalement déraisonnable ! Et je suis aussi impressionné que touché ! Merci beaucoup, Nancy.

— Je suis partie de bonne heure ce matin, j'ai pris l'avion pour la première fois et je me suis rendue à Paris. En plus, toute seule ! J'ai découvert des quartiers merveilleux, mais je n'y vivrais pas ! C'est donc ainsi que j'ai trouvé cette pièce qui m'a été vendue avec un certificat que voilà, elle est unique. Ce livre est dédicacé par Jules-Vernes en personne, et c'était une édition de luxe, avec une reliure faite à la main. Je suis super contente !

— À Paris aujourd'hui ! Pour mon cadeau, alors là, Nancy, tu es magiquement folle.

Jean-Daniel se leva et sans hésitation prit dans ses bras la jeune femme, émue, puis il lui fit deux gros bisous. Magalie finissait d'ouvrir la boîte :

— Nancy, c'est magnifique ce que tu as trouvé, ça ressemble tant à une pièce historique que cela a dû te coûter une fortune.

— Magalie, c'en est une, une vraie ! J'ai été secourue, certes par vous deux, mais je suis une femme et vous êtes en couple, alors ce que vous consentez pour moi en est juste plus extraordinaire. Vous m'avez accordé une confiance absolue et ouvert la porte du foyer conjugal en ayant un mari aussi formidable que Jean-Daniel. Voilà le certificat d'authenticité. Vous êtes contente ? C'est un beau cadeau pour vous ?

— Mais enfin, Nancy, ce n'en est pas un, c'est un trésor ! Jamais tu n'aurais dû m'offrir un tel présent, je suis si gênée ! C'est la plus belle pièce de ma collection. Elle est admirable.

Magalie se leva à son tour et la prit dans ses bras pour lui faire quatre gros bisous. Jean-Daniel, qui n'en avait échangé que deux protesta avec humour, alors son épouse le regarda en souriant et en plus déposa un baiser sur la bouche de Nancy qui était ravie :

— Ne soyez surtout pas gênée, ne gâchez pas notre plaisir. Je ne savais pas si maintenant que je peux partir, car je ne suis plus dans le besoin, vous me garderiez, alors je voulais trouver une chose pour chacun susceptible de figurer en bonne place, pour que vous la voyez souvent, ce qui provoquera une pensée pour moi, même dans longtemps ! J'ai découvert cet automate, toujours à Paris. Il est en état, Magalie, le spécialiste l'a fait fonctionner devant moi. C'est magique. Il a été conçu par l'horloger d'un grand roi !

Ils se levèrent et la prirent à nouveau dans leur bras. Ils étaient tous les trois heureux et rassurés de pouvoir poursuivre cette relation en harmonie totale.

Le couple s'en retourna dans sa maison avec les précieux cadeaux et les mirent dans les vitrines immédiatement, encore surpris de ce qu'avait su offrir la jeune femme. La vie de Nancy était changée à jamais et celle de son enfant qui démarrerait sous peu aussi. Elle ne pouvait espérer mieux. La seule petite chose qui la chagrinait était de constater être devenue un cœur d'artichaut depuis qu'elle vivait une vraie vie. Elle aimait Magalie et Jean-Daniel, mais aussi Chloé et sentait poindre un nouveau sentiment amoureux pour David. Cela faisait beaucoup, mais elle était pourtant sincère, et elle avait une profonde envie de vivre et de laisser libre court à sa capacité d'aimer. Toutefois, comment allait-elle gérer cette situation ! Sa connaissance de la psychologie lui permettait de rester sereine, mais elle était néanmoins débordée par l'abondance. David souhaitait la revoir dans les prochains jours, Chloé voulait l'emmener en voyage, alors qu'elle désirait demeurer avec le couple. À qui pouvait-elle demander conseil ? Y en avait-il seulement un de possible ! Elle en doutait et savait que personne ne saurait décider à sa place, mais le besoin de se confier se moquait parfois de cette précision. Dans un univers merveilleux, elle vivrait avec les quatre, mais ici, cela n'était pas possible. Chloé était d'une nature trop entière, David vivait encore dans un monde qui lui appartenait et il était en relation avec Yann, quant au couple, il en était justement déjà un ! Et puis il y avait son bébé, sa mini famille, et elle devait composer avec son avenir. Il y a peu, elle pensait ne pas pouvoir le nourrir et à mourir, à présent elle réfléchissait à ce qui serait le mieux pour lui, et non le moins pire ! De cela, elle était intégralement redevable au couple. Son environnement sentimental était compliqué, mais pour autant, il était un privilège inouï et elle en gardait la conscience. Elle considéra que le plus simple était de laisser la vie progresser avant de décider, mais elle savait par formation que c'était le pire des choix, car elle prenait des risques. Alors à défaut d'être à même de se projeter, elle se fixa une date butoir au-delà de laquelle elle serait contrainte de dire à chacun ce qu'il en était. Dans trois jours, des amis invités à une soirée de Magalie arriveraient pour une journée exceptionnelle, débutant en fin de matinée pour finir le lendemain à la même heure. Non seulement il était hors de question qu'elle fasse défaut à Magalie, mais, en plus, des invités qu'elle connaissait maintenant intimement et affectueusement comptaient sur elle, et à eux non plus elle ne voulait pas faire faux bond.

Elle était d'ailleurs sincèrement contente de les revoir et même impatiente pour quelques-uns. À ces informations et ces sentiments s'y ajoutaient une combinaison de libido et de rapports humains.

Dès le lendemain, elle commença les préparatifs avec Magalie qui, tout en s'activant, lui donnait les consignes et recommandations pour gérer les invités, ce qu'il fallait encourager ou éviter, ainsi que la gestion des heures selon les phases de la réception. Il y aurait entre soixante à cent-cinquante personnes présentes en permanence au fil des arrivées et départs, pour un total de trois-cent-quarante invités sur la journée et la nuit, et tout devait être impeccable. Magalie recevait pour son plaisir, celui de ses amis, mais aussi cette fois pour le travail de Jean-Daniel, car l'incident de la construction fissurée lui avait porté préjudice et ils communiquaient énormément sur la gestion de ce sinistre, n'hésitant pas à lancer nombre d'invitations à l'inauguration du nouveau concept de résidence à laquelle assisteraient plusieurs personnalités, comme le président de région, mais aussi de gros investisseurs, deux ministres et des journalistes, en présence de la télévision nationale. Il s'agissait d'une fête, mais d'une importance qui serait une première dans l'histoire du domaine de Magalie. Elles prirent toutes les deux rendez-vous dans des salons sélects où Magalie pouvait venir à l'improviste, mais elle avait demandé pour le milieu de matinée des soins particuliers pour qu'à l'arrivée des premiers invités, elles soient sereines sur leur apparence afin d'être concentrée sur les arrivants. Et c'était aussi pour être jolies, car l'une et l'autre aimaient en profiter pour briller.

La veille au soir elles se sentaient prêtes, les rôles étaient partagés et la gestion des imprévus organisée. Magalie encadrait le personnel des trois traiteurs, Nancy celui de service et d'accueil. Elles avaient même géré leurs pauses toilettes pour qu'elles ne soient pas une brèche où un impondérable s'engouffrerait. Magalie était venue chez Nancy avant la nuit pour une dernière répétition, mais aussi pour se confier à son amie qui s'en trouva touchée :

— Nancy, je veux t'avouer une chose que tu ne dois révéler à personne. Cette réception est vitale pour Jean-Daniel, l'erreur commise dans la gestion de l'étude des sols lui a porté un tort considérable et il compte énormément sur nous pour l'aider. Il ne veut pas que je t'en parle, car il te considère encore trop fragile pour supporter une pression comme celle-là, en plus de la fatigue qui sans doute s'ajoutera assez vite. Et puis surtout, il y a ta grossesse. Je pense égoïstement que tu es solide et peux gérer.

— J'espère vous étonner, Magalie, et … j'y crois !

— Nancy, c'est la faillite qui le menace.

— Oh non ! Hors de question.

— Nous formons un duo efficace pour recevoir et animé, et sincèrement, je nous pense brillantes tellement nous nous complétons et savons communiquer même en étant débordées de toutes parts. Mais cette fois, c'est un service que je te demande, immense sur tous les plans. Toutefois, Nancy, entend moi, ce n'est pas un ordre, ni une contrainte, ni une condition … Non, surtout pas, mais une faveur excessivement importante.

— Je peux le faire sans aucun souci, Magalie, et c'est mieux de m'avoir révélé ce contexte spécial. Je serai d'autant plus vigilante et motivée, je te le promets. Ta Nancy déchirera et fera date dans l'histoire des réceptions de ton domaine !

— Merci ! Alors demain, je me donnerai sans compter, et je voudrais que tu en fasses autant, soit éblouissante, rayonne, enfin … fait ce que tu sais faire … Excuse-moi, c'est le stress. Il nous faudra être partout à la fois en restant performantes, classes mais pas pédantes, que chacun se sente reçu avec une attention particulière et puisse en profiter pour nouer de nouvelles relations pertinentes. Tu connais la liste des participants et des tâches par cœur, interviens avec tes trippes. Et pour le cas où nous n'aurions pas l'occasion de nous concerter suffisamment une fois la journée lancée, gère selon ton ressenti, fais toi confiance. Si le doute te retire le pouvoir de décision, pense à ce que je ferais, et fonce. Et si tu te plantes, pas de panique, tu manages, tu assumes, tu t'excuses, tu décoches un combiné sourire/regard qui ébouriffe, mais sois une bête de travail et une femme magique que personne ne puisse oublier. Pour la nuit et seulement si tu t'en sens capable, j'aurais aussi besoin de toi, s'il te plaît ! Je suis pénible, confuse, et j'exagère outrageusement, alors pardonne-moi, mais si tu ne pouvais pas, ça serait une catastrophe ! En plus, dans le lot des invités de la journée nous retrouverons quelques habitués de la nuit, mêlés, à ceux qui ne sont même pas au courant !

— Ah ! Il faudra ouvrir nos oreilles et nos yeux !

— Je suis morte de trouille à l'idée qu'un non initié, ou pire, un non désireux, descende avec les autres ! Nous aurions un scandale, et dans ce milieu et étant donné les invités … cela virerait à la catastrophe et pour Jean-Daniel, ça serait peut-être le coup de grâce !

— Je livrerai le meilleur de moi, Magalie, détendez-vous, je gérerai. Pour la partie nocturne, je vous propose de vous concentrer sur l'accueil et le rez-de-chaussée. Vous filtrez. Vous délivrez comme consigne aux entrants que même pour les seins nus, il faut attendre mon accord ! Danses, bisous, rien d'autres. Magalie, il faudra que vous soyez ferme. Ceux qui sont ingérables, vous les expédiez à l'étage, ce n'est pas un choix. C'est compris ?

— Oui, bonne initiative. Merci. Tu m'aideras, c'est ça ?

— Bien sûr. Et il n'y aura aucun souci. Je prendrai et gèrerai les niveaux bas, comme d'habitude. Mais aussi l'étage. J'ai mon idée et je suis tranquille. Je sais que parmi les invités je pourrai donner à quelques-uns l'occasion d'augmenter leurs plaisirs en les chargeant de petites missions pour m'assister, voire me suppléer. Ils en redemanderont et décolleront du plancher. Vous me laissez faire.

— Seule pour tout ! Je ne ferai que le rez-de-chaussée ?

— Oui, c'est mon plan de travail. Vous aurez à gérer ceux de la journée qui voudront juste s'encanailler, puis il y aura les habitués qui s'échaufferont avant de changer d'étages, et quelques-uns qui s'infiltreront en douce, décidés à tenter l'expérience pour la première fois. Il ne s'agit qu'ils gâchent la journée pour une tentative et/ou pour le choix hasardeux d'un niveau qui ne serait pas pour eux. Pour le démarrage, et avant l'ouverture des étages, je vous assisterai durant une trentaine de minutes, puis je solliciterai certains habitués pour qu'ils prennent en charge les perdus, les paniqués, et qu'ils participent à la création de l'ambiance nécessaire à une animation festive. Vous ciblerez les novices et vous mettrez le paquet sur eux. Surtout, Magalie, je vous le demande avec insistance, soyez douce mais ferme ! Renvoyez sans ambiguïté les hésitants en les conviant à une autre soirée, je compte sur vous pour cela. Quant aux habitués, ils se débrouilleront même s'ils sont peu accompagnés, ce n'est pas une difficulté. Ensuite je disparaîtrai dans les étages, mais ce n'est pas votre souci. Demain, pour le moins deux, je ne prendrai que les expérimentés, pour les autres, ce n'est pas le soir, je leur fixerai un rendez-vous.

— D'accord, Nancy, je suivrai tes instructions. Merci. Tu as raison, je dois me concentrer sur les curieux qui s'infiltreront. Heureusement que tu es là. Pour les enfants, tu n'as aucun souci à te faire, la nounou arrive dès ce soir. Ensuite, Nancy, repos pour toi jusqu'à ce que ton ventre soit rond à péter, puis plat comme celui d'une adolescente. D'autrefois, certes ! Et je te dorloterai.

— Merci. Filez-vous coucher, Magalie, une femme avec des cernes n'est pas celle qui brillera demain. Et avalez un cachet léger. Idem pour Jean-Daniel, qu'il ne nous pique pas une rogne en pleine réception !

— C'est la première fois que j'ouvre mes fêtes au travail de Jean-Daniel et c'est paniquant. Mais il a besoin de nous.

Le lendemain arriva trop vite. Nancy fut rapidement dans les salons de soins avec Magalie, où elles furent traitées comme des princesses et en ressortirent massées, épilées, coiffées, maquillées et parfumées. Puis elles enfilèrent leurs tenues, ajustées sur elles avec un soin remarquable. Elles se regardèrent et se sourirent, car elles partageaient le plaisir de se voir si belles et de se sentir si bien.

Elles accueillirent ensemble les premiers invités et les accompagnèrent jusqu'à Jean-Daniel. Elles participèrent au démarrage des conversations puis s'éclipsèrent pour en accueillir de nouveaux, et, à partir de cet instant, tout s'enchaîna comme prévu, mais à un rythme effréné. Elles se croisaient de temps à autres et se trouvaient rassurées de voir que sa partenaire était brillante, élégante et semblait maîtriser son environnement. Nancy utilisa pleinement ses compétences professionnelles et pour la première fois en dehors des soirées dédiées aux plaisirs. Elle usait aussi de ses nouveaux acquis liés au contact et au charme, enseignés par Magalie et perfectionnés par la pratique. En accompagnant ceux qu'elle recevait jusqu'auprès de Jean-Daniel, elle affichait clairement sa différence d'avec le personnel de réception et se positionnait comme la plus proche du couple. Jean-Daniel jouait le jeu en ce sens et ne manquait aucune occasion pour s'adresser à elle d'une façon ne prêtant pas à confusion. Il la tutoyait, lui demandait comment gérer ceci ou cela, ce qui lui permettait de montrer qu'elle faisait partie du même cercle que le couple, donc, de facto, ils étaient trois à recevoir. Lorsque certains arrivants appartenaient au petit monde des personnalités et des amis de fins soirées, nombreux venaient à elle spontanément avec un large sourire et les bras ouverts, sous le regard des invités, et lui faisaient la bise en l'appelant par son prénom, elle d'en faire autant naturellement pour leur plus grand plaisir. Ce cérémonial confortait son statut tout en permettant à ces convives de se démarquer au travers ce geste éminemment intime. Elle adorait cela. Cette position était encore une découverte, mais il lui convenait à merveille et elle espérait déjà ne plus l'abandonner. Son aisance et son plaisir était perceptible tant elle rayonnait, et elle participait pleinement à la réussite de la réception.

Juste avant le déjeuner, Nancy décida que Jean-Daniel devait présenter le nouveau concept de l'entreprise aux journalistes, ce qu'il fit, avec applaudissements à la clé. Elle leur fixa un rendez-vous en les assurant de la primeur du reportage sur site puis prit l'initiative de les raccompagner afin de permettre à l'assemblée de se détendre. Lorsque vint la pause musicale, en début d'après-midi, Nancy perçut un trouble qui menaçait de s'infiltrer et d'interrompre la décontraction ambiante.

Elle l'identifia aisément, mais elles n'avaient rien prévu de particulier pour cet instant. Refusant la moindre latence dans l'animation, elle fonça vers le disc-jockey pour s'équiper d'une oreillette micro qu'il connecta sur la sonorisation, puis elle prit l'initiative impulsive de s'approcher de Jean-Daniel en adressant un sourire complice à ses interlocuteurs et de le tirer par la main en souriant jusque sur une partie de la terrasse presque dégagée.

Les regards se posèrent sur elle et, sans le lâcher, elle se mit à danser avec un sourire charmeur. Un cercle se forma pour l'observer, et pour l'admirer, car elle était aussi belle que désirable. Déstabilisé quelques instants, car surpris, Jean-Daniel hésita, mais elle le fixa de telle sorte qu'il comprit que ce n'était pas un choix. Il inspira discrètement et releva le défi de danser avec elle, seuls au milieu d'une boucle humaine et huppée qui s'étoffait au fil des secondes. Après une minute, elle tendit une main en passant à proximité d'une femme, qu'elle savait être capable de gérer pour l'avoir vu à l'œuvre la nuit, et la plaça dans les bras de Jean-Daniel, puis la démarche aussi charmeuse que son sourire et son regard, elle se saisit de la main d'un homme, un investisseur important qui ne put à son tour qu'obtempérer, tant refuser une danse à une si jolie cavalière aurait été déplacé. Il se laissa faire, gêné durant les premiers pas, mais l'œil devint rapidement charmeur. Lorsqu'elle le sentit se détendre, elle choisit de la confier à Magalie, spectatrice ébahie comme les autres, ce qui fut loin de déplaire à cet homme. Elle tournoya ainsi jusqu'à ce que le nombre de danseurs soit suffisant pour s'auto alimenter et ne pas se désamorcer.

Dans l'élan, elle partit à la chasse à ceux qui mourraient d'envie de rejoindre la piste improvisée, mais qui ne l'oseraient pas. Elle les identifia sans qu'aucun ne lui échappe, hommes, femmes ou couples, et les intégra dans le jeu musical propice à la libération de la retenue et à la communion par l'expression corporelle. Mais elle ne s'arrêta pas pour autant et, sur un morceau adapté, sa voix se fit entendre dans les hauts parleurs.

Elle s'improvisa modèle à suivre pour faire des pas de danses de groupe, afin de contraindre chacun à prendre l'autre par les mains, les bras, la taille, puis commanda les changements de partenaires, provoquant de nouvelles relations malgré les inhibitions. Après quoi, elle lança des défis sous formes dansantes et les rires arrivèrent. Les convives dansaient, tapaient dans leurs mains en rythme et riaient, parfois aux larmes. Elle profita de la dynamique pour mettre en avant d'un appel par le prénom chacun des invités, qui devait se placer prêt d'elle pour exécuter un pas de danse face au groupe, qui l'imitait, mais en scandant le prénom du volontaire désigné jusqu'à ce qu'il y parvienne aussi. Elle chercha du regard Magalie, mais celle-ci dansait et riait autant que les autres, elle était invitée.

En quelques dizaines de minutes, Nancy avait improvisé et imposé une ambiance transformant la réception en une fête d'une convivialité si forte que l'amitié prenait la place du guindage. Elle donna des instructions au disc-jockey et organisa un nouveau divertissement. L'ambiance étant lancée, elle réduit sa prise en charge pour se concentrer sur les plus timides et les personnalités à risques. Elle fit mettre tout le monde en rangs, à la mode country, fit face au groupe et montra un pas, puis un second, jusqu'à un enchaînement. Elle invita auprès d'elle à tour de rôle quatre à cinq danseurs qui partageaient la félicité d'être regardés par tous. Leur plaisir était si manifeste que certains riaient et s'applaudissaient eux-mêmes, ou tombaient dans les bras du partenaire improvisé. Un des effets secondaires fût que le nombre des invités augmenta rapidement, car il n'y avait pas de départs, alors que les arrivées se poursuivaient. Une autre conséquence fut que les cravates se desserrèrent et les vestes posées. Emportée par le côté festif, Magalie laissait une grosse part de son travail à Nancy, sans même s'en rendre compte. Le couple faisait merveille au milieu des invités tant leur plaisir était communicatif, permettant à de nombreuses relations de s'établirent.

Nancy confia le relais à des amies des fins de soirée extraverties et s'éclipsa discrètement pour recevoir les nouveaux.

Elle organisa quelques cercles de discussion en fonction des affinités et exfiltra Jean-Daniel du stage country pour le conduire et l'introduire dans un groupe d'échanges, puis le changeait de place et de conversation lorsqu'elle pressentait que le moment était propice ou nécessaire. Elle fit chercher Magalie et la pilota à l'identique.

Dorénavant, elle était la maîtresse de maison et de cérémonie, et la réception était devenue sienne, exclusivement et officiellement aux yeux de tous. N'ayant pour l'heure pas enregistré un seul départ, elle demanda au traiteur de doubler d'urgence le nombre de repas pour le soir. Le buffet fut dressé et les gens mangèrent en continuant sur leur lancée. Nancy profita des pauses restauration pour promener Jean-Daniel auprès de certains, Magalie pour d'autres, et elle-même avec ceux qu'elle devait gérer au plus près.

Lorsque les départs s'amorcèrent, la nuit était avancée bien au-delà des prévisions. Beaucoup lui remirent leur carte de visite en lui demandant de les contacter sans faute. En se faufilant parmi les uns et les autres, Nancy proposa discrètement aux habitués de poursuivre la soirée dans l'endroit plus discret qu'ils connaissaient, en les chargeant d'inviter ceux de leurs amis qui étaient dans la même attente. Elle prit Magalie à part, l'envoya dans sa chambre changer de tenue et s'apprêter pour la seconde partie, lui demanda de se rendre à la longère afin d'accueillir les convives qu'elle lui enverrait et d'enchaîner la soirée sans rupture de rythme. Jean-Daniel saluait les derniers invités. Le vide se faisant, ceux, les attardés prirent congés naturellement. Chaque participant remercia Nancy au même titre que le couple d'hôte. Elle se rendit rapidement chez elle pour se préparer à son tour, puis remonta réceptionner ses invités pour la nuit, choisis par elle en fonction des prévisions afin d'équilibrer les festivités nocturnes. Lorsqu'elle arriva dans la grande salle, elle était bondée, avec Magalie ravie, mais en effervescence. Elle fut soulagée de la voir et lui sourit. Nancy fit monter le volume de la musique, s'entoura des amies prévues pour contribuer à l'animation, quitta sa veste pour révéler sa nouvelle tenue d'un érotisme chic, dévoilant tout sans rien montrer, et se faufila jusqu'à Magalie. C'est contre elle qu'elle se trémoussa en rythme, souriante et provoquante. Le ton de la fête était posé et elle fit danser à nouveau plus de la moitié des personnes présentes, en pilotant ses complices qui participèrent à la gestion de la soirée. Les vêtements commençaient à glisser doucement, les peaux s'offraient, des femmes s'exhibèrent en restant sur la retenue, à la demande de Nancy qui intervenait à chaque fois que nécessaire. Magalie tenait sa mission auprès des nouveaux participants et les pilotait adroitement pour qu'ils puissent participer comme ils l'espéraient. Nancy les testa rapidement et conseilla à Magalie d'en éconduire une petite dizaine, en les invitant à une soirée plus confidentielle.

Une heure plus tard, Nancy autorisa un effeuillage en le pratiquant elle-même sur une amie, exhibitionniste confirmée. Elle fit ouvrir l'étage qui se remplit rapidement, puis l'accès au premier sous-sol et les initiés s'éclipsèrent discrètement, elle aussi.

Après une cinquantaine de minutes, elle déverrouilla porte du dernier niveau. La nuit était lancée, les sens étaient exacerbés, les instants devinrent intenses, et les montées et descentes d'escaliers nombreuses pour Nancy.

Le matin était là lorsque les deniers invités se retirèrent. Nancy réveilla un couple qui partit après l'avoir embrassée et câlinée, puis elle ferma les sous-sols. Elle retrouva Magalie assise dans un fauteuil crapaud de la grande salle, seule, épuisée et béate. Elle ne dit rien et monta faire une inspection dans les salons, réveilla deux autres couples qui prirent congé ravis et apaisés, puis elle s'assit près de Magalie :

— Ils sont tous partis. Il faut rejoindre Jean-Daniel et dormir, Magalie. Je ne l'ai pas vu ce soir. J'espère qu'il n'a pas eu de souci.

— Il était hors-jeu, il n'a fait que passer pour m'informer qu'il préférait rester à la maison. Nancy, tu as été génialissime, une grande dame ! Je suis trop fatiguée pour dire mieux. Je veux me coucher, tout de suite. Mais je n'ai plus la force de traverser le parc. Tu me ferais une place chez toi ?

— Je risque de faire du bruit en me douchant encore une fois. Ce soir, au sous-sol, ça a été le délire total, ils se sont éclatés. Je crois que personne n'oubliera cette soirée.

— C'est possible, Nancy, et le reste aussi, mais …

— Idem pour le moins un, ambiance plus accessible, mais une fête d'anthologie ! L'une des plus belles réussites de l'installation. Je pense que tu en auras un bon retour.

— C'est possible, Nancy, et le reste aussi, mais …

— J'en ai certains qui en ont échappés des larmes en me disant au revoir ! J'ai a-do-ré !

— C'est possible, Nancy, et le reste aussi, je pourrais dormir chez toi ?

Nancy s'éveilla en fin d'après-midi, perdue dans le temps. Elle se leva et trouva Magalie occupée dans la cuisine, rangeant son petit déjeuner qui ressemblait à un goûter tardif. Elle accueillit Nancy en l'installant et en lui demandant de se laisser choyer, puis lui servit son repas en silence afin de respecter sa sortie du sommeil. Jean-Daniel arriva avec un grand sourire et prit les deux femmes dans ses bras pour leur faire la bise, s'assit et raconta sa soirée, car lui avait travaillé.

Il était remonté à bloc parce qu'il avait obtenu l'accord de tous pour l'inauguration de la trop fameuse résidence et avait dès la fin d'après-midi regagné la confiance de ses investisseurs et partenaires.

Il avait même été sollicité pour de nouveaux projets. Il fit une pause et fixa Nancy :

— Nancy, debout !

Quelque peu étonnée, la jeune femme se leva en fixant Magalie, Jean-Daniel s'approcha, puis la prit dans ses bras et lui fit sans doute le plus intense des câlins qu'il ne lui avait jamais prodigué :

— Je ne sais pas où tu es allée chercher une telle énergie ni ce niveau de finesse dans la gestion de la réception, mais tu as été ad-mi-ra-ble ! J'en suis encore stupéfait. Tu m'as amené les gens, tu m'as facilité toutes les prises de conversations en faisant seule les introductions, tu m'as envoyé et retourné la balle comme si nous étions un vieux tandem … Magique ! Jouissif ! Et je t'ai vu flotter avec le sourire au-devant de ceux qui restaient à l'écart. Tu m'as même emmené par le bras participer aux discussions lorsqu'un groupe s'était formé pour parler boulot sans moi, j'observais, mais toi tu agissais, tu as été merveilleuse, Nancy. Prodigieuse. Et ta gestion des journalistes ! Tu as su nous en libérer et les ravir pour leur travail. Tu es aussi polyvalente que parfaite ! J'ai … cette nuit, seul, j'ai repassé la journée en boucle, et j'ai … enfin … tu as été tellement extraordinaire que j'ai … des larmes ! Bref, la fatigue ! Mais c'était si important pour moi ! En plus … tu as permis à tout le monde de danser. Même moi ! Les gens étaient venus à une réception guindée coincée en songeant à comment se retirer en douce, et ils n'ont pensé qu'à s'amuser et à participer à la fête ! Ils ne devaient, pour plus de la moitié, que passer serrer quelques mains, ils sont tous restés ! Ça, c'est une réussite de dingue ! J'ai pu réussir des mises en relation incroyables, beaucoup m'en sont déjà redevables. Sincèrement, j'ignore totalement par quel prodige tu as accompli cela, mais sache que tu m'as rendu sans le savoir le plus immense des services. J'ai une dette énorme envers toi. Je ne sais pas encore comment je m'en acquitterai !

— Lorsque j'ai senti le plat arriver, ma première pensée a été de paniquer. Je me suis dit « zut, le plan musical est foireux, c'est fichu ». Et là, tout s'est joué en une seconde. J'ai refusé ! Inenvisageable. J'ai respiré profondément et j'ai agi. J'ai une trouille de rester seule à danser ! Et cela a fonctionné !

— Nancy, je suis marié … donc sur la retenue, mais j'espère que Magalie saura comprendre. Je t'adore ! Avec ce niveau de complicité que nous avons eu, je suis sous le charme. Je ne te l'ai pas avoué, Nancy, mais je suis ton débiteur à jamais, car c'était vital, à un point que tu ne saurais imaginer.

— Nous ferons ce qu'il faut pour tourner cette page difficile.

— Je n'en fais pas mystère, je te dois énormément. C'est mon avenir qui s'est joué hier et tu as tout réussi ! Je t'expliquerai plus tard. Sur cinq minutes, le hasard ou la chance avaient une place, sur une journée, seuls l'hyper compétence et le dévouement le pouvaient. Je veux que tu saches que je suis conscient de ta performance professionnelle. Merci et félicitations. Magalie, dans ton antre, cela s'est bien passé ?

— À l'identique de la journée, magique ! Nancy a géré et malgré le nombre d'invités il n'y a pas eu un accroc, pas une mésentente de couple, ni une main baladeuse, ni une gifle ! Je ne sais pas quoi dire tant c'était parfait ! C'est la première réception à laquelle je me sois autant amusée, et devine pourquoi ? J'étais une invitée, chez nous ! Ceux qui partaient, qu'ils viennent du haut ou du bas, ne tarissaient pas d'éloges sur la soirée : géniale, grandiose, inoubliable, dantesque, féérique, inédite … Il semblerait qu'elle ait fait merveille à tous les niveaux. Je n'y suis même pas allée, parce qu'elle m'avait attribué la grande salle, juste le rez-de-chaussée ! Missionnée, moi, Jean-Daniel !

— Incroyable ! Tu as réussi à commander Magalie et elle en est contente. Je dis chapeau bas, Nancy. Tu nous donnes ta vision ?

— J'en suis impatiente ! Je me suis éclatée. J'étais comme un poisson dans l'eau. Je me suis sentie utile, appréciée, j'allais des uns aux autres avec aisance, sereine et sûre de moi. Le pied ! J'ai pris la main sur la façon de se comporter des invités parfois hyper guindés, j'ai improvisé et mis en scène des dizaines de scénarios pour les contraindre, en douceur, à descendre de leur estrade et je les ai mélangés à tous. Pour ceux qui ne se sentaient pas trop à l'aise au milieu de ce beau monde, j'ai fait la même chose, mais dans l'autre sens ! Enfin bref, je me suis lâchée et je crois que j'ai été efficace sur toutes les situations ! Sincèrement ! Et idem pour la soirée, en plus je les ai déchainés, comme sur la piste de danse, un truc de fou ! J'ai fini sur les genoux ! Je pense que vous aurez de bons retours, Jean-Daniel. Il était vital que cela fonctionne et j'ai mis le paquet. Et vous avez été d'excellents partenaires !

— Tu es trop gentille, Nancy. Jean-Daniel, et je le dis devant Nancy, si elle n'avait pas été là, je suis certaine qu'il en aurait été tout autrement. Nous n'aurions pas eu de fête, mais au lieu de cela l'habituel défilé des invités passant poliment serrer des mains.

— Je suis contente que vous appréciiez mon travail. J'ai jugé que je devais prendre des initiatives pour que la réception soit à la hauteur des attentes de Jean-Daniel. Le moment venu, il était trop tard pour en parler, alors j'ai géré ! J'ai vraiment mis une énergie et une concentration de folie dans la journée !

— Je n'ai pas encore le rapport des voituriers, mais je crois qu'ils sont tous restés jusqu'au soir, grâce à son aura. Une fée ! Nous avions un monde fou, c'est une grande première au domaine, et des relations nouvelles par dizaines se sont liées. Et le coup de la danse ! Tu sais qu'il n'y en avait pas une de prévue ?

— Ah bon ?! Nancy a improvisé une séquence pareille ?

— Je te le dis, Jean-Daniel, j'avais préparé une réception classique. Ma demande à Nancy se résumait à m'assister pour éviter les imprévus et à nous venir en aide au mieux. Seulement, notre ingénue est sortie du rang pour prendre une décision, puis toutes les suivantes ! Elle a osé ! À partir de la danse, Nancy est devenue la maîtresse de maison et la manager de réception. Nancy, nous te devons la réussite de la plus grande fête jamais organisée ici, et en plus de cette importance pour le travail ! Même le clan des présidents était hilare, sans leur cravate ! C'est inouï !

— Je les avais ciblés et m'étais préparées des fiches. Je connaissais les profils par cœur. Il ne me restait qu'à ajuster à chaud et en continu.

Nancy souriait et ressentait un plaisir intense, elle était complimentée pour ce qu'elle avait accompli, pour ses initiatives, pour sa maîtrise et son investissement. Encore une première fois qu'elle partageait avec le couple :

— Magalie, Jean-Daniel, si vous êtes vraiment contents de ma prestation, j'aimerais beaucoup pouvoir renouveler l'expérience, je veux dire pas seulement pour les fêtes de nuit. Mais recevoir … avec vous ! J'ose m'exposer dans ma version extravertie, car j'ai adoré porter une belle toilette, apprêtée de la manière dont nous l'étions toutes les deux ce matin, et pouvoir montrer ce que je suis capable de réaliser. C'est grisant. J'étais vraiment bien et je me suis sentie vivre comme jamais ! Et … à ma place ! C'est embarrassant à dire.

— Ah là … je soupçonne et entrevois le malentendu, Nancy ! Parce …

— Mince, je suis navrée, Jean-Daniel, j'ai osé, car je croyais que …

— Halte ! Nancy, ta demande n'existe pas, et ce n'est même pas une hypothèse, car parole de Jean-Daniel, tu seras de toutes nos réceptions, sans exception, et la prochaine, c'est l'inauguration avec le gratin et la télé. Tu viens ! Si Magalie est sage, je la laisserai te solliciter pour ses petits délires, mais je te veux avec moi. Tu intègres mon équipe. Enfin, c'est façon de dire, excuse-moi, je te voudrais !

— J'aimerais beaucoup.

— Grâce à toi, j'ai pu avoir mon épouse avec moi, alors que les fois précédentes elle courait partout. J'ai reçu en couple et j'ai adoré ! Ma chérie fait merveille et j'étais incroyablement fier de l'avoir près de moi.

— Mon Dieu que j'ai eu peur ! Vilain !

— Moi, j'ai pu papillonner et c'est exaltant ! Pour le coup des trois-cents prénoms, tu disposais d'un complice à l'oreillette ?

— Non ! J'avais travaillé la liste des invités. Internet, fiche … J'ai vraiment mis le paquet ! Je ne le confierais à personne d'autre que vous, mais … je suis fière de moi, et c'est une sensation addictive.

— Je suis d'accord avec toi pour presque tout, Jean-Daniel, elle est faite pour cela et elle a été la patronne absolue de la journée. Nancy, quelle éblouissante maîtresse de maison et de réception tu as été ! En plus, c'était ta première grande occasion ! Tu as été … providentielle !

— Hep là ! Ma jolie, tu me l'as jouée à moitié, halte ! Magalie, ton « pour presque tout », c'est quoi ?

— Tu sembles croire que tu peux me voler ma Nancy et me la prêter ! Tu as dû cogner ta grosse tête et tu es dans le délire ! Lorsque tu auras besoin de Nancy, je pourrai envisager de lui demander si elle est disponible, pas l'inverse ! Ou alors … si tu y tiens à ce point, tu l'embauches !

— Voilà autre chose !

— Non négociable. Tu la veux au travail avec toi, tu signes en bas de la page, et qui dit job dit chèque. Normal, non ?

— Bon, d'accord. Tu as raison, c'est plus que régulier. Désolé.

— Mais non, Jean-Daniel, Magalie dit cela pour rire. Mais si un jour je pouvais trouver un job de ce style, je serais contente.

— Nancy, je peux me marrer, être parfois guignol, ou encore coquin et plus, mais quand je bosse, je ne plaisante jamais. Dès demain, je te fais rédiger un contrat, ma responsable des ressources humaines se mettra en rapport avec toi et ta manager de Magalie, version pénible … et vous trouverez un terrain d'entente.

— C'est pour de vrai ! Merci ! Mon Dieu ! Et vous deux, je vous adore !
Je pourrais en profiter et vous voler de votre temps ? Tout de suite.

— Bien sûr que tu le peux. Tu veux que nous allions quelque part,
shopping ?

— Non, je voudrais vous parler de moi. Vous êtes mes amis et je dois
me confier, car je ne m'en sors pas toute seule. Ça me prend la tête et
me coûte du sommeil.

Nancy leur expliqua sa situation, son manque d'expérience, qu'elle
se sentait fragile de tomber amoureuse comme elle le faisait et son
incapacité à savoir agir pour ne pas décevoir ni faire souffrir. La
réaction du couple qui connaissait parfaitement sa situation et sa
relation avec Chloé, et celle naissante avec David, lui fit du bien, car ils
ne manifestèrent aucun étonnement. Elle se sentait déjà rassurée sans
qu'ils répondent, son indécision n'était peut-être pas une anomalie.
Jean-Daniel lui répondit le premier en évoquant David et sa relation
avec Yann, qu'il mit presque au même niveau que la sienne avec eux
deux, puis il regarda Magalie. Celle-ci n'enchaîna pas à la volée, car
plongée dans sa réflexion avec concentration :

— Ma douce Nancy, je risque de te retourner la seule réponse à laquelle
tu n'as pas déjà pensé. Mais si tu me sollicites, je voudrais savoir une
chose, tu as besoin de te confier où tu souhaites échanger, voire obtenir
un avis ?

— Tout. Je tourne en boucle et ça me rend folle. Si je veux en parler
maintenant, c'est que cela m'étouffe au point de m'empêcher
d'exploser de joie au nouveau cadeau que vous me faites. J'ai besoin
d'aide !

— Entendu. Alors avant de te faire un avis sur mon opinion, qui ne
sera que mon sentiment, je voudrais que tu prennes le temps d'y
réfléchir. Je te sais sincère dans tes passions, tu es amoureuse de Chloé,
de David, et c'est le plus beau pour moi, de nous. Tu considères devoir
te restreindre de peur de perdre les quatre. Mais tu crains de provoquer
de la peine, voire sans doute de te tromper dans ton choix. Voilà mon
avis : tu n'as pas à choisir.

— Je reste avec mes amours et j'attends de voir ?

— Oui, mais pas pour la raison que tu imagines. Je te dis cela, car je
sais que tu seras à nouveau éprise, d'un homme ou d'une femme, ça je
l'ignore, puis une fois de plus, et une autre, jusqu'au jour où ! C'est
alors seulement que tu comprendras.

— Magalie a raison. Il est inutile de forcer le temps, mais il faut veiller.

— Nous sommes un couple, tu ne pourras sans doute pas obtenir de nous ce que tu espères, à savoir fonder ta propre famille, même si nous vivons comme si nous l'étions. David est presque en ménage, c'est pareil. Et Chloé est une croqueuse de vie, elle mord dedans avec volupté, mais elle n'est pas prête à cesser, car elle a encore faim. Je me trompe ?

— Elle essaie, mais elle ne tient pas en place !

— Alors que toi, Nancy, appétit bougeotte ou pas, tu as choisi avant tout d'assumer d'être une maman. Chloé n'est pas prête à s'adapter, où mal et dans la douleur. Son heure viendra, un jour, demain, dans un an … Mon avis est que tu peux continuer à nous aimer tous les quatre sans te faire de mal. Sur une semaine ou un mois, David s'éloignera de toi. Suivra Chloé qui te fera encore pleurer. Puis tu renoueras avec l'amour, jusqu'au jour où tu croiseras une personne nourrissant les mêmes attentes et étant disponible. Et tu n'auras pas d'hésitation, parce que cela s'imposera à toi comme la plus grande des évidences.

— Je suis d'accord. Magalie a totalement raison. Alors en attendant, profite de la vie qui s'ouvre à toi. Sans prise de tête inutile.

— Je crois que c'est la réponse qui me manquait, et effectivement, Magalie, c'est la seule que je n'avais pas envisagée. Classique, mais logique. Merci, j'ai bien fait de vous en parler, la situation m'empoisonnait. Je vous adore, je nous prépare une petite fête chez moi pour nous, en famille ! Je suis tellement contente !

Le couple se retira et ils partirent en discutant :

— J'hésite sur la nature du temps, entre le mi et le plein.

— Certes, mais de quoi pour qui ?

— Mais pour Nancy, j'ai donné mon accord, donc je ferai le nécessaire dès aujourd'hui.

— Ah non ! Tu as consenti à me demander, ce n'est pas pareil.

— Que nenni, tu entends ce qui t'arrange, je l'embauche et je lui confie la direction de l'évènementiel de l'entreprise.

— Quedal ! Niet ! Rien du tout ! Nancy reste avec moi, point final !

— C'est ce que nous verrons, tu ne peux pas …

Alors qu'ils s'éloignaient en continuant de débattre sur leur désaccord, Nancy, seule après cet énorme tourbillon que furent les heures précédentes, s'affala sur le canapé en escomptant sur une petite sieste réparatrice malgré le fait qu'elle s'était éveillée il y a peu. Seulement le sommeil ne vint pas et sa fatigue invita des idées moroses. Son moral flancha.

Elle se replongea dans l'incroyable et intense délire de la nuit où elle n'avait rien subi, mais au contraire pleinement participé, organisé et piloté. Puis, elle se souvint qu'elle avait été traînée par le bras sur le goudron, comme une bête morte, des coups, des insultes, de son abandon par l'homme qu'elle aimait et dont elle portait l'enfant …

Elle prit son téléphone pour appeler Chloé, mais de quelle manière lui expliquer ce qu'elle ressentait ! Alors elle regarda le numéro de David, mais l'idée était pire !

— Oui, c'est encore moi, je pourrais venir ? Où mieux, si vous étiez disponible, pourriez-vous redescendre ?
— Un souci, Nancy ?
— Oui et non, je suis en train de me prendre une grosse gamelle et je ne veux pas rester seule. J'ai besoin d'aide, Magalie, assez rapidement, genre tout de suite. Personne ne pourrait me comprendre, vous si.
— J'arrive, je dis à la nounou que je m'absente et je t'envahis, tu ne bouges plus, même pour m'ouvrir où aller faire un pissou, j'accours.

Magalie expliqua en deux mots l'appel de Nancy à Jean-Daniel et lui dit qu'elle n'aimait pas cela. Elle avait vu Nancy assumer d'être prise pour une prostituée, gérer le fait d'avoir été battue, piloter une réception avec plus de trois cents invités, et là, seule et au calme, elle appelait à l'aide ! Elle traversa le parc en courant, entra dans la maison de Nancy sans frapper ni prévenir et la trouva assise en boule sur son canapé avec des larmes plein les yeux. La jeune femme lui adressa un timide sourire :

— Vous avez couru, Magalie. Pour moi. C'est gentil, merci. Je suis mal. Vous pourriez me faire un câlin ? S'il vous plaît !
— Tu me mets au moins sur une piste que je comprenne ce qui t'arrive ? Un appel téléphonique ? Un email ?
— Je ne sais pas trop. La fatigue ! Ou mon passé !
— Ah ! Alors, dans mes bras que je te cajole, et tu pourras te confier sans retenue. Nancy, tu n'ignores pas que je connais les invités sur le bout des doigts, et je les pratique aussi.
— Je sais cela oui, c'est pour cette raison que vous seule pouvez me comprendre.
— Je me doutais. Quelqu'un t'a malmenée ? Ta demande de stopper n'a pas été observée ? Certains t'ont manqué de respect ? Tu me dis ce que tu as sur le cœur, sans retenue, Nancy. Nos règles sont strictes et énoncées clairement, donc n'en doute pas, qui que ce soit, il ou elle est bannie.

— Oh, non, personne n'est en cause. Ils sont toujours si gentils, prévenants, doux, respectueux et reconnaissants que voilà seulement deux ou trois réceptions que j'arrive à ne pas avoir des larmes tant je reçois ! Le souci, c'est moi ! Juste moi et … moi.

— Vois l'aspect positif de la situation, Nancy, il y en a toujours un. S'il faut coller une baffe, c'est plus simple, tu es sur le canapé. Oublie ta pudeur et évacue, nous ne sommes que toutes les deux.

Nancy se laissa enlacer et bercer doucement. Elle pleura encore et se mit à parler d'elle, en commençant par sa première histoire d'amour, son abandon, sa descente aux enfers, la violence qu'elle s'infligeait. Elle devait évacuer. Et il lui fallut plus d'une heure de confidences pour arriver au second niveau. Elle soupira et s'élança avec la même transparence sur ses pulsions, les limites qu'elle avait repoussées, le plaisir intense qu'elle en retirait, comme celui étrange que lui procurait le fait de solliciter son corps à la manière d'un accessoire afin d'aider les autres à se dépasser. Elle demanda la permission de donner des détails et poursuivit. Elle confia être parfaitement consciente de puiser volontairement dans sa face secrète et sombre et de l'utiliser pour exorciser ses pulsions les plus enfouies. Elle fit une pause, puis, redevenue psychologue, commenta seule ses prestations et ses exploits. Magalie l'écoutait sans intervenir, elle connaissait les tenants et les aboutissants pour l'avoir vécu et savait préférable de la laisser poursuivre, de plus, Nancy se livrant le plus intimement possible, elle veillait à ne pas lui rappeler sa présence. Pour finir, Nancy lui demanda si elle la trouvait sale.

— Avant de te répondre, je voudrais savoir au plus profond de toi ce que tu penses de moi, puisque tu m'as vue à plusieurs reprises à ce second sous-sol, qui de plus est ma création, à moi seule qui ai imaginé, aménagé, prévu et mis en scène !

— Tu m'avais déjà dit cela. Et ce que je pense de toi tu le sais, tu es une femme magique, un soleil et je t'adore. Mais moi ?

— Nancy, tu es épuisée. Tu devrais réaliser que tu as fait simplement à l'identique que moi et que, de ton propre aveu, tu m'estimes et m'accordes même une certaine affection ! Pourquoi est-ce que toi tu serais privée de ce droit que tu m'octroies ? Comment est-ce que moi je deviendrais, ou resterais, magique en vivant mes délires, mais que toi, au contraire, tu te salirais ! Et Jean-Daniel ? Et tous ces gens gentils, cultivés et attentionnés ? Quelqu'un t'aurait peut-être jeté un sortilège ou un truc bizarre ? Ou, tu ne serais plus humaine ?

— C'est vrai, pourquoi ? Je ne sais pas ! Je t'ai vue aussi dévergondée que moi et cela m'a amusée ! Tu étais encore plus belle et femme fatale ! Plus tu en fais, plus je t'admire. Je serais juste fatiguée, c'est ça, Magalie ?

— Évidemment que oui ! Donc, tu montes avec moi à la maison pour ne pas rester seule. Les enfants ont besoin de leur admirable maman et formidable tata ! Tu viens ?

— Tante ! C'est gentil, j'aime beaucoup. Magalie, je suis désolée de vous avoir encore tutoyée ! Je crois qu'hier, je me suis épuisée.

— C'est plus que normal. J'appelle Chloé, elle qui attend de pouvoir t'emmener en voyage arrivera en courant, et tu partiras.

— Non, il y a l'inauguration, je ne peux pas. Cela serait encore pire.

— Bien, je comprends ! Alors tu viens, car les enfants nous attendent.

Tout en marchant dans l'allée du parc qui reliait les deux bâtiments, Nancy passa son bras sous celui de Magalie et se calla contre elle.

— Magalie, vous ne m'avez pas dit un mot sur ma déclaration faite à votre mari, vous m'en voulez ?

— T'en vouloir ! Je n'y avais pas pensé, toutefois, maintenant que tu me le rappelles, c'est vrai que tu es gonflée et sans gêne. Nous t'accueillons chez nous, je t'ouvre notre vie, et tu dis à mon mari que tu es amoureuse de lui ! Tu as raison, il y a matière à commenter.

— Je savais que j'avais été maladroite, je suis allée bien trop loin. Pourquoi ne pas me l'avoir dit ? Il ne faut pas taire mes erreurs.

— Ah, mais moi je gère, je suis même contente. Ma réponse était simplement destinée à répondre à ton attente. Tu veux que je sois jalouse, je me dis que tu dois en avoir besoin, alors j'essaie ! Mais je ne me sens pas crédible, je manque d'implication !

— Vous vous moquez ?

— Je plaisante, j'ai trouvé cela romantique, car j'ai une totale confiance en Jean-Daniel comme en toi, et puis tu m'as fait la même déclaration ! Et nous t'aimons profondément tous les deux.

— Il ne faut pas me laisser tomber. Magalie, j'ai une vie depuis que je suis avec vous. Je suis consciente de vous considérer, Jean-Daniel et vous, comme mon conjoint. C'est secret, mais je pense souvent que nous formons une sorte de couple ubuesque. Vous êtes aussi mes amants ! Parfois, je me réfugie dans votre maison ou dans vos bras, et je vous transforme en mes parents. Je vous considère comme mes amis, et, possessive, j'oublie le nombre et la richesse de vos amitiés.

— Ta mère … Je vois l'idée, mais tu voulais dire ta sœur !

— Oui ! D'autres fois, vous êtes ma copine de délire, de rigolades et de shoping. J'essaie souvent d'occulter que notre rencontre repose sur une envie de vous offrir les services d'une prostituée et que vous vous retrouvez avec une nana et son futur bébé sur les bras ! Je n'y arrive pas.

— Ce n'est pas ce dont je suis le plus fière, mais nous l'avons fait. Seulement, c'est ce qui nous a permis de te rencontrer.

— J'omets aussi que vous aviez déjà une vie avant moi et quelle est réussie, que c'est par gentillesse que vous m'y accordez une place, pas par besoin de moi. Au contraire de moi. Je crois être pleinement consciente de notre relation.

— Je crains la suite ! Mais … Et ?

— Je n'ai pas envie que cela change, je voudrais pouvoir m'endormir sans me demander si demain ne sera pas le jour où vous me ferez comprendre qu'il me faut à présent voler de mes propres ailes, que je dois vous rendre votre maison, la liberté … tout ça ! Je suis finalement plus égoïste que je ne le croyais. Je m'espère pas trop profiteuse, mais je suis heureuse et en équilibre avec vous et les enfants ! Et vos amis sont des gens bien, j'aurais du mal à devoir les oublier.

— Tu dors à la maison ce soir.

— Ah bon ?

— Nancy ! Tu me tiens par le bras comme si je risquais de m'envoler, tu es blottie contre moi et tu as quand même des idées mélancoliques. Alors seule cette nuit, en plus avec ton gros bidou !

— C'est vrai, je suis hyper fragile. Je ne comprends pas trop ce qui m'arrive. Vous avez forcément déjà discuté de moi avec Jean-Daniel. Il m'aime ou il me supporte ? Vous pensez me garder encore quelques semaines, mois ? Sincèrement, Magalie, entre amies !

— Tssss ! Toi et tes lubies ! Il t'adore. Et nous n'avons jamais évoqué l'idée de te pousser à partir. Et je sais ce qui t'arrive, et toi aussi.

— Ah ! Non. Ou alors … pas depuis longtemps. Magalie, c'est juste avant que vous ne m'invitiez à ne pas rester seule que j'ai compris. Je réalise que je finirai par devoir choisir et je me sens fragile et apeurée.

— Je peux imaginer cela, je n'ai pas toujours été mariée à Jean-Daniel.

— Vous ne me demanderez pas qui je choisirais. Forcément ! Vous me surprotégez. J'adore Chloé, elle est une boule de vie formidable, elle sait s'y promener et l'utiliser. Mais je suis trop différente et je ne passerai pas le cap d'être sa maîtresse.

— Elle s'apaisera avec le temps, soit patiente.

— Même ! Le jour où elle se calmera, elle deviendra subitement son contraire. David sera demandeur d'une relation établie et désirera construire la famille qu'il n'a pas eue. Il me voit telle une déesse ! C'est un enfant qui doit vivre pour grandir, mais je pense qu'il a dû beaucoup souffrir, il est et restera fragile. Son monde n'est pas le mien, son éducation non plus, et pour moi et plus encore pour mon fils, je ne veux pas être la maman de mon conjoint.

— Il te l'a dit ?

— Lui l'ignore, mais je suis médecin, et moi je le sais. Quant à Magalie et Jean-Daniel, je refuse de les quitter. Il faudra qu'un jour ils me chassent. Je vous aime et vous m'apportez plus que ce que j'ai toujours espéré. Je ne parle pas d'argent, Magalie. Seulement je suis amoureuse d'une entité à laquelle je ne pourrai jamais me marier pour avoir ma famille et patin couffin. Alors tout à l'heure, sans doute la fatigue aidant, j'ai perdu l'équilibre. Plouf !

— Si je fais l'égoïste, je ne peux te cacher que ton choix me comble, si je suis lucide et soucieuse de ton avenir, je devrais te dire que tu n'es pas raisonnable.

— Vous devriez ! Mais peut-être que nous pourrions prolonger ce bout de chemin ensemble en attendant … je ne sais quoi !

— Je l'espère. Une dernière chose avant de faire les mamans. Si un jour tu es dans la nécessité que je te chasse, parce que tu voudras partir sans avoir la force de l'assumer, ne brise pas mon ménage pour cette raison. Je n'ai pas besoin d'être jalouse pour continuer à t'aider.

— Oh ! Ce n'était pas mon intention, Magalie, je veux juste que vous me gardiez. Cela dit … Je vois !

— Moi aussi.

— Le subconscient est effectivement terrible. En vous provoquant, j'espérais alimenter de manière ingérée mon angoisse. Vous êtes une fine psychologue, Magalie, brillante même ! Pardon, j'ai fait l'enfant. Et comme lui, sans m'en rendre compte. Je suis navrée, je crois avoir épuisé mes ressources, hier !

— Je sais, coquine. Affiche ton beau sourire, nous sommes les femmes merveilleuses, toutes faites de courbes, de grâces et de charmes ! C'est parti ! Coucou, mon chéri. Les enfants, je ne reviens pas seule, nous avons une invitée pour le repas et la nuit !

CHAPITRE 14 (Magalie et Jean-Daniel)

— J'ai une question susceptible de t'ennuyer, mon amoureux, tu la veux maintenant où demain matin ?

— En plus elle est urgente ! Magalie, je pressens qu'elle est de nature à ce que j'y laisse ma nuit. Si c'est le cas, tu patientes jusqu'après le petit déjeuner, cela me conviendra mieux.

— Je voudrais savoir s'il t'est déjà arrivé, peu importe quand ou comment, de penser à te glisser dans le lit de notre douce Nancy pour y passer la nuit en oubliant de m'y inviter !

— Tu sais que parfois j'ai des blancs importants ? Sans doute les années ! Je me souviens que nous avons débuté cette discussion hier soir, mais ni avoir dormi ni pris mon café. Ça fait quand même peur !

— Tu as raison, en plus tu deviendrais amusant, c'est dingue ! Tu as eu ainsi le temps de réfléchir, mais j'écoute néanmoins ta réponse.

— C'est que tu es sérieuse ? C'est trop fort ! Un soupçon de jalousie serait-il parvenu à te titiller, ma femme préférée ?

— Hilarant ! Je voudrais tenter d'évaluer ce que l'arrivée de Nancy dans notre vie peut avoir comme conséquence. Sois sincère.

— La réponse est simple, Magalie, ce n'est pas un souci. Je me suis déjà interrogé sur cette même question. C'est oui.

— Ah ! Voilà qui a le mérite d'être clair, pas de place pour le doute.

— Tu ne la trouves plus jolie et attirante, ou géniale, ou rafraichissante ? Tu vois l'idée générale. Sois sincère à ton tour. Tes sentiments à son égard ont changé ?

— Pour moi, Nancy est une jeune femme adorable, tendre, sensible et brillante. Et jolie. Je peux savoir si lorsque tu te glisses dans ses draps tu la sautes ?

— Parfois oui, mais aussi des câlins. En général, la fatigue a une forte incidence sur mes désirs.

— Tu te rends compte que tu es en train de m'avouer avoir envie de me tromper ?

— Tu es au courant que nous lui avons fait l'amour tous les deux, que nous la câlinons souvent, nous dormons parfois avec, et avouons-le, nous assouvissons avec elle. Tu m'as d'ailleurs semblée être assez sensible à son charme, et je fais dans l'édulcorer !

— C'est exact. Mais moi, ce n'est pas pareil.

— Je m'en doutais. Toutefois, pourrais-tu développer ? Ce type de concept est intéressant et passionnant.

— Sans doute. Mais là, c'est moi qui pose les questions, car c'est ma discussion. Jean-Daniel, ne penses-tu pas que nous jouons avec le feu en intégrant dans notre cercle intime une jeune femme comme Nancy ? Je suis sérieuse et je m'adresse à mon mari.

— J'avais compris la gravité de ton interrogation. Le risque existe, le nier serait juste la preuve d'un manque de maturité quasi puéril. Surtout étant donné le profil de notre Nancy. Toutefois, en ce qui me concerne, je ne me sens aucune fragilité de ce côté. Nancy est géniale, je l'adore, mais celle que j'aime et avec qui je veux vivre, c'est toi. Avec les soirées que tu organises, je maîtrise ma libido, car elle est assouvie, apaisée et riche, grâce à toi avec qui je partage tout. Certes, nos câlins avec Nancy sont plus intimes, mais ils ne sont magiques que parce que tu es là pour embellir l'acte, ma petite femme. Sans toi, quel serait l'intérêt ? Car au-delà du fait que je t'aime, je ne suis pas dans le besoin de découvrir de nouvelles anatomies, tu m'offres tout ce dont je peux rêver. Au travers ton corps merveilleux et de quelques-unes de tes fêtes coquines. En réalité, je pense être d'une fidélité à toute épreuve.

— C'est beau ce que tu me dis là, Jean-Daniel, j'adore. Ça me fait du bien. C'est que … je m'attache à Nancy, mais je ne veux pas nous mettre en péril. Jamais.

— Tu aurais peur de me pousser sur le côté pour vivre avec elle ?

— Moi ? Non mais, toi alors, il n'est pas question de moi !

— Ah bon ? Tu ne l'aimes plus ?

— Bien sûr que si ! Mais cela n'a rien à voir.

— Tu n'as pas fait l'amour avec elle ?

— Si, mais c'est différent, je ne suis pas … enfin je … Jean-Daniel, tu m'énerves !

— Tu as pris ton pied ou non avec elle, sincèrement.

— Oh, que oui ! Nancy lâchée, c'est quelqu'un !

— Tu aimes passer du temps avec elle en dehors des plans libidineux ?

— Oui, j'adore, nous nous entendons parfaitement.

— Tu as couché avec elle sans moi ?

— C'est que … Oui ! Mais j'étais fatiguée et … Oui !

— Lors de vos soirées, tu as déjà tripoté Nancy en mon absence ?

— C'est que … Le contexte est différent, car … Oui ! Tu m'énerves.

— Magalie, tu envisages de me lourder pour elle ? Je voudrais savoir !

— Mais non, tu es fou ou quoi ?

— Il vous manquerait quelles notion, relation, émotion ou complicité, pour être un couple, un vrai, solide, protecteur, et le reste.

— En réalité … Je t'ai dit que tu m'énervais ?

— Non. Pourquoi est-ce que je serais plus un risque pour notre union que toi ! Tu saurais m'expliquer ce phénomène extra-terrestre ?

— Bien entendu ! Tu es un homme !

— Ah mince ! J'avais oublié cette maladie ultime. Se soigne-t-elle ?

— Non, les mâles ne savent pas se contrôler. Une femme tortille sa boutique devant un mec et il plonge. En plus, il est persuadé que c'est uniquement à son attention qu'elle a agi, pas une fois il ne se dira que la nana a juste eu une pulsion et qu'elle ne pensait qu'à elle !

— Je t'adore et te respecte, mais une question m'assaille : n'aurais-tu pas rencontré trop de primates ? Un homme ne saute pas plus sur ce qui bouge qu'une femme ! C'est quel genre ton délire ? Une idée m'effleure : tu ne serais pas jalouse de Nancy parce que tu souhaiterais la garder pour toi, seule ?

— N'importe quoi ! Tu essaies de retourner ma conversation pour la faire tienne.

— Tu voudrais sans doute lui proposer de rester vivre près de nous. Si tu me disais plus simplement ce qui te fait peur ? Si j'oublie mon côté primate, je pourrais peut-être en parler avec toi.

— Rassure-moi, tu sais que tu m'énerves ?

— Ah non ! Quel est ton trouble à l'égard de notre Nancy, ma chérie ?

— Je me suis prise d'amitié pour elle, nous sommes devenues complices, j'adore Quentin et elle aime les enfants qui le lui rendent. Je voudrais qu'elle ait envie de rester avec nous, mais je culpabilise. J'ai l'impression de lui voler sa liberté, de la manipuler, de l'étouffer …

— Je suis dans une situation assez semblable. Mais pourquoi vouloir répondre à sa place et décider pour elle, plutôt que de lui faire part de ces doutes la concernant ? Je la trouve brillante. Nancy est cultivée, posée, elle est combative et c'est une super maman. Tu ne la penses pas assez adulte pour décider de sa vie ?

— Vu comme ça ! Elle voit claire, Nancy, crois-moi, elle est d'une lucidité rapide et pertinente, elle sait gérer même les imprévus, je l'ai vu agir et … Jean-Daniel !

— Oui, Magalie ?

— Je t'ai déjà dit que tu m'énerves ?

— Non, Magalie, désolé, j'essaierai de changer.

— Il le faudrait, car tu oublies parfois que dans notre couple, c'est moi la super tout.

— Je devrais m'en souvenir cette fois, ma femme. La concernant, tu saurais à quoi ressemblerait la judicieuse décision ?

— Je pense qu'il serait normal de discuter de son avenir avec elle, c'est la première concernée, nous ne devons pas l'oublier.

— C'est une bonne et saine idée, Magalie, faisons comme tu le dis.

— Jean-Daniel …

— Je sais, Magalie. Il t'aime le primate. Je te laisse gérer. Au fait, j'ai une précision à apporter qui devrait t'emplir d'allégresse.

— Tant mieux, je t'écoute.

— Je n'ai jamais touché à Nancy au-delà d'une bise le matin et d'une autre le soir, sauf lorsque tu nous organises des soirées coquines. Sinon, pas une fois, Magalie. De nous deux, tu es donc la seule à avoir franchi le pas du contact charnel, et je n'en doute pas amoureux, en dehors du couple.

— Mais non ! Enfin … C'est-à-dire que … Mais sois honnête, tu ne peux raisonnablement pas comparer !

— Forcément ! Puisque c'est moi qui suis piloté par mes hormones.

— Jean-Daniel ! Tu m'énerves ! C'est clair ça ?

CHAPITRE 15 (Agnès et Charles)

Agnès et Charles subirent un grand choc en apprenant que la résidence dans laquelle ils avaient investi était sinistrée et non prise en charge par les assureurs. Agnès, qui à la base ne supportait pas les imprévus, devait y ajouter l'effacement de tout projet pour leur retraite et ce qu'ils comptaient laisser à leurs enfants. C'était pour elle aussi dévastateur qu'une agression physique et morale. Son humeur passait de la colère non contenue à la déprime mal gérée, elle se fanait et semblait vieillir en vitesse accélérée. Charles ne décolérait pas, il se sentait non seulement floué, mais aussi trahi. Sa vie patiemment organisée depuis des années pour profiter pleinement de sa retraite avec Agnès était brisée et il assistait impuissant à sa souffrance.

Il prit la décision de faire le nécessaire pour obtenir réparation du dommage, et ce n'était pas une option, mais la suite logique et incontournable du préjudice. C'est ainsi qu'il disparaissait souvent, parfois quelques heures, et n'en disait rien à Agnès qui pensait qu'il devait noyer son désespoir dans le travail. En réalité, il s'était mis en quête des faits et gestes des responsables de leur malheur. Il les surveillait et apprenait à les connaître afin d'identifier le moyen de pression qui lui permettrait d'être remboursé. Il se mit à espionner les trois personnes du cabinet de conseil, soit le couple et leur assistante, l'ingénieur dont il avait appris la faute, l'architecte de la résidence et l'entrepreneur. Il prenait des notes, des photographies, faisait des recherches sur Internet et accumulait les documents.

La première chose qu'il découvrit fut la double liaison de l'assistante, une grande et belle blonde, Emmanuelle. Elle vivait avec l'ingénieur tout en étant la maîtresse de son patron, le fiscaliste, et son épouse semblait l'ignorer. Cette situation particulière le poussait à rechercher quel pourrait être le mobile de ce trio pour commettre une erreur aussi grossière. Il envisageait que les trois compétences réunies leur avaient permis de garder tout ou partie des sommes versées par les investisseurs.

Car il le savait, l'ensemble immobilier était vendu alors que la résidence était loin d'être terminée, et à présent, les travaux étaient abandonnés. La question était logique, où dormait cet argent et qui le détenait ? Il devait en rester et il comptait bien récupérer son versement.

C'est ainsi qu'il eut en un trimestre un dossier complet sur les trois, avec des photographies où Emmanuelle embrassait son compagnon, Fabrice, mais aussi y était vue se rendant à l'hôtel en compagnie de son patron, Tom, avec les dates et les heures. Il avait même obtenu, en piratant à l'aide d'un ami le réseau informatique du cabinet, les courriers qui évoquaient le sinistre, et avait également quelques enregistrements faits en utilisant la webcam de l'ordinateur d'Emmanuelle qui restait toujours activée. Il détenait des films où elle discutait au téléphone avec son conjoint, l'ingénieur du sinistre, et des enregistrements sonores et des bribes visuelles d'un rapport intime dans son bureau avec son amant et patron. Mais il poursuivait, car il manquait encore la preuve qu'il recherchait, et où était l'argent.

Pour l'architecte, Yann, il avait monté son dossier de la même façon. Il y était vu avec une pléiade de femmes visiblement proches, sans qu'ils ne cherchent à se cacher, ainsi que la nuit où il était avec des hommes, parfois travesti. Et puis il l'avait aussi en photos, semblant discuter en toute sympathie avec les squatteurs de la résidence, allant jusqu'à serrer des mains. Depuis peu, il savait qu'il avait une relation avec l'un des hommes du squat. Il n'avait cependant rien pu trouver de compromettant en dehors de ses mœurs, et comme il était célibataire, il n'avait d'autre moyen de pression potentielle que la mise à mal de sa réputation.

La chaîne des renseignements montrait clairement le lien qui les unissait, le cabinet-conseil, l'ingénieur, l'architecte, l'assistante et les squatteurs. Malgré tout, il n'avait pas découvert la moindre preuve ou explication de leur manigance.

Sur le technicien, Fabrice, il ne découvrit rien de plus que ce qui était commun avec Emmanuelle. Il semblait être le parfait cocu, mais il n'avait pas trouvé de signe d'enrichissement.

Il y avait aussi l'entrepreneur, Jean-Daniel. Pour lui, il avait bien entendu constaté qu'il travaillait avec le fiscaliste, l'ingénieur et l'architecte, mais c'était là son métier. Il avait noté son train de vie, mais ses recherches lui avaient montré que cela datait de quelques années déjà et que la propriété était à sa femme.

Il avait identifié une fréquence assez élevée de réceptions, mais là encore, rien de particulier. En revanche, tout comme pour l'architecte, il était certain que jamais il n'avait commis de faute, alors pourquoi celle-là, avec justement ces relations obscures et cachées entre les autres membres. Avec les courriers volés au fiscaliste, il avait la preuve que l'entrepreneur était lésé, car il y avait plein de réponses à des relances pour non-paiement de factures. Il avait dans ses photographies l'épouse en compagnie d'une jeune femme faisant des courses, parfois accompagnées d'enfants, mais rien de significatif.

Alors, le temps passant, il frappa là où il le pouvait, et c'était justement sur celui à qui il avait confié son argent, le fiscaliste.

Il commença à lui adresser des courriers où il s'identifiait, et par lesquels il l'informait monter une association afin de le contraindre à rembourser tous ceux qu'il avait lésés. Mais il y avait aussi les lettres anonymes pour le menacer de révéler sa vie cachée. Ensuite, il lui avait adressé une demande d'engagement à lui restituer le montant de son investissement, qu'il avait majoré afin de ne pas être identifié. À chaque jour sans retour, il postait un nouveau courrier où il donnait une information complémentaire prouvant qu'il en savait toujours plus. Faute de réponse, il envoya la première photographie. Il obtint avec quelle un retour, mais c'était pour lui expliquer qu'il n'y était pour rien et qu'il ne pouvait rembourser personne. Alors il adressa une nouvelle photo, puis une autre, jusqu'au jour où il découvrit que l'agence était fermée. Fou de rage, il envoya un dossier directement à leur domicile et il menaçait à présent de le mettre sur Internet. Mais la seule réponse qu'il obtenait était le silence, méprisant. La colère ne le quittait plus. Il pensait avoir presque réglé le problème, car il était persuadé que cet homme le rembourserait pour étouffer les révélations, mais son espoir s'éloignait. Alors il commença à envisager d'autres solutions. Il devrait être plus menaçant, et si l'affrontement physique se dessinait, il le ferait, il y était déterminé. C'est ainsi que Charles se mit à roder dans les quartiers de la ville, cherchant à établir un contact avec une bande quelconque qui serait à même d'intervenir violemment autant au domicile du fiscaliste, chez l'architecte ainsi qu'au squat, où de lui procurer une arme.

CHAPITRE 16 (Les hommes)

David avait demandé à Yann de venir à la résidence, accompagné de Jean-Daniel, Tom et Fabrice, en leur fixant un rendez-vous en tout début d'après-midi. Yann avait donc téléphoné à chacun, en insistant et il passa les prendre chez eux en voiture, puis ils se rendirent à l'appartement occupé par David et quelques-uns de ses amis, qui libérèrent le lieu pour ne pas les inquiéter.

Le logement était meublé, propre, calme, et il leur proposa un café. Il tentait de donner le change, mais il semblait nerveux, embarrassé et angoissé, ce qui n'échappa pas aux quatre autres qui avaient une expérience rodée du relationnel. Jean-Daniel, le plus rompu aux discussions de toutes sortes, prit la parole naturellement afin de savoir ce qui motivait leur présence :

— David, je vois bien que tu es dans la difficulté pour aborder ce qui t'a poussé à nous faire venir à toi, ensemble. Si tu acceptes que je te donne un avis, œuvre dans la simplicité, nous sommes entre adultes, nous avons une certaine pratique des emmerdes, et comme à priori il s'agit de cela, tu peux te lancer.

— C'est que, je suis effectivement ennuyé. Mais je suis votre conseil. Alors voilà ! Vous savez que je viens de la rue, j'étais SDF il y a peu, et aujourd'hui encore je le suis toujours officiellement. Mon intégration dans ce milieu particulier a donc été totale et, au fil du temps, j'y avais établi des amitiés et des relations, et je connaissais aussi ceux qu'il ne faut pas connaître. En vivant dehors, en ayant faim et froid, cela crée des liens, forts. Depuis quelques jours, d'anciens amis, séparément, m'ont fait parvenir par radio SDF une information à peu près similaire. Elle pue. Je dois vous en parler.

— Donc, ça sent les emmerdes ! Lance-toi, David, tu nous as démontré que nous pouvions avoir confiance en toi, nous t'avons prouvé la réciproque, et même si tu ne connais pas Fabrice, tu peux avancer, Yann et moi le connaissons bien.

— Alors voilà, vous comprendrez dans un instant mon angoisse et le fait que je pense préférable que vos épouses ne soient pas venues. Il semblerait qu'un type cherche une équipe dans la rue pour venir faire le coup de poing ici.

Yann posa sa tasse à café, stupéfait, et le questionna sans dissimuler son angoisse :

— Ah mince ! Et comme tu as dit que tu avais eu cette information à plusieurs reprises, tu penses donc que le tuyau est fiable.

— Il l'est, Yann, tu peux me croire. Mais ce n'est pas tout. Ce recruteur qui empeste les embrouilles à plein nez voudrait aussi mener ce genre d'expédition, à l'identique, ailleurs. Yann, je poursuis ?

— Oui, évidemment. C'est délirant, mais nous pouvons tous entendre. Continue.

— Je reprends les mots pour le cas où cela vous inspirerait, mais je suis chagriné pour la grossièreté.

— Oublie ça, David. Si tu savais ce que j'entends sur les chantiers !

— Compris. Il s'agirait de visiter une « pédale d'architecte », un « obsédé de conseiller fiscal et sa grosse femelle », et une « tantouse d'ingénieur et sa pétasse ». Désolé ! Pour finir, il est prévu un gros coup de pression sur un « richard d'entrepreneur » ! Le rapprochement me semblant évident, je n'ai pas trouvé quoi décider au sujet de ces informations, si ce n'est de vous en faire part !

Ils restèrent silencieux et perplexes. Puis Tom prit la parole :

— Ne t'inquiète pas des insultes, David, ce n'est pas grave. Bon ! Je crois le moment propice à vous informer de certaines choses. Jean-Daniel, je pense que le tuyau de David est fiable, car je reçois des menaces depuis quelque temps. J'ai été suivi peu après le début de l'affaire des fissures et j'ai eu droit à des photographies où j'étais … Vous le savez, ma vie conjugale était partie en vrille. L'auteur a réalisé un reportage de moi en compagnie de femmes. Pas avec la mienne !

Fabrice soupira, fit une moue, et intervint à son tour :

— La vache, je croyais à un jeu de petit con ! J'ai droit à ce même genre de menaces, avec des photos d'Emmanuelle en présence d'un homme, dans une situation compromettante, cela s'entend, et nous sommes menacés de voir mis sur le Net une vidéo où elle a un rapport avec un amant. C'est un secret de polichinelle, David, sachez qu'il s'agit de ma compagne et de Tom, c'est lui qui la baise. Tout le monde le sait.

— Ah mince ! Je veux dire pour les menaces. Et pour … C'est donc plus que certain qu'un type prépare un chantage ou une vengeance. Yann, que devons-nous faire ? Et tu as été menacé, toi aussi ?

— Je ne connais pas la bonne réaction à avoir, David, ni si elle existe ! J'ai juste passablement la trouille, et oui, j'ai reçu des menaces il y a moins d'une semaine. Avec des photos où je suis avec toi. Et quelques autres où je suis de sortie la nuit. Jean-Daniel, nous devrions alerter la police tout de suite, tu ne crois pas ?

— Ça ne sent pas bon cette histoire. Le seul lien qui nous unit du fait que David est aussi concerné, c'est la copropriété ratée. Nous faire chanter sur le sujet est impossible, tout le monde sait que Fabrice a foiré son étude des sols, que j'ai construit une résidence qui s'est fendue de partout et que Tom n'a pas validé le dossier pour ses investisseurs ! Il ne reste que la vengeance, donc une personne lésée qui veut récupérer son argent.

— C'est bien ce qu'il y avait dans les tout premiers courriers qu'Élodie et moi avons reçus, au début au cabinet, puis à l'appartement. Je ne sais pas comment il aurait pu le savoir, mais sachez que j'avais délégué cette mission à Emmanuelle. Mais je n'ai pas vérifié son travail.

— Tu as raison, Tom, mieux vaut éviter les zones d'ombre. Le mec est bien informé, car il met en cause Élodie et Emmanuelle, mais pas Magalie, pourtant je ne raconte à personne que mon épouse n'y est pour rien. Ça m'interpelle. À priori, il s'agirait quand même d'un investisseur ou d'un futur propriétaire occupant. Cela réduit les recherches. C'est déjà un pas dans la compréhension des emmerdes.

— Certes, Jean-Daniel, mais avec deux cents logements, la liste est touffue. Tom, c'est toi qui as tout vendu ?

— Oui, Yann, Élodie et moi. Donc j'ai les noms. Mais c'est souvent plus d'une personne, et parfois des S.C.I. avec plein d'associés, je crains que l'inventaire dépasse allègrement les mille lignes.

Ils marquèrent un nouveau silence pour réfléchir, passant chacun en revue ceux qui auraient pu les questionner plus ou moins directement. Jean-Daniel se redressa :

— Donc c'est les emmerdes ! Dis-moi, Tom, pour la majeure partie de tes clients, ce sont quand même des investisseurs, institutionnels ou des privés réguliers. Tu crois qu'un type qui investit partout se mettrait en quête d'une équipe de gros bras pour récupérer sa mise pour un seul appartement ? Moi je ne l'envisage pas. Ou alors tu as vendu à un mafieux.

— Aucun malfrat, ils se foutent des exonérations fiscales. Mais tu as raison pour les investisseurs, Jean-Daniel, je n'y crois pas. J'ai quelques particuliers qui ont mis leurs économies pour préparer leur retraite, d'autres qui remboursent déjà un prêt, car ils devaient y habiter !

— Là, c'est logique, il y en a un qui pense que nous l'avons fait exprès et il les boules, ou il est dans un dénuement proche de la noyade.

— Pour venir de la mouise jusqu'au cou et y être, je peux vous affirmer que l'idée de se payer une équipe de gros bras ne vous vient pas à l'esprit, ou alors il faudrait commencer par braquer une banque ! Et sincèrement, si je voulais une bande de l'ombre, je ne prospecterais pas dans les rues, je les connais ! Non, votre type est d'un milieu qui n'a pas d'accès à la vie en sous-sol et à qui il reste des moyens.

— Judicieuse remarque, David. Cela réduit la liste à un investisseur occasionnel ou un gars qui paie un loyer plus un crédit, mais qui possède encore du répondant. Tom, l'inventaire a meilleure allure ?

— Effectivement, un instant, Jean-Daniel, juste une seconde ! Je dirais vingt au maximum. De plus, certains étant à l'étranger et d'autres trop âgés pour se risquer dans les quartiers à la recherche de gros bras, j'estime qu'il nous resterait une dizaine de lignes ! Nous pourrions avoir l'information tout de suite, je le crois, car ce genre de clients étaient gérés par Emmanuelle, elle les connaît par cœur, seulement …

— Je vois la nature de ton hésitation, Tom. Fabrice, tu pourrais appeler ta jolie blonde, s'il te plaît ?

— Pas la peine, vous pouvez lui téléphoner, vous serez plus précis que moi à vous deux, et pour le reste, Tom, cela ne changera rien. Si j'avais dû vous en coller un, je l'aurais fait il y a quelques mois déjà.

Tom prit son appareil portable et discuta avec Emmanuelle des profils. Il raccrocha en gardant un air satisfait :

— Emmanuelle propose un nom en particulier. Un couple anxieux, que j'ai rencontré avant de les lui laisser et qui venait sur le site suivre les travaux. C'était pour leur retraite. Premier placement, un coup dur pour eux, c'est sûr. Pour elle, ils sont les seuls à répondre au profil.

— Sauf s'il s'agit d'un regroupement de quelques-uns.

Jean-Daniel mit une tape dans le dos de Yann :

— Si tu pouvais éviter de nous porter la poisse, Yann ! Non, un coup tordu mené par un amateur qui ne sait pas où trouver une paire de bras ne raconte pas son plan à d'autres, il le gère seul. Les emmerdes ont meilleures allures les gars ! C'est qui, notre Zorro ?

— Un dénommé Charles Cardache. Il vit en banlieue. Emmanuelle dit que nous le trouverons sur l'annuaire, elle a déjà fait cela pour les appeler.

— En plus, je ne le connais pas ce type ! Il m'a pisté, jour et nuit, il a suivi ma compagne, il a enregistré Emmanuelle pendant qu'elle baisait avec … Il nous a balancé l'un à l'autre, il a provoqué le clash de mon couple et je ne sais même pas qui il est ! Ça me rend dingue !

— C'est ce que certains appellent notre destinée, Fabrice. Il m'a filé durant plusieurs nuits aussi et m'a photographié, je ne l'ai jamais vu. Nos routes se sont croisées. Mais vu par lui, je pense que c'est différent. Il a fait des économies, il les confie et les fissures arrivent. Lui doit se demander pourquoi il a croisé notre voie, il ne me connaît pas et à ses yeux je ne suis pas Yann, je suis l'architecte qui a pesé sur son avenir. Alors il a décidé de peser sur le mien ! De la même manière, il a ciblé le professionnel, pas toi, Fabrice. Nous ne le connaissons pas, mais il ne nous connaît pas non plus. Pourtant la vie a fait se croiser la destinée d'un petit épargnant avec celle d'un architecte et d'un ingénieur, mais aussi d'un fiscaliste et d'un entrepreneur.

— C'est juste. Mais nous n'avons pas généré ce pépin exprès, lui si.

— Presque exact, Fabrice, car lui a payé une prestation à des professionnels, nous. Il n'a plus son argent, mais n'a pas pour autant été livré, parce que les pros n'ont pas fait leur travail. Exprès ou pas, pour des spécialistes la question n'existe pas, le service est vendu, il doit être fourni. S'il y a une erreur, involontaire ou non, le pro a l'obligation de la prendre en charge pour livrer ce qu'il a facturé et encaissé. Dans ce contexte, lui n'est pas un pro, nous, si.

— Exact. La vie est assez étrange. Je tombe enfin amoureux, elle ne rompt pas avec son amant et le destin s'en mêle au cours d'un banal rapport ! Un bébé s'invite. Une résidence se fend de partout. Deux couples explosent. Prodigieux !

— Une petite graine aux grandes conséquences. De l'ADN et un flagelle, soit zéro virgule zéro sept millimètres. Ridicule, mais les mauvaises décisions et le fameux effet papillon s'en mêlent et quatorze cages d'escaliers de quinze appartements se fendent. Nous devons poursuivre. Fabrice, tu gères ?

— Oui, Yann, merci. Vacherie de chenille quand même.

— Jean-Daniel, nous faisons quoi maintenant que nous savons qui veut nous péter la tête ?

— Doucement, Tom, à t'entendre, tu laisserais supposer que je suis un habitué de ce type de situation ! Nous prendrons contact avec lui et ferons en sorte qu'il comprenne que nous savons ce qu'il prépare. Il faut l'inquiéter suffisamment pour qu'il recule et ensuite nous l'inviterons au plus vite à prendre connaissance du plan de sortie de crise. Ce n'est sans doute pas un mauvais type, il a placé ses économies et pour le moment, il faut bien reconnaître qu'il a de quoi être aigri !

— Tu vois que tu sais comment agir ! Et qui s'y colle ?

— Mais arrête, Tom ! Tu es pénible, je ne suis pas un chef mafieux, flûte alors !

— Certes, mais toi, tu décides et tu prends toujours les bonnes initiatives ! Bon, je m'en charge, après tout, c'est mon client.

— Mais non, justement, c'est à toi qu'il en veut le plus, tu te feras casser la figure à tous les coups. C'est Yann qui doit s'y atteler, en invitant sa femme et en présence de Magalie. David, tu réuniras quelques potes pour le cas où le ton monterait, vous vous ferez voir et ça suffira à le calmer. Yann, tu mets le paquet pour lui caser la sortie de crise, Magalie lui vendra la sienne, Tom tu prépares un tableau bien chiadé pour lui expliquer la rentabilité assurée de son placement. C'est le plan !

— Mais voyons ! Donc tu sais gérer ce genre de situation, pourtant foireuse au possible, aucun doute. Moi je flippais trop pour avoir le bon sens nécessaire, Yann était visiblement comme moi, Fabrice, sans vouloir le vexer, me semble être perdu, et David n'avait ni les moyens ni la carrure.

— Mais, bon sang, Tom ! Tu serais devenu pénible que ça ne m'étonnerait pas ! Avec tes allusions, ils penseront que je suis un habitué du coup de poing ! Toi et tes conclusions alambiquées …

— Ne te vexe pas, je dis juste que tu es le meilleur ! Tu n'as jamais filé un bourre-pif ?

— Si, forcément, mais là n'est pas la question.

— Ce n'est pas forcé du tout ! Moi, je n'ai collé aucune châtaigne, pas une, Jean-Daniel ! J'ai trop la trouille. Et toi, Yann ?

— Ben … C'est que je suis fluet comme mec pour penser à mettre un bourre-pif, ou alors il faudrait qu'il soit encore plus léger que moi ! Non, en plus ce n'est pas moi, j'aurais la trouille aussi, Tom, c'est clair !

— Ne me demandez pas, je suis comme vous, je n'ai jamais balancé ma main sur la figure de personne. Enfin si, mais c'était un accident, Emmanuelle et moi nous sommes battus ! Je lui ai asséné une gifle, elle m'en a collé une, ça nous a calmé tous les deux. Et vous, David ?

— Je me suis fait casser la figure plusieurs fois, alors les bourre-pifs je connais, mais dans le mien ! J'ai balancé quelques coups de pied pour me défendre. Tom, tu oublies que nous avons repoussé des indésirables de la résidence, et c'était chaud !

— Ah oui ! C'est vrai, la pétoche ! C'était en équipe. Jean-Daniel, tu vois que tu es le mec de la situation, dans le sens le meilleur.

— C'est ça, flatte-moi, mais si tu insistes encore avec cette histoire, tu prendras ton premier bourre-pif, Tom ! Il ne faut pas me chercher trop longtemps. Mais tu peux reprendre tes louanges quand même.

— Pour le moment, je choisis d'enchaîner ! Yann, nous préparons ensemble ton appel, tu le passes avec nous si tu préfères, et avec David nous te ferons une escorte d'enfer pour que tu ne risques rien.

— Ça me convient, Tom, merci, je stresse déjà ! Mais je le ferai.

— Yann, David, ce n'est pas du tout le moment, mais c'est pour moi l'occasion ou jamais. Je voudrais vous poser une question personnelle.

— Pas de souci, Fabrice, si je n'ai pas envie de vous répondre, je ne répondrai pas, et David fera comme moi ! Je vous écoute.

— C'est assez embarrassant, mais à la façon dont vous parlez de votre relation avec David, c'est à croire qu'elle ne vous pose pas de souci !

— Évidemment ! Pourquoi en aurais-je ? Parce que vous pensez que cela revient à dire que du fait de mes attirances physiques je suis homo ou bi ? C'est ce qui vous interpelle ?

— Eh bien … oui ! Je suis fort étonné que vous puissiez en parler aussi naturellement !

— Et cela vous heurte ?

— Non, pas du tout, pas une seconde je n'y ai pensé en ces termes, mais … je ne sais pas !

— Pourquoi voudriez-vous que Tom ou Jean-Daniel soient choqués plus que vous ? Nous ne faisons rien d'illégal ! Vous souffrez, car vous n'arrivez pas à révéler ce que vous êtes au fond de vous, c'est ça ?

— Mais non, enfin ! C'est-à-dire que … si. Je suis encore amoureux d'Emmanuelle malgré sa relation avec Tom, mais de mon côté je n'ai pas fait beaucoup mieux, mais moi, c'est avec … Depuis longtemps, la nuit je …

— Vos virées nocturnes vous permettent de vivre vos désirs secrets, il n'y a rien d'extraordinaire à cela, si vous saviez le nombre d'hommes mariés que j'ai fréquenté !

— Ouah ! J'en ai la tête qui tourne, jamais je n'ai pu en parler, vous comprenez. Alors un jour, je pourrais le dire comme vous !

— Jean-Daniel, cela vous dérangerait de collaborer avec Fabrice si vous appreniez qu'il est bi ?

— Je travaille bien avec toi depuis des années, patate à voile et à vapeur !

— Voilà, Fabrice. C'est aussi simple que cela, inutile de souffrir le martyre pour une chose si banale. Jean-Daniel s'en fiche et s'amuse à me charrier, comme Tom l'a chahuté au sujet de son habitude à faire le coup de poing, et ça s'arrête là !

— Non mais, les mecs, sans déconner, vous devriez cesser de dire que j'aime la baston, sinon vous en prendrez une sous peu ! Mais oui, Fabrice, je m'en fous comme de ma première branlette que tu lèches, suces ou fasses les deux ! Ça t'intéresse de savoir si je fornique plus au lit où sur le plan de travail de la cuisine ?

— C'est que … En fait non ! Si Magalie est   heureuse et que tu parviens à faire l'amour selon tes envies, je suis content pour elle et toi, le reste et les détails, sincèrement... je m'en fiche et je ne veux même pas le savoir ! Ça alors, mais quel con je fais ! Si vous saviez ce que j'ai pu en souffrir ! Merci, les gars. Ça n'empêche en rien que je sois un sacré blaireau.

— Parfois, tu entendras fuser « saleté de pédé », mais c'est à toi qu'il appartient de savoir si tu considères que c'est une mise en exergue de ta différence, voire de ta culpabilité, ou si tu le reçois comme un « sale parigot, juif, arabe, marseillais, bordelais, gouine, trouillard, raciste, blanc, noir, flic, banquier, fonctionnaire, plouc, paysan, facho, réac, communiste … ». C'est ton état d'esprit qui gère, pas les autres.

Tom et Fabrice en profitèrent pour se parler :

— Fabrice, cela ne change pas ma part de responsabilités, mais sachez que la relation entre Emmanuelle et moi existait bien avant vous deux. Je suis conscient que ce n'est pas une excuse, mais ce n'est pas tout à fait comme si … Enfin c'est peut-être plus …

— Compréhensible, oui, ça l'est. Tom, je ne vous dirai pas que je suis heureux de la situation, mais c'est Emmanuelle qui s'est mise en ménage avec moi, pas vous. Et pour être transparent, puisque nous sommes intimes malgré nous, j'ai dérapé de mon côté ! Notre union a démarré sur de mauvaises bases alors que nous nous entendions bien.

— J'ai salement glissé, moi aussi, Fabrice. J'ai fichu mon couple en l'air à cause de mes … de mes ! Je suis un type qui ne sait pas se raisonner, je suis nul de ce côté-là de ma vie. Alors que j'adorais ma femme ! Il faut être un sombre crétin quand même !

— Et vous en êtes où, tous les deux ?

— Nous reconstruisons, c'est dur, mais nous sommes ensemble et décidés à tenter une nouvelle fois de vivre comme un couple normal, car sur le fond, nous nous aimons. Et vous, Fabrice ?

— Je crois que notre amour n'est pas totalement mort. Reste que nous avons fait des dégâts sur une relation récente qui seront difficiles à réparer. Alors, je ne sais pas. Mais nous sommes arrivés à en parler et peut-être essaierons-nous de repartir de zéro. Je suis informé pour le bébé, au cas où vous seriez dans le doute sur la question.

— Ah ! C'est une situation étrange. Encore une fois cela ne saurait changer ce qui est, mais c'était un accident, la malchance ou la fatalité. Mais rien ne serait arrivé sans ma faute initiale.

— Nous envisageons de confier l'enfant à un couple plus stable et construit que nous. Nous oscillons entre la dépression, l'enfer et le néant. Un grand vide nous sépare et un autre nous entoure. Ce pauvre bébé qui est tout mignon mérite des parents, pas un cauchemar.

— Cette situation est si étrange que je ne sais quoi répondre ! J'ai l'impression de vivre un roman mélodramatique que je serais en train de lire, mais c'est pour de vrai ! J'assiste à une histoire où je me vois totalement impliqué dans un rôle proche du sale type, mais c'est comme si ce n'était pas moi.

— C'est précisément cela. Oui, c'est ça ! Un mauvais feuilleton dans lequel je regarde un Fabrice enchaîner des trucs débiles. Et c'est moi !

— Élodie et moi sommes dans une situation sombre et précaire, je sais par Emmanuelle que vous aussi, mais si vous avez … Enfin si vous pensez que je pourrais … Si je peux, je le ferai. Je suis le … pour le bébé, je suis plus responsable que vous, alors si … sans m'immiscer, ça serait encore pire, mais … j'assumerai.

— C'est vrai que c'est étrange ! Mais merci, Tom, nous sommes effectivement dans une détresse profonde. Comme nous attendions après vous pour la sortie de cette crise dont je suis le seul responsable, Magalie m'a touché un mot de vos quatre mois de stage, je peux imaginer ce que vous avez dû endurer. Je suis désolé.

— Rencontre frontale avec la misère ! Nous en avons bavé et pleuré. J'ai chialé comme un gamin, Fabrice ! Une terrible expérience. Mais elle a contraint notre couple à affronter ses non-dits qui de toute façon nous auraient pétés à la figure à un moment ou un autre ! Cela nous a permis de ne pouvoir que remonter. Vous avez été l'étincelle, au travers l'erreur, mais nous étions notre propre explosif.

— Tom, vous pensez parvenir à rattraper le désastre que j'ai provoqué avec cette résidence ?

— Il y a quelques mois, Fabrice, je vous aurais répondu non, aucune chance. Aujourd'hui je ne suis plus dans le doute, nous réussirons. Si je perds certains clients fâchés, je parviendrai à les remplacer, car le travail réalisé par Yann, Magalie et Jean-Daniel est génial. Ils ont produit une réflexion et un concept prodigieux d'intelligence. Grâce à eux, nous avons passé le cap des soucis professionnels. La plus petite erreur et approximation sont interdites, certes, mais j'y crois. Il nous faudra en revanche réparer nos vies !

— Je vous adresse une confidence que je souhaiterais que vous taisiez, mais … je ne vous le demande pas. Si vous avez besoin de mes compétences pour restaurer, si j'ose encore en parler en ces termes, sollicitez-moi assez vite, car Emmanuelle et moi pensons à nous enfuir. Nous avons des ennuis de partout. Je me suis grillé dans le boulot et criblé de dettes. Emmanuelle est sans emploi et détruite. Alors, nous voudrions essayer de tout oublier et tenter notre chance ailleurs.

— Ah, je peux comprendre ! C'est une confidence également, pour fuir j'ai envisagé à plusieurs reprises de sauter par une fenêtre. Que vous restiez ou que vous partiez, et je vous l'ai dit, Fabrice, je vous filerai un coup de main à chaque fois que nécessaire et possible. Pour le moment nous n'avons plus un billet en poche, et c'est strictement notre réalité, mais cela devrait s'arranger assez vite, et pour le reste … C'est dommage que nous n'ayons pas eu le courage de nous parler avant ce bazar.

— N'est pas Jean-Daniel qui veut ! Nous avons été lamentables.

Ils se serrèrent la main et finirent cette conversation, soulagés tous les deux. Fabrice s'approcha de David :

— David, pourrais-je vous demander quelque chose en privé, s'il vous plaît ?

— Oui, pas de souci, tout de suite si vous voulez.

— C'est que … D'accord, merci.

Ils se mirent à l'écart, Fabrice pinça ses lèvres et mis les mains dans ses poches :

— Voilà, David, comme vous l'avez entendu, Emmanuelle et moi sommes dans une situation sans nom, après avoir tout perdu, ce que nous n'avons pas suivra d'ici peu. Alors je me demandais si vous accepteriez de nous aider.

— Je le ferais avec plaisir, mais je n'ai rien, Fabrice ! Même pas un domicile.

— Je le sais, David, mais c'est que … j'ai la pétoche ! Une fois passées une semaine ou deux chez des amis, nous nous retrouverons dehors, dans la rue et totalement démunis. Les foyers, les bancs, la gare, et le reste me terrorisent, mais j'y survivrai. J'ai un côté sale con qui me permettra de résister. En revanche, Emmanuelle est une belle femme, vraiment, et dans la rue les problèmes arriveront tout de suite et avec violence. J'ai très peur pour elle, nous sommes perdus, mais je ne veux pas qu'elle subisse un viol par jour.

— Je comprends. Vous souhaiteriez intégrer notre groupe de SDF pour ne pas être seuls, car c'est terrifiant. C'est normal. Si vous êtes d'accord pour ne demander aucune faveur et vous plier au mode de vie, comme Élodie et Tom sont parvenus à le supporter, vous pourriez avoir un abri, à manger, vivre avec nous et y trouver un certain niveau de sécurité. C'est déjà précieux. Parfois inestimable !

Fabrice se mit à pleurer au moment de parler, dissimula son visage dans ses mains et se retourna. David lui posa une main sur l'épaule :

— Fabrice, tu verras, l'une des premières choses que tu apprendras, c'est à ne plus avoir honte de ta peur et de ta peine. Il faut partager, la tienne et celle de tous les membres du groupe, elle est en chacun de nous. Dans ce contexte, une descente aux enfers est normale, souvent plusieurs, malheureusement. C'est parfois si rapide que tu n'as pas le temps de comprendre et ta vie semble être celle d'un autre. Je te propose de nous rendre une visite demain en fin de matinée, accompagné d'Emmanuelle. Nous vous recevrons avec quelques amis, nous parlerons librement et tu auras moins peur de venir à nous si jamais ta situation s'avérait aussi catastrophique que tu la pressens. Ce pas difficile sera déjà accompli.

Tom, qui était revenu près d'eux, semblait soucieux, quelque chose le chagrinait et il hésitait, puis il prit une inspiration et s'adressa à Fabrice :

— Toutefois, Fabrice, une information me perturbe encore. Alors, puisque nous sommes parvenus à établir un dialogue malgré … bref ! Et sans vouloir m'immiscer, je peux ?

— Pas de souci, je n'ai plus rien à cacher et j'ai besoin d'aide, je suis donc à l'écoute, Tom.

— Eh bien voilà. Si, comme je le pense, la résidence retrouve vite des acquéreurs pour son intégralité, tout le monde sera débarrassé des dettes liées à cette catastrophe financière. Par conséquent, les recours à votre encontre disparaîtront. Alors, pourquoi fuir ?

Jean-Daniel fit un pas et s'invita dans la conversation :

— C'est vrai, Fabrice, Tom à raison ! C'est quoi encore ce délire de vouloir te tailler ? Au moment où ça se calme, c'est suspect ou … débile ! Tu as merdé avec ta libido de la nuit ? Quel est ton plan ?

Fabrice observa Tom et Jean-Daniel. Il semblait rencontrer une difficulté pour assimiler et restait silencieux en gardant la bouche ouverte, Tom reprit :

— Il y a autre chose, Fabrice ? Il faut savoir lâcher, la méthode de la mise à poil est efficace, et je sais à présent de quoi je parle. Tu as sur le dos un dossier foireux, comme moi avec … ta femme !

— Non ! Mais je n'y avais pas pensé ! J'ai des huissiers aux trousses pour des millions d'euros afin de rembourser la résidence … Je ne réalisais pas ! Alors ça pourrait s'arrêter sans que je doive me suicider ou fuir ? C'est l'idée ?

— Oui, bien entendu, l'association de recours des investisseurs sera dissoute faute de conflit à gérer, chacun récupérera ses fonds ou les revenus prévus. Jean-Daniel, tu pourrais attester, j'ai l'impression que Fabrice doute de ce que je lui dis.

— C'est la plus stricte vérité, Fabrice, nous sommes sauvés, les affaires reprennent avec les projets. L'échec est lavé et transformé en un formidable succès. À part nos honoraires et nos marges sur cette opération, personne n'y perdra un euro.

— Sainte mère des emmerdes ! Je fais quoi les gars, j'ai la tête qui tourne, j'ai envie de hurler, de rire, de me frapper, de pleurer, je risque de m'ouvrir en deux, je suis dans le vide ! Aidez-moi !

Tom fixa Jean-Daniel et lui fit un signe du menton pour lui signifier qu'il devait intervenir. Jean-Daniel haussa les sourcils, lui retourna une moue expliquant qu'il exagérait, puis intervint :

— Pour commencer, assieds-toi. Yann, tu sers un verre d'eau à Fabrice. Tom, tu romps avec Emmanuelle sur-le-champ. Ça veut dire tout de suite, Tom ! Sinon, prépare-toi à combler un vide en découvrant ce que c'est que de prendre un bourre-pif ! David, dans la semaine, tu prends Emmanuelle et Fabrice dans ton équipe pour quatre mois et pas de traitement de faveur.

— Entendu.

— Aucune valise ni provision. Ils s'intègreront à poil comme les autres. Élodie y est arrivée alors qu'elle est victime, Emmanuelle est coupable, elle y parviendra. Tu appliques strictement ta méthode. David, tu ne la connais pas, sache qu'elle a enchaîné les mauvaises décisions, toutes réprimandables, mais elle a le physique qu'elle a, ce n'est pas un choix même pour elle, et c'est vraiment une belle femme, alors ... pas d'embrouille supplémentaire, tu veilles sur elle. Fabrice, je te donne quatre mois et demi à compter d'aujourd'hui pour te présenter devant moi, au jour près. À ton retour et pour reprendre ton boulot, tu devras retrouver une rigueur absolue et l'envie de te défoncer. Cela ne te dispensera pas d'être dans la contrainte de me donner ta parole sur un certain nombre de points, idem pour Emmanuelle si vous restez ensemble, car je ne veux plus de risque au boulot parce que ça la démange du minou, donc tu le lui diras et si tu n'arrives pas à la combler, achète-lui une vingtaine de vibromasseurs différents, bordel ! Ça sera toujours moins couteux que deux cents appartements, non ? Ou arrangez un ménage à trois, mais règle ça, vos histoires de pétrousquins ne doivent pas pourrir la vie de tous ceux qui vous connaissent. Crotte quand même, Fabrice, tu n'es plus un gamin ! Vous vous trouvez un voile vapeur, un grand lit, vous assouvissez ce qu'il faut avant de venir bosser et vous cesserez de faire caguer tout le monde avec le derrière d'Emmanuelle et sa libido. Cela dit, idem pour toi, Tom ! Prends du bromure ou soulage-toi tous les jours si Élodie n'assume pas tes besoins, mais arrête aussi de nous faire suer avec ta queue. Merde alors, vous êtes lourds les gars ! Fabrice, je t'écoute.

— Je suis d'accord pour tout, j'ai bien compris. Mais je dois pleurer, donc, tu me laisses une petite heure.

— Et toi, Tom ? Tu te la mets derrière l'oreille ou tu la gères avec Élodie ? J'attends.

— Je ... Tu as raison, Jean-Daniel, mon machin commence à sérieusement me polluer la vie et à m'énerver ! J'en parlerai avec Élodie, je suis désolé. Et aussi de t'obliger à m'en parler.

— Comme tu le dis ! Tu termines que nous puissions passer à la suite ?

— Oui, mais quoi ? Nous avons fait le point.

— Tu téléphones au derrière blond ! Bordel, Tom, je ne suis pas ton père ! Et nous t'écoutons, ce n'est pas un choix, tu as joué avec des millions à nos frais et tu as perdu. Alors, réveille-toi !

— Ah ! C'est que ... Ah !

Tom prit le combiné, inspira, adressa un rictus à Fabrice en haussant les épaules et appela Emmanuelle. Jean-Daniel pressa un bouton et activa le haut-parleur. Tom annonça sa situation à sa maîtresse, et par qui il était entouré, puis il l'informa qu'ils devaient cesser de se voir sans délai et définitivement, et l'annoncer clairement, car leur relation qui n'était plus un secret pour personne devait être déclarée de la même manière. Elle pleura un peu, demanda pardon à ceux qui l'écoutaient et raccrocha.

— Bon, voilà qui est mieux. Les gars, pour le prochain débat entre mecs, je veux de la bière et un terrain de pétanque, manière de revenir à des préoccupations plus terriennes.

Trois jours plus tard, Agnès et Charles étaient dans la résidence, pilotés par Magalie et Yann, escortés discrètement par David et ses amis, et le rendez-vous se déroula comme ils l'avaient espéré. Le couple soupira de soulagement sans en faire mystère, Agnès pleura et Charles la prit dans ses bras. Sentir s'éloigner le trou sombre dans lequel il était tombé, puis entré, fut trop fort pour lui aussi, alors il s'épancha avec elle. Leur cauchemar prenait fin ! Émue, Magalie les invita au restaurant et ils passèrent un moment d'échanges et de détente qui permit au couple de retrouver sa sérénité et de se montrer tels qu'ils étaient en réalité, gentils et agréables.

CHAPITRE 17 (Néné et David)

Quelques jours passèrent sans rebondissements. Jean-Daniel arriva à la résidence d'un pas décidé, comme toujours, et chercha David qu'il trouva à l'ouvrage avec un groupe dans une cage d'escalier. Il les salua un à un, cordialement, puis demanda à David de descendre avec lui. Ils s'installèrent sur un banc de la résidence, sans considération pour la température basse et le vent frais.

— Un souci, Jean-Daniel ? Les investisseurs se retirent malgré tout !

— Non, pas de nouveau de ce côté pour l'instant, Élodie et Tom sont à l'ouvrage. Je viens te voir, spécialement, pour parler de … toi !

— Ah ! Il n'y a pas grand-chose à dire sur moi, mais je vous écoute.

— Dans cette affaire de résidence, tu as mené le jeu avec brio en prenant des initiatives à la façon d'un joueur d'échecs avant même d'avoir un adversaire face à toi, et en t'entourant de personnages parfois hauts en couleur, mais remis en marche grâce à tes décisions, si je peux m'exprimer ainsi sans pensée péjorative. Tu es d'accord avec mon résumé de la situation ? Même s'il y a de nombreux raccourcis.

— Oui, je devrais préciser que mes amis sont des battants et que le mérite leur appartient, mais sur le fond, c'est la réalité. J'ai fait un pari avec eux et nous nous sommes défoncés pour refaire surface.

— C'est là notre perception, d'où l'idée. Avec Yann et Magalie, Élodie et Tom, nous envisageons de nous lancer dans la réalisation de nouvelles résidences destinées à devenir des opportunités de retour dans la société pour les personnes qui s'en sont trouvé éjectées, où sont sur le point de l'être, pour une raison ou une autre.

— Génial ! C'est courageux de faire cela. Si vous saviez la souffrance de ceux qui se trouvent poussés dans la rue ! Avoir nos logements, ça serait mieux que … que tout ! C'est la sortie de l'enfer et pas en recevant une croquette comme un chien, vous comprenez ? Pas suite un acte de pitié, mais parce que nous aurions réussi à relever la tête et à mériter. Je ne peux vous expliquer si vous n'y êtes pas passé, mais croyez-moi, c'est plus beau que tout.

— Je te crois, David. À tel point que tu m'as presque précédé sans le savoir. Je pense en effet que pour comprendre les gens qui sont dans une telle situation, il faut être dans la même ou y être passé. Et c'est seulement à cette condition qu'un vrai dialogue est possible et susceptible de fixer des règles adaptées et acceptées. Tu es toujours d'accord ?

— Oui, il n'y a pas de doute à avoir sur l'approche.

— Alors comment pourrions-nous échanger, Élodie, Magalie, Tom, Yann ou moi, avec des SDF pour imposer des conditions, donner des ordres et être entendus ? Aucune chance. Mais si c'est toi qui prends en charge, cela changerait tout, nous pourrions avoir l'espoir de réussir ce pari fou d'offrir un logement aux SDF ou aux surendettés en phase de naufrage !

— Moi ? Je veux bien, mais je ne comprends pas.

— Imagine une nouvelle résidence, livrée sans aucune finition ni aménagement, en gros comme celle-ci, mais en version pas fendue, moins finie, mais avec des outils. Tu arrives sur le site et tu t'y installes avec tes amis, supposons un mois à plein temps, puis un à moitié et un autre au tiers. Tu vois l'idée, c'est le planning pour lancer la même démarche que celle que tu as mise en œuvre ici. Tu deviendrais chef de projet et nous pourrions redonner une situation aux deux artisans qui ont réparé la résidence, ils deviendraient les chefs d'équipes, officiellement. L'huissier et la comptable seraient les gestionnaires des candidatures, des dossiers, des entrées et sorties, enfin bref, vous reformeriez votre groupe et rebelote, mais avec un vrai contrat de travail et un salaire, chacun. Qu'en dirais-tu ?

— Sérieux ? Du style si si et si ou si, ou genre c'est oui ou c'est non ?

— Si tu es d'accord, c'est version oui, dès le début du mois prochain, soit dans une semaine. Tu finis ici et ensuite tu te lances avec ton équipe.

— Ah, merde alors ! Ah, merde alors !

— Un souci ?

— Ah, merde alors ! Je n'ai jamais eu un travail, ni un logement, ni un salaire ! Ah, merde alors ! C'est sérieux, Jean-Daniel ?

— Mais oui, je ne plaisante pas, David, je parle boulot !

— Ah, merde alors ! Ma tête est perdue, ça part dans tous les sens, c'est trop à assimiler. Je ne sais pas si je m'apprête à rire, hurler, pleurer, courir, vous embrasser, tomber... Ah, merde alors !

— Je prends ces « merde alors » pour un oui ?

— Hein ? Ah oui, mille fois oui ! Il faudra leur annoncer doucement, ils pourraient avoir un malaise, c'est d'une violence ! Ah, merde alors ! Et nous pourrions aider les autres SDF, nous, les rats qui avons vécu dans un box en sous-sol sans jour, ni air, ni eau ! Ma tête a choisi, je pleure, désolé.

— Je te laisse assimiler en paix, fais-moi signe quand tu veux. À bientôt, David, Monsieur le Chef de projet. Et félicitations.

— Mes parents ne pourront même pas savoir que je m'en suis sorti ! Sans eux ! J'aurais voulu qu'ils me voient.

— Je comprends cela, David, mais pense à tes amis. Pour voyager dans le passé, il faut reculer et c'est une perte de temps avec un risque de ne pas en revenir. Certes j'illustre, mais écoute-moi. Regarde le groupe qui avance avec toi et aide ceux qui essaient, mais ont du mal à suivre, et ta vie aura un sens. Je rentre à mon bureau.

Jean-Daniel s'en retourna satisfait et beaucoup plus ému que ce qu'il voulait laisser paraître. Il avait conscience de ce qu'il avait offert à ce jeune homme et avait senti à quel point il était bouleversé. Cela lui faisait un bien fou de pouvoir tendre ainsi la main. Ils avaient proposé une vie à Nancy, maintenant à David et son équipe … finalement, il laissa couler une petite larme.

Depuis quelques minutes déjà, David était seul sur le banc, littéralement assommé par cette incroyable proposition. Un vrai logement, à lui avec un bail et des clés, un travail, réel avec un contrat et un salaire, et un projet de vie dans lequel il pourrait s'investir ! Tout cela en même temps. Que devait-il faire pour parvenir à gérer un tel bouleversement ! Avec un revenu, il deviendrait possible d'effectuer des achats dans des magasins normaux, mais comment fallait-il choisir la nourriture, les vêtements, les meubles ? Et sans doute pour tout ce qu'il ne connaissait même pas ! C'était énorme. Son amie Néné, l'ancienne comptable, vint opportunément s'asseoir près de lui :

— Tu te sens bien, David ? Voilà quelques longues minutes que tu es sur ce banc et ce n'est pas ton habitude. Tu me sembles pâle. Tu as des soucis ?

— Néné, je suis bouleversé, anéanti et terrifié, par je ne sais pas quoi !

— Je suis là avec tous les autres. Tu connais notre règle, il faut parler. Alors je t'écoute.

— Je voudrais que tu me promettes de demeurer sereine, de rester assise avec moi au moins dix minutes après, et de ne pas foncer raconter cela à tout le monde.

— Chiotte ! Ça sent les gros ennuis à plein nez ! Nous devons déguerpir, c'était prévisible ! Je te donne ma parole, David.

— Néné, je suppose que tu souhaiterais retrouver un domicile, un appartement, avec des clés et un bail, genre pas un squat et pas dans un sous-sol, du style comme chez nous, mais qu'à toi, et pour de vrai.

— J'aimerais, en effet. Mais j'ai compris, David, je ne rêve plus, la vie m'a expliqué longuement. Déjà, être dans l'appartement que je squatte, donc même en sachant que je m'en ferai expulser sous peu, je suis heureuse ! Le fantasme fut merveilleux. Tu sais ce dont je parle et tu me comprends.

— Alors, imagine un instant, par jeu, que tu aies un bail à ton nom, avec tes clés, et sans risque d'expulsion. Avec un balcon, des fleurs, une salle de bain avec de l'eau chaude …

— Tu veux que je pleure ou quoi, David ! Mais je crois me souvenir, je peux imaginer cela. Seulement, il me faudrait un petit boulot pour avoir droit à une pause entre la signature et l'expulsion.

— Ah ! Alors évoquons. Tu trouves un job.

— Genre avec un salaire ou plan foireux ?

— Avec un contrat de travail, pas de trafic, un vrai emploi.

— Ah ! Je crois me souvenir aussi, je peux me remémorer.

— Voilà le truc. Comment tu ferais dans un magasin normal pour faire tes courses ?

— Tu n'as jamais poussé un caddy, mon grand ?

— En dehors d'un fauché sur un parking, non. Néné, j'essayais d'imaginer, cela doit être terrifiant.

— C'est assez agréable en réalité, tu peux flâner, hésiter, choisir, t'accorder des petits plaisirs de temps à autre. C'est une chose étonnante, mais tu ne le réalises qu'à postériori, et c'est dommage. Lorsque tu remplis ton caddy, c'est toi qui décides de ce que tu mangeras, David ! Bref, une vie de riche, et c'est le pied. Mais tu t'y habitues trop vite !

— Tu pourrais m'apprendre ?

— J'aimerais beaucoup mon grand ! Mais voilà, pas nous.

— Néné, tu m'écoutes avec attention. Il se trouve que tu devras m'enseigner, en étant patiente et sans te fâcher ni te moquer.

— Ah ! Mais comment ça ? Un truc doit m'échapper, David.

— Néné, je crois que tu auras sous peu un chez-toi avec des clés rien qu'à toi. Tu pourras m'apprendre à faire les provisions, car moi aussi.

Néné le regarda en tentant de détecter où était la blague, mais il était pâle et sérieux :

— David, tu es conscient qu'ici, ce n'est pas un sujet de rigolade ! Tu me fais quoi, là ?

— Néné, je ne t'ai jamais ennuyé avec mes désirs, mais est-ce que tu accepterais de me prendre dans tes bras ? Je veux pleurer.

— Mince ! Tu es mal mon grand, cale-toi contre ma poitrine et raconte.

— J'aurais un appartement à moi avec un travail et un salaire. Néné, j'ai peur.

— Ah merde ! Ah ben ça ! Mais c'est super, mon David ! Que je suis contente pour toi, mais que je suis heureuse, je pleure avec toi.

Ce qu'elle fit spontanément. David était blotti contre elle avec le visage posé sur sa poitrine, il était bien, il avait besoin d'un câlin comme celui-là, et sa Néné le protégeait.

— Néné, tu auras aussi ton appartement, avec un travail et un salaire, en même temps que moi. Tu ne me laisseras pas tomber ?

— Moi ? Tu as fumé de l'herbe, David ! C'est bête, mais j'y ai cru un instant que tu t'en sortais.

— Néné, je débute la semaine prochaine, salarié. Je ne sais même pas ce que ça veut dire !

— Mais c'est quoi le délire ! Je suis perdue, David. Explique-moi.

— Nous sommes embauchés, Néné, nous aurons un salaire et un appartement chacun, ici.

— Oh mon Dieu ! Ah, merde alors ! Oh mon Dieu ! Tu serais pâle pour cette raison, tu parlerais de choses qui existent ?

— Tout est vrai, Néné, c'est affreusement magnifique. Tu commences la semaine prochaine aussi. Tu gères, Néné ? Tu ne me laisseras pas tomber ? J'ai peur d'être seul dans un appartement, Néné, c'est terrible. En plus avec des portes fermées ! C'est terrifiant.

— Je suis là, rassure-toi, mon petit David, nous gérerons ensemble. Je t'apprendrai. C'est énorme.

Elle se mit à se balancer pour les bercer. Elle pleurait en étant ailleurs et cherchait à son tour à assimiler l'information. C'était naître, mais avec la conscience d'une adulte. Peut-être pourrait-elle un jour redevenir une femme, féminine, avec le droit à la pudeur, au respect, à l'hygiène, à manger dans une assiette, à se changer, sans craindre qu'il s'agisse du dernier avant le retour dans une cave !

— Nous nous en sortirons, mon grand, nous ferons face en nous serrant les coudes, ainsi que nous le faisons depuis que nous nous connaissons, tu verras. Je t'ai appris le calcul, à bien écrire et à parler, je t'apprendrai l'autre vie. Les copains sont au courant pour nous ?

— Néné, ils ne savent pas pour nous et pas davantage pour eux. Ils auront aussi un travail et un logement, c'est prévu pour notre petite bande au complet. Tu crois qu'ils supporteront ?

— Ah non de Dieu ! Nous en sortirions tous ! Il faut faire doucement, j'en connais trois qui pourraient péter un câble, ils pleurent moins bien que nous deux. Je ferais quoi, tu le sais déjà ? Ménage, peintre, concierge ?

— Tu feras la gestion des locations et la comptabilité.

— Oh mon Dieu ! Un travail avec ma tête, comme avant ! Et toi ?

— Les projets de chantiers, l'organisation, ce genre de chose.

— Deux bons emplois ! C'est énorme, ça me déchire le cœur, David. C'est étrange.

— Idem, et le cerveau avec. Je n'ai jamais connu. Nous pourrions continuer à être comme une famille, Néné, sauf si tu préfères oublier et tourner la page.

— Être comme … ? Tu es ma famille, David ! Ainsi que ceux de notre groupe. Et j'espère être la tienne. Avec certains, je suis plus dans l'amitié, mais j'y tiens. Plus de six années à partager ce que nous avons vécu ! À nous protéger, à nous coller et nous serrer pour avoir moins froids, à pleurer, à réconforter celui qui a été battu, enfin tu vois ! Il me sera impossible d'oublier à quel point nous étions totalement dépendants l'un l'autre pendant plus de cinquante mille longues et terribles heures pour espérer survivre. Et je tiens à m'en souvenir. Nous nous devons mutuellement la vie ! Tu imagines, je dirais « à table », tu me répondrais « ça sent bon ». Je te servirais, tu me regarderais en souriant, je pleurerais à chaque fois pendant les premiers mois, je le sais, alors tu me verserais un verre d'eau gazeuse ! Nous nous observerions manger avec des couverts, nous parlerions du travail de la journée, puis nous regarderions un film au salon, assis dans un canapé. Je dirais « qui veut une tisane bien chaude », tu me répondrais « avec un sucre s'il te plaît » ! Le dimanche, je mettrais une belle tenue, tu me raconterais que je suis jolie et que je sens bon, puis nous mangerions des petits gâteaux. Que feraient les autres ?

David lui expliqua ce qui était prévu pour chacun. Ils commentaient, riaient, pleuraient et extrapolaient.

Après un silence durant lequel ils voyageaient dans le rêve que pourrait être leur lendemain, Néné reprit :

— David, si l'un de nous venait à pouvoir se lier avec une personne, il faudra s'assurer que le groupe le respecte et veille à ce que les autres lui laissent une chance de construire une vie.

— Tu veux dire qu'il faudrait se séparer ?

— Non, je crois que ça serait un mauvais choix, car celui qui se trouverait isolé ne pourrait plus trouver à être compris, ce n'est pas bon d'être seul, même avec quelqu'un. Tu le sais pour l'avoir vécu.

— Ma vie se résume à notre groupe, Néné, avant j'avais un couple d'ivrognes qui me nourrissait pour me violer, donc je ne comprends pas ce que tu dis.

— Si je rencontrais un homme qui veuille de moi, je lui dirais que je veux continuer à voir mes amis, comme lui verrait les siens, sinon il me faudrait taire mes cauchemars, mes joies simples, mes peines ou mes sentiments extraordinaires, car il ne les comprendrait pas. Alors je le perdrais, ou je deviendrais folle ou alcoolique. C'est ainsi.

— Nouvelle mission pour toi, ma Néné, je veux apprendre à vivre correctement et à assimiler. Yann m'a emmené au restaurant, je me suis senti comme un singe !

— Je serai ta professeure, David. Et il y a plein de choses de notre quotidien que tu ne devras jamais raconter à ceux … aux autres !

— Ah bon ! Mais nous nous sommes toujours beaucoup respectés !

— Oui, mon David. Mais les valeurs du monde des sous-sols ne sont pas celles de la surface, surtout pas les leurs. Nous vivrons quelque temps tous les deux à la façon d'un couple normal.

— Tu parles de notre intimité, Néné ?

— Mais non ! Lorsque tes mains étaient si gelées que tu les avais enroulées dans des chiffons tel un boxeur et que tu ne pouvais plus les bouger, tu peux le dire, mais tu ne dois pas raconter comme nous nous soutenions, car si tu dis que je t'essuyais le derche et te la tenais pour que tu puisses ne pas te pisser dessus, ils ne comprendraient pas.

— Mais eux, comment ils auraient fait ? Ils seraient restés sales ?

— Non, mon David, eux n'ont pas eu les mains gelées et n'ont pas eu à gérer ces détails du quotidien. Et quand c'était les miennes qui étaient hors d'usages, c'est pareil ! Tu comprends, David ? Nous étions dans un monde sous-terrain qui leur est inaccessible. Tu auras envie de raconter ça à ton amoureuse pour partager avec elle, et elle te mettra dehors en te traitant de pervers !

— Ah !

— Oui. Alors que toi et moi savons que nous avons été d'une solidarité plus forte que le lien du sang ! Tu apprendras le réflexe de fermer la porte des toilettes et tu ne joueras pas à Thierry la Fronde en riant lorsque tu ramasseras son tampon usagé dans la poubelle ! Sinon, elle te mettra dehors !

— Néné, je crois que tu devras accepter d'être une vraie maman pendant quelques mois pour m'apprendre à vivre. Je ne connais que cette vie, même à la maison. Ma mère était ivre et faisait bien pire, quant à mon père … Mais ils riaient, alors moi aussi !

— Je sais, David. Au début, tu pleurais toutes les nuits en parlant, j'ai entendu tout ça ! Je m'inquiète du retour à la surface de Lounia, Antoine, Bernard et Félix. Nous devrons veiller sur eux. Bernard, ex-artisan, et Félix, ex-videur, tu sais pourquoi, ils sont devenus violents pour un rien. Ils sont trop aigris. Antoine, ex-professeur, saura composer avec son intellect sa lassitude de la bêtise humaine. Mais notre petite Lounia ! Elle réapparaitra, son identité fera ressortir sa fiche de jeune fugueuse, sa famille la retrouvera et ils la tortureront pour laver l'affront qu'elle leur a fait subir ! Elle finira brûlée dans une poubelle ou à l'acide !

— Je refuse ! Personne ne touchera à Lounia. Elle est douce et gentille comme une princesse ! Je la cacherai et je trouverai une solution.

— Je t'ai vue embrasser la petite fée, tu y tiens.

— Ne sois pas jalouse, Néné, tu es ma maman, elle est ma sœur, mon amie et ma copine ! Nous nous sommes embrassés plein de fois, mais pas plus, elle ne voulait pas, car elle se sentait trop sale ! Comment je peux l'aider ?

— Je n'en ai pas idée, David. Mais j'ai peur, car je sais ce qui l'attend. Pour qu'elle ne se sauve pas, ne lui dis pas qu'elle a un travail. Parle du futur en ce qui la concerne.

— Même si nous sommes différents, nous arriverons à être heureux ?

— Encore plus que les autres, David, car nous saurons nous émerveiller et nous émouvoir !

CHAPITRE 18 (Manon et Gaëtan)

Vingt-huit jours s'étaient écoulés depuis l'explication sévère que Magalie avec eue avec Manon et Gaëtan. Le tandem affrontait chaque échange et début de journée comme une bataille, entre eux deux et chacun d'eux, en tant que membre de l'entité couple. Ils étaient fatigués et totalement désemparés. C'était un samedi matin, prémices des moments les plus terribles de la semaine, car ils ne travaillaient ni l'un ni l'autre et devaient se faire face et donc assumer la situation. Le téléphone sonna, mais Gaëtan refusa de prendre la communication. Manon, qui était réfugiée dans la chambre, devenue la sienne, car Gaëtan s'était installé dans le bureau, finit par en sortir et décrocha. Une certaine Emmanuelle appelait de la part de Magalie et souhaitait les rencontrer pour discuter des enfants ! Manon resta un instant interdite, puis saisissant que cette femme ne voulait parler qu'à mot couvert au téléphone, elle réalisa l'importance de la demande et proposa de la recevoir dès qu'elle serait disponible. Elles prirent rendez-vous pour le lendemain, dimanche à quatorze heures. En posant le combiné, elle se laissa tomber sur un fauteuil et s'adressa à son époux comme elle le faisait avant que le cauchemar ne s'installe dans leur vie :

— Gaëtan, c'était un appel que nous aurions dû recevoir il y a au moins un an. Mais il arrive aujourd'hui !

— Une vacherie de plus ? Si c'est une nouvelle information au sujet de tes frasques de nymphomane, je ne suis plus là, tu assumes et t'en débrouilles, comme lorsque je ne savais pas. Il n'y a aucune raison que je partage juste les embrouilles et la contrariété.

— S'il te plaît, Gaëtan, je paie chaque seconde le prix fort ! C'est l'amie de Magalie qui vient à nous, demain, pour le bébé. Elle souhaite nous rencontrer pour lier connaissance et parler de notre, de son enfant.

Il s'approcha, intrigué, encore dans le doute, et s'assit face à elle :

— Dans quelques heures ? Ici, à la maison, pour discuter d'adoption ?

— C'est étrange la vie, Gaëtan, après des années d'attente, nous avons une journée et une nuit pour savoir ce que nous ferons et dirons à cette femme, sur toi et moi, sur le couple que nous étions et sur les parents que nous pourrions être pour son rejeton. Ou aurions pu être.

— Le bébé ! Saloperie de vie ! Mais qu'as-tu fait, Manon ! Cet enfant était à la porte de notre maison pour que nous devenions une famille. Il arrivait de lui-même tant il avait besoin de nous ! Et toi …

— Je sais. Mais tu ne peux pas nier que si je n'avais pas fait la belle-de-nuit, jamais je n'aurais connu Magalie, donc elle ne serait pas venue pour me mettre le nez dedans, et cette femme ne saurait même pas que nous existons. C'était probablement ma destinée, le prix que je devais payer, peut-être pour savoir jusqu'où j'étais prête à aller pour avoir un bébé ! Et je suis aventurée loin, seule. Possiblement aussi pour voir si nous étions un couple capable d'affronter ensemble les problèmes et à même de faire passer un ange avant nous. Était-ce là l'épreuve pour évaluer mon désir d'être mère ? Notre bébé contre ma dignité. Et pour toi, m'accepter avec ce que j'ai commis pour être père. Un enfant.

— Ne dis pas de sottise, c'est juste le destin. Mais effectivement, jamais tu n'aurais connu cette Magalie en ne faisant pas la prostituée.

— Je ne suis pas une putain ! Gaëtan, arrête avec ça ! Une garce, je ne peux qu'être d'accord. Je t'ai trompé, certes, mais uniquement physiquement. J'ai forniqué sans retenue, mais juste pour le libertinage, je n'ai aimé que toi, le reste c'était mes délires, rien que de la débauche, mais pas d'argent. Ce n'est pas faire la pute. Nous disputerons-nous une fois de plus ?

— Il ne faudrait pas. Nous pourrions peut-être parler de nous, tous les deux ! Voir comment parvenir à reconstruire notre couple ? Et si nous y arrivions, rapidement, nous aurions le droit moral de nous présenter à cette femme comme parents potentiels. Qu'en penserais-tu ?

— Tu ne me diras plus que je suis une prostituée ? Traite-moi de salope fêtarde lorsque tu souffres, mais pas de putain.

— Désolé, Manon, mais tu l'as compris, j'ai mal à en crever ! Pourtant nous sommes toujours là, tous les deux !

— En effet, oui. Gaëtan, pourrais-tu accepter l'idée que je te présente mes excuses pour le mal que je t'ai infligé, ainsi qu'à notre couple ? C'est peut-être signe que le moment est venu. S'il te plaît.

— Cette histoire est si terrible ! Mais oui, je peux essayer de t'entendre et de te laisser m'en parler ! Je crois que oui.

— Alors je ferai dans le simple. Je suis désolée du plus profond de mon âme, je suis peinée de t'avoir infligé une telle déception et de t'avoir blessé à ce point, et je te présente mes excuses. Je ne te demande pas de me pardonner, bien sûr, mais d'accepter de m'entendre. Je me suis perdue et j'aimerais que tu saches que je suis consciente d'avoir commis une terrible erreur de parcours !

— Je sais que tu es sincère, mais j'ai ces images qui m'obsèdent ! Manon … j'accepte tes excuses ! Tu as le droit de te planter, autant que moi. C'est juste que tu sembles ne pas connaître la demi-mesure !

— Ça, pour avoir fait fort, j'ai donné dans le grandiose ! J'ai abîmé notre histoire. Je sais pourtant que tu seras la seule de ma vie.

— Je peux de te demander si pour tenter d'être enceinte de cette façon tu as souffert ou si tu as eu du plaisir ? C'est juste pour arriver à en parler. Nous devons y parvenir.

— Si tu ne te fâches pas, je peux me raconter. Je n'ai jamais eu à souffrir une seule seconde. J'ai reçu de la tendresse, de l'attention et du plaisir à hautes doses, à en être invraisemblable. Je voulais que le voyage ne cesse plus tant j'étais entrée dans cet autre monde. Gaëtan, je comprends combien mon écart peut te paraître révoltant, mais le moindre dérapage était proscrit ! Magalie est stricte, vraiment. Rien de brutal, ni de sale, ni d'avilissant. Nous faisions la fête pour nous amuser, c'est tout. Tu as mal lorsque je te raconte ma vérité ?

— Non ! Je crois que j'aurais préféré te dire oui. En fait, j'ai envie de te hurler oui, mais non ! C'est curieux, mais je comprends. Seulement pourquoi ne pas m'en parler avant ? Cette volonté de m'écarter reste incompréhensible. Nous aurions pu partager, Manon, d'une façon ou d'une autre, nous sommes un couple. Je pense, et je l'espère, qu'au pied du mur, je serais parvenu à te surprendre, en ayant la possibilité de participer à ton plaisir, même à tes délires, et aussi d'être le mari qui offre cette liberté à sa femme.

— Je n'ai pas pu t'en parler, ou pas su, pas osé, pas réfléchi. Je ne suis pas certaine de la raison de mon silence. Cela s'est fait ! Je désire plus que tout être maman, Gaëtan, et que tu sois papa. Je le veux avec toi. Je te le dis, Gaëtan, ce n'était que du plaisir physique, je n'aime que toi. Voudrais-tu que nous soyons parents, s'il te plaît ?

— Il faut que je sorte, Manon, tout de suite. Je ne refuse pas de parler ni te t'entendre, mais … je dois faire une pause, j'ai envie de te battre ! Je suis désolé.

Il sortit sans la regarder, pâle et en se tenant les mains.

Manon le regarda et pleura. Il revint après une dizaine de minutes, ruisselant et frigorifié, et s'assit face à elle.

— Ça rafraichit les idées ! Je ne m'en suis même pas aperçu tout de suite. J'ai été envahi par une envie terrible de te coller une volée. Une vraie trempe, avec des gifles jusqu'à te voir pleurer et avoir mal ! Mais cela ne résoudrait rien et jamais je ne lèverais la main sur toi. Enfin si, je l'ai fait, mais c'était un accident. Je crois qu'il faut que je consulte. Tu en penses quoi ?

— Que nous devrions le faire ensemble.

— Entendu. Manon, je voudrais que nous sauvions notre couple et j'aimerais que nous devenions de bons parents. Nous voyons comment nous organiser ? D'accord ?

— Tu es un merveilleux mari, tu seras un papa formidable.

— Il faut prévoir que cette femme est peut-être au courant de tes exploits. Il ne faudra donc pas lui mentir, ce qui implique que nous devrons lui expliquer comment nous gérons tes frasques. Car même si tu peux justifier ta motivation initiale, il est évident que tu l'as largement dépassée. Tu risques de devoir en parler. Tu sauras quoi répondre à une interrogation sur un sujet aussi délicat ?

— Comment lui raconter que je suis capable d'être ce genre de femme ! Je pense que si elle aborde cette question, je lui dirai la vérité, simplement. Participer à ces jeux n'a aucun rapport avec le statut d'être ou non maman ! Il y avait de nombreux couples, donc des épouses mères, et plein de papas ! Elle fait l'amour elle aussi, peut-être même qu'elle est capable de reconnaître qu'il lui arrive de baiser. Il est possible qu'elle comprenne.

— Tu as raison, la vérité ! Si seulement nous avions … OK, donc nous lui dirons qui nous sommes, ni plus ni moins.

— Et elle percevra que nous avons construit un couple capable de résister à une crise, ce qui est vital pour être de bons parents. Gaëtan, je ne sais comment aborder le sujet de notre relation après mes … il faudra que je trouve un mot ! Je voudrais que tu saches que lorsque tu désireras, je ne dirais plus non. Ce n'est pas romantique, mais tu sais.

— Je conçois ce que tu me proposes, Manon, et je le comprends, crois-moi. Tu veux payer. Seulement …

— Dis-le, j'ai déjà compris, mais tu as besoin d'exprimer ta souffrance et de me la raconter. Tu étouffes. Je suis prête.

— Non. Mais je ne pourrais pas. Manon, je ne sais pas si j'y parviendrai à nouveau un jour.

— Ah bon ! Mais, à quel point ?

— Je n'ai plus de besoins ni de désirs à contenir, je n'éprouve plus d'intérêt pour cela et je n'arrive plus à imaginer avoir à un rapport. C'est au-delà de mes forces. Tu ne peux pas m'en vouloir pour ça, et quand bien même, c'est hors de ma portée.

— Je devrais pleurer, mais je suis tarie. Tu veux prendre une maîtresse ?

— Non, je n'ai plus de libido, Manon. Elle est morte ! Je crois que c'est fini pour moi. Tu as récupéré et ton corps réclame, c'est ça ? Tu peux te confier, sur la question nous avons largement passé le cap. Au moins, nous pouvons être d'une grande liberté de mœurs à présent !

— La différence entre nous deux, Gaëtan, c'est que toi tu me perçois si sale que je te coupe ta libido, alors que moi je me suis sentie belle et désirée. J'ai toujours aimé faire l'amour avec toi, cela n'avait rien à voir. Mais ce n'est pas grave, je trouve presque soulageant d'avoir un prix à payer, même s'il n'est pas proportionné au mal que je t'ai fait.

— J'ai déjà pris de la distance avec tout ça. Si tu as besoin, tu as mon accord, préalable ! Je suis capable d'intercéder en ta faveur auprès de cette femme, Magalie. Ce qui m'intéresse et que je veux, c'est que nous soyons des parents, le désir, à présent, je m'en fous, c'est fini pour moi. Mais tu as le droit de vivre.

Ce fût la première soirée depuis la fameuse visite de Magalie qu'ils passèrent ensemble, sur le canapé, proches, sans conflit et apaisés d'être presque comme avant. Ils ne parlaient pas, mais se jetaient des petits regards à la sauvette. Manon avait une envie folle de se pendre à son cou, de l'embrasser, de le câliner et de faire l'amour avec tendresse. Mais elle ne pouvait pas, c'est comme s'ils n'étaient plus un couple. Gaëtan aurait voulu poser sa main sur celle de Manon, pour communiquer et échanger, être en contact avec elle, mais il ne voulait pas, la colère était encore en lui et se changeait chaque jour en blessure invalidante pour ses sentiments.

Le lendemain, Emmanuelle vint à l'heure convenue. En se voyant, elles subirent une première surprise, celle de se connaître pour être deux participantes assidues et décomplexées des soirées de Magalie. Emmanuelle sourit, Manon paniqua, Gaëtan s'étonna. Manon profita que Gaëtan se rende à la cuisine pour préparer un plateau café afin de murmurer à Emmanuelle d'éviter de révéler qu'elle fréquentait les soirées ensemble, en lui précisant que son mari savait pour elle. Puis, il revint et ils discutèrent librement.

Elle les interrogea sur leur vie professionnelle et personnelle. Sur le même ton du questionnement ordinaire, Emmanuelle précisa que Magalie lui avait brossé un portrait du couple et elle demanda à Manon de lui expliquer pourquoi elle participait seule aux soirées de Magalie. Manon avait envisagé maintes fois d'aborder le sujet avec la mère visiteuse, elle avait des dizaines de réponses prêtes, seulement elle n'avait pas prévu celle-là ! Elle lui sourit et lui dit la vérité la plus stricte, sans pudeur, en étant parfois explicite pour qu'elle sache que son époux était au courant et qu'ils pouvaient en parler. Après quoi, elle précisa que sa vie intime, comme pour les autres femmes, n'était pas une entrave pour être une bonne maman. Emmanuelle lui sourit à son tour. Avant de partir, sur le seuil de porte, elle fit une accolade chaleureuse à Manon, puis prit congé en précisant qu'elle s'était fixée un délai de deux semaines afin de prendre une décision la plus dépassionnée possible.

Manon hésita à raconter à son mari la nature de leur relation, car c'était revenir sur un sujet hyper sensible, mais surtout, elle songea que c'était lui dire qu'effectivement, ils rencontreraient de manière fortuite des gens avec qui elle avait eu des rapports intimes.

Les jours passaient. Le travail mobilisait la plus grande part des énergies, lorsqu'un soir, Manon décida de reprendre sa destinée en main et d'assumer ses choix. Elle prit son téléphone et s'enferma dans sa chambre pendant deux bonnes heures, puis demanda la permission à son mari de s'absenter d'ici peu pour une demi-journée qu'elle souhaitait consacrer à réparer ses erreurs. Il ne la questionna pas et lui sourit.

CHAPITRE 19 (Les femmes)

Deux jours plus tard, en début d'après-midi, Manon se présenta chez Magalie qui la reçut presque normalement, avec toutefois une retenue perceptible. Elles se rendirent dans la salle de réception du rez-de-chaussée de la bâtisse, et celle-ci appela Nancy. Arrivèrent peu après Emmanuelle, Élodie et Agnès, puis Nancy accompagnée de Chloé. Manon prit la parole :

— Merci beaucoup d'avoir accepté de venir. C'est un grand service que vous me rendez et j'espère un jour pouvoir vous rendre la pareille, tout en vous souhaitant que ce soit pour de bien meilleures motivations et de ne jamais vous mettre dans la situation dans laquelle je me suis mise. Chloé, nous nous connaissons sans nous connaître, via les soirées, car nous n'avons pas eu l'opportunité de discuter, et vous n'êtes pas concernée, je le pense, mais ce n'est pas un souci, votre présence ne peut qu'être profitable. Élodie, je ne vous connais pas directement, mais je vous pressens plongée au cœur de ce genre de difficultés, car j'ai eu l'occasion de rencontrer Tom à plusieurs reprises. Emmanuelle, Nancy et Magalie, pour vous trois c'est différent, car pouvoir m'adresser à vous est une nécessité. Magalie, puis-je poursuivre ? Je suis chez vous, je ne veux pas imposer plus avant ma démarche sans votre autorisation.

— Tu es à l'origine de notre réunion entre femmes et nous le savons, donc tu peux t'expliquer. Je pense que nous sommes impatientes d'entendre ce que tu as à nous annoncer. Continue de me vouvoyer si cette forme de soumission te permet de respirer malgré le poids de tes fautes, mais si c'est dans l'espoir de m'amadouer, oublie.

— Merci, Magalie. Je n'espère pas vous attendrir ni susciter de la pitié, mais je ne mérite plus d'être votre amie, c'est différent. Et juste. Bon, je me lance sans tourner autour, sinon je n'y arriverai pas. Le plus dur, c'est de démarrer. Pour celles qui ne le sauraient pas, je me suis conduite comme la dernière des pires saletés, et je tiens à vous en faire la confession. Alors voilà ! J'ai la bouche sèche et mal au ventre ! Bon !

— Tu devrais te lancer, Manon. Le plus difficile, c'était de revenir.

— J'ai odieusement insulté Nancy, trahi la confiance de Magalie, je sollicite la clémence d'Emmanuelle, j'ai abusé et trompé mon mari pendant des mois, je l'ai manipulé … C'est déjà un beau palmarès dans l'ignominie, mais le plus pénible arrive, car j'y suis parvenue ! J'ai volontairement mis en grand péril la famille de Magalie et celle de Nancy ! Gravement. J'en suis terriblement désolée et consternée, mais voilà, c'est moi ! Je crois que vous savez toutes ce dont je parle.

— Manon ! Qu'as-tu dit à Nancy ? Je ne suis pas au courant. Tu l'as rencontrée directement et insultée ? J'avais été claire, Manon, aucun droit à l'incartade ! Et je m'y tiendrai, excuses ou pas.

— Non, c'était avant, Magalie, je sévissais déjà ! Ce jour-là, j'ai suivi Nancy pour … Que d'horreurs ! Mon cauchemar continue, sans cesse, je revis les mots, les manigances, les mensonges, et je ne peux partager ce fardeau avec personne, puisque j'ai réussi à me débrouiller pour y parvenir seule ! Nancy m'a écoutée avec gentillesse, mais je l'ai insultée et … je voulais qu'elle me confie son enfant ! C'est terrible !

— Ce n'est rien, Magalie, c'est un incident passé. Manon était de toute évidence dans une sorte de délire, je lui ai conseillé de parler de son souci à son époux, c'est tout.

— En effet. Et je ne l'ai pas écoutée. J'ai demandé à vous voir pour sortir de l'univers de mensonges dans lequel je me suis installée, et je veux essayer d'aller jusqu'au bout. Nancy, tu es la plus gentille des femmes que je n'ai jamais rencontrées, mais ce que tu dis n'est pas la réalité. Je t'ai insultée, traitée de prostituée et menacée, car je voulais te faire peur pour obtenir ton bébé. Ensuite, j'ai sombré, j'ai commis ce que vous savez auprès d'une assistante sociale.

À présent, c'est Nancy qui s'étonna et réagit :

— Mais … c'est quoi cette nouvelle histoire ? Qu'as-tu manigancé Manon ? Je ne comprends pas ! Magalie, vous seriez au courant ?

— Eh bien, oui ! Et hélas ! Tu aurais dû me dire que Manon t'avait menacée, Nancy. J'ai fait le choix de ne plus parler de cette sombre histoire, mais Manon ayant mis les deux pieds dedans, nous y voilà ! Nancy, souviens-toi de la pseudo cousine de Jean-Daniel qui est venue jusque chez toi, celle que Jean-Daniel tenait par le bras. Tu devrais t'en rappeler, car Jean-Daniel avait l'air remonté et avait évoqué une brouille passagère avec elle. En réalité, il s'agissait de l'assistante sociale envoyée par Manon pour évaluer si elle nous faisait retirer nos enfants ou pas !

— Hein ? Mais … Quoi ?

— Jean-Daniel a tout pris en charge, il la mise dehors avec un énorme coup de pression et j'ai rendu une visite impromptue et tonique à Manon, en présence de son mari. Une explication difficile a eu lieu ! Je ne voulais pas que tu le saches.

— Me faire retirer mon fils ? Mon bébé ! Et tes enfants ? Nos chéris ? Mais ! Comment ? Ce n'est pas concevable ! C'est de la démence ! Magalie, Manon ? Ce n'est pas possible, n'est-ce pas ?

— Si, elle a osé, c'est la vérité, Nancy. Mais ne t'inquiète pas, Jean-Daniel et moi avons géré. Aucun souci, c'est une certitude. Cette femme a compris qu'elle avait été manipulée par Manon. L'affaire est réglée, définitivement.

— C'est malheureusement exact, Nancy. J'ai commis l'inexcusable, celui-là en plus du reste. Magalie est ensuite venue à la maison, à l'improviste, et m'a mise face à la réalité, devant Gaëtan, mon mari. Cela a été terrible. D'une violence inouïe. J'ai cru et voulu mourir mille fois. Magalie a été ferme, mais est restée d'une grande droiture, me donnant sans cesse la possibilité de reprendre la bonne direction. Mais j'ai persévéré dans ma logique, je me suis enfoncée jusqu'à la contraindre à se fâcher. Dans ma déchéance, mon époux m'a battue, devant Magalie. Pas une simple baffe, je suis restée KO quelques secondes au sol. Elle aurait pu l'aider à me détruire, car je le méritais, mais elle est intervenue pour me protéger ! Nancy, je ne peux susciter aucune indulgence, même pas de ma part. Je voudrais toutefois que vous m'accordiez de pouvoir m'expliquer.

— Une assistante sociale pour mon enfant ! Mais, Manon, c'est sans nom ! Mon bébé ! Tu as perdu la raison. Forcément ! Magalie, tes jumelles, ton fils, qui sont comme les miens ! Ils sont merveilleux, avec des parents géniaux, tu es une maman magique qui donnerait tout pour eux, même sa vie, je le sais ! Et toi Manon, tu as voulu les lui faire retirer ! Magalie, comment avez-vous pu me le cacher ? C'est d'une gravité inouïe !

— Ce que j'ai fait est sans nom, Nancy, je suis plus que d'accord, c'est inconcevable de cruauté et n'ai pour cela aucun pardon possible, car rien ne saurait excuser mon comportement. Mais je voudrais vous expliquer comment j'ai sombré à ce point. Je voulais si fort mon bébé que ce désir m'a rendue folle. C'est dans cet esprit que je me suis glissée dans vos soirées. Magalie, je peux poursuivre ?

— Continue. Je n'ai rien à cacher.

— Merci. Seulement je me suis mise à adorer l'ambiance, le jeu, la séduction, le plaisir, puis votre sympathie, vos amitiés, et je suis devenue une adepte, uniquement pour m'éclater avec vous. Là j'étais sincère. Et heureuse ! Mais je vous ai trahie.

Manon soupira, les autres restaient silencieuses en l'observant, puis elle raconta son histoire, sans tricherie. Après quoi elle s'adressa à Emmanuelle :

— Vous devez vous demander si je ne suis pas totalement folle et pourquoi je vous ai fait venir ici. Je voudrais essayer de vous faire partager mon erreur afin que vous puissiez ne pas fiche en l'air votre vie. Je sais pour vos problèmes de couple, comme pour celui d'Élodie. Radio soirée, radio tam-tam, radio voisins jaloux ! Alors j'ai pensé devoir intervenir, sans doute pour tenter de prodiguer un peu de bien après tout le mal que j'ai commis ! Élodie, Emmanuelle est malheureuse, car elle a mis votre ménage à mal, mais le sien est en décomposition et ils n'ont plus de travail. Je pense qu'à un moment donné, vous devez vous rencontrer sans parler de la pluie et du beau temps, vous êtes ici pour cette raison. Emmanuelle, Élodie a souffert de votre liaison avec son mari, beaucoup. Nancy, je souhaitais vous voir, car connaissant Magalie, je me doutais que vous n'étiez pas au courant de mes bassesses, destinées à vous nuire, parce qu'elle vous adore et vous estime, alors elle vous protège. Voilà, je voulais ... m'asseoir, car je ne sais plus quoi dire ! Même si cela ce n'est pas important, mais somme toute logique, j'ai aussi détruit ma vie, sans l'aide de personne. Je me sens vide, lourde, sale, laide ... un étron ! J'espère que vous ne vous lèverez pas pour partir, parce que, nous pourrions échanger sur nos souffrances et arriver à dire les choses simplement. La vie est compliquée et nous devons nous y débattre, mais plus personne ne se parle, les tourments s'installent et vous savez à présent où j'en suis arrivée. Si j'avais pu, ou su, en discuter, rien de moche ne serait survenu. Et pour vous, Élodie, je ne doute pas que cela soit pareil, le silence pour essayer de préserver votre vie vous a asphyxié. Emmanuelle, si vous aviez pu vous ouvrir sur vos difficultés à vouloir tout concilier, je pense que vous seriez sans doute mariée, et il n'y aurait pas eu cette affaire. Enfin, je le crois. Pardon.

Elle s'assit et baissa les yeux pour dissimuler son chagrin. Elle pleurait, doucement, mais elle était parvenue à se livrer et à exposer au grand jour ses erreurs.

Emmanuelle laissa un silence passer et prit la parole comme l'avait fait Manon, pour parler d'elle, de ses hésitations, de ses mauvais choix, de sa souffrance, de ses désirs, de ses mensonges, de sa faute professionnelle, de celle de son compagnon et enfin de sa descente aux enfers. Elle parla librement de sa relation avec son ancien patron, le mari d'Élodie, du bébé et des problèmes. Elle se tut, en larmes, mais souriante, car elle se sentait soulagée.

Élodie enchaîna comme s'il était logique qu'elle complète l'histoire avec la partie qu'elle détenait, et elle raconta son vécu des liaisons de son mari, la découverte de la grossesse de son assistante, Emmanuelle, sa souffrance, sa déchéance, les kilos, la crasse, l'appel à l'aide, son séjour chez les SDF, et enfin sa volonté de reconstruire son couple.

Chloé semblait effarée, elle hochait la tête de temps à autre, ouvrait de grands yeux, puis lorsqu'Élodie se tut avec des larmes sur les joues, elle commenta :

— J'ai sans doute la vie la plus vide de nous toutes ! Je suis effrayée de ce que vous vivez, c'est terrible. Alors je ne vous raconterai pas ma vie par le détail. Je voyage, je me promène, mes affaires tiennent dans trois valises, j'ai déjà fait plusieurs fois le tour du monde, je ne travaille pas, je n'ai pas d'argent, je baise comme une folle, je suis libre, amoureuse de Nancy, et je suis consternée de découvrir à quel point la vie peut être horrible ! C'est idiot, certainement, mais je l'ignorais.

— Je ne comprends pas, Chloé, vous n'avez pas d'argent, pas de travail, mais vous voyagez tout le temps ?

— Je sais que cela doit vous sembler étrange vu ce que je viens d'entendre, mais oui, Emmanuelle, c'est bien ça. J'ai vécu aux Antilles, à Londres, à Miami, à New York, à Sydney, à Stockholm, à Paris, dans plusieurs pays d'Afrique, à Rio, en Colombie aussi, enfin j'en oublie, mais je n'ai ni chéquier ni carte de crédit, je n'ai même pas de compte en banque ! Finalement, avec vos histoires affreuses, j'ai honte de vous raconter cela ! Mais je me porte bien et suis heureuse.

— Le fantasme de ma vie ! Mais je n'y suis pas arrivée ! Chloé, il faudra m'expliquer, s'il vous plaît. Je n'ai plus rien à offrir, ni la moindre contrepartie à vous proposer, mais apprenez-moi.

— Je veux bien, Emmanuelle, seulement ce n'est pas une science. Je me laisse juste porter par la vie, par le vent, par les désirs ! Mais nous pourrions nous faire une sortie et je vous raconterai le made in Chloé !

— J'y tiens. Génial, merci. Ça alors, c'est donc possible ! Mais c'est dans le genre auto-stoppeuse cradingue, avec le gros sac à dos, hippie sur les bords, fumeuse de pétard au milieu ?

— Ah non ! C'est du style quatre étoiles, piscine, sauna, champagne, avion, bateau, villa de rêve avec des chambres partout, voiture de luxe ou avec chauffeur ! Je ne suis pas cradingue, jamais !

— Ça par exemple ! Comment c'est possible ? Sans un sou en poche, tu paies avec quoi ? Le coup de la vaisselle ça ne doit pas le faire longtemps ! Vu ton équipement portatif, je suppose qu'il faut juste prêter son popotin ? C'est ça ?

— Financer avec mon derrière ! Mais enfin, je ne suis pas une catin ! Non mais, Emmanuelle, quand même ! Je ne paie pas, c'est tout, je suis invitée et je voyage.

— Ah bon ! Manière que je comprenne, tu couches ? Ou pas ?

— Mais tu … mais … Je ne l'ai jamais fait tel que tu l'insinues, je fais l'amour, certes, car j'aime ça, et parfois je baise aussi, comme tout le monde ! Mais parce que je le veux. Je rencontre des gens magiques, ils m'accueillent, nous partageons certains plaisirs, charnels en effet, ils m'emmènent et … Je suis une tapineuse ? Nancy ? C'est vrai ? Je suis devenue une escorte-girl, une sorte de pute de luxe, et je suis la seule à ne pas le savoir ? C'est ça ? Oh mon Dieu ! Excusez-moi.

Chloé se redressa prestement et se mit à l'écart pour pleurer, hors de contrôle. Emmanuelle était totalement désolée. Nancy se leva, la prit par l'épaule et l'emmena marcher dans le parc. Les autres firent une pause et Magalie offrit un thé et les deux amies revinrent. Chloé avait les yeux gonflés et rougis par les pleurs et elle fixait le sol. Magalie vit la poitrine de Nancy se soulever, prête à intervenir, et tenta par un regard plus intense de l'en dissuader. Malgré sa perception de la demande, Nancy prit la parole à son tour, en adressant un signal discret à Magalie pour lui indiquer qu'elle avait compris :

— J'ai connu des jours compliqués, mais je n'ai pas de grandes souffrances. Je ne suis pas Chloé non plus, mais je suis heureuse. J'ai trouvé mon équilibre, une famille, des amis, une amoureuse depuis peu, et j'ai un bébé. Je n'ai pas matière à me plaindre. Toutefois, je souhaite apporter un commentaire en espérant être constructive, et surtout pas critique. La vie est difficile, j'ai eu mon parcours du combattant et je ne l'ai pas oublié. Mais je ne peux m'empêcher de retenir une chose qui lie profondément Emmanuelle, Élodie et Manon. Je fais allusion au rapport avec le réel.

— Elles sont déjà bien secouées, Nancy, soit vigilante.

— Chloé ne cherche jamais à dissimuler qui elle est. En arrivant, elle prévient, « attention, je ne resterai pas, je peux faire de la peine, mais c'est moi, je suis ainsi » Je n'ai pas caché la femme que je suis non plus, Magalie peut en témoigner. La réalité est ce qu'elle est, et lorsque ce n'est pas beau, pas confortable, pas celle voulue ou espérée, nous pleurons, mais elle demeure. Manon, tu t'es perdue en voulant ne plus la voir, tu ne savais même plus où tu t'aventurais ! Élodie, de ce que je vous ai entendu dire, c'est pareil, en simulant l'ignorance des liaisons d'un mari volage, vous espériez vivre dans une réalité convenable, mais vous avez faussé votre évolution dans celle-ci, vous n'étiez plus dedans, et par conséquent le couple non plus. Le passage par la case SDF vous a remis en phase avec elle. Montrer sa chute, c'était pour vous l'électrochoc, celui qui vous a contraint à accepter de voir qui vous étiez devenue. Emmanuelle, à tes propres dires tu tentais de vivre plusieurs réalités, car tu refusais de les affronter, mais la vraie, la seule, t'a prise à la gorge et mise à terre avec violence. Et tu as dû tout braver en même temps, mais étant dans une position encore plus catastrophique. Magalie s'inscrit dans la réalité, la défend et l'a fait valoir. Lorsqu'elle a été agressée, elle n'a pas attendu ou tenté de ne pas voir, elle s'est s'expliquée avec Manon, en relatant la stricte vérité. Je crois que c'est là l'essentielle de ce qu'il faut retenir de vos expériences et de cette première discussion. Communiquer sur la réalité avec les vrais mots et les vraies émotions, avec de la tolérance et de la compréhension. Nous sommes faillibles, mais l'erreur réalisée, nous gardons le choix d'être.

Elles restèrent silencieuses et Magalie sourit discrètement à Nancy. Emmanuelle s'expliqua à nouveau et les monologues devinrent une discussion. À la fin de leur petite séance, Emmanuelle posa une question abrupte à Manon, devant les autres :

— Manon, s'il venait à être reconnu officiellement que ton Gaëtan est l'un de mes amants, mais pas dans les partouses, juste en privé. Tu en dirais quoi ? Comment tu gèrerais la situation ?

— Tu es la maîtresse de mon mari ?

— Disons que je pourrais fort y ressembler, oui. Régulière, notoire et durable !

— Gaëtan a une liaison ! Ça alors ! Mais avec ce que j'ai réussi de mon côté, forcément, je ne peux pas trop dire, mais ça me fait drôle. Ouf !

— Je comprends, mais réponds-moi.

— Voyons, je crois que je dirais que quitte à ce qu'il ait une maîtresse, je suis contente que ce soit toi. Tu es une belle femme, bien plus jolie que moi, et s'il reste avec moi malgré toi. Je pense que j'accepterais, même si tout le monde venait à le savoir. Je l'aime et je sais que c'est partagé. Emmanuelle, c'est juste charnel ou vous vivez une passion ?

— Donc, il pourrait accepter de faire une reconnaissance de paternité ?

— C'est-à-dire ? Un test ADN pour vérifier s'il est le père ? Ah, mais … ! Oh mon Dieu ! Je crois comprendre, vous suggérez que vous seriez d'accord, malgré ce que j'ai fait ?

— Vouloir être mère à ce prix, tu seras forcément une bonne maman. Je n'ai jamais voulu être enceinte si tôt ni de Tom. J'avais décidé que je calerais ma vie dissolue avant ! Seulement voilà, j'ai merdé. Alors ?

— C'est simple ! Tout le monde saura que mon mari à une maîtresse, belle et extraordinaire, et qu'il a eu un enfant avec elle, mais qu'il reste avec moi, que nous élevons ce petit et que c'est le nôtre. C'est merveilleusement merveilleux ! Magalie, Nancy, je pourrais être maman ! C'est le plus beau jour de ma vie, un bébé, à moi ! Emmanuelle, tu viendras à la maison chaque fois que tu le voudras, je le dis devant vous toutes. Je ne sais trouver le mot, mais je t'aime, tu sauves ma vie et m'offres le plus miraculeux des cadeaux !

Elle se leva en larmes et prit Emmanuelle dans ses bras. Magalie leur laissa cet instant de partage et d'intimité, puis enchaîna :

— Nous sommes entre femmes, donc chacune de nous a la capacité et la sensibilité nécessaires à comprendre un drame. Je veux vous en faire part en sachant que vous ne connaissez pas la jeune victime dont il s'agit. Il se trouve que David, qui travaille avec Jean-Daniel, lui a raconté vouloir aider celle-ci. Elle est en fugue depuis l'âge d'à peine dix-neuf ans, parce que sa famille voulait la marier de force à un homme qui était son aîné de quarante ans. Elle n'a eu d'autre solution que de devenir SDF pendant sept longues années, dont six dans le groupe de David. Elle a vingt-cinq ans.

— Les coutumes odieuses concernent toujours les femmes ! Ancienneté du futur jeune marié, Magalie ? Tu es au courant, j'en suis certaine, et ton silence sur cette information m'effraie !

— Effectivement, Nancy, je le sais. La cinquantaine bien pesée !

Chloé sortit de son repli sur elle-même et bondit, outrée :

— Mais, c'est impossible ! Être libre est l'essence de la vie, elle n'avait pas encore sa vingtaine et lui presque soixante ! La pauvre fille ! Je veux l'aider.

— Chloé, c'est n'est pas son âge, mais de plus qu'elle, c'était dix-huit pour elle, et quasi quatre-vingts pour celui à qui sa virginité a été vendue !

— Mais … non ! Et sa vie ! En fait, elle était destinée à être une esclave, il faut dire les mots !

— Oui. Il se trouve qu'elle a l'opportunité de quitter le monde des SDF, mais cela implique qu'elle refasse surface. D'après David, elle sera passée à l'acide ou brûlée vive dans une poubelle. Voilà la plus sordide histoire que j'aie entendue et je ne sais pas comment lui venir en aide !

— Cette fois … je vomis !

Chloé n'était pas dans le figuratif et vomi avec violence et douloureusement à plusieurs reprises. Nancy l'aida, puis elle fut allongée pendant que les autres nettoyaient.

— Je suis navrée, mais votre monde pue le pourri. Vous imaginez la vie de cette jeune femme ? Elle a approximativement mon âge, moi je me prends la tête parce que je vis dans des palaces en parcourant le globe et en faisant l'amour comme une folle en riant et au soleil ! Alors qu'elle est dans les parages et son ordinaire de clocharde est mille fois plus affreux que le pire de mes cauchemars ! J'ai peut-être une image de femme facile, je manque sans doute de courage pour affronter votre système de vie, mais là … c'est non ! Je refuse de faire comme si je ne savais pas.

— Nous sommes toutes d'accord, Chloé. Toutefois, comment l'aider à renaître en disparaissant !

— Une minute, Emmanuelle, une pause, je cogite. En six ans et à cet âge, nous changeons beaucoup physiquement. Et sa vie de SDF a dû la marquer. Elle a des papiers, Magalie ?

— Oui, seulement elle est fichée en tant que personne disparue !

— Pas grave, c'est un détail hyper minime ! En faisant le tour de monde le nez au vent et sans un sou en poche, seule ou en groupe de glandeurs d'un genre que vous ne pourriez imaginer, j'ai appris à gérer des situations compliquées. Il y a des pays où il faut parfois disparaître rapidement parce que leurs prisons relèvent des culs de basses fausses de nos châteaux féodaux !

— Chloé, je t'aime et crois te connaître, mais tu sembles parler dans une autre langue ! Je ne comprends pas un mot à ce que tu dis !

— Pour préserver mon statut de pic assiette, j'ai appris à décliner le système D sur tout l'alphabet ! Nancy, l'une de nous la prend en charge et je trace l'itinéraire avec les adresses et contacts. Il faudrait partir deux mois. Emmanuelle, tu voulais découvrir la liberté de vivre, tu pourrais saisir l'occasion et l'aider.

— Oui, mais pour filer où et comment, je n'ai plus un euro en poche !

— Mais … quel rapport avec l'affaire ? Ou quelle étrange idée, je ne veux pas que tu achètes une voiture pour voyager !

— Nous partirions en stop sur la côte ? Après tout, pourquoi pas ! J'en suis.

— Emmanuelle, tu dois apprendre à ouvrir les yeux et à voir que dans le ciel, il n'y a ni mur ni frontière. Ce sont des inventions débiles pour contrôler les gens et voler le fruit de leur travail. Demande ses papiers à un oiseau pour savoir s'il peut passer afin de suivre l'été, au mieux il fera cuicui, au pire il te chiera dessus ! Là, tu te rapprocheras de la vie. Vous partirez en Amérique du Sud pour rentrer, selon le sens du vent, par l'Afrique ou la Norvège. Magalie, cette femme est grosse, maigre, moche, jolie, noire, rose, bleue ?

— David a dit à Jean-Daniel que c'était un amour, je l'ai juste aperçue, je dirais que la plus proche d'elle est Nancy, avec une peau plus mate.

— Parfait. Emmanuelle, dans deux jours tu as un sac de voyage, et un seul, avec toutes tes affaires, car tu te le porteras, seule, et s'il faut courir, genre pour déguerpir, un gros sac et c'est les emmerdes.

— Mais je n'ai pas de quoi prendre un billet pour faire cent kilomètres ! Tu ne réalises pas !

— Emmanuelle, ce n'était pas ma question ! Tu rêves d'une vie de princesse, mais en gardant tes Charentaises ! Je ne ferai pas dans l'hypocrisie, alors clamons-le : j'ai compris que ta libido était capable de semer le bazar partout où tu passes ! Donc … tu l'emportes. Au moins le temps de sauver cette femme, et tu auras des souvenirs pour toute ta vie ! Et pas de la baisouille sur un coin de bureau, mais yacht, palace, jet, île privée … tu vois le plan se dessiner ? Et pour ne rien gâcher, c'est l'extase à en mourir chaque nuit ! Crois-moi ! Deux mois. Au retour, cette malheureuse aura changé d'identité et vécu soixante journées qui seront son cadeau de bienvenue à la vie des femmes, libres de vivre comme elles le choisissent.

— Le nez au vent, tu es certaine ? Je serai arrêtée par le premier contrôleur dans le train !

— Pfff … Écoutez-moi. Magalie, tu joues des coudes pour avoir un passeport pour notre invitée, vite. Elle est majeure, donc la fugue est caduque, dans trois jours elles seront à Londres, dans cinq à Caracas, au Venezuela, elles passeront par la Guyane française pour rejoindre Rio, au Brésil. Ensuite elles partiront à Darwin, en Australie, elles découvriront l'Indonésie, puis de là, destination Miami, en Californie, c'est le pied là-bas. Après, direction l'Afrique du Sud. Selon les aléas, retours par Oslo, en Norvège, ou par Venise ou Rome.

Elles la regardaient toutes, en cherchant à discerner si elle avait bu ou fumé, mais Chloé était redevenue une lumière énergisante. Emmanuelle, prise au dépourvu, mais sentant le rêve de sa vie à portée d'un oui, se tortillait sur son siège puis se leva brusquement :

— Je pars avec toi, Chloé. Je m'engage à ne jamais protester, à suivre tes instructions du bout des yeux, à ne pas avoir de mouvement d'humeur et à ne pas critiquer quoi que ce soit. Tu m'emmènes pour de vrai ?

— Mais non, Emmanuelle ! Je te trace tout pour soustraire cette malheureuse à son destin tracé par des parasites. Tu auras par étape les bonnes adresses, les miennes, parce que je souhaite mettre au service de sa vie ce que j'ai appris, ainsi que mes relations. Ma vie aura un sens, je ne serai plus une pétasse, mais une femme qui en sauvera une autre grâce à mon expérience et mes connaissances. Magalie, organise un rendez-vous avec elle où tu le peux, car ici non plus, je n'ai pas de chez moi. Emmanuelle, nous nous voyons en privé et je t'explique comment préparer tes atouts dans ton jeu pour garder une parade en main.

— Mais, je ne sais pas jouer, sauf à la bataille, donc ne te fatigue pas, tu peux oublier !

— Ça serait amusant si c'était une blague ! Je parlais de ton charme, Emmanuelle, de ce qui te donnera le pouvoir de réaliser ce que tu as envie et de dormir en toute quiétude alors que tu n'auras pas une pièce en poche pour payer ton petit déjeuner du lendemain dans un hôtel de luxe ! La parade pour garder la main, c'est d'avoir toujours en réserve un bout de ta libido dans ta manche, même après trois orgasmes. Tu sais, celle qui te rend visible, brillante, légère, belle et désirable sans te forcer, et qui te permet de jeter ton dévolu sur une personne et de l'amener à te courtiser.

— Oh, je la connais par cœur, elle est mon double ! Ma libido lâchée est une amie fiable, mais elle m'use, car elle est insatiable, c'est toujours la dernière fois avec elle ! Jusqu'au suivant !

— C'est à ça que les combattantes se reconnaissent. La fin de soirée est là, tout le monde est exsangue d'avoir festoyé, bu et baisé pendant trois ou quatre heures, et là, en début de nuit, tu as le type qui se relève comme un ressort et propose de partir dans la foulée faire une virée d'une semaine en yacht ! Celui-là a l'œil de l'expérience, et seules les guerrières sont invitées.

— Je rêve d'oser essayer ! Tu vois l'allure de l'aventurière ! Chloé, il faudrait que tu … nous aides !

CHAPITRE 20 (Les autres)

Mal remise de la petite réunion organisée par Manon dans la véranda de Magalie, Chloé était repliée sur elle-même et tapie dans le repère de Nancy au fond du parc. Son amie s'évertuait en vain à la rassurer en lui démontrant qu'elle n'était pas une fille légère, mais assumée, indépendante et riche de mille souvenirs et rencontres.

Nancy s'inquiéta sérieusement lorsqu'un soir elle s'approcha pour lui faire un câlin, avec l'espoir de partager un instant de tendresse, mais que celle-ci la repoussa. Le lendemain matin, Nancy essuya le même refus et il en fut ainsi des jours qui suivirent. Malgré le mutisme de son amie, Nancy n'avait plus véritablement de doute sur la nature de son malaise profond et lui proposa, avec l'espoir de la tirer de sa torpeur, d'organiser une réception chez elles avec quelques amis en toute simplicité, mais elle déclina catégoriquement. Finalement, et sans lui en parler au préalable, Nancy fit venir le médecin de famille de Magalie et Jean-Daniel. La consultation fût compliquée, car elle refusa de se laisser ausculter, toutefois, comprenant qu'il y avait un réel problème, le généraliste tenta de la raisonner puis fit mine d'appeler une ambulance pour la paniquer suffisamment afin de la faire céder. Elle obtempéra, mais désireuse d'être seule avec le praticien, elle mît Nancy dehors. Perplexe, celle-ci se rendit auprès de ses amis, mais Magalie étant occupée avec les enfants, elle se laissa choir sur le canapé du salon avec une telle lassitude que Jean-Daniel vint à elle et la questionna tant son mal-être était perceptible. Hésitante malgré son besoin de se confier, Nancy parvint à lui raconter en toute transparence le changement radical de comportement de Chloé. Voyant le médecin, qu'elle guettait, remonter l'allée, elle se rendit à son devant pour l'interroger :

— Alors, comment se porte-t-elle ? Elle est malade ?
— Non, je ne dirais pas cela dans le sens où vous l'entendez, car son corps fonctionne bien, mais pour le reste, c'est une adulte et je ne saurais vous en parler.
— Mais c'est ma... mon amie, nous vivons ensemble !

— Elle m'a expliqué cela, oui.

— Ah ! Vous a-t-elle dit que je suis également docteur ? Psychologue.

— Non, mais vous pouvez d'autant plus facilement comprendre que c'est délicat. Vous êtes sa concubine avant d'être médecin.

— J'avais néanmoins besoin de votre diagnostic pour m'assurer qu'elle n'avait pas une infection ou autre pathologie du genre. Est-elle parvenue à vous raconter son traumatisme ?

— En le survolant seulement, elle est perdue face à la disparition soudaine de sa libido.

— Ce n'est que la conséquence, Docteur, la cause trouve sa source dans une conversation pleine de bonne humeur entre un petit groupe d'amies au cours de laquelle Chloé s'est persuadée qu'elle est une prostituée. Cela en réaction à son mode de vie ! Lorsque j'essaie d'aborder cette perception qu'elle a d'elle-même, c'est le blocage total.

— C'est donc le contexte déclencheur ! Elle ne me l'a pas lâché, elle est tenace ! Vous avec bien fait de m'en parler, je comprends mieux. Mais dans ce cas, vous devriez pouvoir l'aider plus efficacement que moi. Je vous délivre une ordonnance complémentaire et il vous faudra parvenir à établir un diagnostic rapidement où passer la main !

— Je devrais y arriver, mais je voulais écarter la possibilité d'un souci viral ou infectieux.

— Nous pourrions nous revoir tous les trois dans une semaine, qu'en dites-vous ?

— Juste merci ! J'ai besoin d'aide.

— Même heure et tenez-moi informé en cas d'aggravation d'ici là. Vous exercez ?

— Non. Je n'ai pas ouvert mon cabinet et j'hésite encore.

— Donc, je vous fais l'ordonnance. Je pense que vous pourriez vous installer dans notre quartier sans difficulté. Je suis souvent contraint d'empiéter sur un domaine qui n'est pas le mien faute d'un collègue comme vous à proximité.

Nancy s'en retourna vers Chloé qui était prostrée sur le canapé et s'assit contre elle en restant silencieuse, puis elle lui passa une main dans les cheveux. Elle lui proposa de préparer un biberon pour Quentin et de le promener ensemble dans le parc, ce qu'elle accepta, et l'enfant monopolisant les attentions et pensées, Chloé se mit à parler normalement et à sourire. Après une heure environ, Nancy la laissa dans une clairière avec Quentin et rejoint Magalie, qui cette fois était disponible.

Elles s'installèrent sur la terrasse et, tout en observant Chloé de loin, elle lui relata avec précision la situation. Magalie se contenta d'écouter son amie dont elle connaissait la compétence, consciente de ce fait que son besoin relevait surtout de la confidence. Puis Nancy la questionna :

— Et si vous tentiez de la séduire ? Ou Jean-Daniel ? Ou vous deux ?

— C'est que, c'est une sacrée pin-up, ta Chloé, et je ne doute pas que Jean-Daniel s'en ferait un devoir. Mais si je peux donner un avis au médecin, se serait de n'en rien faire, car pour moi, Chloé a un besoin vital de se retrouver, de respirer, de se découvrir et de comprendre, car elle est à un tournant de sa vie. Cette jeune femme génère un tourbillon permanent autour d'elle, c'est une boule de vie, d'énergie, de sensualité, un aimant à cœur et à corps. Mais elle est confrontée à un désir, ou à une nécessité, qui vu par elle doit ressembler à un immense trou noir. Chloé ne connaît pas le mode pause, dans le calme s'entend. Pas de fête, pas de nuit blanche, pas de séduction permanente, pas de voyage, pas de débauche débridée et continue, pas de chasse pour repartir de plus belle … Tout cela est nouveau et elle se repose. C'est là qu'elle découvre une curieuse pratique : il est possible de réfléchir à sa vie ! Comme c'est sans doute la première fois qu'elle ne saute pas dans un avion ou un lit pour s'y soustraire, elle s'est blessée, car faute d'expérience, elle ne sait pas appréhender le foutoir qu'est une vie. Je suppose qu'elle a dû en faire une lecture au premier degré, ce qui n'est pas péjoratif dans son cas, et c'est le cataclysme. Je l'imagine se remémorant les corps avec qui elle a fait l'amour, peut-être qu'il y en a beaucoup, et elle a pu réaliser qu'elle en avait déjà oublié ! Et notre jolie fleur s'est fanée d'un coup. Sa libido qui alimentait sa joie de vivre et contribuait à la rendre si rayonnante, et lui permettait de toujours rebondir, est devenue une source de dégoût et de poison, car dans son mutisme elle fait probablement des d'amalgames destructeurs. Je me suis laissée emporter par l'élan en oubliant que c'est toi le médecin. Mais c'est ce que je pense et crois.

— Mais vous connaissez la vie mieux que moi, Magalie, et vous venez de m'en faire une belle démonstration, d'une grande pertinence ! Merci. Je dois parvenir à l'occuper et l'aider à comprendre au plus vite, car je n'ai pas envie de la voir prendre le voile ! Chloé et la demi-mesure ne se connaissent pas. Regardez là, elle est tout entière dans le monde de Quentin, et ils sont beaux tous les deux, n'est-ce pas ? C'est une illustration de compte féérique. Auriez-vous une caméra ?

— Admirables et divinement romantiques. Je m'en occupe volontiers, c'est mon truc, l'image.

Quelques minutes plus tard, Nancy les rejoignit et s'assit dans l'herbe en les laissant totalement absorbés par une histoire qu'elle racontait à Quentin avec l'aide d'une peluche. Magalie filmait toujours, de loin, mais avec attention, et l'aventure de l'ourson ayant pris fin, Nancy intervint :

— Notre adorable petit Quentin ne sait pas encore qu'il a une chance inouïe d'avoir deux mamans sublimes !

— Le couple de mères ! J'en suis incapable et tu le sais autant que moi.

— Mais bien sûr ! Tu as une imagination débordante, car tu enchaînes déjà sur une nouvelle histoire ! Tu viens avec moi, Magalie voudrait voir Quentin un instant.

Elles se rendirent dans la maison où Magalie les reçut avec un grand sourire, puis les installa au salon et, sans commenter, alluma le téléviseur sous couvert de montrer à Quentin son image. Elle les avait filmés une dizaine de minutes en gérant la prise de vue avec le soin qui était sa signature, le cadrage, la lumière et la profondeur de champ, l'ensemble contribuant à faire de Chloé et Quentin deux êtres divins. Chloé se regardait sans un mot alors que Quentin lui sautait sur les genoux, faisant des ageuageu en montrant le bébé à l'écran. De temps à autre, elle prétextait une caresse dans le dos de l'enfant avec son visage pour dissimuler ses larmes, que Nancy et Magalie virent toutefois. Cette dernière repassa la scène du début :

— Chloé, vous avez un savoir ou un don prodigieux pour accrocher l'image et la lumière. Vous êtes plus que photogénique. J'apprécierais beaucoup que vous m'accordiez le privilège de poser pour moi.

— Moi ? Je ne suis pas certaine de vouloir ni de pouvoir !

— Faites-moi confiance, Chloé, ou demandez à Nancy. Je souhaiterais renouveler lorsque vous avez Quentin, après accord de la maman. Vous êtes beaux tous les deux. Comment trouvez-vous mon petit film ? Soyez sincère, mais pas trop dur avec les mots, je manque de pratique depuis quelques années !

— Moi, je peux répondre tout de suite. Magalie, vous êtes avec une caméra telle que derrière votre appareil photo, je suis subjuguée ! Vous les avez sublimés. Chloé et Quentin sont comme deux anges posés dans la nature, ils sont dans le cœur du parc, mais seuls eux sont mémorisables, vos clichés s'adressent aussi au subconscient !

— Je dois reconnaître que tout en improvisant, vous avez reproduit une sorte de scène idyllique qui m'a profondément émue ! J'ai vu dans l'image l'enchantement qui auréole Quentin.

— Merci, Chloé, ce que vous dites me touche beaucoup. J'y ai vu aussi la vôtre de magie, Chloé. Alors c'est d'accord, vous poserez pour moi ?

— Il y a deux ou trois mois, je vous aurais dit oui avec enthousiasme, mais aujourd'hui je ne veux plus me servir de mes attributs comme s'il s'agissait de mon nez !

— Vous vous méprenez, Chloé, je n'envisage pas faire des photos de la belle jeune femme que vous êtes avec les cuisses ouvertes pour être dans l'air du temps ! Si vous choisissez d'être en jeans et col roulé, vous serez mon modèle en pantalon et pull-over !

— Ah bon ? Mais quel est serait l'intérêt ? Je suis totalement inconnue.

— Je repasse le film une fois encore et vous restez concentrée sur vous, notre Quentin ne nous en voudra pas. Oubliez les autres informations et découvrez, comme vous l'avez dit pour Quentin, ce que vous émettez en matière d'émotions. En silence.

Elles regardèrent une fois encore le film et Chloé s'absenta. Elle revivait la scène et pleurait en étant calme. Elle ne percevait plus les regards des deux femmes qui passaient alternativement de l'image à son visage, et pinça ses lèvres en essuyant ses joues. Le film avait pris fin depuis trois minutes, mais Chloé n'étant toujours pas de retour, c'est Magalie qui intervint :

— Chloé, puis-je vous poser une question personnelle, car finalement je ne connais que peu de choses de vous.

— Alors vous savez tout !

— Je crois pouvoir dire que j'ai une certaine maîtrise de l'image et donc une capacité à saisir l'émotion, mais je ne peux pas créer ce qui n'est pas. J'ai perçu à quel point vous débordiez de tendresse et je pense l'avoir rendue visible, mais j'ai été particulièrement captivée par votre métamorphose lorsque vous êtes seule avec Quentin. Seriez-vous déjà une maman ou l'auriez-vous été ?

— Non, jamais, aucun enfant et je ne suis pas une mère.

— Chloé, après la découverte de cette femme à l'écran, ainsi que Nancy et moi vous avons vue, que pensez-vous objectivement de ce que vous projetez ? Pourquoi rejeter cet amour qui est en vous ? Vous êtes merveilleuse avec un bébé. Sincèrement.

— Mais je ne suis pas une maman ! Je suis une fille légère pour tout le monde, pétasse pour d'autres, mais une mère pour personne.

Elle se moucha avant de poursuivre sans les regarder :

— Je me suis offerte un nombre de fois que je n'ai pas su chiffrer ! Et je ne parle pas de la quantité de rapports, mais de mes partenaires ! Vous saisissez ? Vous ne pouvez pas imaginer ça en me voyant, n'est-ce pas ? Pourtant la jolie Chloé est une fille qui ne sait pas serrer les cuisses ! Et vous savez quoi, sur tous ces hommes, pas un seul ne m'a demandé de faire un enfant avec lui, pas un ! Les femmes, n'en parlons pas. Me supplier et me couvrir de cadeaux pour que je reste afin de forniquer, ça oui, partir pour copuler dans les plus beaux endroits du monde aussi, la liste est même trop longue pour ma mémoire et j'en ai une pour repartir ! Mais pour construire une vie ! Je n'aurai pas d'enfant de toute façon, car j'ai décidé de ne plus jamais avoir de rapport charnel. J'en ai déjà eu plus que la plupart des femmes n'en auront durant leur vie, alors j'arrête là. Je ne suis qu'une …

Elle ne put finir, car les pleurs la firent taire.

— Nancy, le barrage du Vajont a cédé ! Chloé nous livre ou vomit son mal-être en une seule tirade et la seconde vague ne tardera pas ; je vous laisse toutes les deux au salon, mais je vous vole Quentin, nous rejoignons les enfants. Chloé, juste un mot avant de me retirer. La vie a aussi sa météo, haute et basse pression, baisse imprévisible, dépression. Courage.

La construction de Chloé, femme adulte, commença cet après-midi-là, soutenue par deux amies qui lui permirent de ne pas sombrer. Quarante-huit heures plus tard, en présence de Nancy, Magalie lui offrait un billet d'avion pour Londres et lui révéla qu'Emmanuelle était tétanisée à l'idée de partir sans être prise en charge et que la situation de Lounia devenait chaque jour plus préoccupante. Chloé resta silencieuse et s'enferma dans la chambre de Nancy. Elle en sortit une heure et quart plus tard, l'air décidée.

— Je les prends en charge. Je pars avec elles deux et je ferai ce que j'ai dit. Nancy, tu es en droit de penser que je suis la plus ignoble des filles de petites vertus, car je me refuse à toi alors que pendant soixante jours et nuits, je ressortirai ma libido de mon coffre-fort. Et pas pour la décoration, j'en userai et en abuserai. Je redeviendrai une femme légère, donc pardon. Mais à mon retour, nous aurons sauvé et transformé la vie de cette malheureuse et je rangerai à nouveau la saleté dans mon coffre. Je le dis devant Magalie que je sais être ta meilleure amie, car elle doit savoir ce que je t'impose afin qu'elle puisse t'aider.

CHAPITRE 21 (Chloé et Nancy)

Pendant l'absence de Chloé et Emmanuelle, accompagnées de Lounia, la vie se poursuivit à bonne allure pour leurs amis restés à l'ouvrage et tout se déroulait conformément à ce qui était planifié. Fabrice effectuait son stage de remise en forme avec David et son équipe, seul.

Les trois aventurières envoyaient régulièrement de leurs nouvelles, et Nancy et Magalie suivaient ainsi leur périple qui s'allongea dans le temps et dans la distance, car cela ressemblait de plus en plus à un tour du monde. Le quatrième mois était en passe d'être bouclé.

Un jour comme les autres, Magalie et Nancy, qui travaillaient dans le bureau de la grande maison, virent arriver Chloé resplendissante, bronzée, épanouie, heureuse et fraîche, apprêtée. Subjuguée, Magalie appela son mari qui se figea en totale admiration devant cette jeune femme sublime qu'elle était devenue. Juste derrière elle se trouvait Emmanuelle, plus blonde et tout aussi méconnaissable, habillée et apprêtée comme elle ne l'avait jamais été. Partie terne et fanée, elle revenait telle une seconde Chloé, bronzée, souriante, rayonnante de bien-être, ayant acquis une sérénité et une sureté d'elle-même perceptible malgré le court laps de temps écoulé. Derrière elles apparut une grande brune aux yeux bleus, aussi somptueuse que les deux amies, que Magalie ne reconnut pas, bien que se doutant qu'il s'agissait de Louina Elifa. Nouvelle coiffure, maquillée, port impeccable, parée d'un sourire qui faisait frissonner celui qu'elle fixait et d'une robe fleurie cintrée au décolleté ultra-chic. Le trio semblait pouvoir posséder le monde. Après de longues étreintes pleines d'émotions, elles présentèrent Fleur, leur nouvelle amie arrivant d'Amérique du Sud et de parents guyanais. Chloé lui demanda de montrer ses papiers d'identité et ils découvrirent des documents tout ce qu'il y a d'authentiques, au nom de Fleur Cardinale, de naturalité française, dont la famille avait une adresse, était joignable et parfaitement informée.

Elles passèrent une bonne semaine ininterrompue à raconter leur périple qui avait été somptueux et une révélation absolue, au-delà de toutes les espérances les plus folles d'Emmanuelle, et la découverte d'une vie extra-terrestre pour Fleur.

En catimini dans le salon fermé, elles racontèrent à Nancy et Magalie la façon dont Fleur s'était révélée et totalement investie dans une quête aux plaisirs qui avait été la plus grandiose expérience de sa vie, celle qu'elle voulait vivre au moins une fois.

Fleur fini par raconter avoir libéré sa libido et dévoré des moments d'érotismes inoubliables. Mais son principal sujet d'émotion, c'était la découverte du monde ! Elle expliqua le choc ressenti d'avoir vécu dans des palaces, flottant ou pas, après sept ans de caves et garages. Mais le droit à la vie que lui avait offert Chloé effaçait tout cela et seul son avenir l'intéressait. Son innocence avait fait des ravages dont elle avait tiré de grandes satisfactions et des plaisirs d'une telle intensité qu'elle ne parvenait pas à qualifier.

Chloé aussi rentrait métamorphosée. Elle était sereine et calme. Le sauvetage de Fleur l'avait transformée en une jeune femme responsable et désireuse de prendre le contrôle de son existence. Dans les quelques jours qui suivirent, elle changea jusqu'à sa physionomie, qui passa de la pin-up de magazine à une apparence BCBG. Sans rien en dire à personne, elle trouva un emploi. Recrutée par Élodie pour remplacer Emmanuelle, ce qu'elle fit dès les premiers jours avec une efficacité probante, Chloé s'investit dans son travail avec intérêt et se découvrit capable de vivre seule sans devoir coucher pour dormir. Sa nouvelle patronne eut la grande satisfaction par cinq fois en trente jours d'entendre claquer des gifles sonores au bureau et de voir Tom avec une joue et une oreille rouges pendant presque une heure, à chaque sanction. Malgré ses promesses !

La relance du cabinet et le remplacement mobilisa l'énergie du couple, qui épuisèrent les placements disponibles parmi leurs investisseurs restants. Le préjudice lié à cette affaire leur coûtait trois ans de constitution de portefeuille client. La difficulté supplémentaire, c'est que Jean-Daniel et son équipe ne s'étaient pas arrêtés pour autant et deux projets de nouvelles résidences devaient être vendues.

Le souci était de taille, car s'ils ne pouvaient pas assumer leur engagement de vendre les programmes, ils seraient contraints de faire appel à d'autres cabinets, donc Élodie et Tom en perdraient l'exclusivité.

Dès lors, c'est le concept qui s'effondrait. Élodie, qui était soucieuse depuis quelques jours, et Tom, qui ne harcelait plus Chloé, tenaient une réunion pour examiner la situation. Chloé écouta, s'approcha puis s'assit à leur table de travail. Elle posa des questions précises et fit silence. Ils s'étonnèrent de son étrange comportement, mais poursuivirent.

— Élodie, Tom, je connais ma mission et sais que je ne dois pas me mêler de la vente directe, mais uniquement de la prospection du portefeuille du cabinet. Je peux toutefois intervenir ?

— Si vous voulez, Chloé. Tom et moi sommes à la recherche de solutions ! Et, selon l'expression « ça urge ! »

— J'apprécie le poste que vous m'avez proposé et je m'y investis. Mais j'ai appris à prendre du recul et à prendre soin de moi. Si vous perdez ces contrats, je perdrai mon travail.

— C'est une possibilité.

— Je souhaite que vous me fassiez une offre réfléchie pour la vente des programmes.

— Mais, c'est déjà l'une de vos missions, Chloé.

— Je sais, mais pas en dehors de votre portefeuille. Je suis sérieuse.

— Mais … Chloé, nous avons deux à trois mois et il s'agit de quatre-cents logements ! En vendre dix pour cent, ça serait déjà un exploit.

— C'est mon problème, non ? Je renouvèle ma demande. Je souhaite que vous me fassiez une proposition.

Tom soupira et se mêla de la conversation des deux femmes :

— Chloé, vous travaillez bien, vous êtes assurément très jolie, souvent sexy, mais cela ne suffira pas ! C'est du sérieux !

Chloé le fixa, silencieuse, puis poursuivit avec Élodie, mais avec un ton plus indifférent, avec un soupçon d'impatience :

— Élodie, après la remarquable intervention de Tom, et son sous-entendu hilarant sur mes compétences, sans doute dû aux gifles, je vous demande une dernière fois de me faire une offre. Je ne suis pas dépendante. Ensuite, j'aviserai sur la suite que je donnerai à notre collaboration.

— Ah bon ! Non, Tom, tais-toi, ta réflexion à Chloé était plus que déplacée. Chloé, tu me prends un peu à froid. Mettons la réunion en pause. Nous nous connaissons quand même un peu, alors je te propose d'oublier le vouvoiement, et tu me dis ce que tu attendrais, je sais que tu ne t'avances pas sans avoir une idée précise.

— En effet. Je voudrais me stabiliser et pour l'heure, ma place est plus qu'incertaine. Aussi, je veux assurer mon avenir, car j'ai des projets personnels qui sont conditionnés par ma situation. Je te propose de créer mon propre portefeuille client. Je peux continuer à exploiter le vôtre avec la commission, comme prévu. Pour les ventes sur mon portefeuille, c'est vous qui avez une commission et moi les honoraires.

— Ah ! Pourquoi pas. Si je tousse, tu iras voir ailleurs, je m'en doute.

— Bien sûr. J'ai un projet de vie à construire, Élodie. C'est important.

— Bon ! Je suis d'accord. Tu as déjà des ventes en vue ? Un début de portefeuille ?

— Non. Mais ce n'est pas le problème.

— Ah, j'ai cru à une sortie de crise !

— Tu as vendu quoi sur les deux nouveaux programmes ?

— Rien ! Et il nous reste trois remplacements à faire sur la fameuse résidence.

— Élodie, sois attentive, s'il te plaît, car je suis très sérieuse. À partir de quel seuil tu accepterais de me prendre comme associée ?

— Ah ! C'est inattendu !

— Le cabinet est sur le point de disparaître, alors être actionnaire de rien, cela ne t'engage pas à grand-chose. En revanche, si je réussis, tu le seras d'une société prospère ! Le changement est important pour toi.

— Tu sais y faire, toi ! Et il faut reconnaître que tu oses ! Tu penserais à quelle part du vide ?

— La même que toi et Tom. Avec un droit de vote qui me permette de ne pas être une associée passive face aux votes du couple.

— Ah d'accord ! Tu envisagerais d'en vendre combien ?

— Ce n'est pas comme ça que cela fonctionne pour moi. Si tu as confiance en moi, tu me dis oui, sinon, tu me dis non ! C'est simple. Si tu me dis oui, tu posséderas des parts d'un cabinet qui compte.

— Tu aurais besoin de moi ou de Tom ?

— Non. Il me faut aujourd'hui même les dossiers de présentation et les contrats.

— Je pourrais avoir une idée d'où tu nous sortirais des investisseurs ?

— Non.

— Bien, au moins, c'est précis. Je suis d'accord. Tom aussi.

— Non mais, dis donc ! C'est nouveau ?

— Oui. Mais non. Tu as une meilleure solution à proposer ?

— Non !

— Je prépare le contrat, mais il sera conditionné, Chloé. Tu pourras le valider dès demain.

— Je te laisse gérer, car je prends ma semaine. Tu te mets à ma place et tu sauras ce que j'accepterai, ou refuserai. Élodie, ne te plante pas, je souhaite travailler avec toi, je t'apprécie.

— Ah ! Entendu. Il te restera peu de temps, Chloé.

Dix jours plus tard, Chloé arriva à son travail dès l'ouverture et demanda une réunion à ses patrons. Elle réclama le contrat et le posa sur la table pour le lire avec eux. Après quelques modifications, elle signa et le fit tourner pour qu'ils fassent de même, distribua les exemplaires, puis glissa devant eux une pile de chemises en carton et les observa.

— Voilà. À présent que nous sommes associés, parlons travail. Élodie, est-ce que pendant mon absence il y a eu des ventes de votre côté ou de celui de Jean-Daniel ?

— Non ! Malheureusement.

— Tant mieux.

— C'est un point de vue.

— Élodie, j'ai vendu le stock !

— Hein ?

— Les trois contrats restants et les nouveaux programmes. Tout !

— Hein ?

— Tu parles plusieurs langues ?

— Hein ?

— D'accord. Avec la nouvelle dimension du cabinet, je veux que nous disposions d'une personne polyglotte pour mes investisseurs et leurs dossiers. Ils sont signés, c'est la pile devant toi.

— Hein ?

— Quelques-uns sont à mon nom. Il s'agit de cadeaux, payés ! Comme j'ai tout vendu à des non-occupants vivant à l'étranger, je vous propose d'ouvrir un cabinet de gestion immobilière pour les locations. Il y aura de l'argent à faire, mais surtout, cela nous permettra de mieux gérer le turnover locatif pour optimiser les redevenus promis à nos clients. Je me suis engagée. Par l'intermédiaire de David, que vous connaissez très bien, j'ai une gestionnaire et celui qui fera les états de lieux et les encaissements difficiles.

— Hein ?

— Élodie, je nous prépare un café. Tu en profites pour décoincer, car à ce rythme, les quatre-cent-trois dossiers nous prendront le trimestre. Tom, un double ?

Deux mois sans changements notoires s'écoulèrent, mais Jean-Daniel ne cessait de s'impatienter sur l'instabilité latente de certains de ses proches qui constituaient aussi son entourage professionnel. Décidé à intervenir, il demanda à Magalie d'organiser un repas simple, mais sympa, et invita Emmanuelle, Chloé, Nancy, Tom, Yann et Fabrice. La soirée se déroula chaleureusement dans une bonne humeur sincère, mais il ne lâcha pas un mot quant à sa motivation jusqu'au café. Juste avant le service, il prit la parole et demanda le silence qu'il obtint instantanément du fait de la surprise de ses invités, qui, comme son épouse, l'observèrent, intrigués. Jean-Daniel n'avait pas l'image de Magalie ou Nancy pour ce qui relevait des relations humaines et la sienne était davantage celle d'un fonceur impatient qu'il ne fallait pas trop ennuyer inutilement, aussi, lorsqu'il aborda de lui-même la vie et ses petites et grandes difficultés, tous se regardèrent perplexes, mais en restant à l'écoute. Il leur expliqua qu'eux, ici réunis, faisaient partie d'un groupe de proches, à compléter de quelques autres, comme David ou Élodie, qui se côtoyaient régulièrement jusqu'à devenir des familiers, même si parfois ils restaient plusieurs semaines, voire mois, sans se voir. Puis il marqua une pause et lâcha une phrase qui fit son effet :

— J'ai souhaité vous réunir, vous et personnes d'autres, car je ne veux plus rester spectateur de ce que j'estime être un gâchis de vie commis par quelques adultes en mal d'une adolescence à jamais révolue. Il convient pourtant, à un moment donné, de faire un choix entre la liberté, l'amour, le désir, le travail, les prix à payer et tout le reste plus quelques foutaises. Ça n'arrête pas, certes, mais il faut au moins une base. Pour la construire, vous finirez par être contraint de choisir, vous pouvez repousser, donc vous faire mal, encore et toujours, et reporter au lieu de bâtir une vie et de la vivre pleinement. Ou alors, vous laisser traîner par elle, je pourrais ajouter, piloter, prendre en charge, écraser, spoiler … C'est ainsi que j'ai décidé de provoquer une rencontre entre adultes pour tenter de partager une pause-café formatrice et/ou éducative ! C'est prétentieux et hors de ma portée, mais je suis malin et ce n'est pas moi qui m'y collerai, j'ai géré. Chloé et Emmanuelle, vous êtes visées à l'identique de Tom, Yann et Fabrice. Magalie est là pour pondérer si besoin grâce à sa sagesse et Nancy pour répondre et expliquer, même si, comme vous, elles ignorent tout de ma manigance.

Il les observa. Chloé attendait sans s'émouvoir, mais une pâleur naissante trahissait son sentiment, à l'instar de Fabrice, Emmanuelle et Yann qui eux avaient rosis, alors que Tom se pinçait les lèvres.

— Je vois que vous pressentez la chose, c'est parfait. Je voudrais que nous évoquions librement le sujet des choix de vie. Yann, tu tournes en rond, un peu à la mode de Fabrice qui lui, à l'opposé de toi, en souffre le martyre. Mais j'ai une question. Pourquoi ? Tom, toi c'est le contraire, tu pars dans tous les sens comme si tu avais un problème d'orientation. De fait, depuis le lancement de ton cabinet, tu fais du surplace ! Quelle est ta quête ? Chloé, tu es adorable, mais tu ne vis que dans l'excès, le compromis ne semble pas à ta portée.
— Non, c'est que …
— Si ! Qu'est-ce qui t'effraie à ce point, Chloé ? Emmanuelle, tu as une fesse sur ta chaise d'adulte qui tente de construire sa vie, et une sur celle de l'adolescente qui veut butiner à n'en plus finir. Et tu te fais du mal. Pourquoi ?

Il garda le silence pour leur laisser le temps d'assimiler le choc afin qu'ils restent bien disposés et maîtres d'eux, puis il enchaîna :

— Vous avez tous les cinq en commun d'être des gens sincères, gentils et agréables, vous souffrez de faire du mal, vous aimez autrui, vous n'êtes pas des coincés, ni des chiants rabat-joie. Mais je voudrais que vous preniez le temps de réaliser que vous vous faites souffrir alors que vous n'aurez pas droit à une autre vie et que ce sont vos choix qui vous font mal. Rien que vos décisions, prises en toute liberté, car vous avez aussi en commun d'avoir la chance inouïe, mais précaire, de pouvoir décider de vos vies. Alors moi, je veux vous le dire, arrêtez le massacre, ça n'a aucun sens ! Qui veut me répondre ?

Ils se regardèrent furtivement, car embarrassés, mais restèrent silencieux.

— Ce n'est déjà pas si mal ! Merci de ne pas m'avoir incendié ni planté là. Nous sommes donc à la phase où vous comprendrez la raison pour laquelle j'ai convié Nancy à être parmi nous, car je la crois capable de vous mettre le nez dans votre mélasse où vous vous complaisez à vous en rouler, mais sans jamais arriver à vous en sortir à temps. Nancy, je te mets au pied du mur, certes, mais tu sais gérer.
— Mais pas comme ça, Jean-Daniel ! Pas devant tout le monde, chacun à son intimité, et l'étaler sur la table serait au minimum blessant.

— Tu as raison, Nancy, mais blessés ils le sont déjà et depuis des années. Et ils ont tellement partagé que je crois que cela ne peut que leur faire du bien de savoir qu'ils ne sont pas les seuls à souffrir.

— Sans doute, mais je ne sais pas trop !

— Tom, tu aimes infliger de la souffrance à ta merveilleuse petite femme ? Sois sincère. Est-ce que tu en retires un plaisir, version dominateur ?

— Ah non, Jean-Daniel, j'ai horreur de ça, tu me connais quand même ! Élodie me supporte, certes, mais je ne suis jamais dans ce genre de plan, ça me rebuterait plutôt qu'autre chose.

— Emmanuelle, est-ce que pour être en équilibre, tu as besoin d'être aimée et d'aimer plusieurs personnes ? Je parle de relation amoureuse.

— Je m'interroge parfois, mais je ne le crois pas, l'amour est comme un handicap pour moi.

— Je l'imagine. Emmanuelle, tu es une femme et je te fais du rentre-dedans, mais c'est parce que ça me contrarie de te voir dans les situations où tu te mets.

Il se tourna vers Chloé et croisa son regard, elle lui sourit avec un fond de résignation, mais sans vouloir esquiver :

— Et toi Chloé, jolie Chloé ! Tu n'es pas une amie directe, mais par le biais de Nancy, tu l'es, et nous partageons notre espace de vie avec toi. Je voudrais toutefois que tu te dépasses et arrives à m'expliquer une chose avec ta liberté d'être. Tu n'as jamais fait mystère de ton mode de fonctionnement et ça me facilite la question. Je sais que tu peux accepter de te faire mal pour rester libre, et sur le fond, c'est vrai que tout finit toujours par s'amoindrir, tu l'as compris et tu gères. Mais ressens-tu la peine de ceux qui t'aiment ou est-ce que tu appliques pour eux le même principe, à savoir considérer que ça leur passera tout comme à toi.

— Je suis soulagée de ne pas aborder ma sexualité avec vous, j'en étais stressée. C'est le sujet redondant des hommes qui veulent s'entretenir avec moi de ma vie.

— Chloé, je parviens à parler librement de libido avec chacun ici sans sombrer dans le graveleux ou la condescendance. Tu peux les questionner pour valider, mais pas avec toi. Tu es la plus libre certes, mais sous tes airs d'indépendance, tu es de loin la plus fragile.

— Non !

— Si ! Et je ne te connais pas suffisamment pour éviter la parole blessante. Mais ce n'était pas ma question.

— Je me protège en évitant de partager la peine que je leur inflige, c'est lâche, moche, irresponsable, mais je m'y suis faite et je fonctionne avec.

— Tu parles de toi comme d'une mécanique … Tu veux dire que cela ne te fait plus rien, où qu'ils peuvent pleurer autant que toi puisque tu le supportes ?

— Avec Jean-Daniel, il faut que ça passe ou que ça casse ! Ma capacité à gérer les chagrins que je provoque s'amenuise au fil des années. Ça me ronge et me détruit. Alors je fuis, encore, pour tenter de m'enivrer. En faisant à nouveau du mal. Vous voyez que je connais mon fonctionnement !

— Je m'en doutais, Chloé, tu as une véritable force de caractère.

— Yann, à ton tour ! Tu flippes ?

— Non ! Ma vie n'a rien à cacher pour personne. Et je suis avec vous.

— Tu te projettes comment dans ton avenir ? Célibataire assumé et heureux, vieux machin qui achèvera son parcours reclus et solitaire, chasseur en détresse recherchant n'importe qui pour ne plus être isolé ?

— Tu veux que je me mette à picoler ou quoi ?

— Tu n'y arriverais pas ! Pas toi.

— Tu as raison. Je me vois finir seul malgré moi. J'aime les femmes et les hommes, mais je ne sais pas me fixer, je me doute de la façon dont cela se terminera pour moi. Pour t'éviter de devoir me poser la question, oui, ça me fait mal. Et oui, souvent, j'en ai marre.

— Tu es pourtant un mec super ! Je ne comprends pas que personne ne te mette le grappin dessus ! Bref ! Il reste toi, Fabrice ! Je te connaissais avant de rencontrer Magalie, donc tous les deux, nous pouvons éviter de nous faire des manières. Je ne remuerai pas le couteau là où ça te fait mal, mais tu en as pris plein ta … tes poches. Une fois arrangé le souci professionnel, cela a changé quoi pour toi ? Tu as opté pour quelle décision afin de mettre un terme à ta galère ? Car pour ceux qui ne le sauraient pas, Fabrice est au niveau moins tout !

— Jean-Daniel ! En gros et précisément, je n'ai rien fait, ni décidé, ni changé ! Je suis nul, j'en suis conscient et j'attends, je ne sais pas quoi, peut-être que ça passe !

— Ouais ! Ce n'est pas gagné, mon pote ! Nancy, à ton tour. Tu dois te mouiller et produire une belle théorie. Tu ne peux plus rester indifférente à la souffrance de nos amis. Pas toi !

Nancy soupira et lui dit d'un regard qu'il exagérait, puis elle les observa, alors qu'eux aussi la fixaient.

— Entendu. Toutefois, je ne m'adresserai pas à l'un ou l'autre, car puisque nous sommes en groupe, je ferai dans le collectif. Chacun devrait pouvoir y trouver matière à se poser quelques questions. Je commencerai par un lieu commun, en rappelant qu'à un moment ou un autre, n'importe qui est confronté, une fois ou plusieurs, à des situations réclamant des décisions sur la gestion de la vie. Nous voudrions naturellement l'éviter pour profiter au mieux, donc opter pour l'indécision ou le multichoix. Pourtant, nous sommes nous-mêmes en attente continue que l'autre accepte, ce qui implique qu'il choisisse de s'abstenir, par conséquent de décider et de céder. En résumé, je dirais que le premier choix à faire est celui d'être seul ou pas. Ensuite de sentir si l'essentiel pour soi est dans le physique ou le sentiment. Après quoi il faut savoir prendre ses responsabilités et se construire un avenir qui correspond à nos aspirations. S'ouvrir à l'autre de nos difficultés, écouter les siennes, avoir une vraie volonté de bâtir, y puiser du plaisir, quitte à s'y contraindre pour y parvenir.

Elle marqua une pause, réfléchit et évalua chacun d'un regard :

— À vingt ans, le plus jouissif est d'assouvir, en tout, l'étape suivante est d'assimiler que l'essence de la jouissance est dans l'intellect. Il faut travailler avec passion à cela, en couple, en trio, en quatuor, peu importe, mais construire ensemble un avenir ! Le plaisir au sens général du terme sera au rendez-vous, et la manière deviendra accessoire.

— Et voilà ! Merci, Nancy, je savais pouvoir compter sur toi. Je veux que tous ici vous fassiez bon usage de l'opinion avisée de Nancy. En attendant, je vous offre un dessert léger, mais excellent, avec un café que je déclare placer sous le sceau de l'amitié.

À la suite de cet entretien qui ne fit l'objet d'aucun commentaire, une sérénité nouvelle semblait s'être instaurée au sein du petit groupe. Dix-huit mois passèrent sans que Chloé ne fasse une entorse à sa décision d'abstinence, ce que Nancy commençait à trouver long et pénible, à l'instar de Tom qui avait à côté de lui quotidiennement l'une des plus belles femmes qu'il eut à côtoyer, mais la patronne de Chloé était Élodie, pas lui, et Chloé avait la main aussi leste que ferme.

Chloé préparait le repas alors que Nancy toilettait Quentin. Elles échangeaient sur le travail de Chloé dans le cabinet avec Élodie, car celle-ci avait confié de nouvelles responsabilités à son assistante, et cette reconnaissance et responsabilisation la comblait.

— Nancy, je voudrais te parler de moi. S'il te plaît.

— Je suis disponible et à ton écoute, comme toujours pour toi, Chloé.

— Tu me connais, je n'ai pas l'habitude de faire des circonvolutions à n'en plus finir pour dire ce que j'ai à exprimer. Lorsque j'arrive à sortir de mon mutisme, certes.

— Je le sais, oui. Chloé, c'est droit au but, la tête relevée, le regard fier, doux mais décidé.

— Je m'apprête à partir, Nancy.

— Ah ! Voilà qui ne prête pas à confusion. Nous sommes donc au bout de notre histoire !

— Tu ne me demandes pas pourquoi, évidemment ! Mais je voudrais que tu acceptes que je te le dise, même si je suis consciente d'être tordue, mais c'est moi ! Nancy, s'il te plaît !

— Je crois comprendre, mais j'aimerais t'entendre.

— Tu es la personne et la femme qui a changé ma vie, tu as su me pousser à me poser et prendre le temps de regarder ce que je faisais de ma vie. Et de mon corps. Toi seule as pu obtenir que je reste. Grâce à toi, je désire à présent construire ma propre vie. Je veux tout comme toi mon petit Quentin, si possible avec un papa.

Elle pleura, essuya ses yeux et reprit malgré ses larmes :

— Nancy, je dois te le confesser. Magalie et toi avez raison pour la maman que je ... Ça m'a fait si mal d'être à ce point transparente ! J'avais construit un personnage conforme à ce que je voulais être, mais je me suis perdue entre rêve et réalité. Fantasmer d'être une fille facile qui s'envoie en l'air tout le temps et avec n'importe qui, ça m'a toujours excitée puissamment et me procure des plaisirs intenses depuis mes premiers émois. Mais j'ai commis l'erreur de vouloir le vivre ! Je ne peux nier en avoir profité comme une folle et avoir vécu à deux cents à l'heure le nez au vent, ni avoir connu des moments magiques, ni même avoir fait des expériences fabuleuses ! Et j'ai découvert le monde. Mais je me suis usée en quelques années et je me sens vieille, Nancy ! J'entends parfois des femmes de cinquante ans dire qu'elles ne se reconnaissent pas dans un miroir, car dans leur tête elles ont vingt ans de moins. Moi, c'est pareil, mais à l'envers ! La suite peut être lourde en entendre, mais je souhaiterais pouvoir continuer.

— Oui, Chloé, s'il te plaît.

— Merci, Nancy. Je crois avoir un papa ! Il me relance depuis pas mal de mois, mais j'ai dit non à chaque tentative, car je ne couche plus. Ni homme ni femme, ça, tu le sais.

— Ne me dit surtout pas que c'est Tom, car je monte exprès pour sauter par la fenêtre !

— Non, lui je le gifle à peu près deux fois par semaine ! C'est étrange d'ailleurs, car il doit prendre son pied avec les claques, et sa femme curieusement aussi, car au lieu de me virer, à chaque baffe qu'il reçoit, elle me fait un gros bisou en me regardant comme si j'étais … une sorte de fée ! Elle pourrait lui coller elle-même. Ils ont un fonctionnement étrange ces deux-là ! Bref ! Je te disais donc que je lui refuse, car je ne veux plus coucher. Mais je coucherai avec le papa de mon futur bébé, pour le faire. Ensuite, je ne promets rien. Je n'aime plus ça ! Je lui ai expliqué que c'était ainsi et pas autrement. Je l'ai averti que je cesserais de travailler pour profiter de ma grossesse et que je serai à la maison tout le temps où mon enfant aura besoin de sa maman totalement disponible. J'ai exigé qu'il cesse toute autre relation il y a déjà quatre mois. Je l'ai prévenu qu'à la moindre incartade, il ne reverrait ni notre descendance ni moi ! Pas d'aventure, ni drogue ni soulerie, jamais une main levée, pas de colère, pas de vulgarité. Il doit travailler. J'ai un compte bancaire à moi, lui le sien, et je ne suis la boniche de personne.

— Je vois ! Et tu t'es fait lourder avant même de te mettre en ménage. Il t'a virée quand !

— Mais non, enfin ! Je pense me marier et je voudrais que tu me pardonnes, que tu ne me mettes pas dehors de suite et que tu sois mon témoin.

— Ah ! Ça fait beaucoup d'informations en une seule fois ! C'est surréaliste, mais pas avec toi ! Je pourrais savoir qui tu as mis au pas de la sorte ? Parce que là, il prendra cher ! Je connais la victime ?

— Oui. Nancy, j'espère que tu n'auras pas trop de peine et que tu ne me gifleras pas. C'est David. Tu gères ?

— David ! Toi et David ! C'est fini pour les révélations ? Je peux tenter d'assimiler ? Parce que là … Quand tu ouvres les vannes, moi je fais le plein !

— Il m'a dit pour lui et toi, et Yann. Et j'espère malgré ce que je viens de t'asséner que tu demeureras mon amie. Je suis devenue exigeante pour une femme qui était facile. J'en suis consciente.

— Comme tu dis, oui ! Mais tu resteras mon âme sœur, que tu le veuilles ou non. Je serai ton témoin. Et je ne t'en veux pas. Presque un an sans un baiser, cela permet de se préparer ! Tu sais que tu es quand même une fichue cabocharde ? Tu traces, tu décides, et il faut admettre et suivre, ou décrocher complètement.

— Honnêtement, j'en suis consciente, mais je n'ai pas envie de changer ! Et puisque j'ai trouvé un homme qui accepte de me prendre telle que je suis, je ne le lâcherai pas. Je n'en trouverais pas un autre comme lui.

— Tu m'étonnes ! David, l'hyper terrien avec Chloé, l'extra-terrestre ! Lui fantasme de visiter le centre commercial voisin, toi tu penses normal de filer aux antipodes pour bronzer ! Ça promet ! Mais tu seras la femme qu'il lui faut. Lui saura t'aimer éperdument comme tu es et autant que tu en as besoin. Lui trouvera en toi celle qui décide et ose, qui sait vivre et pourra le piloter. Je suis contente pour vous deux. Vous avez des tas de choses à vous apprendre l'un de l'autre, vous serez heureux. Tu lui enseigneras à ne plus avoir peur, lui à trouver magnifique de regarder pendant une heure au lever du jour une fleur de pissenlit s'ouvrir. Ça vous prendra déjà une dizaine d'années !

Chloé lui sourit et lui fit une grosse bise sur la joue, mais son amie devinait qu'elle n'en avait pas terminé et d'un regard lui fit signe de poursuivre.

— Nancy, en tant que médecin, je voudrais savoir si tu crois que mon désir reviendra, ou si j'ai utilisé mon quota ?

— S'il ne s'agit pas de la conception d'un bébé, il n'y a pas de contingentement. En revanche, tu as déjà fait dix fois le tour de ta libido et dans tous les sens, alors l'idée d'assouvir ne t'excitera plus, ou pas avant quelques années, car tu n'as plus grand-chose à apaiser a priori. Mais lorsque tu seras chez toi, que tu auras préparé ton petit nid, que vous prendrez soin l'un de l'autre, qu'il te fera des câlins, te murmurera des mots doux, qu'il t'effleurera avec assiduité, mais sans jamais vraiment te toucher, que tu ouvriras les yeux et que tu découvriras qu'il te regarde dormir, qu'il te dira qu'il t'aime tant qu'il voudrait un second enfant de toi, viendra l'instant où tous tes mois d'abstinences te prendront à la gorge, irrépressibles à t'en rendre folle. Ce jour-là, ton David aura intérêt à être robuste et performant, car il se régalera pendant la première heure, mais après, il dérouillera ! Alors ne t'inquiète pas, n'y pense même pas et continue de te refaire une santé en paix et à te préparer à être une merveilleuse maman.

— J'espère que tu as raison et que je réussirai ce changement de vie. Nancy, que je parvienne ou non à construire quelque chose, je serais touchée que tu acceptes de me pardonner. Nous pourrions continuer à nous fréquenter et même nous inviter mutuellement.

— C'est le vœu classique de ceux qui rompent ! Mais, je l'espère.

— J'aimerais aussi ne pas disparaître de la vie de notre, enfin, de ton petit Quentin. C'est dur, tu sais, je me déchire le cœur, car je vous aime !

— Je n'ai rien à te pardonner. Nous sommes amies, non ?

— Je l'espère, mais nous étions davantage ! Et je ne peux que reconnaître que j'ai décidé seule de mettre un terme à notre relation. Tu es la plus belle rencontre que j'ai faite de toute ma vie. Et celle qui aura le plus duré !

— En attendant de m'inviter, tu m'aides à préparer le repas. Ensuite, tu donneras son bain à notre petit amour pendant que je monterai discuter avec Magalie, puis nous passerons à table. Et je serais désireuse d'un bon gros câlin ce soir. Pas d'affolement, j'évoque avec précision la tendresse, rien d'autre.

— C'est amusant ! Je prépare le repas avec Quentin sans le quitter des yeux. Et je suis d'accord.

Cette discussion, Nancy la pressentait depuis longtemps et l'attendait. À présent qu'elle avait eu lieu, elle faisait face émotionnellement à sa réaction concrète. Elle avait tout envisagé et géré, et aucune mauvaise surprise n'avait surgi de l'ombre.

Mais l'émoi n'avait rien de théorique et il était là ! Elle pensait devoir affronter sa peine, mais c'est son avenir qui avait emporté le sprint et qui attendait les premières réponses. Son amoureuse à la passion déjà fanée était redevenue une amie. David, son courtisan dont elle ne voulait pas assumer la maternité, avait réussi à se faire accepter par une autre, son ex-compagne certes, mais cela n'avait aucune incidence en ce qui la concernait.

Il y a peu, elle souffrait de crainte d'avoir à choisir, Magalie lui avait conseillé de profiter et d'oublier cette idée de choix, et elle avait raison.

Elle était dans une jolie maison avec son Quentin adoré, mais seule. Juste à côté, il y avait celui qu'elle aimait, mais ils ne pouvaient pas vivre leur passion comme un ménage ordinaire, car son amoureux était un couple. Mais elle était pleinement heureuse avec eux, alors pourquoi devrait-elle s'en soucier ? Peut-être avait-elle le besoin, aussi légitime que difficile à justifier, de rentrer dans le rang et de pouvoir dire qu'elle était normale ! Mais sa formation faisait qu'elle connaissait par cœur les méandres de cette fichue normalité et cela ne la tentait intellectuellement pas de s'y soumettre, mais émotionnellement …

En quelques minutes, elle refit le bref parcours de sa vie d'adulte qui avait commencé par une rencontre sur une piste de danse qui l'avait laissée seule et maman. C'est dans la solitude qu'elle était parvenue à accepter l'idée d'abandonner son bébé et de se prostituer pour manger ! D'être battue accessoirement. Que pourrait-elle regretter de cette vie ? À part de l'avoir vécue, rien. Depuis, pas une minute n'était à effacer de sa mémoire, elle vivait chaque instant avec gourmandise et avait le cœur si débordant de bonheur en permanence qu'elle en avait parfois une sorte d'épuisement !

Le bilan qui imposait la réponse à ces hésitations la fit sourire en lui rappelant certains devoirs de philosophie de sa vie étudiante, elle imaginait sa rédaction :

« Une conclusion est la somme des questionnements issus de différentes hypothèses répondant à une affirmation, une négation, une question, une réflexion, constituant le sujet. Et c'est précisément ce qui manque ici ! Vouloir conclure relèverait dès lors d'un hors sujet manifeste »

CHAPITRE 22 (Magalie, Jean-Daniel, Nancy)

Les mois continuaient à s'égrener, inexorablement. La vie du couple Magalie et Jean-Daniel avait repris sa trajectoire gérée avec précision, leurs affaires étaient redevenues satisfaisantes, puis fleurissantes, leur notoriété avait explosé et ils s'en trouvaient encore plus heureux. Jean-Daniel gérait à présent une entreprise de taille significative et travaillait sur tout le territoire avec Yann et Magalie. Ils traitaient ensemble des marchés avec de grands investisseurs et des institutions importantes.

À l'occasion d'une inauguration, Jean-Daniel avait convoqué une certaine assistante sociale et chargé Magalie de la recevoir afin de s'assurer qu'elle visite la résidence à vocation de réinsertion, en même temps que des SDF postulants et de quelques personnalités locales. Puis elle devait faire intervenir Nancy, qui avait pour mission d'utiliser son savoir en matière de psychologie afin de confronter l'invitée à son inconséquence et à son incapacité à aider qui que ce soit. L'ordre de Jean-Daniel était sans équivoque, cette femme aigrie devait repartir humiliée et blessée, bien qu'en plein accord avec la démonstration et les mots. Il voulait qu'elle se télescope avec sa propre réalité afin de la contraindre à changer ou à se détester. Elle avait tenté de les briser, et cela, il ne pouvait l'oublier, car s'il n'avait pas su se défendre, elle aurait anéanti leur vie et celle de ses enfants.

Magalie papillonnait plus que jamais. Avec la notoriété, elle avait dû augmenter la fréquence de ses réceptions, ce qui élargissait encore le cercle relationnel. Tous les modules de sa vie s'emboîtaient et s'enchaînaient. Avec l'accroissement du nombre des fêtes, Nancy travaillait à temps plein, emportant toujours le même succès, tant et si bien qu'elle ne pensait plus à ouvrir son cabinet. L'application qu'elle déployait de son savoir était diversifiée, parfois complexe, et elle en mesurerait son efficacité grâce aux résultats parfaitement identifiables que, de plus, elle pouvait suivre en voyant les gens vivre. Et cela la comblait, personnellement et professionnellement.

Elle s'était acheté une voiture, commençait à voyager et, comme l'avait prédit Magalie, elle se rendait à présent dans les boutiques avec Magalie, mais payait elle-même ses achats. Jusqu'au jour où, assez sombre, elle profita d'être seule avec elle :

— Magalie, j'ai une chose dont je voudrais te parler.

— Je l'espère, Nancy, car tu fais une sale tête et tu as les yeux cernés.

— Je crois avoir commis une bêtise. J'en suis sûre, en fait. La grosse.

— Mais, comment cela ? Raconte-moi.

— Je n'ai pas géré mon argent. Magalie, je suis mauvaise gestionnaire. La somme était si énorme que je la pensais inépuisable, et j'ai dépensé inutilement, comme pour ma voiture. Et … j'ai gaspillé le liquide que tu m'avais donné ! Voilà ! Ne vous fâchez pas, c'est d'une grande sottise, je le sais, mais c'est fait et j'ai peur. Affreusement, c'est mon passé qui me court après.

— Tu m'en diras tant, pour une ânerie, c'en est une belle. Tu as claqué cinquante-mille !

— Plus, mon compte aussi en réalité. Je ne serai jamais autonome ! Si j'étais l'une de mes patientes, je lui demanderais ce qu'elle cherche à compenser, vainement, ou de quoi elle se récompensait, et si elle a déjà envisagé qu'elle pouvait être une femme immature. C'est mieux qu'irresponsable.

— Je suis d'accord, et navrée, Nancy. Cette fois, nous devons réagir, alors nous descendrons au premier sous-sol. Je ne t'ai jamais fessée, mais là ! Tu ne saurais y couper. Ah ça, c'est inenvisageable, tu dois réaliser et t'en souvenir. Tu es impossible.

— Je suis tellement désolée, Magalie, je ne m'en suis même pas rendu compte. En fait, je n'arrive pas à comprendre ! Mais j'en suis malade. Vous voulez me corriger tout de suite ? Je descends la première ?

— Nancy, tu es parfois hallucinante ! Tu es une grande dame avec tous ceux que tu reçois, que tu aides, que tu accompagnes dans la recherche et l'obtention de l'équilibre et de la plénitude, tu gères des réceptions de trois cents personnes guindées qui repartent avec un sourire jusqu'aux oreilles, mais dès que tu es avec moi, je peux te gronder comme une gamine ! Tu me laisserais te fesser ?

— Ah bon ? Eh bien, je crois que oui. En fait, c'est certain. Vous savez me protéger et si vous le pensez nécessaire, c'est que j'ai vraiment dérapé ! Et comment pourrais-je prétendre le contraire ? J'ai été d'une telle stupidité. J'étais riche, et … voilà ! Retour à la case départ en quelques mois.

— Je m'en souviendrai, ça me donne des envies, et en faisant en sorte que Jean-Daniel nous surprenne et nous observe en cachette … Enfin bref … Donc, tu as des soucis.

— Oui. Et j'ai une peur affreuse de retourner à mon ancienne vie.

— J'attendais que tu m'en parles, car je savais que tu rencontrerais ce problème. Tu ne pouvais pas passer de la femme qui ne mange pas à tous les repas et se fait dérouiller sur un trottoir à une celle qui a de l'argent pour se faire plaisir comme elle en a envie ! C'est impossible. Il y a une expérience à acquérir, donc des erreurs à commettre. Tu les as faites. C'est un parcours initiatique parmi d'autres.

— Mais il fallait me prévenir, Magalie, pas me laisser me planter ! Vous le savez que je débute dans la vie pour bien des choses, j'ai un côté éminemment bécasse.

— T'expliquer n'aurait servi à rien, tu devais vivre cet enchaînement, et constater la conséquence. Cela aussi je le sais, n'en doute pas. L'étape est excessivement importante.

— D'accord, je vous crois. Je dois trouver un autre travail au plus tôt.

— Et parce que tu as fait une bêtise, tu ne peux plus me tutoyer !

— C'est vrai que je m'exprime de cette manière, j'ai un côté fillette soumise !

— Je sais que tu ne gères pas tes comptes. Jamais. Tu navigues à vue.

— C'est exact. Je n'y pense pas. Cela ne m'intéresse pas. Comment es-tu au courant ?

— Je veille sur toi. Je voudrais que tu prennes du recul et que tu m'écoutes en m'accordant ta confiance, comme habituellement.

— Vous voulez me fesser pour de vrai ? Je n'ai plus peur, vous vous en doutez. En plus, et sincèrement, je crois l'avoir largement méritée ma punition. Ce que je peux être gourde ! J'aimerais être punie, châtiée et … Parfois, j'en ai besoin. Je me déteste d'être si stupide.

— Nancy ! Comme je savais que tu ferais cette erreur, et qu'il fallait que tu la fasses au plus vite, de ton argent je t'ai donné de quoi te griser, façon bécasse. Si je te l'avais remis intégralement, nous aurions la même conversation, c'est une certitude, n'en doute surtout pas, mais je n'aurais plus rien pour te sortir de là.

— Tu as fait cela ? Alors je ne suis pas fichue ?

— Mais non ! J'ai partagé ton gain en quatre, un en espèce pour que tu fasses ta bécasse, un pour ton fils, et un pour te faire un placement. Jusque-là, tu sais. Tu ne m'as jamais demandé où était le dernier quart ! Il est dans le coffre du bureau de Jean-Daniel.

— Mon Dieu ! Magalie, merci. Vous aurez ma dévotion éternelle. Oh mon Dieu, que je suis sotte et que je vous aime tous les deux, je vous dois tout. Magalie, tu prévois de raconter ma bêtise à Jean-Daniel ? Mon corps tremble de l'intérieur de la tête au pied.

— Je te laisse décider et gérer cela. En revanche, Nancy, n'oublie plus cette peur au ventre à l'idée du retour des ennuis, ils reviennent vite, ils sont aux aguets, toujours.

— Comment te remercier ! Je n'oublierai jamais plus, j'ai eu une telle crainte ! J'avais commencé à refaire le cauchemar du type qui me battait dans la rue ! Mais que j'ai eu peur ! Il faut me demander une aide ou une compensation, c'est important. Tu aimerais me fesser ? Où mieux, nous pourrions descendre au moins deux ? J'aime bien en fait. Et tu peux inviter Jean-Daniel.

— Détends-toi, Nancy, tu es si fébrile que tu finiras par un malaise. Et je ne veux pas de lubricité pour me remercier, cette forme de partage ne se pratique que par désir et plaisir, toujours et seulement.

— Je sais, mais j'ai envie de m'offrir à vous, c'est mon fantasme.

— Nancy, je dois te dire une chose à mon tour.

— Ah ! Du genre qui me fera pleurer, Magalie ? Vous devez rester sincère avec moi, c'est notre mode de fonctionnement, et s'il me faut partir, je pleurais, mais je partais sans histoire, c'est promis, Magalie.

— Nancy ! Je t'assure que tu devrais te détendre. Mais oui, il est possible que tu éprouves l'envie d'échapper des larmes.

— Je vois. Alors je me calme, je respire, et je vous écoute.

— Et avec tes vous et tes tu, tu me déboussoles. Mais, tu fais quoi là ? Tu chiales ? Comme ça ?

— C'est une possibilité. En réalité, oui ... disons que je sanglote ! Parce que je sais qu'un chagrin arrive, et puisque cela concerne notre relation, voilà ! Mais la vie fait pleurer, donc parlez-moi, Magalie, je respecte et comprends vos obligations. Quand ?

— Je pense que de suite serait la meilleure des solutions, parce que vu ton état, attendre ne ferait qu'aggraver le tableau.

— Oh mince ! C'est plus dur que je ne l'aurais cru, mais je l'avais promis, donc c'est entendu. Je descends chez moi faire mes valises, et ... Ça sera à nouveau votre maison, c'est mieux ...

Emportée par un chagrin qui l'emplit de spasmes pénibles et incontrôlables, Nancy ne put finir de répondre. Magalie l'observait, effarée :

— Mais … Nancy ! Je n'ai pas terminé ma phrase que tu files empaqueter … Tu es … Ce n'est pas le moment, passons. Mais givrée à en être … Bref ! Je ne sais pas comment t'informer de tout cela vu ton état, mais en gros, voilà ce dont il s'agit. Je n'ai pas enlevé la boîte à remerciements pour Nancy. Jamais.

— Retirer un boitier ! C'est intéressant, mais plus tard, Magalie, s'il vous plaît. Nous avons ouvert le coffret à bobos, je préfère finir de le vider. Vous pouvez terminer, je pleure déjà, je suis prête.

— Sous ton image de super nana, tu es comme tout le monde, tu as un côté monstrueux. Sais-tu que tu peux être effrayante, Nancy ?

— Sans doute. Quel rapport avec ce que nous évoquions ? Moi, un monstre ! C'est pour ça que je dois partir ?

— Argh … Tais-toi, tu m'énerves ! Nancy, voilà des mois que ta boîte fonctionne et que je la gère pour toi. Je t'en ai confisqué la totalité. Pourquoi ? Pour que tu puisses faire ta bécasse tranquille. Déjà lors de la grande réception que tu as transformée en fête, tu as battu ton record, et à la cadence où s'enchaînent les fêtes et les soirées, tu dois te douter ! Si tu ajoutes celles que tu as gérées pour mes, enfin, nos amis et pour lesquelles j'ai collecté ! C'est sympathique !

— Tu as fait payer mes prestations auprès de tes relations ?

— Bien entendu ! Ils sollicitaient un travail de ta part, j'ai donné mon accord sous condition de rétribution, c'est normal.

— Jamais je n'aurais osé !

— Et Jean-Daniel n'y a pas échappé. Je lui ai fait régler tes prestations, tout ce que tu as accompli pour son compte, à l'heure près !

— Oh mon Dieu ! Pas à Jean-Daniel ! Il a dû penser que j'exagérais, vous n'auriez pas dû.

— Il sait que tu n'es pas au courant, bécasse !

— Oh, mince alors ! Donc, vous seriez en train de m'expliquer que je disposerais d'une sorte de cagnotte de secours ? C'est l'idée Magalie, ou je suis encore à côté ?

— C'est précisément ce que j'essaie d'obtenir que tu assimiles.

— J'aurais donc de l'argent. Je ne suis pas ruinée, personne ne me battra, et … c'est pour cela que je dois partir ou … je pourrais rester ?

— Je préfère en rire, tu m'hallucines ! Nancy, considère que tu as pour ainsi dire une trésorerie conséquente. Certains trouvent ce genre de somme indécente !

— Ah bon ? Tant mieux ! J'ai eu vraiment peur. Magalie, il faut me répondre, je ne peux pas rester dans l'expectative.

— Je le conçois. Tu as une idée du montant ?

— De quoi ? Magalie, c'est important pour moi. C'est en fait ce qui compte le plus, juste après mon Quentin …

— Ah bon ! Je commence à douter que nous ayons la même conversation.

— Mais enfin, c'est simple, je peux rester ou pas ! Magalie !

— J'hallucine ! Écoute-moi bien, gamine irresponsable. Je t'interdis de partir. C'est clair ? Et si un jour tu me reposes cette question, ta fessée, c'est avec une cravache que tu la prendras. C'est clair ?

— Oh mon Dieu ! Merci. Mais pourquoi me faire si peur ?

— Tu as bu, Nancy ? Je n'ai rien dit, c'est toi et ta phobie ou ton phantasme qui faites les questions et les réponses. Pas moi !

— Ah ! Donc je reste. C'est tout ce qui compte. Il faudra que je vous fasse un autre aveu. Parce que là, j'ai cru devenir folle !

— Je vois, c'est définitif, cela ne t'intéresse pas.

— Mais quoi, à la fin ? Tu le fais exprès, Magalie ?

— C'est un tantinet frustrant, car je m'étais préparé un effet d'annonce et à ce que tu me remercies pour ta cagnotte, mais à priori, je suis la seule que cela intéresse !

— Ah, la fameuse boîte ! Ce n'est pas utile. Je mettrai ma carte dans un tiroir et voilà. Je vivais avec rien, là, j'ai déjà tout.

— Décidément ! Il me reste à émouvoir Jean-Daniel, lui au moins me dira que je suis une bonne gestionnaire et me flattera.

— Je suis désolée. J'ai combien ?

— Je te disais donc que la somme est choquante.

— Ah oui ! La cagnotte révoltante. Ah bon ? Moi ! Oh mon Dieu. J'ai bien fait de commencer à pleurer tout à l'heure ! Oh mon Dieu, ces larmes, je les aime ! J'étais venue confesser ma terrible faute et implorer votre pardon ! Et au lieu de me châtier ou de me sermonner ainsi qu'il conviendrait, vous me révélez ça !

— Pfff ! Je te prépare un joint, parce que là … Tu planes, mais je ne sais pas où ! Tu ne me demanderas pas, Nancy, c'est ça ?

— Mais quoi ? Autre chose encore ? Il y a quand même une punition ? Ah, j'ai compris, si j'ai de l'argent … Nous y revenons, vous risquez d'avoir besoin de votre maison, donc je dois …

— Effrayante ! Heureusement que je sais qui tu es en temps normal, car j'ai la réelle impression de discuter avec une bécasse à la tête vide et stressée ! Non mais, Nancy, tu es où, là, en ce moment ?

— Je suis ici ! Mais je n'ai pas supporté d'avoir agi tel ... un volatile, comme vous le dites. Je tremble si fort de l'intérieur que j'ai l'impression de ne plus pouvoir, ou savoir, accéder à mon cerveau ! C'était quoi la question ?

— Combien ça fait ! Non mais, je rêve là !

— Vous l'avez dit, c'est indécent. Il faut de la maturité pour gérer l'indécence, je ne veux donc pas savoir, pas pour l'instant. Vous me le direz lorsque j'aurai fini ma période bécasse. En attendant, si vous l'acceptez, vous pourriez me donner le strict nécessaire, de quoi faire mes courses. Je n'ai pas besoin d'une fortune, juste un petit salaire, et vous gérerez mon argent. C'est beaucoup, alors ? Sans être précise, mais en nous référent au trésor que vous m'aviez donné au début, et que j'ai dilapidé comme une bécasse, le pécule oscillerait du côté moins ou plus ? Juste un ordre d'idée. Mais floue !

— Disons que ça serait cette même somme, mais pas vraiment, car c'est plus ! Nancy ? Il faudrait la multiplier par ... Nancy ? Beaucoup ! Eh merde ! Allo ? Jean-Daniel, tu peux venir, s'il te plaît, Nancy est au sol. Oui, dans les pommes. Non, à part ce détail, elle se porte bien. C'est juste qu'elle est émotive sur certains sujets.

Elle reposa son téléphone et sourit en caressant le front de Nancy qui était évanouie et pâle. Elle la regarda attendrie, puis brusquement sorti son appareil photo et prit d'elle des dizaines de clichés.

Une fois revenue à elle, et après la crise de larmes, Magalie lui expliqua qu'elle lui avait préparé une petite société de relation publique pour gérer les fêtes afin qu'elle puisse avoir un statut social et justifier de l'argent qu'elle gagnait. Nancy reçut encore quelques gifles préventives, car elle s'était remise à pâlir, puis elle prit son amie dans ses bras et l'étreint en silence. Nancy avait pour cette femme qui avait changé sa vie une passion extrême. Des traumatismes profonds étaient encore fichés dans son âme, comme le trottoir, être battue, avoir faim, les douches glacées, songer à abandonner son enfant, les doigts dans la porte de l'armoire ... Et du jour où sa misérable destinée avait croisé celle de ce couple, son enfer cédait la place à un rêve quotidien. Cela plus l'affection qu'ils lui portaient, malgré ce qu'elle avait failli devenir, créaient en elle une dépendance affective immense. Elle les aimait du plus profond de son âme et sous toutes les formes dont il lui était possible d'aimer une personne. Magalie lui expliqua qu'elle avait également constitué son premier carnet de commandes avec des amis qui tenaient à lui confier l'organisation de leurs réceptions.

Avec, elle avait vendu l'accueil des invités, l'animation avec ce savoir qu'ils l'avaient vu mettre en œuvre en intégrant et en gérant le bien être de chacun. Mais elle lui avoua avoir triché en barrant un certain nombre de jours sur son planning, car elle voulait qu'elle les lui réserve. Sa vie était définitivement lancée, son savoir était reconnu, elle avait une entreprise et un carnet de commandes rempli. Magalie sourit et lui rappela avec émotion et tendresse :

— Nancy, tu te souviens qu'un jour où tu avais sombré dans les abysses de ton moral, je t'ai dit que je te ferais changer de monde ?

— Oui, bien sûr, Magalie, comment oublier ! J'ai encore en mémoire les mots, le ton, votre regard, et ce que cela a provoqué dans mon ventre, mon cœur et ma tête. C'est gravé.

— Aujourd'hui, je crois que tu es consciente que c'est fait. Tu as ton autonomie, tu évolues dans un milieu privilégié, tu démarres une activité professionnelle avec une véritable notoriété et un carnet d'adresses valant une fortune. Ta nouvelle vie est à ta disposition, Nancy ! C'est du clé en main et tu y as contribué. Tu as une entreprise que certains n'ont jamais obtenue, et d'autres si, mais après vingt-cinq ans de labeurs !

— Je le comprends, mais je ne parviens pas à assimiler ! Tu arrives à partager, Magalie ? J'ai effacé mon ancienne vie, j'en ai une nouvelle, un chez-moi, un travail, un avenir, des amis, je mange, je n'ai plus peur, j'ai retrouvé une fierté, j'ai de la joie de vivre, je suis pressée de me lever le matin, j'ouvre mon courrier sans avoir une boule au ventre, je décroche le téléphone avec le sourire, je suis amoureuse, je fais l'amour, je suis bien vêtue … Quant à mon Quentin, il est comme un roi ! Tu ne connais pas l'autre vie, mais tu peux arriver à ressentir, ou pas ? Sincèrement ?

— J'ai une immense joie à te voir épanouie et heureuse, je crois pouvoir imaginer une once de ce que tu dis, parce que je t'ai vu être traînée sur le goudron. Mais je suis persuadée que je ne peux pas accéder à ce que tu éprouves. Je n'en ai qu'une approche faite d'un mélange lié au partage de l'amitié et pour le reste, c'est littéraire dans mon esprit. Tu m'en veux ?

— Oh non ! Jamais je ne souhaiterais que vous ayez à vivre ces cauchemars ! Magalie, une précision toutefois me tient à cœur, je voudrais que tu prélèves sur mes gains de quoi te rembourser pour ce que tu as dépensé pour moi.

— Voilà autre chose, quel est ce nouveau plan obscur !

— Ton mari et toi m'avez nourrie, hébergée, entretenue, et idem pour Quentin qui n'a jamais manqué de rien, uniquement grâce à vous, y compris la clinique pour l'accouchement ! Tu m'as même acheté pendant des mois mes brosses à dents et mes culottes ! Non mais, tu peux imaginer mon état de dépendance ? « Magalie, je n'ai plus de dentifrice », « Magalie, mon soutien-gorge est trop petit », « Magalie, il me faudrait des tampons », « Magalie, j'ai besoin de préservatifs », « Magalie, tu me ramènes du pain », « Magalie, tu achèteras de la compote pour Quentin », « Magalie, je suis constipée », « Magalie, je n'ai plus de purée », « Magalie, j'ai peur ce soir, j'aimerais dormir chez vous », « Magalie, j'ai envie de faire l'amour, je peux venir ? », « Magalie, j'ai le cafard, tu pourrais ? », « Magalie, je vomis, viens vite », « Magalie, je perds les eaux, dépêche-toi », « Magalie, il faut payer la nounou de Quentin », « Magalie, Magalie, Magalie, Magalie, Magalie, Magalie … » Et voilà, je pleure !

La jeune femme éclata en sanglots et se blottit une nouvelle fois contre son amie qui avait les larmes aux yeux.

— Je ne pouvais pas te le dire à chacune, mais je crois me souvenir de la moindre de mes demandes tant je t'ai sollicitée et pris toujours plus conscience de ce que vous faisiez pour moi tous les deux ! À chaque fois, j'avais envie de vous dire ma peine et mon amour. Tu as dû en avoir marre à plus d'une occasion malgré ta gentillesse ! Tu te souviens de notre première sortie pour me faire une garde-robe, nous avions tellement de sacs que j'avais pleuré ! Tu disais que si nous réussissions, cela serait transformer une dépense en un investissement. Nous en avons fait du chemin !

— Un parcours que je referais, pas à pas, à l'identique tant je l'ai aimé.

— Il me faut à présent commencer à te rembourser. Le début, c'était la garde-robe. Mais non ! Il y avait déjà eu l'enveloppe avec le prêt !

— Je vois. Je me dépêche. Nancy, tu m'attends cinq minutes, je te ramène ton automate et le livre dédicacé.

— Comment ? Mais ? Vous me chassez, Magalie ? Je pensais que nous...

— Moi aussi, Nancy, mais si tu me rends mes cadeaux, je te restitue les tiens, c'est normal.

— Mais … Mes présents sont pour la vie, Magalie, je … D'accord ! Je suis confuse, vous êtes toujours si parfaite avec moi ! Magalie, si vous n'aviez pas besoin de la maison tout de suite, je pourrais peut-être y rester encore, le temps de m'habituer ? S'il te plaît.

— C'est reparti ! Il te faut vraiment un pétard ! J'espère bien que tu ne n'envisages pas de nous planter là comme deux trucs devenus inutiles, car nous … Enfin, tu le sais. Certes, nos façons, à Jean-Daniel et moi, de gérer notre vie coquine était la base de la rencontre, d'ailleurs fortuite, et cela existe toujours, mais lui et moi te considérons depuis presque le début comme si tu faisais partie de … Enfin, tu comprends !

— De votre vie ?

— Famille, Nancy, mais surtout pas de panique, n'ait pas peur, tu es libre.

— Famille ! Mais c'est mon secret, ça ! Pourquoi voudrais-tu que je m'affole ?

— Tu pourrais te sentir étouffée et privée de ta liberté, donc faire le choix de te sauver !

— Il te faudra imaginer un autre stratagème pour me mettre dehors. Mais à part en me bottant le derrière pour me pousser à la sortie, je ne vois pas !

— Tu seras contrainte d'invoquer un prétexte plus radical pour partir, car les coups de pied dans l'arrière-train jusqu'au portail, il faudra que tu te les donnes, toute seule !

— Je me sens de votre famille depuis quelque temps. Seulement je n'osais pas l'évoquer, car je me suis tellement incrustée dans vos vies que j'en suis continuellement embarrassée ! Et tes enfants sont aussi les miens, comme des nièces et neveux. C'est beau, n'est-ce pas, Magalie ? Mais pénible, car je pleure trop souvent.

— C'est magnifique, et pour les larmes, c'est mon tour, voilà ! Je voudrais que tu restes avec nous, les enfants t'adorent, j'aime ton fils que j'ai vu naître et Jean-Daniel attend que tu lui demandes d'être le parrain !

— Pour de vrai ?

— Tu abordes discrètement le sujet avec lui et tu verras !

— Oh mon Dieu, cela créerait un lien encore plus fort entre nous ! Ma famille, une réelle, choisie par moi ! Et pour la marraine ? Il faudrait que je demande à Chloé où …

— Chloé ? Mais … Ah ! Oui, c'est une idée, pourquoi pas !

— Mais enfin, Magalie ! Tu le fais exprès pour me pousser à te supplier, c'est ça ?

— Tu voudrais bien de moi ? Je n'osais pas ! Mais j'allais encore pleurer ! Ça devient pénible cette manie. Tu parles d'un moyen d'expression, ça fait couler le nez et gonfler les yeux.

— Mais ce n'est même pas une question, c'est toi la marraine, ce n'est pas un choix, c'est une évidence, c'est toi et point ! Tu m'as encore infligé un stress. Et tu pleures !

— Pour Dieu, je serai la seconde mère de mon petit Quentin ! Enfin, c'est aussi le tien ! Il faut rapidement que tu en parles à Jean-Daniel sinon je vendrai la mèche. Je meurs déjà d'envie de courir pour lui dire que c'est moi la marraine ! Tu feras vite ?

— Oui, Magalie, mais garde le secret, je veux en faire la demande moi-même à Jean-Daniel. C'est important pour moi. C'est la concrétisation d'un lien qui dépasse de loin toute la symbolique. Alors, j'ai ta promesse ? Tu me laisses le temps de le solliciter ?

— Promis ! Mais cela me coûtera.

— Si petit Quentin pouvait savoir et se rendre compte d'où nous revenons ! Mon Dieu, quelle chance nous avons eue tous les deux.

— Ne pense plus à ça, laisse le passé à sa place, ce couvercle est refermé, donc il n'existe plus. Nous y allons, s'il te plaît ?

— Oui, mais où ça ? Ce n'est pas encore l'heure des enfants. Nous devions sortir pour quelques courses ?

— Mais ! Toi alors, tu es parfois d'une étourderie hallucinante ! Il faut filer demander à Jean-Daniel !

— Tu m'avais dit que tu me laisserais le temps !

— Oui, et ça y est, le délai est passé, nous y allons, sinon je manquerai à ma parole à cause de toi ! Je serai marraine pour la première fois, lui parrain, il faut que je lui dise. Mais je te laisse lui annoncer. Je m'occuperai des enfants et toi tu lui diras, comme ça je ne te volerai pas la parole. Je suis si contente, Nancy ! J'aime bien briller et me la péter, tu le sais, mais je suis une vraie maman poule, très famille. Ce que je suis heureuse ! Moi, marraine de Quentin ! Tu te rends compte que c'est un lien pour la vie ?

— Oui, Magalie, et j'aimerais beaucoup que nous la partagions cette vie. Et nos enfants pourraient grandir ensemble, Quentin ne serait pas fils unique !

— Tu ne dis pas tout ça en vrac à Jean-Daniel, il a horreur de pleurer devant qui que ce soit, alors en ta présence ! Moi, ce n'est pas grave, je sanglote avec un plaisir fou quand c'est à cause de toi. Tu ne sais pas ce que tu nous offres, Nancy, c'est un grand présent. Comme je n'imagine pas que mon filleul s'éloigne de moi, je commanderai de nouveaux aménagements à Jean-Daniel.

— Dans quel but ? Pour y installer quoi ?

— Je veux lui faire percer le fond de ta maison pour y intégrer une partie de la surface qu'il reste dans la longère.

— Ce n'est pas la peine, Magalie, nous sommes bien installés.

— Mais ce n'était ni une question ni une proposition. Lorsque mon filleul quittera la famille, c'est parce qu'il aura l'âge de découvrir la vie, pas pour avoir la place de vivre. Donc … Je lui ferai une salle de jeu, une de sport pour vous deux, un bureau pour qu'il puisse faire son travail en paix et de une à trois chambres d'amis pour que toi comme lui puissiez recevoir. J'aviserai selon les plans. J'allais oublier ! Il faut un garage quelque part, son vélo, ta voiture, nous devons y penser ! Mais pas de moto, c'est trop dangereux !

— Magalie, tu devrais te calmer, tu risques d'effrayer Jean-Daniel.

— Tu seras si imprégnée de bien-être que jamais tu ne voudras plus partir, même si parfois je devenais pénible. Et puis Quentin sera tellement heureux que si tu voulais nous quitter, il te grondera. Tu verras ! Nous y allons, je dois le dire à Jean-Daniel ou je m'expose à un malaise.

— La vie est parfois si étonnante que je pourrais presque croire à la destinée.

— Une envie de s'amuser, la rencontre sur un quiproquo … Nancy ?

— Moi aussi, Magalie. Et nous y allons !

FIN

À PROPOS DE L'AUTEUR

Né en Côte-d'Or en décembre 1959,
il a été baptisé Patrick Belime. C'est moi.
Après des études profondément ennuyeuses
et chronophages en temps de vie,
j'ai exercé différentes activités, agent général et courtier
en assurances, libraire, formateur,
rédacteur pédagogique, enseignant, webmaster,
maintenance développeur et concepteur informatique,
et autant de changement de région.

J'écris par passion, le week-end et après le travail.
Ma présentation n'offre pas matière à un livre,
ni à une nouvelle, cinq lignes !
Avoir plus de 50 ans, en dehors de raconter
que cela fait mal au dos, que pourrais-je en dire !

J'écris pour mon plaisir
avec au fond de moi le désir secret d'offrir
à mes lecteurs espérés et méritants
un peu de ce que cette colossale pile d'années
m'a fait comprendre à coup de pied,
sous bien des formes, mais des coups de pied malgré tout.

Je viens d'avoir une idée, je pourrais évoquer mes passions,
celles avouables, pour raconter qui je suis.
C'est bien mieux qu'un long discours.
Donc j'aime l'écriture, apprendre, écouter, méditer,
partager, la musique, l'image, l'informatique, la nature …
Je pensais en avoir davantage à mentionner. Pfff !

Il me reste mes certitudes, comme celle que mes écrits
sont plus intéressants que je ne saurais l'être.
Merci quand même d'avoir voulu
en savoir davantage sur moi.